HISTOIRE DU SYNDICALISME
AU QUÉBEC

Jacques Rouillard

HISTOIRE DU SYNDICALISME
AU QUÉBEC

Des origines à nos jours

Boréal

Cet ouvrage a été publié grâce à une subvention de la
Fédération canadienne des sciences sociales dont les fonds proviennent du
Conseil de recherches en sciences humaines du Canada

Données de catalogage avant publication (Canada)

Rouillard, Jacques, 1945-
Histoire du syndicalisme au Québec: des origines à nos jours
Comprend un index.
Bibliographie
ISBN 2-89052-243-1
1. Syndicalisme — Québec (Province) — Histoire. I. Titre.
HD6529.Q8R68 1989   331.88'09714   C88-096253-4

INTRODUCTION

L'opinion selon laquelle l'histoire du syndicalisme québécois ne débute véritablement qu'avec la Seconde Guerre mondiale est encore largement répandue. C'est en tout cas ce que nous ont habitués à croire les études réalisées dans les années cinquante et soixante par bon nombre d'intellectuels québécois. Désireux de moderniser le Québec et partageant les valeurs de la Révolution tranquille, ils dépeignent la société francophone d'avant-guerre comme un monde rural, dominé par le clergé catholique et imbu de valeurs traditionnelles. Les travailleurs n'auraient été alors qu'un groupe marginal, soumis à la petite bourgeoisie, mal organisé et sans véritable influence. Le patronat, le clergé et le gouvernement se seraient donné la main pour museler les manifestations de conscience ouvrière. Il faudrait attendre la poussée industrielle engendrée par la Seconde Guerre mondiale pour que la société québécoise accède au monde moderne et que les travailleurs s'affirment comme force sociale autonome. L'aboutissement de ce processus de modernisation serait naturellement la Révolution tranquille.

Voilà quelques années déjà que des études historiques plus approfondies remettent cependant en doute la soudaineté de la modernisation du Québec depuis la guerre. On serait plutôt en présence d'un processus lent de changement qui commence dès l'industrialisation du Québec au 19e siècle. Loin d'être traditionnelle et monolithique, la société francophone apparaît complexe et diversifiée évoluant à un rythme qui n'est pas si éloigné de celui des autres sociétés nord-américaines. Certes, la culture française et l'ascendant du clergé sur la population francophone colorent cette évolution de caractéristiques originales. Il n'en reste pas moins cependant que l'appartenance du Québec au continent nord-américain le soumet à des influences diversifiées et que les forces d'industrialisation n'ont pas attendu le milieu de notre siècle pour le modeler. Rappelons simplement à cet égard que le taux d'urbanisation du Québec est similaire à celui de l'Ontario et que la proportion de la population active dans le secteur secondaire est comparable dans les deux provinces. En ce qui concerne plus particulièrement l'activité syndicale, le taux de syndicalisation et l'intensité des grèves au Québec sont comparables à ceux de l'Ontario depuis le début du 20e siècle. Autre exemple, déjà en 1920, le Conseil des métiers et du travail de Montréal se faisait le porte-parole de 40 000 syndiqués internationaux auprès des pouvoirs publics. On ne saurait donc parler de retard des travailleurs québécois à s'éveiller à la solidarité syndicale, de silence devant les pouvoirs publics et de docilité dans les relations de travail.

Né dans le sillage du monde industriel, le syndicalisme est le principal lieu d'expression des aspirations des travailleurs et travailleuses salariés. S'il n'épuise pas toute la réalité de la condition ouvrière, il n'en représente pas moins une composante capitale: il s'enracine dans le milieu de travail, espace qui détermine le statut de salarié, et il articule un projet de société propre aux travailleurs. Tout en constituant un lieu indispensable d'amélioration du sort des travailleurs dans l'entreprise, il représente également un instrument important de contestation sociale et de transformation de l'ordre établi.

Il importe de préciser ici que nous présentons une histoire de l'institution syndicale et non pas celle du mouvement ouvrier ou de la classe ouvrière. Non que ces sujets soient sans intérêt, mais l'état encore trop fragmentaire de la recherche rend pratiquement impossible une synthèse de la question. On notera également que nous portons davantage attention aux centrales syndicales qu'aux unions ou aux fédérations professionnelles, avec la conséquence que le versant politique et idéologique de l'action syndicale est beaucoup mieux traité que la dimension économique reliée à la négociation collective. Ce dernier aspect est, bien sûr, essentiel au syndicalisme, mais là aussi nous manquons de travaux sur les transformations des milieux de travail, de même que sur l'évolution des salaires et des conditions de travail des syndiqués.

La synthèse que nous proposons ici repose, en premier lieu, sur les études portant sur l'un ou l'autre aspect de l'histoire du syndicalisme canadien et québécois. Mais cette synthèse, basée sur une vaste recherche originale, va bien au-delà des renseignements tirés des ouvrages déjà publiés. Par exemple, nous avons consulté systématiquement les périodiques des centrales et la plupart des documents publiés depuis leur fondation (procès-verbaux, mémoires, rapports, etc.). Sur certaines questions particulières, nous avons complété nos informations par les archives des centrales syndicales. Les documents gouvernementaux, en particulier ceux des ministères fédéral et provincial du Travail, ont également été une source importante de renseignements. Pour les deux derniers chapitres, nous avons tiré profit du dépouillement des articles concernant le syndicalisme parus dans *La Presse* et *Le Devoir*.

Le volume, qui trace l'histoire du syndicalisme québécois de ses origines à 1985, est divisé en six chapitres correspondant à un découpage chronologique en cinq périodes. Nous avons donné plus d'ampleur aux dernières décennies, particulièrement fertiles en événements, en leur consacrant deux chapitres. L'ordre des thèmes abordés est le même pour chaque période: d'abord un survol de l'histoire des principaux groupes syndicaux et une analyse des questions les plus significatives; puis un examen des rapports entre le syndicalisme et l'État à travers le programme législatif des centrales et leurs positions à l'égard de l'action politique partisane; enfin l'étude de l'activité de grèves et un court historique de certains conflits de travail. Certaines questions demandant, selon les périodes, un traitement plus élaboré, nous nous arrêtons en particulier à la position des syndicats pendant les deux guerres mondiales et pendant la Révolution tranquille, à leur attitude à l'égard de la loi des relations ouvrières (1944), aux purges anticommunistes (1947-1953) et à l'évolution des négociations dans le secteur public et parapublic.

Au cours des années consacrées à la préparation de cet ouvrage, nous avons accumulé une dette de reconnaissance envers plusieurs étudiants et étudiantes qui ont analysé, dans leurs travaux ou leur mémoire, tel ou tel aspect particulier de l'histoire du syndicalisme. Lorsque leur contribution est significative, on trouvera leur nom dans les notes à la fin du volume. Nous tenons cependant à remercier plus particulièrement nos assistants de recherche, Réjean Myre, Claude Couture, Omer Plouffe et Rémi Portugais. Les commentaires de Denyse Baillargeon, Louis Fournier, Fernand

Harvey, François Vaillancourt, Jean Gérin-Lajoie, Paul-André Linteau et Giovanni Calabrese nous ont été précieux et nous leur exprimons notre reconnaissance. Nos remerciements s'adressent enfin à Lucie Rondeau et Nathalie Brunet qui ont dactylographié le texte, ainsi qu'à René Durocher et John Dickinson, successivement directeurs du département d'histoire de l'Université de Montréal, qui nous ont assuré de leur collaboration. Nous avons bénéficié de modestes subventions de l'Université York et de l'Université de Montréal.

CHAPITRE 1

NAISSANCE DU SYNDICALISME AU QUÉBEC (1818-1896)

Les premiers syndicats que connaît le Québec apparaissent au début du 19e siècle, bien avant la période d'industrialisation des années 1880. Faibles et, pour la plupart, éphémères, ils réunissent peu de syndiqués. Formant un groupe plutôt marginal dans une société largement paysanne où la production est régie par le système artisanal, les travailleurs et travailleuses de cette époque ne sont pas encore portés à s'associer pour revendiquer une amélioration de leurs conditions de travail. La main-d'œuvre est composée d'une forte proportion d'immigrants anglais et irlandais ayant une très grande mobilité entre les villes nord-américaines. Quant aux Canadiens français, venus surtout des régions rurales où il y a surplus de population, ils ressentent peu encore l'aliénation du travail industriel.

Dans les années 1850 et 1860, l'accélération des activités industrielles et commerciales se traduit par la naissance de plusieurs syndicats à Québec et à Montréal. Mais la grave crise économique de 1873, avec son cortège de faillites d'entreprises et de chômage, décime la plupart d'entre eux. À peine une vingtaine, presque tous de la région de Montréal, survivent à la crise avec des effectifs très réduits.

Le retour à la prospérité donne une impulsion décisive au syndicalisme. Des dizaines de nouveaux syndicats sont formés et les organisations existantes voient leurs effectifs se gonfler. Une association venue des États-Unis, l'Ordre des chevaliers du travail, s'implante solidement au Québec et joue un rôle capital dans le développement d'une conscience politique parmi les syndiqués. À

Montréal en 1886 et à Québec trois ans plus tard, elle regroupe plusieurs syndicats dans des conseils centraux chargés d'influencer les conseils municipaux et le gouvernement provincial. Au plan canadien, les Chevaliers sont actifs dans le Congrès des métiers et du travail du Canada mis sur pied en 1883 pour promouvoir l'adoption de lois favorables aux travailleurs. Sous leur influence, le mouvement syndical déborde les revendications économiques dans l'entreprise et prend conscience de la nécessité de réformes politiques et sociales.

LES DÉBUTS DE LA SYNDICALISATION (1818-1881)

Malgré l'urbanisation, la population du Québec est encore, au milieu du 19e siècle, à 85% rurale. L'économie repose sur une agriculture autarcique qui contribue peu au développement d'industries de transformation. À la ferme, les familles fabriquent elles-mêmes les chaussures, les tissus et les vêtements dont elles ont besoin, et les artisans disséminés dans les villages n'emploient que peu de main-d'œuvre: les 807 moulins à farine et les 282 carderies en opération au Québec en 1851 ne comptent en moyenne que 1,5 employé; les scieries n'en ont que 3,4[1].

L'économie de Québec et de Montréal est intégrée au commerce international, surtout avec la métropole britannique. Ses produits d'exportation, bois, céréales et navires, exigent peu de transformation sur place et la main-d'œuvre n'est pas très nombreuse (sauf la construction navale). Dans la mesure où la colonie importe des produits manufacturés (coton, toile, soie, laine, fer et cuir), les industries locales n'ont pas vraiment la possibilité de se développer[2]. Les artisans, nombreux dans les villes, exécutent habituellement eux-mêmes toutes les étapes de la fabrication d'un produit. Propriétaires de leur atelier et travaillant sur commande, ils vendent leur production sur le marché local. Et si quelques-uns d'entre eux ont des employés, surtout des apprentis, ceux-ci sont en général peu nombreux.

À partir des années 1840, la structure économique du Québec commence pourtant à se transformer. Un premier mouvement d'industrialisation s'esquisse sur les bords du canal Lachine[3]. L'amélioration du réseau de canaux avec les Grands Lacs et la construction de lignes de chemins de fer permettent d'intensifier les échanges

Grâce au commerce extérieur, la ville de Québec demeure le principal centre d'activités économiques jusqu'au milieu du 19e siècle. (ANQ, Beaufoy, 1840)

avec l'Ontario et les États-Unis. L'abolition des barrières tarifaires avec ces derniers, par le traité de Réciprocité (1854-1866), puis la guerre civile américaine accélèrent le commerce et favorisent le développement de plusieurs industries de transformation (scieries, meuneries, chaussure, vêtement, fonderies)[4]. L'afflux d'immigrants britanniques, particulièrement nombreux à venir s'installer au Québec de 1840 à 1857, contribue à gonfler la population des villes et à stimuler la consommation locale. De 1851 à 1871, la population de Montréal vient bien près de doubler (passant de 57 715 habitants à 107 225), et celle de Québec s'accroît de 42% (de 42 052 à 59 699)[5]. On y trouve un grand nombre de travailleurs sans qualification, qui constituent un vaste réservoir de main-d'œuvre où puiseront les industries naissantes.

Les besoins de cette population urbaine et les échanges avec l'extérieur ont pour conséquence d'augmenter la taille des boutiques d'artisans. Employant une main-d'œuvre plus abondante, certains ateliers se transforment en manufactures[6]. Leurs propriétaires artisans deviennent des industriels qui, pour accroître la production, procèdent à une division des tâches parmi leurs employés et introduisent des machines-outils actionnées par turbines hydrauliques ou machines à vapeur. Certaines opérations, jusque-là effectuées par des ouvriers qualifiés, peuvent alors être confiées à des ouvriers sans qualification. Ce changement dans l'organisation de la production provoque une transformation radicale des rapports entre les propriétaires des moyens de production et leurs employés devenus une main-d'œuvre salariée.

Le paternalisme qui imprégnait les relations de travail dans les boutiques d'artisans[7] fait place à des rapports déterminés par des questions purement monétaires. Le travailleur est désormais considéré comme une marchandise dont il faut réduire le coût au minimum. Ce sont les lois du marché qui déterminent la durée de son emploi, le niveau de son salaire et ses conditions de travail. Pour la plupart des ouvriers, la liberté de changer d'emploi est illusoire car il y a toujours une vaste réserve de chômeurs. L'inégalité de relations entre employeurs et employés que cette situation engendre conduit à une détérioration de la condition ouvrière. Les salaires demeurent extrêmement bas, les heures de travail s'allongent et on fait peu de cas de la santé et de la sécurité des travailleurs. Pour réduire davantage les coûts de production, le patronat, quand il le peut, emploie des enfants, introduit le travail à la pièce et recourt à la sous-traitance.

Un sentiment d'aliénation gagne alors les salariés, conscients de la fragilité de leur emploi et de l'exploitation dont ils sont victimes. Le syndicalisme représente alors un des principaux moyens de lutte contre le pouvoir patronal. En se solidarisant, les syndiqués cherchent à opposer la puissance du nombre à la force du capital. Jusqu'aux années 1880, les syndicats sont encore peu nombreux, mais à mesure que le travail salarié se généralise, ils gagnent du terrain.

Il faut dire, par ailleurs, que jusqu'en 1872 leur émergence est entravée par des lois qui interdisent aux travailleurs de se regrouper pour améliorer leurs conditions de travail. En cette période de libéralisme triomphant, la négociation collective est assimilée à une coalition pour restreindre le commerce. La loi protège la liberté des patrons de négocier individuellement avec leurs employés. C'est donc dans une semi-clandestinité, souvent sous le couvert de sociétés de secours mutuels, que les premiers syndicats se manifestent.

Les premiers syndicats

L'origine du syndicalisme au Québec remonte au début du 19e siècle parmi des ouvriers qualifiés. On retrouve une première mention d'une association ouvrière dans un journal montréalais qui annonce en 1818 qu'une Société amicale de charpentiers et menuisiers offre les services de ses membres à des taux raisonnables[8]. D'autres organisations sont signalées à Montréal parmi les tailleurs en 1823 et les compagnons imprimeurs, l'année suivante[9]. Faute de données complètes, il est difficile de déterminer s'il s'agit là de véritables syndicats qui interviennent auprès d'employeurs dans la détermination de leurs conditions de travail.

La première mention explicite d'un syndicat poursuivant des objectifs professionnels nous est fournie par le syndicat des imprimeurs de Québec (typographes) qui, lors de sa réorganisation en 1836, entend discuter de questions salariales avec les employeurs. Il est alors dirigé par Adolphe J. Jacquies, un Français immigré de fraîche date au Québec. Rebaptisé Société typographique de Québec, le syndicat, qui compte 66 membres à ses débuts, se

Ouvriers au travail, probablement dans une manufacture de meubles. (J.H. Walker, musée McCord)

propose de faire régner la bonne entente entre patrons et ouvriers, d'établir une échelle de salaires raisonnables, d'empêcher une compétition souvent déloyale pour les employeurs consciencieux, d'instruire ses membres et d'aider les familles de travailleurs atteints par la maladie[10].

La Société disparaît en 1844 pour renaître dix ans plus tard, ayant toujours comme objectif de maintenir les salaires et d'assurer une aide à ses membres en cas de maladie ou de décès. Les typographes se proposent également de réglementer l'apprentissage du métier, préoccupation commune à plusieurs syndicats au 19e siècle, de manière à s'assurer que l'offre de travailleurs ne dépasse pas la demande. Par ailleurs, travailleurs instruits, les typographes tiennent à leur promotion sociale et culturelle. Ainsi, ils aménagent un cabinet de lecture et une bibliothèque, s'exercent à l'art oratoire et organisent des soirées dramatiques. Plusieurs d'entre eux occuperont des fonctions de direction dans les instances syndicales.

D'autres syndicats, sur lesquels nous disposons de moins d'informations, sont fondés par la suite, presque exclusivement à Montréal et à Québec (tableau 1.1). Mais la plupart des organisations formées avant 1860 ont des périodes d'activités plutôt brèves et des effectifs réduits. On les retrouve parmi les catégories d'ouvriers les plus qualifiés, dont bon nombre d'ouvriers de la construction. L'esprit de corps que ces derniers ont acquis au cours de la phase artisanale de production facilite leur regroupement en syndicats.

Le degré de qualification des premiers syndiqués est évidemment un atout majeur pour contraindre les patrons à la négociation. C'est pourquoi le syndicalisme se développe, dans un premier temps, surtout parmi les ouvriers de métier. Par la force des choses, ils constituent cette aristocratie ouvrière qui assumera le leadership du mouvement syndical jusqu'aux années 1930.

Paradoxalement un des syndicats les plus puissants au 19e siècle, la Ship Laborers' Benevolent Society (SLBS), sur lequel nous disposons de plus d'informations, regroupe des ouvriers semi-qualifiés affectés au chargement du bois équarri dans le port de Québec. L'ampleur de ce commerce avec la Grande-Bretagne requiert un nombre important de débardeurs: ils sont 2500, la plupart d'origine irlandaise, à s'affairer sur les quais d'embarquement en 1860. Lorsque l'association est mise sur pied, en 1857, elle a pour

Tableau 1.1
Syndicats fondés au Québec, 1818-1880

Profession ou métier	Lieu	Années d'activité connues
Charpentiers et men.	Montréal	1818, 1860-1872
Tailleurs de vêtement	Montréal	1823, 1830, 1858
Typographes	Montréal	1824, 1833, 1836, 1867
Typographes	Québec	1827-1844, 1854
Cordonniers	Montréal	1830, 1849, 1850, 1854, 1867-1873
Charpentiers	Montréal	1833, 1856, 1858
Boulangers	Montréal	1834, 1854, 1873
Pompiers	Montréal	1834
Cordonniers	Québec	1835, 1846, 1867-1880
Tailleurs de pierre	Montréal	1837, 1844-1873
Charpentiers de navire	Québec	1840, 1841, 1850-1867
Peintres	Québec	1841
Marins	Québec	1847
Mécaniciens	Montréal	1851
Débardeurs (SLBS)	Québec	1857
Mouleurs	Montréal	1859
Débardeurs	Montréal	1865
Mécaniciens de loco.	Montréal	1867
Chefs de train	Montréal	1868
Cordonniers	Saint-Hyacinthe	1870-1873
Cordonniers	Trois-Rivières	1870-1873
Cordonniers	Saint-Jean	1870-1873

Sources: Eugene Forsey, *Trade Unions in Canada*, p. 15-16; J. Rouillard, «Répertoire des syndicats au Québec 1827-1896», dans J. Hamelin (dir.), *Histoire des travailleurs québécois 1850-1896*, p. 203-217.

objectif d'aider les travailleurs en cas de maladie et de leur assurer des funérailles convenables. Elle compte déjà 900 membres en 1862 et 2000 quatre ans plus tard. Forte de ce succès, la SLBS étend ses préoccupations aux salaires et aux conditions de travail de ses membres.

Débardeurs s'activant au chargement du bois équarri, Sillery, 1870-1890. (APC, C 4777A)

Il ne lui est pas facile d'imposer sa présence aux maîtres de bord contre lesquels elle soutient deux dures grèves en 1866 et en 1867. Chaque arrêt de travail donne lieu à des affrontements violents entre grévistes et non-grévistes et à des arrestations. Le militantisme des débardeurs permet cependant au syndicat d'obtenir des conditions de travail très avantageuses pour l'époque. Ainsi, un débardeur ne peut, sous peine d'amende, travailler sous les ordres d'un contremaître qui n'appartient pas au syndicat. Sa journée de travail ne doit pas dépasser huit heures (à une époque où la journée de dix heures est plutôt la règle). Enfin, pour charger la cargaison de madriers, on doit utiliser quatre hommes au salaire de quatre dollars par jour[11]. S'ils ne respectent pas ces règlements, les maîtres arrimeurs se voient boycottés par les débardeurs.

Évidemment, les maîtres de bord et les commerçants de Québec ne prisent guère le syndicat. En 1869, ils croient pouvoir s'en débarrasser en obtenant que le gouvernement lui retire son incorporation. Fondée, disent-ils, pour des motifs charitables, voilà que la société réglemente les salaires, limite la liberté des travailleurs et se révèle une menace pour l'activité du port. «Le travail est une marchandise comme une autre, font entendre les marchands, et il doit obéir aux mêmes règles[12]...» Mais le gouvernement provincial refuse de donner suite à leur requête.

Affrontement violent à Québec en 1879 faisant deux morts et une trentaine de blessés. Des débardeurs canadiens-français regroupés dans l'Union canadienne cherchent à ravir les emplois des Irlandais membres de la Ship Laborers' Benevolent Society. (*Canadian Illustrated News*, 30 août 1879, APC, C 72381)

La menace la plus sérieuse pour le syndicat ne vient pas du gouvernement ni du patronat, mais des débardeurs canadiens-français qui convoitent leurs emplois rémunérateurs. En 1865, ces derniers fondent leur propre association, la French Ship Laborers' Society. Peu après, ils en viennent aux coups avec les Irlandais, mais cèdent sous le nombre[13]. Réunis dans une nouvelle association, l'Union canadienne des débardeurs, ils offrent leurs services, en 1879, à un dollar de moins par jour que les membres de la SLBS et acceptent de travailler deux heures de plus. Mais lorsque vient le temps de gagner les quais, les Irlandais les attendent de pied ferme. Une violente échauffourée fait deux morts et une trentaine de blessés. Finalement, la paix est rétablie entre les deux groupes grâce à l'adoption par la SLBS d'un règlement spécifiant que tout chargement requiert l'emploi d'un nombre égal de travailleurs irlandais et canadiens-français.

À la fin du siècle, la SLBS connaît des moments difficiles en raison du déclin du commerce du bois équarri et de la mise en service de bateaux à vapeur qui remontent le fleuve jusqu'à Montréal. Les arrimeurs tiennent le syndicat responsable de ce déplacement des activités maritimes vers Montréal.

Jusqu'aux années 1860, les syndicats sont des organisations indépendantes ayant peu de relations entre elles. Les premières tentatives d'établir des rapports de solidarité dépassant les limites d'une ville donnée apparaissent aux États-Unis. On se rend compte que les liens entre les syndicats d'un même métier dans des villes différentes renforcent leur pouvoir de négociation. En constituant des fédérations syndicales et en uniformisant les conditions de travail dans une région, on limite la concurrence toujours réelle de travailleurs sous-payés et on rend difficile le recrutement par les employeurs d'une main-d'œuvre à bon marché dans d'autres villes. Ces liens sont donc un atout précieux lors de grèves.

C'est ce qui explique le développement du syndicalisme dit international (en réalité nord-américain) au Canada et au Québec, à mesure que les échanges économiques s'accroissent entre le Canada et les États-Unis et que la main-d'œuvre devient plus mobile entre les deux pays. L'expansion du réseau de chemins de fer joue un rôle clé dans ce processus. Comme les travailleurs peuvent traverser librement la frontière entre les deux pays, une sorte de marché nord-américain du travail se met en place.

En organisant les travailleurs canadiens, les syndicats américains se protègent contre la concurrence éventuelle des Canadiens

Ouvriers employés à la construction du pont Victoria vers 1858. Le transport ferroviaire stimule les échanges avec les États-Unis et facilite le va-et-vient de la main-d'œuvre.

en veillant à relever leurs salaires et à améliorer leurs conditions de travail[14]. En outre, les gains obtenus par les syndiqués américains exercent un attrait certain auprès des travailleurs canadiens qui envient la solidité de ces syndicats regroupés en vastes fédérations et disposant de ressources humaines et de moyens financiers importants. En effet, plusieurs unions internationales, au 19e siècle, détiennent un fonds de grève et offrent un régime élaboré de protection sociale en cas de maladie ou de décès, et même un revenu à la retraite. En se joignant à ces unions, les travailleurs canadiens et québécois veulent s'assurer une meilleure protection et renforcer leur pouvoir de négociation dans l'entreprise. Dans plusieurs cas, l'idée de fonder un syndicat affilié à une union internationale provient de travailleurs qui en ont déjà fait partie lorsqu'ils étaient aux États-Unis.

En syndiquant des travailleurs au Canada, les unions américaines ajoutent l'épithète «internationale» à leur nom, caressant même la vague ambition au 19e siècle de s'étendre à l'Europe. Mais leur expansion reste confinée, à toute fin pratique, au Canada et aux États-Unis. Dans la plupart des cas, les membres canadiens ne constituent d'ailleurs qu'une faible minorité de ces unions. Il n'en reste pas moins qu'une intégration aussi étroite des mouvements syndicaux entre deux pays industrialisés est un cas unique.

Aussi curieux que cela puisse paraître, le premier syndicat d'origine étrangère à s'établir au Québec n'est cependant pas américain mais britannique. En effet, l'Amalgamated Society of Engineers affilie, en 1853, un syndicat montréalais formé de machinistes anglais récemment immigrés depuis peu au Québec et qui compte 21 membres[15]. Le seul autre syndicat qui maintient des liens avec une organisation britannique est celui des menuisiers et des charpentiers montréalais qui obtient, en 1888, une charte de la Amalgamated Society of Carpenters and Joiners. Les syndicats membres de ces deux fédérations britanniques au Canada rompent leur affiliation au début du 20e siècle pour joindre les rangs des unions internationales.

Les syndicats américains entrent donc au Canada dans les années 1860. L'Union nationale des mouleurs est la première à organiser des travailleurs canadiens, à Montréal et dans quatre villes ontariennes, en 1859[16]. Lors de son congrès annuel à Toronto, en 1868, elle prend l'épithète «internationale». La deuxième union à s'implanter au Québec, en 1865, est l'Union internationale des cigariers, dont une section est mise sur pied à Montréal par des ouvriers d'origine hongroise en provenance des États-Unis. Elle sera parmi les syndicats montréalais les plus dynamiques à la fin du 19e siècle.

La troisième affiliation internationale en sol québécois, la section locale 97, touche les typographes montréalais, en 1867. On connaît bien l'histoire de ce syndicat qui traverse des moments passablement agités au 19e siècle[17].

Les francophones, qui se sentent peu à l'aise dans ce syndicat composé majoritairement d'anglophones, en organisent un autre en 1870, l'Union typographique Jacques-Cartier, et obtiennent une charte de l'Union internationale, section locale 145. En 1877, l'exécutif international se ravise: il révoque la charte du groupe francophone et enjoint ses membres de réintégrer le local 97. En échange, il promet que tous les documents seront bilingues, que

Mouleurs au travail à la fonderie Clendinging de Montréal en 1872. (*Canadian Illustrated News*, 4 mai 1872, APC, C58597)

le vice-président sera obligatoirement francophone et que le conseil de direction comptera une égale représentation des deux groupes linguistiques. Mise à l'essai pendant quatre ans, cette formule ne satisfait pas les francophones qui réclament le rétablissement de leur ancien syndicat. L'Union internationale y consent en 1882.

Peu après sa fondation, l'Union Jacques-Cartier a aussi des démêlés avec les autorités religieuses. En 1873, l'évêque de Montréal, Mgr Bourget, le frappe d'interdiction pour avoir posé «des gestes injustes et répréhensibles», comme de se mettre en grève et d'exiger l'atelier syndical, c'est-à-dire l'obligation pour les travailleurs de faire partie du syndicat. Lors d'une rencontre avec le président du syndicat, le prélat exige carrément la rupture des liens avec l'Union internationale. Prié de revenir sur sa demande, l'évêque maintient néanmoins que le syndicat doit renoncer à la grève et éviter des gestes qui portent atteinte à la liberté individuelle. Confondant probablement l'Union internationale avec la Première Internationale socialiste, il l'enjoint aussi de désavouer l'Internationale ou toute autre organisation destinée à miner l'ordre social et religieux. Le syndicat, du moins officiellement, se rend à ses demandes; il est douteux cependant qu'il abandonne vraiment l'idée de faire grève et le principe de l'atelier syndical. L'intervention de Mgr Bourget fraie la voie à des gestes plus lourds de conséquences de l'évêque de Québec quelques années plus tard.

Le syndicat des Chevaliers de Saint-Crépin traverse la frontière en 1867 ou en 1868 pour venir syndiquer les cordonniers montréalais. Fondés à Milwaukee en 1867, les Chevaliers s'implantent également à Québec, à Saint-Jean et à Trois-Rivières en 1869, puis à Saint-Hyacinthe en 1870. Le Québec compte déjà à cette époque un grand nombre d'ouvriers cordonniers qui produisent presque toutes les chaussures vendues au Canada.

Pour ces ouvriers, la mécanisation des opérations de production signifie notamment l'arrivée d'une main-d'œuvre non qualifiée et une baisse généralisée des salaires. Les cordonniers, se plaint un gréviste en 1869, ne touchent plus que les deux tiers de ce qu'ils recevaient comme salaire quatre ou cinq ans auparavant[18]. Les Chevaliers tentent de limiter la dégradation des conditions de travail en contrôlant l'accès à la profession et en contraignant les patrons, par la grève parfois, à relever les salaires. Trois grèves, deux à Montréal et une à Québec, surviennent en 1869. La Grand Loge aux États-Unis verse plusieurs milliers de dollars au soutien des grévistes. L'évêque de Montréal, Mgr Bourget, et l'archevêque de Québec, Mgr Taschereau, condamnent alors vigoureusement l'association parce qu'elle fomente des troubles, exige le secret de ses membres et ruine l'industrie[19]. Quelques années plus tard, la grave crise économique de 1873, qui provoque une véritable hécatombe syndicale, emporte également les Chevaliers.

Ébauche de solidarités interprofessionnelles

En se joignant aux unions internationales, les syndicats québécois participent à des solidarités continentales de type vertical: des travailleurs d'un même métier s'unissent en vue de renforcer leur pouvoir de négociation dans l'entreprise. Il est un autre type de solidarité, horizontal celui-là, qui émerge en quelques occasions pendant la période qui nous occupe et qui ajoute une nouvelle dimension à la conscience ouvrière. Il s'agit de regroupements de syndicats de métiers différents qui, à Montréal, veulent rejoindre l'ensemble des syndiqués de la métropole. Les associations interprofessionnelles qu'ils mettent sur pied ont donc des objectifs suffisamment vastes pour intéresser tous les salariés.

Ces regroupements sont cependant encore bien éphémères et leurs revendications limitées au milieu de travail. L'impulsion vient de travailleurs récemment établis au Québec et se situe dans le sillage de mouvements nés à l'extérieur du Québec. Transplantées en sol québécois, ces organisations ont du mal à prendre racine. Ne trouvant pas un terreau suffisamment riche, elles disparaissent après seulement quelques mois d'activités.

La Montreal Trades Union (1834)

Fondée en 1834, la Montreal Trades Union réunit des charpentiers, des tailleurs, des boulangers, des maçons, des tailleurs de pierre, des cordonniers, etc. Désireuse de protéger et de promouvoir les intérêts et les droits des travailleurs, elle se présente comme le porte-parole de la «classe ouvrière» de Montréal[20]. Son objectif plus immédiat est d'obtenir la journée de travail de dix heures, revendication formulée aussi à cette époque par le mouvement ouvrier en Europe et ailleurs en Amérique du Nord.

Ce sont les charpentiers de Montréal qui, regroupés en syndicat en 1833, réclament les premiers une réduction de leurs heures de travail, de 12 à 10 heures par jour. Devant le refus des entrepreneurs, ils déclenchent une première grève, qui échoue, puis une autre plus fructueuse l'année suivante. Les entrepreneurs dénoncent dans les journaux ces fauteurs de troubles qui mettent en danger la paix et la sécurité des citoyens. Peu après, les charpentiers rallient à leur mouvement d'autres groupes de travailleurs et fondent la Montreal Trades Union. Animée par des travailleurs anglais et irlandais récemment immigrés au Québec et née deux semaines après l'adoption des 92 Résolutions des Patriotes en lutte pour l'obtention d'un gouvernement responsable, l'assocation disparaît à la fin de l'année 1834[21].

La Grande Association (1837)

Autre cas de solidarité interprofessionnelle, la Grande Association est le fruit de l'action de Médéric Lanctôt, avocat libéral connu pour son opposition à la Confédération. Frappé, au cours d'un voyage en Europe, par la misère des travailleurs et effrayé par l'agitation révolutionnaire, craignant en outre que les troubles sociaux ne se propagent au Canada, Lanctôt voudrait contraindre les industriels à partager les bénéfices de leurs entreprises avec leurs employés, de manière à éviter à la fois la misère et la révolution[22]. En mars 1867, il lance l'idée d'une ligue des «corps de métiers» de Montréal avec l'espoir de l'étendre à tout le Canada. Son projet se concrétise dans la métropole par la fondation d'une Grande Association de 26 corps de métiers. Chaque métier délègue des représentants à une commission centrale qui élit un exécutif, Lanctôt en assume la présidence. L'association se propose d'enrayer l'immigration, de travailler au bien-être des ouvriers et de favoriser la collaboration entre le capital et le travail.

Même si la Grande Association veut promouvoir la bonne entente, elle n'exclut pas la grève. À preuve, les charpentiers et les boulangers débraient en 1867 pour appuyer une demande d'augmentation de salaires. Mais de toutes les activités du groupe, celle qui fait le plus de bruit est sans aucun doute le défilé de juin 1867 dans les rues de Montréal. Arborant le drapeau des Patriotes, les corps de métiers affiliés à la Grande Association défilent dans une vaste manifestation de solidarité. Le geste préfigure les défilés de la fête du Travail célébrée quelques années plus tard.

La Grande Association organise aussi des magasins coopératifs où les marchandises sont vendues à prix coûtant. Ils ferment cependant leurs portes après quelques mois seulement, lorsque Lanctôt, opposé à la Confédération, se présente contre George-Étienne Cartier, chef du Parti conservateur au Québec. Victime des tiraillements engendrés par la lutte électorale, la Grande Association s'effrite peu après.

La Ligue ouvrière de Montréal
et la conquête du droit d'association (1872)

La Ligue ouvrière de Montréal est formée en 1872, dans le cadre des manifestations organisées dans différentes villes du Canada afin d'obtenir la journée de travail de neuf heures[23]. À l'époque, la journée habituelle de travail varie de 10 à 12 heures, six jours par semaine, soit au total entre 60 et 72 heures.

L'agitation commence à Hamilton, pour se propager ensuite dans d'autres villes canadiennes. À Montréal, les organisateurs disent avoir recruté 2000 travailleurs, provenant surtout des ateliers de la compagnie de chemins de fer Grand Tronc. La Ligue organise des assemblées à Sherbrooke et à Québec pour élargir ses appuis. La menace est prise au sérieux par les employeurs montréalais qui, réunis en assemblée, repoussent la demande de réduction des heures de travail parce qu'elle mine la capacité concurrentielle de leurs entreprises. Pour mieux faire échec au mouvement, ils forment un comité chargé «de protéger les intérêts des maîtres et des travailleurs[24]». Finalement, les ouvriers ne réussissent pas à forcer les patrons à se conformer à la journée de neuf heures malgré des arrêts de travail dans certaines entreprises. La Ligue s'effondre à Montréal au début d'août et échoue également à Hamilton et à Toronto.

Mais dans cette dernière ville, le mouvement prend une ampleur telle que le gouvernement fédéral est contraint d'intervenir. Dans le sillage de la lutte pour la journée de neuf heures, l'union

Sir John A. Macdonald défendant à Toronto les mérites du protectionnisme douanier à la veille des élections de 1878. Les syndicats y sont favorables afin de créer de l'emploi. (*Canadian Illustrated News*, 31 août 1878, APC, C 68193)

typographique locale déclenche la grève contre les imprimeurs torontois qui répliquent en faisant arrêter les dirigeants du syndicat. En vertu de lois britanniques, un syndicat est en effet passible de poursuite dans la mesure où il conspire pour faire augmenter les salaires[25]. Devant le tollé soulevé par l'arrestation des chefs ouvriers, le premier ministre canadien, John A. Macdonald, présente rapidement une loi qui soustrait les syndicats de travailleurs au délit de coalition visant à restreindre la liberté de commerce. Il reprend textuellement une loi adoptée par le Parlement britannique l'année précédente à la suite de pressions exercées par les syndicats anglais.

Même si ce n'est pas le but poursuivi par les organisateurs du mouvement pour la journée de neuf heures, leur lutte aboutit finalement à une grande victoire pour le mouvement ouvrier. En effet, en endossant la loi des associations ouvrières, le gouvernement reconnaît explicitement la légalité du syndicalisme. Certes, la loi n'oblige pas les employeurs à reconnaître les syndicats, ni à négocier avec eux; elle ne fait que mettre ces derniers à l'abri de l'accusation de conspiration criminelle. Néanmoins, dans le cadre du libéralisme de l'époque, où le droit veille à préserver la liberté individuelle de contracter, la loi de 1872 est un tournant important. Dans la mesure où elle permet aux syndicats de représenter collectivement les travailleurs et de négocier leurs conditions de travail, elle ouvre la voie au droit du travail dont l'esprit, orienté vers les droits collectifs, est très différent du droit commun[26].

Avant l'adoption de la loi de 1872, il n'y a que deux exemples connus où des tribunaux aient condamné des travailleurs pour s'être coalisés. Le premier incident est survenu dans une boutique de chapelier à Québec en 1815: sans appartenir, semble-t-il, à un syndicat, des compagnons avaient menacé leur maître de débrayer s'il ne renvoyait pas les travailleurs non qualifiés qu'il avait engagés. Quelques-uns d'entre eux, poursuivis en justice, sont condamnés à des peines d'emprisonnement pour conspiration criminelle en vertu des lois britanniques (Combinations Acts de 1799 et 1800)[27]. La deuxième poursuite est intentée en 1849 contre 22 compagnons et maîtres cordonniers montréalais[28]. Les compagnons avaient formé une association ayant comme objectifs le secours mutuel ainsi que la réglementation de leur rémunération. Un important manufacturier de la métropole refuse de se conformer aux exigences de l'associa-

Menaçant de débrayer, des compagnons chapeliers réclament le renvoi des ouvriers non qualifiés engagés par leur maître, 12 juin 1815. (Musée canadien des civilisations, 76-5028)

tion, ce qui provoque un arrêt de travail. Dans un premier temps, l'employeur essaie de recruter des briseurs de grève et recourt aux forces de l'ordre pour disperser les piquets devant son entreprise. Puis il intente des poursuites criminelles pour conspiration, ce qui met fin à la grève. L'association réussit cependant à convaincre le jury que son unique objectif est de soutenir ses membres dans le besoin.

D'autres lois au 19e siècle servent à réprimer les organisations ouvrières. Il en est ainsi de la loi des maîtres et des apprentis qui

La police protège les entrepôts de la compagnie Allen contre des débardeurs en grève en 1877. (*Canadian Illustrated News*, 7 juillet 1877, APC, C 65929)

réglemente l'engagement des apprentis. Élargie en 1821 pour qu'elle s'applique à toutes les catégories de travailleurs salariés, cette loi stipule en outre que toute personne qui incite un ouvrier sous contrat à la «désertion» est passible d'amende. Cette clause sert par la suite à l'arrestation de «meneurs de grève» et de dirigeants syndicaux. Renforcée en 1847, la loi pénalise sévèrement «ceux qui persuadent les ouvriers de se coaliser pour demander des prix extravagants et qui les empêchent de s'engager[29]». Les études manquent pour déterminer la fréquence à laquelle ces lois antisyndicales sont utilisées contre les travailleurs. Jusqu'en 1872, il est probable que plusieurs syndicats s'affichent comme des sociétés de secours mutuels par crainte de se retrouver devant les tribunaux.

Les grèves: de l'émotivité à la stratégie

Comme le syndicalisme, la grève, qui constitue elle aussi une coalition pour restreindre la liberté contractuelle des employeurs, est illégale avant la reconnaissance du droit d'association en 1872. Cela n'a pas empêché plusieurs groupes d'ouvriers d'y avoir recours

Travaux d'élargissement du canal Lachine en 1876. (*Canadian Illustrated News*, 21 octobre 1876, APC, C 64628)

avant cette date. En reconnaissant la légalité du syndicalisme, la loi de 1872 confirme indirectement le droit de grève. Cependant, rien n'empêche l'employeur de faire appel à des briseurs de grève.

Une étude révèle que pas moins de 137 arrêts de travail surviennent au Québec de 1815 à 1879[30]. Bon nombre de ces grèves concernent les ouvriers de la construction et les employés aux travaux de terrassement des canaux et des chemins de fer. Pour plusieurs de ces travailleurs, la grève est la première manifestation d'une conscience collective. Souvent violentes, parfois même sauvages, nécessitant l'intervention de la troupe, ces premières grèves surgissent comme des révoltes contre des conditions de travail inhumaines. Spontanées, mal organisées, rarement encadrées par un syndicat, elles durent peu; le patronat n'a pas de mal à les réprimer.

Les grèves de Lachine et de Beauharnois (1843)

Deux des premières grèves à survenir au Québec, celles de Lachine et de Beauharnois en 1843, réunissent bien les traits caractéristiques de ces révoltes. Employés à la construction des canaux du Saint-Laurent, les ouvriers, presque tous irlandais (1300), logent dans de pauvres cabanes. Leurs conditions se détériorent lorsque le gouvernement abandonne la direction des travaux pour la confier à des entrepreneurs. Travaillant de cinq heures du matin à sept heures du soir, les ouvriers reçoivent un salaire dérisoire, insuffisant pour leur procurer des moyens de subsistance[31]. N'étant payés qu'une seule fois par mois, ils s'endettent auprès des magasins des entrepreneurs où les denrées sont vendues à prix fort. Lorsqu'on leur remet la paie à la fin du mois, le crédit consenti en est soustrait.

La première grève déclenchée au canal Lachine, en février 1843, prend fin avec la promesse de ramener les salaires au taux en vigueur l'année précédente. Mais comme les entrepreneurs congédient des ouvriers, la grève éclate de nouveau. Cinq cents travailleurs marchent alors sur Montréal pour faire valoir leurs griefs. Ils obtiennent finalement gain de cause, les entrepreneurs craignant que la main-d'œuvre ne les quitte pour d'autres chantiers.

Au canal de Beauharnois, la grève commence le 1er juin 1843, pour les mêmes motifs: les ouvriers irlandais (2500) réclament une augmentation de salaire et douze heures au maximum de travail par jour. Les esprits s'échauffent et la violence éclate. Plus de trois cents hommes de troupe sont appelés sur les lieux. Le 13 juin, la violence tourne à l'émeute.

Plus de mille grévistes, armés de fusils et de haches, marchent vers Saint-Thimothée, un village voisin, où ils s'en prennent à deux entrepreneurs dont ils saccagent les magasins. La troupe tire alors sur les grévistes et charge au sabre. On dénombre dix morts et au moins une cinquantaine de blessés, la plupart atteints dans le dos.

Pour les entrepreneurs, les troubles sont le fait d'agitateurs et non de la masse des ouvriers. Selon le témoignage d'un contre-maître, le danger vient de ce que «chez ces hommes qui sont sans foyer et livrés à la misère... il s'établit une unité d'action qui peut chambarder les règles qui, d'ordinaire, jouent individuellement entre l'ouvrier et son patron». Il se promet de voir à l'avenir à ce que «l'on ne permette pas à ces masses de miséreux de se réunir dans une même localité[32]». La commission d'enquête nommée pour éclairer le gouvernement reconnaît la justesse des griefs des travail-

Grève des journaliers employés à la construction du canal Lachine en 1877.
(*Canadian Illustrated News*, 5 janvier 1878, APC, C 67503)

leurs et formule quelques recommandations qui n'amélioreront pas vraiment leur sort. Un journaliste qui s'en émeut, en conclut ceci:

> Dans quelque temps on lira dans les journaux d'Europe et d'Amérique: «Le canal de Beauharnois est terminé; on vient de l'ouvrir à la navigation. De ce moment les grandes lignes entre le Haut et le Bas-Canada communiquent entre elles: le commerce et la civilisation vont en retirer des avantages inappréciables. Ces travaux gigantesques ont été exécutés par une compagnie qui mérite la plus grande reconnaissance du pays: ils ont coûté, etc.»
>
> De la perte des mœurs, des désordres sans nombre, des hommes tués par les balles et les sabres des soldats, des habitants ruinés, des ouvriers volés, des malheureux qui ne le sont devenus qu'à l'occasion de ces merveilles de l'industrie, pas un mot: il s'agit bien de cela vraiment! Le commerce est satisfait, l'industrie et la finance ont un débouché de plus: à quoi seraient bons les pauvres et les ouvriers, sinon à

favoriser tout cela? C'est ce qu'on appelle une civilisation avancée.

Un ouvrier, un paysan se plaint-il d'exactions ou d'injustice? On répond qu'on n'est pas compétent pour faire droit à sa plainte. Un de ceux qui l'exploitent est-il menacé dans sa personne et dans ses biens? Vite, soldats et canons sont à ses ordres; tous ceux qui ont des intérêts et des spéculations en voie de succès se trouvent compétents à protéger les exploitations, et s'il manque des formalités légales dans tout cela, la force majeure et la nécessité pressante seront invoquées pour excuse; on incarcérera les récalcitrants, et tout sera pour le mieux. C'est encore de la civilisation très avancée. [...]

Damnable industrie, qui dessèche le cœur, qui fait perdre tout sentiment de justice et d'humanité, qui traite les hommes comme des machines; qui ne voit que l'argent, qui ne calcule que des profits, qui n'a qu'un but: enrichir quelques particuliers n'importe aux dépens de qui[33]!

Des syndiqués en grève

Avec les syndicats, l'organisation des grèves s'améliore. Les conflits sont moins violents et les résultats plus souvent à l'avantage des grévistes. Ce sont surtout les ouvriers qualifiés qui profitent des bienfaits du syndicalisme et des retombées positives des grèves. Ces bénéfices élargissent l'écart des salaires et des conditions de travail qui les sépare des travailleurs moins qualifiés.

Au printemps de 1867, environ six cents menuisiers montréalais déclenchent une première grève générale. Groupés dans l'Union des charpentiers, un syndicat indépendant, ils exigent une augmentation de 25% de leur salaire alors fixé entre 1,20$ et 1,50$ par jour (de 7,20$ à 9,00$ par semaine)[34]. Les entrepreneurs offrent 12,5% d'augmentation. Après quelques jours de grève, sans violence sur les chantiers, les entrepreneurs se rendent aux demandes des ouvriers. Leur solidarité leur vaut des gains significatifs. En 1882, les menuisiers montréalais touchent 13,50$ par semaine, alors que le salaire des journaliers n'est que de 7,80$[35].

Autre exemple d'une grève réussie des ouvriers qualifiés, celle, en décembre 1876, des mécaniciens de locomotive employés par la compagnie de chemin de fer Grand Tronc, la plus importante à l'époque, en activité dans le corridor Québec-Sarnia. Les mécaniciens sont, en fait, les conducteurs des locomotives, chargés aussi du bon fonctionnement des chaudières et de la surveillance de la voie. Syndiqués à Montréal depuis 1867, ils sont affiliés à une union internationale, la Fraternité des mécaniciens de locomotive (section locale 89)[36]. Au moment de la grève, la Fraternité compte plus de 10 000 membres aux États-Unis et 400 au Canada, ce qui représente 90% des mécaniciens canadiens. À Montréal, les syndiqués sont au nombre de 57 en 1875. Les conditions de travail de ces ouvriers hautement qualifiés sont parmi les meilleures à l'époque. Leur journée de travail est de neuf heures et ils touchent un salaire variant entre 2,25$ et 2,80$ par jour.

Or, dans le but de réduire ses coûts après la crise économique de 1873, la compagnie annonce une réduction de 10% du salaire de tous ses employés et met à pied un certain nombre de mécaniciens sans tenir compte de l'ancienneté. Le syndicat intervient et, en mars 1875, s'entend avec la compagnie pour qu'on restaure les salaires des mécaniciens et que les licenciements soient effectués selon les années de service. Mais voilà que l'année suivante, la nouvelle direction de la compagnie rompt l'entente: elle réduit les salaires, crée une nouvelle classe de mécaniciens moins bien payés et congédie de vieux employés. Craignant un arrêt de travail, elle contraint même les mécaniciens à prêter un serment de fidélité à la compagnie.

La grève, la première d'importance dans le transport ferroviaire au Canada, est déclenchée le 29 décembre 1876, paralysant l'ensemble du réseau. La compagnie recourt à des briseurs de grève, mais sans beaucoup de succès. Des échauffourées surviennent dans quelques villes ontariennes; la troupe est appelée sur les lieux, mais aucun coup de feu n'est tiré. Le premier ministre canadien, Alexander Mackenzie, rejette la requête du président de la compagnie de décréter l'état d'urgence; les journaux condamnent l'arrêt de travail, surtout qu'il survient en plein hiver au moment où le trafic est à son sommet. La *Montreal Gazette*, qui reconnaît aux ouvriers le droit de quitter leur emploi, défend aussi la liberté de la compagnie d'engager des briseurs de grève. C'est un crime, fait-on valoir, de les empêcher de travailler[37]. Réalisant qu'elle ne peut assurer les opérations sans le concours du syndicat, la compa-

Cheminots au 19e siècle.

gnie annonce son intention de négocier et de reprendre à son emploi les grévistes, sauf ceux qui se sont livrés à la violence. Le lendemain, le travail reprend après quatre jours de grève.

L'entente finale constitue une victoire complète pour les syndiqués. Le nouveau contrat élimine la nouvelle catégorie de mécaniciens, rétablit le niveau de salaire de 1875, permet une réduction du personnel mais en tenant compte des années de service, fixe une procédure de promotion et de grief, et force la compagnie à retirer les mandats d'arrêt contre certains grévistes. Les employés non syndiqués de l'entreprise connaissent, eux, réductions de salaire et mises à pied. Instruits par le succès des mécaniciens, les chauffeurs de locomotive amorcent peu après un mouvement de syndicalisation. Il faut dire que la réussite des mécaniciens est plutôt exceptionnelle, car les employeurs réussissent habituellement à briser, pendant ces années de crise, la résistance des syndiqués. Si le Grand Tronc échoue en 1875, c'est qu'il ne peut trouver de mécaniciens en nombre suffisant pour remplacer les grévistes. Le succès d'un arrêt de travail à cette époque est proportionnel à la difficulté pour les patrons de recruter des briseurs de grève.

Pendant la seconde moitié du 19ᵉ siècle, le syndicalisme rationalise les grèves; il leur fait perdre une part de la spontanéité et de l'émotivité qu'elles contenaient. Il devient clair, par exemple, que le déclenchement d'un arrêt de travail doit se produire au moment où l'employeur est le plus vulnérable, lorsque les commandes affluent, comme le font les débardeurs au printemps, à l'approche de la saison de navigation. En cette période de naissance du mouvement ouvrier, c'est toutefois encore par tâtonnement que procèdent les travailleurs. Après le syndicalisme et la grève, ils apprendront bientôt que leur sort dépend aussi d'interventions auprès des pouvoirs publics.

INDUSTRIALISATION ET CONSCIENCE POLITIQUE (1882-1896)

Le Québec entre pour de bon dans l'ère industrielle au début des années 1880. Une fois l'économie rétablie après la crise de 1873, les forces d'industrialisation en place depuis deux décennies font pleinement sentir leurs effets.

Inquiète de la décision anglaise d'abolir la protection tarifaire préférentielle dont jouissaient le blé et le bois canadiens sur le marché britannique et menacée de perdre le marché américain lorsque les États-Unis annoncent, en 1865, qu'ils répudient le traité de Réciprocité, la bourgeoisie canadienne réoriente sa stratégie économique. Abandonnant l'idée de faire du commerce extérieur la pierre angulaire du développement économique, elle compte sur la création d'industries manufacturières pour revitaliser l'économie canadienne. En réunissant les colonies britanniques d'Amérique du Nord en une même entité politique (Confédération) et en intégrant ce marché grâce à la construction de lignes de chemins de fer, elle dispose d'un marché intérieur suffisamment vaste pour que les industries puissent se développer. Pour les protéger de la concurrence étrangère, le gouvernement canadien impose en 1857 et en 1879 des droits de douane plus élevés sur les produits fabriqués à l'étranger.

Mise en place graduellement dans les années 1850 et 1860, cette nouvelle stratégie donne des résultats limités encore pendant la décennie suivante, mais elle déclenche dans les années 1880 une

Grâce aux chemins de fer et à son port, Montréal devient la métropole financière et industrielle du Canada. (Archives Notman, musée McCord, 841)

seconde poussée industrielle qui transforme les bases de l'économie du Québec. L'activité manufacturière remplace alors le commerce extérieur comme moteur du développement économique. En valeur ajoutée, la production manufacturière fait un bond de 69,6 % de 1881 à 1891 (dollars constants) pendant que la main-d'œuvre s'accroît de 37 %, passant de 85 673 à 117 389 travailleurs[38]. Dans le marché canadien, le Québec se spécialise dans l'industrie légère (textile, vêtement, chaussure, tabac), produisant des biens de consommation courante et employant une abondante main-d'œuvre. En 1891, pas moins de 25 000 personnes œuvrent dans ces industries dont plusieurs usines emploient des centaines d'ouvriers et ouvrières[39]. Bien qu'elle compte un moins grand nombre de travailleurs (10 222), l'industrie lourde (fonderie, laminage, matériel de transport ferroviaire) embauche une main-d'œuvre qualifiée et joue un rôle majeur dans le développement de l'économie montréalaise. Bien intégrée au réseau commercial nord-américain, Montréal dépasse de loin les autres villes industrielles du Québec et s'impose comme métropole commerciale, industrielle et financière du Canada. C'est là que se concentre la moitié de la production manufacturière de la province en 1881 (9,3 % pour la ville de Québec)[40].

L'industrialisation du Québec est stimulée également par la demande intérieure résultant de la spécialisation de l'agriculture québécoise dans l'industrie laitière. Ce développement permet à de larges segments de la population rurale de participer à l'économie de marché. Disposant de meilleurs revenus, les agriculteurs peuvent se procurer des biens manufacturés, ce qui accélère sensiblement le processus d'industrialisation[41].

La croissance de l'emploi entraîne évidemment l'augmentation de la population urbaine. Le taux d'urbanisation du Québec s'élève de 19,9 à 36,1% de 1871 à 1901. Montréal et sa banlieue, qui comptent 126 314 habitants en 1871, en ont 324 880 trente ans plus tard[42]. Cette croissance de population est largement le résultat

Coin des rues Saint-Laurent et Craig à Montréal. L'essor industriel favorise le développement du secteur commercial et financier. (Archives Notman, musée McCord, 2698)

de l'afflux de Canadiens français des régions rurales environnantes. La ville, qui a été anglophone pendant quelques décennies, devient majoritairement francophone vers 1865.

La croissance urbaine a un impact significatif sur l'emploi dans le secteur de la construction et de l'industrie des services. En 1891, on retrouve au Québec 12 872 charpentiers menuisiers, 2747 maçons et 2672 peintres[43]. Les travailleurs de la construction, comme nous le verrons, se joindront nombreux à des syndicats, contribuant notamment à renforcer l'emprise des unions internationales.

La poussée industrielle des années 1880 se traduit par une forte croissance du nombre de syndicats qui passent de 22 à 91 et qui établissent des liens permanents entre eux pour revendiquer des changements sociaux auprès des pouvoirs publics. Leurs demandes débordent en effet largement le milieu du travail pour toucher de nombreux aspects de la condition ouvrière, instruction, santé, système judiciaire, droits politiques, etc. Elles marquent l'éveil d'une conscience politique chez les syndiqués et l'articulation des premières revendications au nom de la classe ouvrière. Les Chevaliers du travail, organisation syndicale venue des États-Unis, joueront un rôle clé dans cette prise de conscience.

Les Chevaliers du travail

Lorsqu'on l'entend pour la première fois, le nom a quelque chose de mystérieux. À sa naissance, aux États-Unis, l'Ordre des chevaliers du travail est d'ailleurs une organisation secrète, ainsi conçue par son fondateur, Uriah Stephens, pour protéger ses membres contre les représailles du patronat. Ce caractère de l'Ordre plaît à beaucoup de travailleurs, surtout après la crise de 1873, quand la plupart des syndicats de métiers ont disparu, victimes de l'hostilité patronale. La clandestinité leur apparaît comme le meilleur moyen de sauvegarder leur association. Mais dans les années 1880, les Chevaliers se départissent de l'obligation du secret tout en gardant certains rites propres à ce type de société. Le mouvement prend alors un essor énorme aux États-Unis et déborde au Canada.

Quoiqu'ils fondent une assemblée à Hamilton en 1875, ce n'est que dans les années 1880 que les Chevaliers se répandent au Canada. Montréal compte une première assemblée, nommée Dominion, en 1882. Profitant d'une conjoncture économique favorable, le mouvement connaît une expansion formidable[44]. En 1887, il y a 45 assemblées au Québec, dont 29 à Montréal, et pas moins de 148 en Ontario. L'Ordre décline par la suite dans l'ensemble du Canada mais beaucoup moins rapidement au Québec, qui conserve une trentaine d'assemblées jusqu'en 1895. En Ontario, il n'en subsiste plus que 68 en 1890 et 14 en 1895[45]. Le centre d'activité des Chevaliers se déplace donc vers l'est. Comme leurs effectifs sont très volatils, il est difficile de se faire une idée du membership total des Chevaliers au Québec; de 750 qu'ils sont en 1884, leur nombre ne dépasse probablement pas 3500 en 1887, au faîte de leur puissance dans la province. Les données tirées des procès-verbaux de l'Ordre aux États-Unis font état d'un maximum de 14 132 membres au Canada en 1886[46].

Les assemblées comprennent un minimum de dix membres dont les trois quarts au moins doivent être des ouvriers salariés. Les unes groupent des travailleurs du même métier, d'autres sont mixtes, comprenant des ouvriers de métiers différents ou même non qualifiés. La cotisation est relativement faible: 1,00$ de droit d'entrée et 0,10$ par mois, ce qui est beaucoup moins que celle généralement demandée par les syndicats internationaux. Quand, dans une ville, il y a cinq assemblées, elles peuvent constituer une assemblée de district dont le rôle consiste à harmoniser les relations entre les unités membres, à autoriser ou non une grève et à se faire le porte-parole du mouvement sur le plan local. Les Chevaliers mettent sur pied une assemblée de district à Montréal en 1885 et à Québec en 1890. Les francophones obtiennent en 1889 qu'on subdivise celle de Montréal en deux sections, selon la langue utilisée par les membres. Comme cette division l'atteste, les Chevaliers font des progrès marqués en milieu canadien-français. À la tête de l'Ordre, on retrouve l'assemblée générale, l'instance suprême qui régit l'orientation du mouvement et règle les différends entre ses composantes. Bien qu'en théorie l'Ordre ait une structure très centralisée, chaque assemblée jouit en réalité d'une large autonomie. C'est pourquoi, selon un dirigeant des Chevaliers, les Québécois se sentent très à l'aise à l'intérieur de l'Ordre même si le mouvement est d'origine étrangère[47].

Contrairement aux syndicats internationaux, les Chevaliers du travail n'ont pas comme objectif prioritaire l'amélioration des

Les Chevaliers du travail s'élèvent contre la discrimination raciale. Un délégué noir présente T.V. Powderly, grand maître de l'Ordre, au congrès de Richmond, Virginie, en 1886. (W. Cahn, *A Pictorial History of American Labor*, p. 119)

conditions matérielles des travailleurs par la négociation de contrats collectifs de travail. Leur projet, plus ambitieux, compte sur la solidarité de tous les travailleurs pour accomplir une réforme complète de la société industrielle. Cette réforme, cette «révolution», devrait-on dire, comprend rien de moins que l'abolition du salariat et l'établissement d'une société nouvelle fondée sur la coopération et la petite propriété. «Nous ne croyons pas, estime un membre de l'exécutif général des Chevaliers, que l'émancipation des travailleurs réside dans l'augmentation des salaires et la réduction des heures de travail. Nous devons aller plus loin que cela et nous n'y parviendrons que si le régime du salariat est aboli[48].» Tous les travailleurs, qualifiés et non qualifiés, hommes et femmes, noirs et blancs, sont invités à se joindre au mouvement; on ouvre même la porte aux membres de professions libérales, aux industriels et aux marchands, pour autant qu'ils souscrivent aux objectifs de l'Ordre.

Animés par un utopisme difficilement conciliable avec les réalités du monde industriel, les Chevaliers espèrent atteindre leur but grâce à la collaboration de tous les groupes sociaux. C'est pourquoi ils préfèrent à la grève l'arbitrage obligatoire. Ce n'est que dans des cas limites, lorsque tout autre moyen a échoué, que les membres peuvent déclencher la grève, après un vote secret à la majorité des deux tiers. Si on met tant d'hésitation à recourir à ce moyen de pression, c'est qu'il contrevient au désir d'harmonie sociale souhaitée par les Chevaliers. Comme le fait remarquer Fernand Harvey, les Chevaliers mettent l'accent non sur l'opposition ou la lutte des classes, mais plutôt sur l'affirmation de la classe ouvrière comme force sociale[49].

Par ailleurs, les Chevaliers croient que c'est par l'éducation, la formation de coopératives et l'action politique électorale que leurs objectifs peuvent être atteints. L'éducation des membres et la sensibilisation de la population aux revendications ouvrières revêtent une importance primordiale. Discutées lors des assemblées régulières, des réclamations comme la journée de huit heures, l'abolition de la loi des maîtres et serviteurs et du règlement de la corvée sont devenues des objectifs prioritaires du mouvement ouvrier. Le programme législatif de l'Ordre, élaboré en 1885, est resté celui du mouvement syndical pendant une trentaine d'années.

Les coopératives représentent une forme privilégiée de propriété sur laquelle doit reposer le système économique préconisé. Les expériences tentées au Québec (épiceries, fabrique de valises, manufacture de chaussures) et aux États-Unis ne connaissent cependant pas le succès espéré; elles font face aux mêmes difficultés que tout mouvement coopératif en système capitaliste.

En ce qui concerne l'action politique, les candidatures de Chevaliers aux élections méritent qu'on s'y attarde. Nous y reviendrons donc plus bas, dans une section spéciale de ce chapitre.

Document 1.1

Déclaration de principes des Chevaliers du travail

1. Faire de la valeur morale et industrielle — non de la richesse — la vraie mesure de la grandeur des individus et des nations.

2. D'assurer aux travailleurs leur part légitime et la pleine jouissance des richesses qu'ils créent; assez de loisirs pour développer leurs facultés intellectuelles et sociales; tous les bénéfices, récréations et plaisirs de la sociabilité; en un mot de les rendre capables d'avoir part aux profits et aux honneurs d'une civilisation avancée.

3. L'établissement d'un Bureau de statistique du travail, afin que nous puissions arriver à un aperçu correct de l'éducation et de la condition morale et matérielle des masses ouvrières.

4. La réserve, en faveur des occupants ou colons actuels, des terres publiques qui sont l'héritage du peuple. Pas un arpent de terre pour les chemins de fer ou spéculateurs; nous voulons que toutes les terres qui sont maintenant entre les mains des spéculateurs soient taxées à leur pleine valeur.

5. L'abrogation de toutes les lois qui ne portent pas également sur le Capital et le Travail; et l'abolition de toutes les finesses et subtilités techniques, les délais calculés et le favoritisme dans l'administration de la justice.

6. L'adoption de mesures ayant pour objet de pourvoir à la santé et à la sûreté des ouvriers employés dans les manufactures, les mines et les industries du bâtiment; aussi assurant une juste indemnité en cas d'accidents qui seraient dus à l'absence des sauve-gardes nécessaires.

7. La reconnaissance sur un pied d'égalité, par les corporations industrielles, de toutes les unions, corps de métiers, ordres, et toutes autres sociétés et associations qui sont déjà, ou peuvent être dans la suite, organisées par les classes ouvrières pour améliorer leur condition et protéger leurs droits.

8. Le passage des lois ayant pour objet de forcer les corporations de payer leurs employés chaque semaine en monnaie légale et en argent comptant pour tout le travail de la semaine précédente; et de garantir aux ouvriers et journaliers le premier gage ou hypothèque sur le produit de leur travail pour le montant entier de leurs salaires.

9. L'abolition de tout système de contrat à forfait pour les travaux nationaux, provinciaux ou communaux.

10. Le passage de lois établissant un système d'arbitrage entre patrons et employés; et donnant force de loi aux décisions des arbitres.

11. La défense de par la loi d'employer les enfants au-dessous de quinze ans dans les boutiques, mines et manufactures de toutes sortes.

12. Défense de par le loi de louer le travail des prisonniers à des particuliers pour leurs usines.

13. L'établissement d'un impôt gradué et progressif sur les revenus.

14. Que le gouvernement établisse un système national de monnaie dans lequel l'argent monétaire soit émis directement entre les mains du peuple en quantité suffisante pour les échanges, sans l'intervention de banques particulières; que l'argent de circulation ainsi émis ait cours légal et forcé et soit accepté en paiement de toutes dettes publiques et privées; et que l'État ne reconnaisse officiellement ou crée aucune banque privée ou compagnie de crédit, ni ne les couvre de sa garantie.

15. Que les obligations et les billets portant intérêt ne soient jamais émis par le gouvernement et qu'il émette de la monnaie légale, ne portant pas intérêt, lorsque le besoin s'en fera sentir.

16. Que l'importation par contrat d'ouvriers étrangers soit défendue.

17. Qu'avec le concours des bureaux de poste, le gouvernement organise des échanges financiers et qu'il facilite le dépôt des épargnes de la classe ouvrière.

18. Que le gouvernement général obtienne possession, par voie d'achat, en vertu du droit de souverain domaine, de tous les télégraphes, téléphones et chemins de fer; et que dans la suite nulle charte, lettres-patentes, ou privilège ne soient concédés à une corporation pour la construction et l'administration de moyens de transport de passagers, fret, lettres et dépêches.

19. De fonder des établissements de coopération de telle sorte que le système actuel de gages soit remplacé par un système industriel de «salaires coopératifs».

20. Qu'on mette en application le principe: à travail égal, salaire égal pour les deux sexes.

21. De raccourcir la journée de travail, en refusant de travailler plus de huit heures par jour.

Source: A.T. Lépine, *Explications de la déclaration de principes de l'Ordre des Chevaliers du travail*, Montréal, Imprimerie du Trait d'Union, 1887, p. 1-19.

Après des progrès notables dans les années 1880 et 1890, le nombre d'assemblées des Chevaliers fléchit considérablement: il n'y en a plus que quinze en 1902 et uniquement trois en 1906, toutes à Québec. À partir de 1887, l'Ordre perd du terrain en Ontario et aux États-Unis; le déclin est plus lent et plus tardif au Québec. Cet écart est peut-être attribuable à la structure économique différente de la province où l'industrie légère emploie surtout une main-d'œuvre non qualifiée. Par ailleurs, le Québec occupe une situation périphérique dans l'ensemble du continent nord-américain et il subit plus lentement les influences venant de son épicentre, les grands centres industriels étatsuniens.

L'avenir de l'Ordre repose, en fait, sur les ouvriers qualifiés et son succès ou son échec dépend de leur appui. Dans une période de crise économique comme celle de 1873, les ouvriers qualifiés américains, qui voient s'effriter leur pouvoir de négociation dans l'entreprise, se tournent vers l'utopie sociétale des Chevaliers du travail. Ils s'unissent alors aux ouvriers non qualifiés pour condamner le salariat, espérant lui substituer un système économique fondé sur la coopération et la petite propriété. Mais l'expansion continue de l'économie étatsunienne, de 1886 à 1892, améliore le pouvoir de ces travailleurs dans l'entreprise. Abandonnant les idéaux des Chevaliers, ils retournent graduellement à l'organisation des travailleurs par métiers et aux méthodes éprouvées de pression économique comme la négociation collective, la grève et le boycottage. C'est pourquoi treize unions internationales fondent aux États-Unis, en 1886, l'American Federation of Labor (AFL) ou, en français, la Fédération américaine du travail (FAT), vouée à la défense du syndicalisme de métier. Les Chevaliers, dont beaucoup d'assemblées sont mixtes, deviennent alors des concurrents qui affaiblissent le pouvoir de négociation des syndicats de métiers. Les ouvriers qualifiés, qui constituent l'ossature de l'Ordre, se retirent de ses rangs et combattent ce type d'action syndicale. Privé de ses éléments les plus forts, l'Ordre périclite rapidement.

Aux États-Unis, les Chevaliers se divisent en factions rivales à partir de 1893. Ces conflits entraînent la rupture de l'assemblée de district francophone à Montréal avec l'assemblée générale en 1896. L'année suivante, les syndicats internationaux portent un dur coup aux Chevaliers en fondant leur propre Conseil des métiers et du travail montréalais. Au Québec, comme à l'extérieur, mais avec un peu de retard, l'Ordre s'effondre lorsque les ouvriers qualifiés lui retirent leur appui.

Dans l'histoire des Chevaliers, il est un événement qui mérite d'être relaté avec plus de détails. En 1885, Mgr Taschereau, archevêque de Québec, condamne les Chevaliers du travail parce qu'ils exigent, par serment, un secret inviolable et l'obéissance aveugle à des «chefs inconnus». Il enjoint les curés de ne pas accorder leur absolution aux membres qui persistent à en faire partie. Le geste, qui a reçu l'approbation de Rome, provoque le désarroi parmi les évêques américains.

Ce n'est pas la première fois que le clergé catholique québécois manifeste des réticences à l'égard du syndicalisme. L'Union typographique Jacques-Cartier, nous l'avons vu, a eu maille à partir avec Mgr Bourget en 1873; les Chevaliers de Saint-Crépin et la Ship Laborers' Benevolent Society ont eu, eux aussi, à souffrir la réprobation des évêques de Montréal et de Québec. Le concile provincial des évêques, en 1868, conseillait aux ouvriers «de se tenir éloignés des sociétés qui, sous prétexte de protection mutuelle et de charité, forment des troubles, des désordres et des injustices[50]». Les évêques s'élèvent donc contre les «désordres» créés par les syndicats; certains protestent à l'occasion contre l'entrave que les organisations mettent à la liberté de chaque ouvrier de travailler au salaire qui lui convient[51]. Selon une conception hiérarchique de l'organisation sociale, tel un fils envers son père, le travailleur, pensent-ils, a le devoir de se plier à l'autorité de ceux qui assurent le progrès matériel de la société; contester sa conduite, c'est manquer aux devoirs et récuser un ordre social en conformité avec les lois de la nature.

Une autre raison qui motive la condamnation des Chevaliers par Mgr Taschereau est le soupçon de franc-maçonnerie. Consulté pour établir si l'organisation tombe sous le coup des sociétés défendues par l'Église, le Saint-Siège répond par l'affirmative en 1885 et en 1886. Cette interdiction place dans une situation difficile les milliers de catholiques qui font partie de l'Ordre aux États-Unis et leurs évêques, qui ne voient rien de répréhensible dans les Chevaliers. Le cardinal Gibbons à leur tête, les évêques américains insistent auprès de Rome qui, finalement, lève l'interdit en 1887. L'archevêque de Québec doit donc retraiter.

À en juger par le nombre d'assemblées fondées en 1885 et en 1886, la condamnation a peu d'effets à Montréal dont l'évêque, Mgr Fabre, ne partage d'ailleurs pas les craintes de son homologue de Québec. Pour Arthur Marois, un dirigeant des Chevaliers du travail à Québec, les évêques québécois condamnent les syndicats sans les connaître. «Au lieu, écrit-il, de faire comme le clergé américain qui, lui, non seulement se renseigne, mais sympathise avec les ouvriers, le nôtre [...] n'en apprend que ce que les bonnes commères leur en rapportent[52].» Les syndicats de Québec garderont un souvenir amer de la condamnation; le Conseil central refusera même de prendre part aux cérémonies à l'occasion de la mort du cardinal Taschereau en 1898[53].

L'enracinement des syndicats internationaux

Les syndicats affiliés aux unions internationales sont en progression constante au cours de la période étudiée. Contrairement aux Chevaliers du travail, leur nombre ne fléchit pas dans les années 1890 (tableau 1.2). Quelques-uns réussissent à traverser la crise de 1873 (typographes, mouleurs machinistes); d'autres sont fondés parallèlement aux Chevaliers du travail (surtout des syndicats de cheminots); certains abandonnent les Chevaliers pour s'affilier aux unions inter-

Tableau 1.2

Répartition selon l'allégeance des syndicats au Québec, 1880-1897

	1880	1885	1890	1897
Internationaux	10	15	30	47
Chevaliers du travail	—	6	32	14
Autres	12	17	29	31
Total	22	38	91	92

Sources: E. Forsey, *Trade Unions in Canada*, p. 144-145, 304-319 et 508; J. Rouillard, «Répertoire des syndicats», p. 203-221.

nationales (charpentiers menuisiers, peintres, plombiers, ouvriers du fer). En 1897, signe d'une concentration qui se maintiendra au cours du 20e siècle, les deux tiers des syndicats internationaux sont à Montréal. Pour plus de la moitié, ils regroupent des cheminots et des ouvriers de la construction[54].

Dans les années 1880, les internationaux entretiennent de bonnes relations avec les Chevaliers du travail au Québec, même si certaines assemblées recrutent des ouvriers de métiers. Les conflits n'éclatent qu'en 1892 lorsque certains syndicats internatio-

Un exemple d'ouvriers de métier: des tonneliers à l'emploi de la brasserie Dawes. (Archives Notman, musée McCord, MP 587 (128))

naux de la construction quittent le Conseil central des métiers et du travail de Montréal (CCMTM) pour former leur propre conseil, le Conseil central des métiers de la construction. Ils reprochent au CCMTM d'accorder à tous les syndicats et assemblées affiliés une représentation uniforme (trois délégués), ce qui réduit l'influence des grosses unions internationales. Cette dispute débouchera sur une scission permanente du mouvement ouvrier montréalais avec la création du Conseil des métiers fédérés, en 1897. Nous analyserons plus en détail ce conflit au chapitre suivant. Pour le moment, afin de mieux saisir les pratiques des unions internationales, suivons l'évolution de deux d'entre elles à Montréal: la Fraternité unie des charpentiers menuisiers d'Amérique et l'Union internationale des cigariers.

La Fraternité unie des charpentiers menuisiers

Ce sont des membres des Chevaliers du travail qui fondent, en mai 1887, le premier syndicat international de menuisiers à Montréal (section locale 311)[55]. Ces travailleurs appartiennent à l'assemblée Maisonneuve organisée l'année précédente par un groupe de menuisiers et d'ébénistes qui ont quitté l'assemblée mixte Ville-Marie. Fondé alors qu'il ne compte que neuf membres, le «local» international prend une rapide expansion parmi les nombreux charpentiers et menuisiers de la ville. On organise une autre section locale (n° 134) en novembre 1887, puis trois autres un peu plus tard (n°s 376, pour les anglophones, 666, pour la partie nord de la ville et 701, pour l'est). En 1894, les cinq sections locales comptent pas moins de 2000 membres, ce qui fait de la Fraternité le plus grand syndicat à Montréal. On met même sur pied un conseil de district pour coordonner leurs activités dans la ville.

Au printemps de 1894, la Fraternité se sent assez solide pour réclamer des entrepreneurs la journée de neuf heures, au lieu de dix, 30 cents pour les heures supplémentaires et un minimum de 20 cents l'heure, ce qui assurerait un salaire hebdomadaire de 10,80$ pour six jours de travail[56]. La plupart des entrepreneurs rejettent ces demandes. Une grève générale s'ensuit qui paralyse, le 1er mai, la majorité des chantiers de construction de la métropole. Une semaine plus tard, 600 ouvriers sont encore en grève, même si 50 des 175 entrepreneurs ont cédé aux requêtes du syndicat. L'union internationale verse aux grévistes 6$ par semaine et certains syndicats (cigariers, tailleurs de pierre, peintres) leur apportent une aide financière. Fin mai, devant la misère qui frappe certains grévistes, le syndicat met fin à la grève même si la moitié des entrepreneurs font la sourde oreille à ses réclamations.

Cette demi-victoire laisse le syndicat désemparé; il perd bon nombre de ses membres, si bien que trois des cinq sections locales disparaissent. Les deux autres vivotent jusqu'en 1902, année où on lance une vaste campagne d'organisation qui ramène plusieurs charpentiers menuisiers au syndicalisme. L'année suivante, une première convention collective est signée avec l'Association des entrepreneurs de Montréal. La Fraternité, qui devient le plus important syndicat international à Montréal, mène deux autres grèves générales dans la ville, en 1905 et en 1919.

L'Union internationale des cigariers

Depuis 1880, deux syndicats montréalais sont affiliés à l'Union internationale des cigariers, les n°s 58 et 226. Le métier de cigarier consiste à rouler les feuilles de tabac en cigare. Déjà auparavant, une vingtaine d'ouvriers hongrois, arrivés des États-Unis, avaient fondé un syndicat qui sera actif de 1865 à 1872, puis à nouveau de 1874 à 1876[57].

Réorganisé en 1880, ce syndicat déclenche, trois ans plus tard, une grève générale dans les fabriques de cigares. Quelques fabriquants cèdent graduellement aux revendications, mais d'autres résistent. À la compagnie S. Davis and Sons notamment, deux cents employés, pour la plupart des filles et de jeunes garçons, maintiennent la production malgré la grève d'une centaine de cigariers. Dans certaines fabriques, l'arrêt de travail dure neuf mois. Depuis l'apparition des moules à cigares en 1873, les manufacturiers engagent de plus en plus de jeunes apprentis. Le syndicat cherche à enrayer l'érosion de l'emploi de ses membres en réglementant le

Exemples d'étiquettes syndicales d'unions internationales encore utilisées dans les années 1950. Apposées sur des produits pour en favoriser l'achat par les syndiqués, elles constituent un moyen original pour favoriser la syndicalisation.

nombre d'apprentis, en réclamant une loi fixant un âge minimal pour travailler et en faisant connaître l'étiquette identifiant les produits de fabrication syndicale.

L'idée de l'étiquette syndicale, formule ingénieuse de pression sur les employeurs, vient des États-Unis où l'Union internationale des cigariers en fait la promotion depuis 1880. Diffusée à Montréal après la grève de 1883, elle consiste à marquer les cigares fabriqués dans un atelier syndiqué d'une étiquette, ce qui permet aux travailleurs de les reconnaître et de les acheter de préférence à d'autres. Le syndicat n'accorde sa marque que si le fabriquant approuve l'atelier syndical et limite le nombre d'apprentis dans ses ateliers. La méthode, qui se répandra dans d'autres unions internationales au début du 20e siècle, connaît encore peu de succès au 19e siècle mais elle se révélera un moyen fructueux de recrutement lorsque les syndiqués se feront un devoir d'acheter les produits de marque syndicale.

En 1888, les deux syndicats de cigariers, qui comptent alors 192 membres, offrent un fonds de secours en cas de décès ou de maladie. L'union internationale dédommage ses membres en chômage ou lorsqu'ils se déplacent pour trouver de l'emploi; elle administre également un fonds de grève dont profitent souvent les cigariers montréalais, mêlés à huit grèves de 1883 à 1900.

Les cigariers jouent un rôle important dans l'émergence du mouvement syndical à Montréal. Ce sont eux qui organisent pour la première fois, en 1886, la célébration de la fête du Travail, le premier lundi de septembre; trois ans plus tard, ils en remettent l'organisation au CCMTM. Leur syndicat est le premier à réclamer la journée de travail de huit heures et il est parmi ceux qui demandent une commission fédérale d'enquête sur les conditions de travail dans les manufactures (Commission royale d'enquête sur les relations entre le capital et le travail, 1886). Un des dirigeants du syndicat, George Warren, est appelé à témoigner lors de l'enquête.

Le syndicat s'impose davantage auprès des manufacturiers au tournant du siècle. En plus de limiter l'emploi des apprentis, il obtient la journée de huit heures et des taux de rémunération minimaux dans la plupart des fabriques. En avril 1901, une grève éclate dans dix manufactures employant 600 des 872 membres du syndicat. Certains d'entre eux poursuivent la grève pendant dix-huit mois. L'union internationale verse alors 175 000$ en indemnités de grève aux cigariers montréalais, une somme considérable pour l'époque. Les travailleurs montréalais, qui peuvent ainsi constater les avantages tangibles de l'affiliation internationale, se joindront en grand nombre aux unions internationales au tournant du siècle.

L'éveil d'une conscience politique

Les années 1880 voient la formation du Congrès des métiers et du travail du Canada (1883) et des conseils centraux à Montréal (1886) et à Québec (1889). Destinés à représenter les travailleurs auprès des trois niveaux de gouvernement (fédéral, provincial et municipal), ils donnent une nouvelle dimension à la conscience ouvrière. Éveillés à l'action politique, les travailleurs s'avisent que la solution de plusieurs de leurs problèmes passe par l'adoption de règlements et de lois de la part des pouvoirs publics. Leurs réclamations vont dès lors bien au-delà de l'amélioration du sort économique des syndiqués, pour toucher tous les domaines de la vie en société: droits politiques, santé publique, appareil judiciaire, accès à l'éducation, etc. Cette démarche montre qu'ils ont à cœur l'avancement de la classe ouvrière dans son ensemble. Et, pour la première fois, des travailleurs formulent explicitement des revendications au nom de leur classe d'appartenance.

Cette évolution n'est pas étrangère à l'énergie déployée par les Chevaliers du travail pour éduquer leurs membres et sensibiliser l'opinion publique aux questions ouvrières. D'ailleurs, la transformation sociale préconisée par les Chevaliers passe davantage par l'action politique que par la négociation collective. La discussion, en assemblée, de problèmes à caractère social débouche tout naturellement sur la formulation d'un programme politique, sur la création d'organisations chargées d'en faire la promotion et même, pour certains syndiqués, sur l'action électorale.

Les conseils centraux

La fondation du Conseil central de Montréal, chapeautant la plupart des syndicats de la ville, est l'œuvre de l'assemblée Ville-Marie des Chevaliers du travail, qui, en novembre 1885, adopte un vaste programme de réformes qu'elle veut proposer aux autres organisations ouvrières de la métropole. Ce programme représente la première synthèse des réclamations des travailleurs.

Depuis un demi-siècle que le Canada a conquis ses libertés politiques, les hommes portés au pouvoir par le suffrage populaire pour guider et diriger notre pays, n'ont rien fait pour améliorer les conditions morales et matérielles de la classe des travailleurs.

Les lois qui nous régissent aujourd'hui, nous les travailleurs, la force même de la nation, sont à peu près les mêmes qui existaient sous le régime du bon plaisir. Elles nous tiennent vis-à-vis des autres provinces du Canada dans un état d'infériorité qui fait plus pour ruiner notre race que tous les crimes que l'on peut commettre contre elle.

Ces lois nous devons les respecter, et cela d'autant plus que nous les avons adoptées et ratifiées par nos votes. Mais tout en les regardant, nous avons le droit d'en demander la modification si nous voulons que nos enfants soient plus heureux, plus libres, plus instruits et plus prospères que nous le sommes [...].

Les lois que ces gouvernements nous ont données nous livrent à la merci du premier venu, nous traitant en criminels pour de simples erreurs de jugement, nous ruinent, nous tiennent à l'écart de tout progrès et nous retirent la part de contrôle que nous avons le droit d'avoir dans le gouvernement.

C'est pour faire amender ces lois, dans un sens non favorable mais juste, que l'Association Ouvrière Ville-Marie s'adresse aux autres sociétés et qu'elle leur demande d'adopter le programme suivant:

Instruction

1. Établissement de Cours de Commissaires dans les villes où elles n'existent pas.
2. Pouvoir donné aux juges d'accorder terme et délai aux salariés débiteurs, avant l'exécution du jugement.
3. Suppression de la saisie mobilière contre les salariés débiteurs.
4. Saisie-arrêt: maximum 15% du salaire [...].
5. Création d'un tribunal d'arbitres composé pour moitié de patrons et d'ouvriers ayant juridiction dans toutes les questions et contestations concernant le travail et le salaire.

6. Remplacement de l'Acte des Maîtres et Apprentis [...].
7. Remplacement de l'Acte des manufactures de 1885 par un acte sensé et humain.

Travail

1. Suppression du travail des enfants au-dessous de 14 ans.
2. Limitation à 8 heures de la journée de travail des femmes et des enfants.
3. Intervention du tribunal d'arbitres dans tous les contrats d'apprentissage.
4. Suppression dans les prisons des travaux faisant concurrence à l'industrie.
5. Suppression de l'immigration assistée en dehors des immigrants de la classe agricole.

Santé publique

1. Mise en force et amélioration des lois existantes concernant la salubrité dans les manufactures, la construction et l'entretien des maisons et des égouts.

Droits politiques

1. Suppression des qualifications d'éligibilité pour les candidats au parlement local et aux conseils municipaux.
2. Suppression de la corvée[58].

Le 12 janvier 1886, les organisations ouvrières de la métropole approuvent à l'unanimité le programme. Toujours à l'instigation de l'assemblée Ville-Marie, on constitue alors le Conseil central des métiers et du travail de Montréal (CCMTM), auquel se joignent la plupart des syndicats montréalais. En mars, on en compte vingt, dont onze assemblées des Chevaliers du travail[59]. Le premier président du Conseil, Louis Guyon, maître ouvrier de l'assemblée La Concorde et secrétaire de l'assemblée de district, deviendra inspecteur des manufactures en 1888 et premier sous-ministre québécois du Travail en 1919.

À Québec, le Conseil central fondé le 29 décembre 1889 par quinze organisations ouvrières, dont huit assemblées des Chevaliers du travail, se fixe comme objectif «d'élever la condition morale, intellectuelle et sociale de tous les ouvriers[60]». Sa déclaration de principes rejoint le programme du CMTM de 1886. En Ontario, il existe déjà des conseils à Toronto (1871), à Ottawa (1872) et à St. Catharines (1875).

Fondés principalement pour représenter les intérêts des travailleurs auprès de la municipalité, les conseils s'intéressent également aux questions relevant des parlements provincial et fédéral. Très dynamiques, proches de la réalité quotidienne des travailleurs, ils sont le principal lieu de ralliement des syndicats jusqu'à la Seconde Guerre mondiale. Rappelons qu'à l'époque les municipalités sont chargées de nombreuses responsabilités touchant la vie des travailleurs: logement, assistance sociale, transport urbain, travaux publics, etc.

Au cours des réunions bimensuelles des conseils, les délégués des associations ouvrières affiliées adoptent des résolutions qu'ils acheminent aux groupes intéressés. Parmi les résolutions adoptées, nous en analyserons trois en particulier qui font l'objet de requêtes énergiques au 19e siècle: la question de la corvée, l'abolition de la loi des maîtres et serviteurs et la création d'écoles du soir et de bibliothèques publiques.

L'abolition du droit de corvée est une des premières réclamations des organisations syndicales et celle aussi qui leur vaut leur première victoire. Un règlement municipal montréalais, en vigueur depuis une cinquantaine d'années (on l'appelle droit de corvée), oblige tout citoyen qui ne paie pas de taxes à verser un dollar pour pouvoir voter[61]. Comme plusieurs travailleurs ne paient pas de taxes, ils sont automatiquement exclus des bureaux de vote à moins de débourser un dollar, somme assez importante pour un ouvrier qui gagne en moyenne 6$ par semaine. Jules Helbronner, rédacteur à *La Presse*, estime qu'en 1885 la corvée et le non-paiement de la taxe d'eau retranchent plus de la moitié des citoyens des listes électorales municipales. Ce règlement, soutient-il, n'a d'autre but que de priver les salariés de leur droit de vote[62]. Le Conseil central de Montréal finance des poursuites judiciaires contre la ville de Montréal pour contester la légalité du règlement qui est finalement aboli en août 1886. La coalition des syndicats réussit donc à supprimer une mesure qui limite sérieusement l'expression des droits politiques des travailleurs.

La loi des maîtres et serviteurs, qui est une autre source de mécontentement des syndiqués, relève elle aussi d'un autre âge.

Cette loi, qui date d'une époque où le travail était organisé sous une forme artisanale, stipule qu'un apprenti, un serviteur ou un compagnon sont passibles d'une amende ou d'emprisonnement s'ils quittent leur travail sans un préavis de quinze jours. Certains employeurs invoquent encore cette loi à la fin du 19e siècle pour faire condamner leurs employés qui abandonnent leur travail. De 1884 à 1890, il n'y a pas moins de 535 de ces condamnations[63]. Même si on l'applique par la suite avec plus de retenue, les conseils centraux de Montréal et de Québec n'en continuent pas moins de réclamer constamment l'abolition de cette loi «inhumaine et barbare».

Des revendications concernant l'éducation font également partie des préoccupations des conseils de Montréal et de Québec. On voit dans l'instruction gratuite et obligatoire, dans l'établissement d'écoles du soir et dans les bibliothèques publiques des mesures contribuant à émanciper la classe ouvrière. Le gouvernement provincial, sous l'administration du Parti national d'Honoré Mercier, instituera, en 1889, des écoles du soir à l'intention des ouvriers[64]. À raison d'une heure et demie chaque soir, on y enseigne notamment la calligraphie, le français, l'anglais et l'arithmétique. S'il y a, au début, plus de 7000 inscriptions à Montréal dont 2000 élèves parviennent au terme de leur année d'étude, le nombre diminue considérablement par la suite lorsque le gouvernement exigera des frais d'inscription; du reste, ajouter une simple heure et demie à une journée de travail de neuf ou dix heures est déjà éprouvant.

La création d'une bibliothèque municipale à Montréal se heurte dans un premier temps à l'opposition du clergé, qui craint que des «mauvais livres» soient mis à la disposition du public. En 1903, le conseil de ville refuse, pour cette raison, une somme considérable offerte par la fondation Carnegie à la municipalité[65]. Mais le Conseil central ne renonce pas à sa demande et la municipalité se dote enfin, en 1916, d'une bibliothèque publique logée dans l'édifice qu'elle occupe présentement en face du parc Lafontaine.

En général, les doléances des conseils centraux auprès des municipalités donnent des résultats mitigés. Le mouvement ouvrier est encore trop faible pour avoir une influence majeure sur les conseils de ville mais, à mesure que le nombre de syndiqués augmente, la voix des travailleurs se fait chaque année mieux entendre.

La fête du Travail

L'organisation d'une fête des travailleurs révèle la conscience de classe qui prend forme chez les syndiqués. À Montréal, cette fête est célébrée pour la première fois le premier lundi de septembre 1886, à l'instigation de l'Union des cigariers, qui en cède l'organisation au Conseil central trois ans plus tard. À Québec, une première célébration, organisée par le Conseil central, se tient dans les rues de la ville en 1891.

La journée donne lieu à un grand défilé où paradent la plupart des organisations ouvrières de la ville, précédées de leurs bannières, de plusieurs fanfares et de nombreux chars allégoriques illustrant un métier ou vantant les mérites du syndicalisme. Cette manifestation, d'une envergure considérable, vise à illustrer la force du mouvement ouvrier et la fierté d'appartenir, comme on dit à l'époque, à la classe laborieuse. En 1904, par exemple, 20 000 syndiqués participent à la manifestation dans les principales rues de Montréal et des milliers d'autres, spectateurs, les applaudissent à leur passage[66]. La journée se termine habituellement par un pique-nique et des jeux organisés dans un parc pour les familles ouvrières. À Montréal, les syndicats défilent annuellement dans les rues jusqu'en 1952.

L'idée de célébrer une fête le premier lundi de septembre vient des États-Unis où le Conseil central des métiers et du travail de New York l'organise pour la première fois en 1882. C'est en 1894, à la demande des organisations ouvrières, que le Parlement canadien désigne officiellement jour férié le premier lundi de septembre.

Le projet de consacrer le premier mai comme journée des travailleurs est né plus tard, en 1889, lors du congrès de fondation de la Deuxième Internationale ouvrière à Paris. On voulait ainsi rappeler les événements sanglants qui avaient marqué la grève générale de Chicago en 1889. Mais les travailleurs nord-américains, qui célèbrent déjà la fête du Travail le premier lundi de septembre, ne suivent pas l'appel de la Deuxième Internationale. Des groupes socialistes organiseront néanmoins à Montréal une manifestation annuelle le premier mai à partir de 1906.

Premier défilé de la fête du Travail à New York, le 5 septembre 1882. Il inspire celui de Montréal célébré chaque année, le premier lundi de septembre, avec bannières, fanfares et chars allégoriques. (W. Cahn, *A Pictorial History of American Labor*, p. 145)

Le Congrès des métiers et du travail du Canada

La volonté d'unir les syndicats canadiens dans une grande centrale prend corps en Ontario dans les années 1870. Le Conseil central de Toronto (Toronto Trades Assembly) invite en 1873 les syndicats ontariens et québécois à tenir un congrès à Toronto. Les délégués, au nombre de 45, y fondent la Canadian Labor Union (CLU) dans le but notamment de faciliter l'adoption de lois favorables aux travailleurs. À ce congrès, il n'y a cependant aucun délégué du Québec: les deux syndicats québécois ayant manifesté de l'intérêt ne peuvent trouver les fonds nécessaires pour payer le voyage de leurs représentants[67]. Il n'y a pas non plus de délégués québécois aux congrès ultérieurs du CLU, qui se dissout en 1877. Le contexte économique difficile se prête alors mal à l'existence d'une centrale canadienne.

En septembre 1883, les syndicats torontois lancent à nouveau un appel aux organisations ouvrières canadiennes mais, encore une fois, les délégués au congrès de fondation du Canadian Labour Congress, en décembre, proviennent tous de l'Ontario. Ce n'est qu'à la réunion suivante, en 1886, moment où les Chevaliers du travail sont en force, qu'il y aura un syndiqué du Québec. À partir de 1889, il y a toujours une délégation importante de Québécois. La centrale modifie son appellation en 1892 pour celle qu'elle gardera jusqu'en 1957: Congrès des métiers et du travail du Canada (CMTC).

Désireux de représenter tous les travailleurs syndiqués canadiens, le CMTC affilie sans distinction toutes les organisations ouvrières: syndicats internationaux, assemblées des Chevaliers du travail, syndicats indépendants, conseils de district, conseils centraux, assemblées de district, fédérations de métiers. Au congrès, qui se tient dans une ville différente chaque année, les délégués élisent un exécutif et adoptent des résolutions. Son rôle étant de promouvoir l'adoption de lois favorables aux travailleurs, le CMTC présente chaque année au gouvernement fédéral un mémoire exposant les doléances des syndiqués. En 1889, il se dote d'un comité législatif provincial pour intervenir auprès du gouvernement du Québec. C'est par ce canal que les réclamations des syndiqués parviennent à Québec, jusqu'à la fondation de la Fédération provinciale du travail du Québec en 1937.

Des nombreux sujets qui retiennent l'attention du CMTC au 19e siècle[68], on note la journée de huit heures pour les employés de travaux publics, l'amélioration de la loi des manufactures et la formation de tribunaux d'arbitrage pour aider à résoudre les conflits de travail. Attardons-nous à deux autres réclamations qui font l'objet de nombreux débats à l'époque: l'abolition de la qualification foncière et l'amélioration de la loi des manufactures.

Très tôt, les travailleurs syndiqués constatent qu'ils sont complètement absents de la sphère politique: à l'Assemblée législative du Québec, par exemple, 90% des députés sont des membres de professions libérales ou des représentants du secteur des affaires[69]. Les pouvoirs publics, pensent-ils, ne leur prêteront une oreille attentive que si les travailleurs sont élus aux conseils municipaux et aux parlements. C'est pourquoi il leur apparaît important, en premier lieu, de diminuer le cens électoral et de supprimer le cens d'éligibilité qui empêchent de nombreux travailleurs de voter ou de poser leur candidature à des postes électifs. Depuis l'institution du parlementarisme, les lois électorales réservent en effet le droit de vote et de mise en candidature aux propriétaires (masculins) de biens fonciers, seuls citoyens assez sérieux, croit-on, pour faire preuve de bonne gestion publique. La pression des organisations ouvrières conduira graduellement les politiciens à réviser ce postulat et à garantir des droits démocratiques égaux à tous les citoyens, peu importe leur fortune.

Premier pas dans cette direction, le gouvernement provincial, qui régit aussi, jusqu'en 1885, le droit de vote aux élections fédérales, abolit en 1882 le cens d'éligibilité qui exige de tout candidat qu'il possède une propriété d'une valeur de 2000$. Le cens électoral, inchangé depuis 1853, stipule de son côté qu'un citadin doit détenir une valeur réelle de 300$ pour avoir droit de vote[70]. Cette exigence et d'autres contenues dans la loi électorale ont pour effet d'exclure de l'électorat le tiers des citoyens masculins de plus de 21 ans aux élections provinciales de 1871 et de 1881[71]. Au nom des travailleurs, le CMTC revendique, comme première étape vers l'instauration du suffrage universel, le droit de vote pour tout homme âgé de 21 ans et plus gagnant au moins 300$ par année, à l'exemple de la loi électorale fédérale[72]. La résolution, répétée à plusieurs congrès, inclut même, certaines années, le droit de vote pour les femmes au même titre que les hommes[73]. En ce qui concerne le vote masculin, le gouvernement provincial se rend au désir des organisations ouvrières en 1895: il abolit entièrement la condition de propriété pour voter; il n'exige qu'un revenu annuel de 300$ et oblige les patrons, comme les syndicats le lui demandent, à accorder un temps déterminé pour permettre à leurs employés d'aller voter[74]. Le cens électoral sera ramené à 10$ en 1912 et aboli en 1936.

Sur le plan municipal, où les changements sont lents à venir, le mécontentement des organisations ouvrières est encore plus marqué. Là, on se plaint en particulier du cens d'éligibilité exigé des candidats maires et échevins alors même qu'il est aboli pour les députés[75]. À Montréal, il s'élève à 4000$ à la mairie et à 2000$ à l'échevinage. Pour supprimer ce cens, il faut non seulement vaincre la résistance du Conseil de ville, mais obtenir l'assentiment de l'Assemblée législative et du Conseil législatif où les changements doivent être approuvés. Au tournant du siècle, les travailleurs montréalais se heurtent continuellement à l'opposition de l'une ou l'autre de ces instances. Finalement, la charte de la ville est amendée en 1912, après référendum, pour éliminer totalement la qualification foncière exigée des candidats à la mairie et à l'échevinage.

En ce qui concerne maintenant la loi provinciale des manufactures de 1885, première loi sociale régissant les établissements industriels, si elle interdit le travail des enfants de moins de 14 ans, elle n'en permet pas moins le travail des garçons de 12 à 14 ans ayant la permission de leurs parents. D'autre part, même si elle formule des dispositions concernant la salubrité des manufactures, la semaine maximale de travail (60 heures) et la journée maximale pour les femmes et les enfants (10 heures), elle reste silencieuse sur la durée du travail des hommes. Le CMTC et le CCMTM réclament d'abord qu'on surveille l'application de la loi, ce qui n'est fait qu'en 1888 lorsque le gouvernement nomme enfin des inspecteurs. Par la suite, les efforts portent sur l'abolition complète de tout travail pour les jeunes de moins de 14 ans, sur la réduction à huit heures de la journée de travail des femmes et des enfants et sur la nomination d'inspecteurs féminins[76]. Il n'est pas rare à l'époque de trouver dans les manufactures des enfants ayant aussi peu que 12 et 13 ans. «L'enfant est exploité, écrit un rédacteur de *La Presse*, et ses défenseurs n'ont pour toute arme, qu'une simple plume. Nos législateurs, pour la plupart, sont des avocats ou des fermiers qui ne croient pas ou qui ne veulent pas croire au travail abrutissant, dégradant et meurtrier des enfants dans les usines[77].» La réponse du gouvernement aux doléances syndicales est lente. On se contente d'augmenter l'âge minimal des garçons de 12 à 13 ans en 1890, puis à 14 ans en 1907. Quant à la semaine maximale de travail, il faut attendre 1910 pour la voir abaisser de 60 à 58 heures, mais uniquement dans les filatures de coton ou de laine.

Selon le comité législatif du Québec du CMTC, le gouvernement québécois ne considère pas les demandes ouvrières comme des réformes pressantes. Les hommes politiques promettent d'étudier sérieusement leurs doléances, mais peu de gestes concrets suivent les promesses[78]. Et Joseph-Alphonse Rodier, typographe et chef ouvrier montréalais, de s'impatienter: «Il y a quinze ans que cette petite scène se répète à Québec, aussi bien qu'à Ottawa. Les ouvriers ont puissamment contribué à changer les gouvernements qui avaient ainsi abusé de leur patience, mais les leçons ont été peu profitables pour les arrivants, car ils ont fait, chaque fois, exactement comme leurs prédécesseurs. Faut-il qu'il arrive ici ce qui est arrivé ailleurs, que les prolétaires séparent leur cause de ceux des autres classes de la société pour obtenir justice[79]?» La tentation de se lancer en politique électorale pour faire valoir le point de vue ouvrier gagne plus d'un dirigeant syndical.

Dans l'arène électorale

La décision de faire de la politique active, parfois avec l'appui des organisations syndicales, est fort révélatrice de la nouvelle conscience ouvrière qui prend forme dans les années 1880. Insatisfaits des réponses à leurs réclamations, certains chefs ouvriers tentent de se faire élire au Parlement afin de faire progresser plus rapidement la législation ouvrière.

Le premier exemple de cette volonté politique est celui d'Adélard Gravel, un peintre appartenant aux Chevaliers du travail, qui se présente à Montréal comme candidat ouvrier indépendant aux élections fédérales en 1883. Il est défait par L.-O. David, un pilier du Parti libéral. Après la fondation du Conseil central de Montréal, les candidats ouvriers se font plus nombreux: trois candidats, tous membres des Chevaliers du travail, briguent les suffrages en 1886 dans trois circonscriptions provinciales de la région montréalaise[80]. Le Conseil central de Montréal appuie ces candidats qui défendent un programme très proche du sien: amélioration de la loi concernant les contrats entre maîtres et apprentis, protection de toutes les personnes travaillant dans les fabriques, mesures favorisant le règlement des conflits de travail par arbitrage, création de bibliothèques publiques et d'écoles du jour et du soir pour les ouvriers, etc.[81]. Les candidats ne recueillent que 16% du vote mais ils devancent les libéraux et les conservateurs dans les quartiers ouvriers de Sainte-Marie et de Sainte-Anne. En 1887, un autre candidat ouvrier appuyé par le Conseil central, H.J. Cloran, se présente au fédéral dans Montréal-Centre.

Alphonse-Télesphore Lépine, membre des Chevaliers du travail et secrétaire du Conseil central des métiers et du travail de Montréal. Élu député ouvrier dans la circonscription fédérale de Montréal-Est, il se ralliera aux conservateurs. (APC, C 21088)

L'année suivante, un premier travailleur québécois est finalement élu au Parlement, lors d'une élection fédérale complémentaire dans Montréal-Est. Il s'agit du typographe Alphonse-Télesphore Lépine, militant des Chevaliers du travail, à qui le Parti conservateur donne son appui. En retour, Lépine se rallie aux thèses protectionnistes du Parti conservateur. Son premier discours au Parlement est prometteur: il s'engage à défendre les intérêts des ouvriers, à mettre fin aux abus nombreux dont ils sont les victimes et à expliquer publiquement les injustices subies[82]. Mais, au contact des travaux parlementaires, il apprend rapidement que sa tâche est plus ardue que prévue. Seul député ouvrier en Chambre, lié au Parti conservateur, il finit par décevoir les organisations ouvrières.

Un autre candidat ouvrier se fait élire en 1889 au Parlement de Québec, l'ex-président du CMTM, Joseph Béland, un maçon, qui reçoit, lui, le soutien du Parti libéral; il ne siège que pour la durée d'un mandat. Par la suite, les candidats ouvriers subissent des revers; il en est ainsi de L.-Z. Boudreau, candidat ouvrier aux élections provinciales de 1892, et de D.J. Marsan, candidat dans

Saint-Sauveur à Québec en 1897. Dans ce dernier cas, l'opposition est forte; elle vient du maire de Québec, Simon-N. Parent, futur premier ministre de la province.

Le bilan de ces quinze années de lutte politique se révèle plutôt décevant pour les travailleurs syndiqués. Sur huit candidats ouvriers, deux seulement sont élus, et encore a-t-il fallu l'appui de l'un ou l'autre des partis traditionnels. Ces échecs ont pour effet de faire naître, à la fin du siècle, deux attitudes opposées à l'égard de l'action politique partisane. Pour les uns, le mélange de la politique et du syndicalisme divise les travailleurs, qui doivent donc s'en éloigner car c'est un ferment de discorde. Pour les autres, c'est l'appui des partis traditionnels qui mine l'action politique ouvrière; la solution se trouve par conséquent dans la création d'un parti de travailleurs encadrant l'action des députés ouvriers. Ces deux grandes tendances, encore présentes aujourd'hui dans le mouvement syndical, suscitent donc des débats depuis fort longtemps.

Les grèves dans les industries manufacturières

À la fin du 19e siècle, avec la croissance du nombre de salariés, les arrêts de travail se font plus nombreux; on en compte au moins une centaine entre 1881 et 1897[83]. Fait intéressant à noter, le secteur manufacturier, alors en pleine progression, fait sentir sa présence : des grèves touchent des secteurs comme la chaussure, le textile et la métallurgie. Mais ce ne sont pas tous les travailleurs de ces entreprises qui font grève. Habituellement, les grévistes se retrouvent surtout parmi certains groupes d'ouvriers qualifiés qui jouissent d'un meilleur rapport de force. Pour sa part, le patronat a tendance à se regrouper pour faire échec aux syndicats. C'est le cas des entrepreneurs en construction, des manufacturiers de chaussures et des propriétaires de fonderies. Au contrôle de l'offre de travailleurs que cherchent à établir les syndicats, les patrons essaient d'opposer un front uni pour régir la demande de main-d'œuvre. Voyons trois exemples de conflits survenus à la fin du 19e siècle.

Grève des ouvrières du coton (1880)

À cette époque, des femmes, de plus en plus nombreuses à travailler dans des industries comme la chaussure, le textile et le tabac, commencent à se plaindre de leurs conditions de travail. Le 12 avril 1880, environ 400 employés de la filature de coton Hudon à Hochelaga, dont une forte proportion de femmes, quittent le travail pour qu'on ramène la journée de travail à 10 heures et qu'on leur accorde une augmentation de salaire de 15 %[84]. C'est la première grève, à notre connaissance, qui touche des ouvrières. Depuis l'embauche d'un nouveau gérant, deux ans plus tôt, leur tâche s'est alourdie: les pièces de coton à confectionner sont allongées et, surtout, la compagnie avance le début de ses opérations, en matinée, de 7 h à 6 h 30 et prolonge le travail en fin de journée parfois jusqu'à 21 h. On leur alloue trente minutes pour dîner, mais il n'y a pas relâche pour le souper lorsque les ouvrières doivent effectuer du temps supplémentaire. Travaillant en moyenne plus de 64 heures par semaine, elles ne touchent que le salaire de 60 heures (5$ environ).

Même si elles ne sont pas syndiquées, les ouvrières sont déterminées à refuser de retourner au travail tant que leurs demandes ne sont pas satisfaites. Elles forment des piquets de grève

Édifiée en 1905 et 1912, la filature du coton Hochelaga, rue Notre-Dame à Montréal, est source d'emplois pour plus d'un millier de travailleurs et travailleuses. (Archives Notman, musée McCord, 4650)

devant l'usine et décident d'imposer une amende de 10$ à celles qui les franchiront. Le gérant menace de fermer la filature pendant six mois si les ouvrières ne retournent pas au travail. Dans un discours aux grévistes, le maire de la ville d'Hochelaga leur conseille de mettre fin à leur arrêt de travail; la compagnie, fait-il valoir, doit pouvoir concurrencer les filatures d'Ontario et des États-Unis. La police, ajoute-t-il, veillera à protéger ceux et celles qui reprendront le travail. Mais comme les grévistes restent solidaires après une semaine de grève, la compagnie, par la voix du curé, fait des concessions: elle ouvrira les portes de la filature un quart d'heure plus tard et allongera la période du dîner de quinze minutes; elle promet en outre de mettre fin au travail à 18 h 15, sauf le mercredi où l'on prolongera les opérations jusqu'à 21 h. Le curé évoque la possibilité qu'elles soient remplacées par des briseurs de grève si elles refusent ces offres. Certaines retournent au travail, d'autres quittent la ville pour se rendre en Nouvelle-Angleterre. Le 1er mai, l'usine fonctionne normalement. Cependant, les employées refusent de prolonger leurs heures régulières de travail au-delà de 18 h 15, et elles quittent leur métier même si le son de la cloche ne se fait pas entendre.

Grève des cordonniers monteurs (1882)

Les manufacturiers de chaussures de Montréal se regroupent en associations en 1882 pour faire échec à une grève des cordonniers monteurs[85]. Le syndicat local des monteurs — métier qualifié qui consiste à assembler les composantes de la chaussure — exige une augmentation de 15 à 25 cents par jour, ce qui porterait leur salaire de 1,65$ à 2,25$ pour une journée de travail. On insiste aussi pour obtenir un droit de regard sur le nombre d'apprentis engagés, façon pour les syndiqués de protéger leur emploi contre l'envahissement des ateliers par une main-d'œuvre moins bien rémunérée. Comme les patrons refusent les demandes syndicales, 350 monteurs déclenchent une grève qui paralyse complètement les manufactures, mettant en chômage forcé les 3000 ouvriers de cette industrie. Après un arrêt de travail d'une semaine, les manufacturiers acquiescent aux désirs du syndicat.

Mais ce n'est pas pour longtemps puisqu'ils décrètent un lock-out quatre mois plus tard, en hiver, lorsque les commandes se font rares. Après un mois de résistance, les monteurs retournent graduellement au travail, non sans avoir dû signer individuellement un engagement où ils promettent de ne pas intervenir dans l'embauche d'apprentis monteurs. Le syndicat disparaît peu après, victime de la coalition des employeurs. Certains cordonniers monteurs fondent une assemblée des Chevaliers du travail en 1889, l'assemblée Coopérative.

Grève aux scieries de la Chaudière (1891)

Un autre arrêt de travail spectaculaire, survenu dans la région d'Ottawa-Hull, mérite qu'on s'y attarde car il concerne un nombre considérable de travailleurs (2400)[86]. Il s'agit d'employés de scieries, ouvriers non qualifiés en majorité canadiens-français. Par plusieurs aspects, cette grève s'apparente aux révoltes de la misère telles qu'elles se produisaient au début du siècle.

Pour protester contre une diminution de leurs salaires, les employés de plusieurs scieries débraient en septembre 1891. Pour une journée de travail de onze heures et demie, ils ne touchent plus qu'environ 6,50$ à 8,50$ par semaine, là où ils gagnaient de 7$ à 9,50$ auparavant. Les grévistes réclament donc le maintien des anciens salaires et la réduction de la journée de travail à dix heures. Même si l'arrêt de travail s'est fait spontanément, les travailleurs ne faisant pas partie d'un syndicat, les assemblées des Chevaliers du travail de la région et le Conseil central d'Ottawa soutiennent les grévistes, qui ont aussi un large appui de la population francophone de Hull et Ottawa.

Au deuxième jour de débrayage, le mouvement prend l'allure d'une lutte pour l'obtention de la journée de dix heures. Les grévistes ferment une carrière, une entreprise de transport et le chantier de construction d'une usine de papier où on travaille plus de dix heures. Le maire de Hull, E.B. Eddy, qui est aussi propriétaire de l'usine de papier en construction, fait appel à la protection de la milice qui se déploie devant le chantier et les scieries. Les travaux de construction reprennent, mais les employés de scieries poursuivent leur débrayage. Pour montrer leur solidarité, ils organisent un grand défilé de 1200 grévistes devant le Parlement d'Ottawa. Un comité de notables est formé pour essayer de résoudre le conflit. Les employeurs restent sur leurs positions, alléguant que

Travailleurs à l'emploi de la scierie E.B. Eddy de Hull, 1891. (APC, C 80400)

les réclamations des grévistes accroîtraient leurs coûts de 20% à un moment où une crise frappe le marché du bois. Prêts à concéder la diminution de salaires, les grévistes tiennent cependant à la journée de dix heures.

Après trois semaines de grève, quelques petites scieries accordent la réduction des heures de travail et reprennent leurs opérations. Les plus importantes scieries, qui veulent elles aussi rouvrir leurs portes, font appel à des briseurs de grève. La violence éclate alors et la police, appelée sur les lieux, protège les ouvriers au travail. En désespoir de cause, plusieurs grévistes abandonnent la région pour chercher de l'emploi ailleurs.

Au cours de la cinquième semaine de grève, la solidarité des grévistes s'effrite et le travail reprend. Les employeurs annulent la diminution de salaire et refusent obstinément de réduire la journée de travail. Les ouvriers ne retirent pas grand-chose de leur arrêt de travail qui débouche toutefois sur la création d'une assemblée de district des Chevaliers du travail. Comptant plus de 2000 membres en 1892, elle fonde un journal, et se mêle de politique locale. Les propriétaires de scieries négocieront alors avec les Chevaliers, et ils accorderont la journée de dix heures en 1895.

* * *

L'établissement de conseils centraux des métiers et du travail à Montréal (1886) et à Québec (1889), de même que le rôle actif joué par des travailleurs québécois à l'intérieur du Congrès des métiers et du travail du Canada depuis 1886 représentent sans doute le développement le plus significatif dans le monde syndical à la fin du 19e siècle. Grâce au travail d'éducation des Chevaliers du travail, les travailleurs syndiqués dans les années 1880 développent une conscience politique de leurs problèmes. Ils interviennent auprès des pouvoirs publics et certains d'entre eux sont même tentés par l'action électorale.

Élément nouveau, des ouvriers parlent au nom de l'ensemble des travailleurs et défendent un projet global de réforme sociale. Leurs réclamations touchent les aspects les plus fondamentaux de la vie en société et révèlent un modèle différent d'organisation sociale. Ce modèle, que contient dans ses grandes lignes le programme préparé par l'assemblée Ville-Marie des Chevaliers en 1885, n'a rétrospectivement rien de bien révolutionnaire, mais il fait frémir bien des gens à l'époque. C'est sous le signe d'un réformisme modéré, pourrait-on dire, que les porte-parole des travailleurs québécois s'emploient à convaincre les autres classes sociales du bien-fondé de leurs revendications.

Cependant, il ne leur vient pas à l'esprit de mettre en doute leur appartenance à une classe sociale bien déterminée dont les intérêts sont bafoués par la bourgeoisie. On peut lire, dans le programme de 1885, que «des hommes portés au pouvoir par le suffrage populaire pour guider et diriger notre pays n'ont rien fait pour améliorer les conditions morales et matérielles de la classe des travailleurs[87]». Fondé sur la parenté de conditions entre travailleurs, le sentiment d'appartenir à une classe différente est vivement senti dans la masse ouvrière. Les syndicats tentent d'interpréter ce sentiment, de susciter une action collective et de l'orienter vers un changement de société. Cette volonté politique marque l'apparition de la classe ouvrière dans l'histoire du Québec.

CHAPITRE 2

EXPANSION ET CONFLITS
(1897-1929)

Dans le dernier tiers du 19e siècle, le démarrage industriel du
Québec s'effectue dans une conjoncture internationale défavorable;
la baisse des prix depuis 1873 entrave le développement des pays
industrialisés et freine les échanges internationaux. Le revirement
à la hausse en 1896 et le climat de confiance qui s'installe provoquent en revanche une augmentation sans précédent des investissements industriels au Canada. En franchissant le 20e siècle, le
Québec amorce alors une formidable poussée économique. La
prospérité est particulièrement manifeste de 1900 à 1910 lorsque
la production manufacturière fait un bond de 75% (dollars
constants)[1].

C'est le moment où la colonisation de l'Ouest canadien ouvre
de nouveaux marchés aux biens manufacturés du Québec, et que
la demande des États-Unis en matières premières se traduit par un
afflux d'investissements, surtout américains, dans le secteur des richesses naturelles (mines, pâtes et papiers, hydro-électricité). Ce dernier
secteur ajoute une nouvelle dimension à la structure industrielle du
Québec: il vient se superposer à l'entreprise manufacturière légère
qui a caractérisé la première phase d'industrialisation. Cependant,
si elles exigent des investissements importants, les nouvelles industries requièrent peu de main-d'œuvre. Elles s'installent par ailleurs
près des lieux d'exploitation des ressources, ce qui provoque un mouvement d'industrialisation à l'extérieur des centres urbains de Québec et de Montréal. Ainsi, de grandes entreprises minières se fixent

Usine d'aluminium Northern à Shawinigan Falls au début du siècle. L'abondance des ressources naturelles incite les entreprises à s'installer loin des grands centres. (Archives Notman, musée McCord, 4692)

dans l'Estrie, plusieurs usines de pâtes et papiers apparaissent en Mauricie, et on construit des barrages au Saguenay pour produire de l'aluminium. La main-d'œuvre salariée régionale crée un débouché intéressant pour les agriculteurs qui poursuivent leur spécialisation dans l'industrie laitière; leur intégration plus poussée à l'économie de marché se traduit par de meilleurs revenus et l'achat de bien manufacturés.

Quoique l'ensemble de la période (1897-1929) soit marquée du signe de la prospérité, une récession importante survient de 1920 à 1922; l'économie québécoise, qui a reçu une impulsion formidable pendant la guerre, voit les marchés européens se fermer[2]. Selon les estimations de O.J. Firestone, le produit national brut s'affaisse au Canada de 13,6% de 1919 à 1921 (dollars constants)[3]. À partir de 1925 cependant, l'économie reprend son

ascension et on note un essor sans précédent des investissements
et de la production industrielle jusqu'au krach de 1929.

Au cours de ces années, le développement économique s'accompagne d'une concentration des entreprises dans plusieurs secteurs industriels. Certains hommes d'affaires cherchent à éliminer
la concurrence en formant des monopoles. Cette nouvelle classe
de capitalistes, qui succèdent aux entrepreneurs industriels du 19ᵉ
siècle à la tête du monde des affaires, fonde son pouvoir sur
l'apport du capital des institutions financières (banques, sociétés
fiduciaires, compagnies d'assurances). Le processus de concentration se concrétise principalement dans le secteur bancaire, les
services publics, le textile, le ciment, le fer et l'acier, l'industrie
alimentaire et le secteur des pâtes et papiers[4]. Montréal, dont la
population urbaine atteint presque le million en 1931[5], demeure
de loin le principal centre financier où se concoctent les fusions
d'entreprises. Dans le mouvement ouvrier, on commence à parler
de lutte contre les trusts et les monopoles.

Dans une certaine mesure, les travailleurs et les travailleuses
tirent profit de ces années de prospérité quoiqu'à un rythme plus
lent que la croissance de la richesse collective[6]. Les données sur
l'évolution du salaire réel au Canada, compilées par le ministère
fédéral du Travail, n'ont pas toute la précision qu'on souhaiterait
puisqu'elles sont basées essentiellement sur le salaire horaire des
ouvriers qualifiés. Elles ne tiennent donc pas compte des périodes
de chômage et reposent sur un échantillon où les ouvriers de métiers
sont surreprésentés. Selon l'analyse des économistes Gordon W.
Bertram et Michael B. Percy, le salaire réel des ouvriers canadiens
augmente à un taux annuel de 0,9% de 1901 à 1913; il régresse
de 1,89% de 1913 à 1918, à cause de la forte inflation du temps
de guerre, puis s'accroît à nouveau lentement de 1920 à 1930.
Au total, le salaire réel des travailleurs canadiens progresse de
38,7% de 1901 à 1926[7]. Cependant, la crise économique de 1929
viendra sérieusement amputer ces gains. En 1930, le revenu moyen
des travailleurs adultes se situe au-dessous du minimum nécessaire
pour subvenir aux besoins d'une famille moyenne de cinq enfants[8].
Il est toujours indispensable de compter sur l'apport du salaire des
enfants aussitôt qu'ils sont en âge de travailler.

CROISSANCE (1897-1915)

Dans le premier tiers du 20ᵉ siècle, le syndicalisme connaît une expansion remarquable. De 10 000 syndiqués environ en 1901, les effectifs syndicaux atteignent 72 000 trente ans plus tard, soit 9% de la population active non agricole[9] (tableau 2.1). Le mouvement syndical raffermit sa présence à Québec et à Montréal et se répand en province à mesure que l'industrialisation gagne des villes comme Chicoutimi, Trois-Rivières, Hull, Drummondville et Thetford, qui jusque-là étaient surtout des centres de services pour les régions agricoles environnantes.

La poussée économique du début du siècle fait surgir de nombreux syndicats affiliés aux unions internationales qui se donnent ainsi des assises solides parmi la plupart des groupes d'ouvriers qualifiés. L'expansion de celles-ci est cependant entravée par les syndicats indépendants qui cherchent à se regrouper en fédérations de métiers et qui fondent le Congrès national des métiers et du travail du Canada en 1902. Au cours de ces années, le clergé met sur pied des syndicats catholiques pour faire échec au développement du syndicalisme international. Ces syndicats, qui connaissent

Tableau 2.1

Effectifs syndicaux au Québec, 1901-1931

	Nombre de syndicats	Effectifs déclarés	Effectifs estimés	% des effectifs estimés par rapport à la population active non agricole
1901	136		(10 000)	(3,1)
1911	228	13 868	25 200	5,6
1921	492	52 060	97 800	17,3
1931	501	58 620	72 100	9,0

Sources: *La Gazette du Travail*, «Indicateurs des organisations ouvrières», sept. 1901 à mai 1902; *Report on Labour Organizations in Canada*, 1911, p. 104 et 251; 1921, p. 249; 1931, p. 239 et 243; BFS, *Tendances occupationnelles au Canada, 1901-1941*, Bulletin n° 0-6; *Recensement du Canada*, 1941, 98-1941, p. 10 et 11. Sur la méthode utilisée pour estimer les effectifs syndicaux, voir l'annexe I.

Les usines Angus du Canadien Pacifique pendant la Première Guerre. Spécialisées dans la construction de wagons et locomotives, elles emploient alors 9000 ouvriers dont certains appartiennent à la Fraternité des wagonniers de chemins de fer, à la Fraternité des chaudronniers et à l'Association internationale des machinistes. (APC, PA 24510)

peu de succès avant la Première Guerre, profiteront du climat de prospérité engendré par le conflit pour se réorganiser.

Jusqu'à la récession de 1921, les années de guerre sont marquées en milieu ouvrier par une effervescence dont l'ampleur n'aura pas d'égal avant les années soixante au Québec. La forte poussée inflationniste (l'indice des prix augmente de 70% de 1916 à 1920) crée un contexte favorable à la syndicalisation car les travailleurs cherchent à protéger leur pouvoir d'achat. Les grèves sont nombreuses et le militantisme atteint un paroxysme. Une volonté de changement social anime de larges couches de population.

La récession de 1920-1921 vient briser cet élan et couper les ailes au mouvement syndical. Le niveau de syndicalisation atteint un plateau en 1921 puis régresse au cours des cinq années suivantes.

Il augmente par la suite, mais à un rythme inférieur à la croissance de la main-d'œuvre. C'est ce qui explique que le taux de syndicalisation, mesuré par rapport à la population active non agricole, accuse un recul important entre 1921 et 1931. Contrairement aux deux premières décennies du siècle, les années vingt réservent de nombreux revers au mouvement syndical.

Les visées hégémoniques des syndicats internationaux

Au tournant du siècle, les syndicats internationaux savent tirer profit de circonstances favorables à la syndicalisation: le redressement de la conjoncture économique augmente la main-d'œuvre et place les travailleurs en meilleure posture pour négocier. En effet, la rareté relative de la main-d'œuvre et la prospérité économique renforcent le pouvoir de négociation des syndiqués. En quelques années, l'accroissement du nombre de syndicats internationaux est spectaculaire: il double au Québec et triple au Canada.

Cette croissance est aussi liée à l'expansionnisme, tant économique que culturel, qui travaille alors les États-Unis. Si, au 19e siècle, c'est surtout le hasard qui conduit les unions internationales à syndiquer des travailleurs au Canada, au tournant du siècle, c'est, en revanche, par un effort concerté qu'elles tentent de dominer l'ensemble du mouvement syndical canadien. Le Québec devient dès lors une aire naturelle d'expansion où l'on se fait fort d'éliminer les rivaux; on ne donne d'ailleurs aucun statut spécial aux syndicats affiliés au Canada. Pour les unions internationales, le Québec et le Canada sont un prolongement des États de la fédération américaine. Le président de la Fédération américaine du Travail (FAT), Samuel Gompers, insiste pour que le Congrès des métiers et du travail du Canada ait un statut similaire à celui d'une fédération du travail comme il en existe dans la plupart des États américains[10].

Cette opinion choque la plupart des syndiqués internationaux au Québec qui sont néanmoins convaincus que leur affiliation à une union internationale comporte de nombreux avantages professionnels. Comptant des dizaines de milliers de membres, ces unions sont en meilleure posture pour résister au patronat et traverser les périodes de difficultés économiques. Nombreux sont donc les travailleurs québécois qui se joignent aux organisations internationales et défendent leur cause avec conviction.

Tableau 2.2

Répartition des syndicats internationaux au Québec, en Ontario et au Canada, 1890-1902

	Québec	Ontario	Canada
1890	30	147	240
1897	47	192	320
1902	111-1166	15-635	1037-1070

Source: Eugene Forsey, *Trade Unions in Canada*, 1812-1902, Toronto, UTP, 1982, p. 508.

L'augmentation spectaculaire du nombre de syndicats internationaux au début du siècle est, pour une large part, le résultat du travail de John Flett, le premier organisateur permanent de la FAT au Canada[11]. Engagé en 1900, il limite cette année-là son travail d'organisation à l'Ontario où il remporte un succès phénoménal avec plus d'une centaine de nouveaux syndicats. Faute de connaître le français, il a plus de mal au Québec. Il doit du reste faire face à de vigoureux syndicats locaux, notamment parmi les ouvriers de

Samuel Gompers, président de la Fédération américaine du travail, de 1882 à sa mort en 1924 (sauf en 1894). (A. Cahn, *A Pictorial History of American Labor*, p. 206)

la chaussure. Flett aide à fonder plusieurs syndicats à Montréal, mais il a moins de succès dans la ville de Québec où les syndiqués se méfient des unions internationales. Néanmoins, son travail, allié à celui d'organisateurs d'unions internationales et de dirigeants syndicaux montréalais, permet de doubler le nombre de syndicats internationaux au Québec entre 1897 et 1902.

Scission au Conseil central de Montréal (1897)

À Montréal, le progrès du syndicalisme international modifie l'équilibre existant jusque-là entre les Chevaliers du travail, les syndicats indépendants et les syndicats internationaux. Forts de leur succès, les internationaux se croient assez puissants pour éliminer les organisations syndicales rivales. Persuadés que l'efficacité syndicale passe par l'unification dans un même syndicat de tous les travailleurs d'un même métier, ils condamnent la concurrence intersyndicale (*dual unionism*) qui mine, à leurs yeux, le pouvoir de négociation des travailleurs, l'employeur pouvant dresser un syndicat contre l'autre. Le contrôle absolu de l'offre de travailleurs d'un même métier représente donc un objectif fondamental pour les syndicats internationaux. C'est pourquoi, lorsqu'ils dominent la scène syndicale au Québec et au Canada, ils s'emploient activement à éliminer les concurrents.

Les Chevaliers du travail en sont les premières victimes. En 1892, un certain nombre de syndicats internationaux quittent le Conseil central des métiers et du travail de Montréal (CCMTM) pour fonder le Conseil de la construction qui organise, en 1893, son propre défilé de la fête du Travail[12]. Ces syndicats réintègrent les rangs du CCMTM en 1895 mais pour peu de temps; l'année suivante, ils préparent la formation d'un conseil central rival qui voit le jour en juillet 1897, sous le nom de Conseil des métiers fédérés et du travail de Montréal. Les artisans de cette scission ne mettent à exécution leur projet qu'après avoir obtenu l'assurance de se faire octroyer une charte de la FAT ce qui assure le succès du nouveau conseil dans la mesure où la constitution de la centrale oblige, sous peine de sanctions, tous les syndicats internationaux de la ville à s'y affilier. Samuel Gompers se réjouit de pouvoir donner son appui aux scissionnistes, leur rappelant que le syndicalisme de métier est un gage de succès pour les travailleurs[13].

Figures dominantes du syndicalisme international à Montréal: J.-A. Rodier, un des fondateurs de l'Union typographique Jacques-Cartier et du Parti ouvrier; Joseph Ainey, président de la section locale 134 de la Fraternité unie des charpentiers et menuisiers, élu au poste de contrôleur de la ville de Montréal en 1910; Ben Drolet, président de la section locale 58 de l'Union internationale des cigariers. (*La Presse*, 30 août 1902, p. 1)

Le mécontentement des syndicats internationaux à l'endroit du Conseil central se cristallise autour du mode de représentation des syndicats affiliés; ils estiment ne pas avoir une influence proportionnelle à leurs effectifs. Le Conseil central accorde, en effet, une égale représentation de trois membres à tout syndicat ou assemblée qui veut en faire partie. Cette formule a pour effet de placer sur un pied d'égalité les grands syndicats, comme le sont les syndicats internationaux de la construction, et certaines assemblées des Chevaliers du travail dont les effectifs sont très faibles. Toutes les tentatives pour modifier la représentation au Conseil se butent à l'opposition des Chevaliers du travail qui réusissent à bloquer d'autant plus facilement les résolutions en ce sens que, pour modifier la constitution, il faut l'appui des deux tiers des délégués.

L'organisation d'un syndicat international est beaucoup plus difficile que la création d'une assemblée des Chevaliers du travail. L'objectif des Chevaliers étant de réunir tous les producteurs dans un vaste mouvement pour l'abolition du salariat, ils ne font pas de cas du métier de leurs membres et ouvrent même leurs portes aux non-travailleurs. Les internationaux, en revanche, ne regroupent que des travailleurs d'un même métier, et une union internationale n'accepte d'affilier deux sections syndicales d'un même métier dans une ville que lorsque le nombre d'adhérents est assez important. Obligés de siéger au Conseil central avec des délégués d'organisations qui, disent-ils, «ne représentent rien, ni personne», les internationaux quittent définitivement les rangs du Conseil en 1897[14].

Avec l'augmentation du nombre de syndicats internationaux à Montréal, le Conseil fédéré voit croître rapidement le nombre de syndicats affiliés, au point de dépasser le Conseil central. Pour enrayer les défections et retrouver sa prépondérance, le Conseil central modifie en 1901 sa constitution pour accorder une représentation proportionnelle à ses affiliés. Mais c'est peine perdue, le Conseil fédéré est déjà trop bien établi pour accepter sa dissolution. Comme nous le verrons, la division des syndiqués à Montréal et les conflits entre syndicats nationaux et internationaux de la chaussure auront des conséquences néfastes sur l'unité du mouvement ouvrier canadien.

Conflits dans l'industrie de la chaussure (1901)

Au début du siècle, l'industrie de la chaussure emploie au Québec près de dix mille travailleurs, répartis dans 114 manufactures. De toutes les industries manufacturières, c'est le secteur qui, tout de suite après les scieries, procure le plus grand nombre d'emplois. Le syndicalisme y a percé grâce au travail d'organisation des Chevaliers de Saint-Crépin, de 1869 à 1873. Certains travailleurs de la chaussure ont milité par la suite dans les Chevaliers du travail qu'ils ont aussi quitté pour former des syndicats indépendants à Québec et à Montréal.

À la fin du siècle, les syndicats de la chaussure entretiennent des rapports plus étroits entre eux. Un conseil central des cordonniers, formé en mars 1898, coordonne l'activité des syndicats montréalais et, plus important, les cordonniers machinistes créent à peu près au même moment la première fédération nationale de métier fondée au Québec, la Fraternité des cordonniers unis de la puissance du Canada[15]. Née à Montréal, elle affilie un syndicat de machinistes à Saint-Hyacinthe, puis à Québec; organisme aux pouvoirs étendus, elle détermine des échelles de salaires communes et constitue même un fonds de grève. À la fin de 1898, les cordonniers monteurs suivent l'exemple des machinistes en jetant les bases de l'Union protectrice des cordonniers monteurs du Canada qui, l'année suivante, groupe mille syndiqués de Montréal, de Québec, de Saint-Hyacinthe et de Trois-Rivières. Les syndicats de la chaussure au Québec manifestent donc un dynamisme et une unité d'action bien avant que l'Union internationale des travailleurs en chaussures, qui compte 10 000 membres aux États-Unis à l'époque, ne commence à syndiquer les travailleurs québécois.

L'union internationale (Boot and Shoe Workers Union) envoie au Québec un premier organisateur en 1900; il se rend compte que la meilleure façon d'implanter son organisation sera de convaincre les syndicats québécois de s'affilier à l'union internationale[16]. Le président de l'union, John F. Tobin, conduit les négociations qui aboutissent à l'affiliation de trois syndicats en 1901, dont le syndicat montréalais de la Fraternité des cordonniers unis. Les syndicats de la chaussure de la ville de Québec repoussent l'offre d'affiliation tandis que l'Union des monteurs de Montréal, le syndicat le plus important, hésite à prendre une décision. Devant cette lenteur, Tobin pose, en septembre 1901, un geste lourd de conséquences en accordant la marque de fabrication syndicale internationale à la compagnie Ames-Holden alors que les membres de l'Union des monteurs y sont en grève depuis six mois. En signant l'entente avec la compagnie, Tobin s'engage à lui fournir tous les travailleurs dont elle peut avoir besoin, sans tenir compte des monteurs en grève.

Indignée de cet affront, l'Union des monteurs porte sa cause devant le Conseil fédéré dont elle fait partie même si elle n'est pas affiliée à l'union internationale. Après enquête, le Conseil, composé en grande majorité de représentants de syndicats internationaux, réprouve le geste de l'union internationale dans cette affaire. Tobin réplique alors en demandant à Samuel Gompers d'intervenir personnellement afin que le Conseil fédéré exclue de ses rangs l'Union des monteurs. La constitution de la FAT ne permet pas à un conseil central d'accueillir un syndicat qui n'est pas affilié à une union internationale. Gompers s'acquitte de sa tâche et le Conseil fédéré exclut l'Union des monteurs en novembre 1901.

Dégoûtés de la conduite des syndicats internationaux, les monteurs montréalais projettent de regrouper les travailleurs de la chaussure de tout le Canada dans une vaste organisation. Fondée le 3 novembre 1901, la Fédération canadienne des cordonniers s'affilie au Conseil central de Montréal. Ainsi débute parmi les syndiqués de la chaussure une longue période de rivalités intersyndicales qui attisent la division entre les deux conseils centraux de Montréal.

Division au CMTC (1902)

Les querelles entre syndiqués montréalais prennent alors une dimension nationale en se transportant au Congrès des métiers et du travail du Canada. À ses congrès annuels, le CMTC, qui se veut le porte-parole des syndiqués canadiens, accueille les représentants de tous les syndicats peu importe leur affiliation (Chevaliers du travail, union internationale, syndicat indépendant, etc.). Il reconnaît donc les délégués du Conseil fédéré tout comme ceux du Conseil central de Montréal. Cette attitude déplaît au Conseil fédéré qui veut être la seule instance à représenter les syndiqués montréalais, dont les neuf dixièmes sont, estime-t-il, déjà avec lui. Il entreprend alors d'éliminer du CMTC les délégués des Chevaliers du travail et du Conseil central.

Une résolution en ce sens est soumise une première fois au congrès de 1899, mais sans qu'une décision ne soit prise. Les deux délégués du Conseil fédéré font valoir que les Chevaliers sont une organisation en pleine débandade qui «jette du discrédit sur les corps ouvriers du pays[17]». On revient à la charge lors des deux congrès suivants, sans plus de succès, les délégués jugeant que le conflit ne concerne que les travailleurs montréalais. En 1902, de nouveaux éléments viennent renforcer la position du Conseil fédéré. Le président de l'Union internationale des travailleurs de la chaussure, J.F. Tobin, en guerre contre la Fédération canadienne des cordonniers, vient lui prêter main-forte pour exclure du CMTC les organisations qui font concurrence aux syndicats internationaux. Deux mois avant le début du congrès du CMTC à Berlin (aujourd'hui Kitchener, Ontario), il envoie une lettre aux syndicats canadiens des unions internationales pour les inciter à envoyer des délégués au congrès et faire triompher le principe du syndicat unique pour représenter chaque métier. Tobin est lui-même présent au congrès avec treize membres canadiens de son union.

Inquiet de la progression du syndicalisme non international, notamment au Québec et en Colombie-Britannique, Samuel Gompers s'intéresse aussi de près à l'évolution du débat au Canada. Le président du CMTC, Ralph Smith, songe à cette époque à faire de son organisation une fédération canadienne de syndicats nationaux. Le CMTC commence à octroyer des chartes d'affiliation à des syndicats qui lui sont directement rattachés (unions fédérales) et on invite, en 1902, les conseils centraux à détenir une charte du CMTC. C'est ainsi que le Conseil central de Montréal en obtient une cette année-là en dépit du fait que le Conseil fédéré soit affilié à la FAT. Les décisions du CMTC font craindre à Gompers le développement de syndicats canadiens parallèles aux unions internationales, ce qui freinerait l'expansion du syndicalisme internationnal au pays.

Au congrès de Berlin en 1902, les 150 délégués comptent une forte représentation de syndicats internationaux (80)[18]. Dès l'ouverture, l'admission des délégués des deux conseils montréalais soulève la controverse et on met sur pied un comité spécial chargé de réviser la constitution. Le rapport du comité propose des modifications importantes qui ont pour effet d'exclure de l'organisme pancanadien les Chevaliers du travail, la Fédération canadienne des cordonniers et le Conseil central de Montréal. Le plus important amendement interdit l'affiliation au CMTC de tout syndicat de métier qui n'appartient pas à une union internationale (lorsqu'une union de ce métier existe aux États-Unis). Ces changements à la constitution placent en définitive le CMTC sous l'emprise des seuls syndicats internationaux. Même si certains font valoir que ces changements vont diviser le mouvement ouvrier et exclure de nombreux syndicats québécois, les délégués, en majorité des représentants de syndicats internationaux, repoussent tous les amendements atténuant les propositions initiales.

La constitution modifiée se traduit par l'exclusion de vingt-trois organismes affiliés dont dix-sept proviennent du Québec. Parmi eux, il faut compter les conseils centraux de Montréal et de Québec, sept assemblées des Chevaliers du travail, un syndicat de barbiers, un autre de tonneliers, et surtout six syndicats de cordonniers, deux de Québec et quatre appartenant à la Fédération canadienne des cordonniers. Les syndicats de la chaussure de Québec comptent environ 2000 membres et constituent dans cette ville le point d'appui des organisations syndicales. En liant sa cause au syndicalisme international, le CMTC ferme la porte également à l'affiliation éventuelle de nombreux syndicats indépendants dans la province.

Deux jours après l'adoption de la nouvelle constitution qui, en fait, ne doit entrer en vigueur qu'en 1903, un certain nombre de délégués fondent le Congrès national des métiers et du travail du Canada. Pour la première fois, deux centrales estiment représenter les travailleurs canadiens. Non seulement la révision de la constitution du CMTC à Berlin compromet gravement l'unité du mouvement ouvrier canadien, mais elle fraie la voie, comme nous le verrons, au développement d'un syndicalisme national plus «québécois» d'orientation.

Les syndicats nationaux

Par syndicats nationaux, il faut entendre les syndicats qui résistent à l'affiliation aux unions internationales. Certains appartiennent à

Expulsés du CMTC au congrès de Berlin (Kitchener), ces délégués, la plupart des Québécois, fondent le Congrès national des métiers et du travail du Canada en 1902. De gauche à droite, première rangée, T. Beaupré, président de la Fédération canadienne des cordonniers, A. Langlois, D. Gauthier, D. Spannard, A. Marquis; deuxième rangée, T. Fitzpatrick, chevalier du travail de Montréal. I. Sanderson, Omer Brunet, président du Conseil central de Québec, Thomas Griffiths, président du CNMTC. (*Canadian Trade Union Annual*, 1925, AUL, Fonds Charpentier, 212/3/11)

une fédération nationale de métier, d'autres font partie d'un conseil central national ou encore sont affiliés au Congrès national des métiers et du travail du Canada. Plusieurs ne sont rattachés ni à l'une ni à l'autre de ces organisations, mais partagent avec elles la volonté de demeurer à l'écart du syndicalisme international. La majorité de ces syndicats indépendants ajoutent à leur appellation les mots «national» ou «canadien».

Avant la Première Guerre, il ne s'agit pas d'un groupe marginal, puisqu'on y trouve à peu près le tiers des syndicats québécois, proportion beaucoup plus élevée qu'en Ontario (10% environ) où le fonds nationaliste qui permet leur éclosion est beaucoup moins senti qu'au Québec (tableau 2.3). Les principales organisations sont les conseils centraux nationaux de Montréal et de Québec, certaines fédérations nationales comme la Fédération canadienne des cordonniers (1901-1911) et la Fédération des ouvriers du textile du Canada (1906-1909), et, au sommet, le Congrès national des métiers et du travail du Canada (CNMTC). Ce dernier recrute surtout ses affiliés au Québec, du moins jusqu'en 1908. C'est pourquoi nous nous attacherons à décrire plus attentivement son évolution.

Le Congrès national des métiers et du travail

En 1904, les quatre cinquièmes des membres du CNMTC se retrouvent au Québec (8770), le reste provenant surtout de l'Ontario (1415)[19]. La ville de Québec en compte près de la moitié. Surtout composés de syndiqués de la construction et de la chaussure, les effectifs de la centrale restent à peu près stables jusqu'en 1906-1907. Bien que le CNMTC fleurisse surtout au Québec, son nationalisme demeure pancanadien; il ambitionne de s'étendre au Canada anglais et de représenter l'ensemble des travailleurs canadiens. En s'inféodant à la FAT, fait-il valoir, le CMTC ne peut plus prétendre être le porte-parole des travailleurs canadiens. Il s'attend à ce que le gouvernement fédéral le reconnaisse comme seul interlocuteur des syndiqués canadiens.

De façon générale, la conception de l'action syndicale des nationaux se rapproche de celle des syndicats internationaux. Les deux groupes cherchent à améliorer la condition matérielle des travailleurs par la négociation de conventions collectives et ils n'hésitent pas, à l'occasion, à déclencher des grèves. Quant au programme législatif du CNMTC, il se rapproche sensiblement de celui du CMTC. Tout au plus peut-on noter une insistance à réclamer du gouvernement une meilleure protection tarifaire pour les produits canadiens et moins d'appréhension envers l'intervention de l'État et l'action politique partisane. En fait, seul les sépare véritablement le nationalisme, qui repose sur l'idée que les Canadiens doivent assumer eux-mêmes l'orientation des institutions syndicales de leur pays.

Les syndicats nationaux se démarquent également des syndicats catholiques en maintenant une nette distinction entre les questions religieuses et les questions syndicales. Certains d'entre eux précisent même dans leurs règlements qu'aucun débat de nature religieuse n'est toléré dans les assemblées sous peine d'amende. Ils partagent

---

Document 2.1

Les dix commandements d'un unioniste (1908)

1. Un seul but tu chercheras et poursuivras constamment
2. Ton union locale aimeras en la visitant bien souvent
3. Tes contributions tu paieras à chaque mois régulièrement
4. Aux assemblées tu assisteras pour t'instruire profondément
5. Tes camarades ne trahiras, ni mépriseras aucunement
6. Aucune affaire ne dévoileras et pour aucune raison pareillement
7. Les règlements tu observeras et pratiqueras mêmement
8. La constitution tu liras pour discuter clairement
9. Aux grèves tu ne recourras que pour demander légitimement
10. Alors l'union s'affirmera en persévérant noblement

Source: F.-X. C., *L'Ouvrier*, 23 février 1908.

---

ainsi un sentiment répandu de méfiance chez les travailleurs envers l'intervention du clergé dans les questions syndicales.

Peu de syndicats abandonnent leur affiliation internationale pour passer au CNMTC, qui ne dispose pas non plus des ressources financières nécessaires pour se payer un organisateur permanent. Incapables de se doter de services comparables à ceux offerts par les unions internationales, les syndicats nationaux végètent au moment même où les syndicats internationaux prennent de l'expansion.

La Fédération canadienne du travail

En 1907, l'exécutif du CNMTC se rend compte que, pour progresser, il lui faut s'implanter davantage dans les provinces anglophones. L'année suivante, on change alors le nom du congrès pour celui de Fédération canadienne du travail (FCT) et on lorgne du côté de groupes réfractaires au syndicalisme international comme la Provincial Workmen's Association de Nouvelle-Écosse (PWA) et la Fraternité canadienne des cheminots. La PWA se joint à la Fédération en 1908 de même que quelques autres syndicats au

Tableau 2.3

Répartition selon l'allégeance des syndicats au Québec, 1901-1916

	Internatio- naux	Nationaux indépendants	Catholiques	Total
1901	74	62	—	136
1906	155	81	—	236
1911	190	38	—	228
1916	236	70	23	329

Sources: *La Gazette du Travail*, sept. 1901 à mai 1902; mars 1907, p. 1131-1136; *Report on Labour Organizations in Canada*, 1911, p. 92, 104; 1916, p. 174, 189.

Canada anglais. En 1915, la FCT compte soixante-trois syndicats affiliés et plus de 7000 membres, soit des effectifs un peu moindre qu'en 1904. Mais, différence importante, il ne reste plus que douze syndicats québécois affiliés. Que sont donc devenus les syndicats qui ont animé le CNMTC au Québec?

À Montréal, le mouvement national qui gravite autour de la Fédération canadienne des cordonniers disparaît à toutes fins utiles en 1911 lorsque ce syndicat s'affilie à une union internationale, la United Shoe Workers of America. À Québec, citadelle du syndicalisme national, peu de syndicats restent affiliés à la FCT. Les dirigeants syndicaux de la ville se sont divisés sur la question de l'uniformité des manuels scolaires dans les écoles publiques. La querelle débouche sur la formation d'un nouveau conseil central, le Conseil central national du district de Québec et de Lévis, auquel se rallient la plupart des syndicats affiliés au Conseil central des métiers et du travail de Québec (CCMTQ). La Fédération canadienne du travail, qui a lié sa cause au CCMTQ, voit ainsi lui échapper ses syndicats de Québec. C'est dans ces circonstances que la Fédération, qui gagne du terrain au Canada anglais, perd ses syndicats affiliés au Québec.

Après la guerre, elle végète, tant au Québec que dans les autres provinces; elle ne dépasse pas 13 500 membres dans les années vingt alors que le CMTC en compte 173 000 en 1921. Au Québec, elle ne regroupe jamais plus de douze syndicats dont la moitié appartiennent à une fédération nationale purement québé-

Lettre à en-tête de la Fraternité nationale des cordonniers machinistes avec le sceau de la Fédération canadienne du travail. (Musée canadien des civilisations, M-37)

coise, la Fédération canadienne des briqueteurs. À cette époque, la majorité des syndicats nationaux adhèrent déjà à la Confédération des travailleurs catholiques du Canada, qui prend le relais, dans la province, du syndicalisme national.

L'âge d'or du syndicalisme international

Pour les syndicats internationaux, la campagne d'organisation entreprise au tournant du siècle se poursuit de façon intensive jusqu'en 1906, de façon un peu plus lente par la suite. Leur nombre ayant plus que triplé de 1901 à 1916 (de 74 à 236), ils dominent largement le mouvement syndical dans la province jusqu'à la guerre. Ils recrutent surtout leurs syndicats dans les secteurs du transport (cheminots), de la construction et de la métallurgie (tableau 2.4).

La Fraternité unie des charpentiers et menuisiers dépasse de loin en importance, au Québec, toutes les autres unions internationales (19 syndicats affiliés en 1911). À compter de 1909, elle embauche un organisateur francophone, temporaire d'abord, puis permanent à partir de 1913. Pendant longtemps, Arthur Martel

Tableau 2.4

Répartition des syndicats internationaux selon l'industrie, 1911

Industrie	Nombre
Mines	8
Construction	43
Métallurgie	26
Bois - papier	3
Imprimerie	12
Vêtement	9
Alimentation	6
Cuir	6
Transport	65
Services	6
Divers	6
Total	*190*

Source: Ministère du Travail du Canada, *Labour Organizations in Canada*, 1911, p. 92-94. Ces statistiques appellent des réserves puisqu'elles sont basées sur le nombre de syndicats et non sur les effectifs syndicaux. Le nombre de syndiqués peut varier beaucoup selon le syndicat ou l'union internationale à laquelle ils appartiennent. Malheureusement, le ministère fédéral du Travail ne désagrège pas ses données sur les effectifs syndicaux par province. Ce tableau et ceux que nous présentons aux chapitres suivants sur la répartition des syndicats internationaux selon l'industrie doivent être utilisés avec prudence.

occupe cette fonction, en plus de siéger comme vice-président à l'exécutif international jusqu'à son décès en 1950. L'expansion de la Fraternité en province fait naître des syndicats catholiques à Chicoutimi (1912) et à Thetford (1915). Pendant la guerre, le secrétaire général de la Fraternité exerce des pressions sur l'épiscopat américain et le président de la FAT pour enrayer le développement du syndicalisme catholique.

Quant aux unions internationales de cheminots, elles prennent énormément d'expansion depuis le début du siècle. C'est le secteur qui affiche le plus haut taux de syndicalisation au Canada jusqu'à la Seconde Guerre mondiale. En 1928, 57% des employés de chemins de fer sont membres d'un syndicat[20]. Les quatre grandes fraternités de cheminots, les «Big Four» (mécaniciens de locomotive, chauffeurs, conducteurs, agents de train), évoluent en marge du reste du mouvement syndical, refusant de s'affilier à la FAT. Leurs syndicats canadiens ne se joignent pas non plus au CMTC ni aux conseils centraux des villes. Leur seule préoccupation étant la protection des intérêts immédiats de leurs membres, l'expression «syndicalisme d'affaires» caractérise particulièrement bien l'action de ces fraternités de cheminots. La formule convient moins bien aux autres unions internationales qui s'appliquent, notamment par des démarches auprès des gouvernements, à relever le sort de l'ensemble des travailleurs.

Avant la guerre, les syndicats internationaux représentent entre le quart et le tiers des syndiqués québécois (en Ontario, c'est la presque totalité). La présence d'un certain nombre de syndicats nationaux complique évidemment leur tâche. Aussi, les dirigeants montréalais des syndicats internationaux pressent la FAT d'engager un organisateur permanent au Québec sachant parler français. John Flett, l'unique organisateur canadien de la FAT depuis 1900, est unilingue. Les conseils centraux de Montréal et Québec et le CMTC votent, en 1907 et en 1908, des résolutions recommandant l'engagement d'un francophone[21]. Après plusieurs enquêtes, Samuel Gompers acquiesce en nommant à ce poste, en 1909, un charpentier montréalais, Joseph Ainey. Par malheur, Ainey démissionne quelques mois plus tard après son élection au poste de contrôleur de la ville de Montréal. Sollicitée à nouveau, la FAT n'accepte de payer un organisateur que pour l'année 1914. Invoquant invariablement le manque de fonds pour repousser les requêtes des Québécois, elle ne réalise pas encore que les syndicats nationaux sont une menace qui pourrait compromettre le développement futur du syndicalisme international. Elle prendra le danger plus au sérieux après la guerre, lorsque les syndicats catholiques assumeront le leadership du mouvement national.

L'idéologie des syndicats internationaux est fortement centrée sur l'accroissement du pouvoir d'achat des travailleurs, l'objectif principal étant d'assurer à ceux-ci la plus large part possible des biens matériels produits: *Bread is freedom*, lance Gompers en 1921 à un groupe de chefs ouvriers torontois[22]. Cet objectif, les unions internationales prévoient l'atteindre en utilisant les rouages du système capitaliste. À l'exemple du marchand qui cherche à vendre sa marchandise au prix le plus avantageux, les travailleurs s'unissent en syndicats pour vendre leur force collective de travail au meilleur prix possible. Dans ce système de marchandage, les travailleurs prennent vite conscience que leur pouvoir de négociation est meilleur s'ils contrôlent l'offre d'ouvriers d'un même métier. C'est pourquoi, l'organisation des internationaux repose sur le métier des adhérents; elle leur assure un meilleur rapport de forces.

Les négociations avec les employeurs débouchent ordinairement sur une convention collective qui rend compte de l'entente à laquelle les deux parties sont parvenues. Parfois la grève est nécessaire mais, la plupart du temps, on trouve un compromis qui témoigne de l'état du rapport de forces. Ce type de syndicalisme, qu'on qualifie parfois de gompérisme, ne remet donc pas en cause les fondements du système capitaliste; tout au plus cherche-t-il à tirer profit de certains de ses mécanismes.

L'importance attachée à l'accroissement direct ou indirect du pouvoir d'achat des travailleurs conduit les syndicats internationaux à délaisser l'action politique partisane et à refuser, par exemple, que la confession religieuse des membres, leurs choix politiques et leur appartenance nationale puissent interférer dans la vie syndicale. Cette orientation les oppose aux autres syndicats au Québec qui tiennent à intégrer l'une ou l'autre de ces valeurs à l'action syndicale.

Nous reviendrons sur la position des syndicats internationaux à l'égard de l'action électorale et de la religion; attardons-nous pour l'instant à la question nationale. Jusqu'à une époque toute récente, les unions internationales font peu de cas de la frontière qui sépare le Canada des États-Unis; elles ne s'intéressent pas non plus à l'avenir culturel du Canada français. On pense que les intérêts communs des travailleurs des deux pays transcendent l'allégeance nationale des syndiqués. Les unions internationales n'accordent pas de statut spécial aux syndicats canadiens et elles n'admettent pas que la question nationale puisse intervenir dans la solution des problèmes économiques des travailleurs. Le nationalisme, dit-on, divise les travailleurs nord-américains et affaiblit leur pouvoir de négociation.

Pour les mêmes motifs, et aussi parce que ce nationalisme origine d'un courant conservateur au Québec, les internationaux se méfient des groupements qui, après la guerre, se portent à la défense de la langue française. *Le Monde Ouvrier*, l'organe officieux des syndicats internationaux à Montréal, favorise en 1919-

La journal *La Presse* réserve toute sa première page à la visite de Samuel Gompers à Montréal en 1903. L'archevêque de Montréal, Mgr Bruchési, met à cette occasion les catholiques en garde contre le syndicalisme international. (*La Presse*, 2 mai 1903, p. 1)

1920 le bilinguisme intégral, allant même jusqu'à proposer un système scolaire commun aux deux communautés linguistiques[23]. Dans la même veine, le Conseil des métiers et du travail de Montréal refuse à l'unanimité d'appuyer une requête pour faire du 24 juin la fête civique des Canadiens français, alléguant que les fêtes chômées sont déjà assez nombreuses. Avant de discuter cette question, l'exécutif tient à préciser que le Conseil est une association ouverte à toute nationalité et qu'il ne convient pas d'en favoriser une au détriment des autres[24]. Les internationaux mettront beaucoup de temps à s'éveiller aux problèmes de la communauté canadienne-française.

L'Église et le syndicalisme

Alors qu'en Europe l'Église révise sa perception traditionnelle des problèmes sociaux, les autorités religieuses québécoises, malgré l'encyclique *Rerum Novarum* de 1891, s'en remettent encore à l'esprit de justice et de charité des «classes supérieures» et à la fondation d'œuvres à caractère social comme la Saint-Vincent-de-Paul et les sociétés de secours mutuels[25]. Il n'est donc pas surprenant de voir, en 1901, l'archevêque de Montréal, Mgr Bruchési, recommander à ses curés d'aborder la question du travail sous l'angle des devoirs des serviteurs envers leur maître[26]. Même s'il n'est plus condamné, le syndicalisme est néanmoins tenu en suspicion et la grève, réprouvée parce qu'elle est perçue comme un acte d'insubordination à l'autorité des employeurs. C'est pourquoi les dirigeants syndicaux entretiennent une certaine méfiance à l'égard du clergé lorsque celui-ci se mêle de questions syndicales. N'ayant pas oublié que l'archevêque de Québec a condamné les Chevaliers du travail en 1886, ils souhaitent que le clergé se tienne à l'écart de leurs associations.

L'éveil de l'épiscopat

Au début du 20e siècle cependant, les évêques de Montréal et de Québec s'intéressent de plus près au syndicalisme à la suite de grèves importantes déclenchées dans ces villes.

En 1900, l'archevêque de Québec, Mgr Bégin, intervient dans un arrêt de travail qui paralyse depuis deux mois les manufactures de chaussures de la ville. Le conflit, qui touche 4000 travailleurs et travailleuses, oppose l'Association des manufacturiers de la chaussure et les trois syndicats de ce métier (nous reviendrons plus loin sur ce conflit). À la suggestion d'un journal local, les deux parties demandent à Mgr Bégin d'intervenir comme médiateur. Ce dernier accepte en posant cependant comme condition préliminaire que les manufacturiers rouvrent les portes de leurs manufactures, que les syndiqués suspendent leurs réunions pendant deux semaines, et que les deux groupes s'engagent à se conformer à la décision arbitrale. Rendue six semaines plus tard, la sentence reconnaît le droit d'association aux travailleurs, mais l'assortit de la réserve suivante: ne sont légitimes que les syndicats qui «se proposent d'atteindre une fin honnête et juste» et qui n'emploient pour y arriver «que des moyens conformes à la morale, à l'honnêteté et à la justice[27]». Ayant trouvé dans les constitutions des syndicats de la chaussure des éléments répréhensibles, il insiste pour qu'elles soient modifiées. Enfin, il propose l'institution d'un tribunal permanent d'arbitrage pour régler les futurs conflits de travail.

Les syndicats de la chaussure acquiescent à la formation d'un tribunal d'arbitrage, mais se montrent réticents à soumettre leurs constitutions à l'examen de l'archevêque. L'Union des machinistes va même jusqu'à demander l'appui du gouvernement fédéral contre cet «abus de pouvoir». En échange de la reconnaissance de leurs syndicats par les manufacturiers et de la préférence syndicale dans l'embauche, ils soumettent finalement leurs constitutions à une commission ecclésiastique qui conclut à leur inspiration «socialiste» et «maçonnique». En plus de suggérer de modifier certains passages jugés trop radicaux, la commission propose également la présence d'aumôniers aux réunions des syndicats. Toute modification ultérieure des constitutions doit recevoir l'assentiment de l'archevêque. L'intervention de Mgr Bégin amorce le processus de confessionnalisation des syndicats, bien qu'elle n'en fasse pas encore de véritables organisations catholiques. Les constitutions modifiées n'excluent pas les non-catholiques et on conserve un article qui défend, sous peine d'amende, de discuter de questions religieuses pendant les réunions. Les syndicats de la chaussure continuent de s'affilier au Congrès national des métiers et du travail et à la Fédération canadienne du travail.

En 1904, Mgr Bruchési propose au CMTM de donner un caractère religieux à la fête du Travail par la célébration d'une messe à l'église Notre-Dame. Le Conseil refuse suggérant plutôt qu'une messe soit célébrée la veille pour les travailleurs qui désirent y assister. (*La Presse*, 6 septembre 1904, p. 1)

L'archevêque de Montréal porte une attention spéciale au syndicalisme en 1903 à la suite de grèves importantes des syndicats internationaux de débardeurs et de conducteurs de tramways. À l'occasion de la visite de Samuel Gompers à Montréal, il rend publique une lettre pastorale qui souligne le péril, pour les ouvriers catholiques, d'appartenir à des syndicats internationaux. Il reconnaît aux travailleurs le droit de former des syndicats, mais préfère qu'ils soient canadiens. L'année suivante, il invite les travailleurs à donner à la fête du Travail un caractère religieux par la célébration d'une messe. C'est lors d'un sermon prononcé à cette occasion à l'église Notre-Dame, en 1906, que Mgr Émard, évêque de Valleyfield, exprime lui aussi le souhait, devant une assemblée composée en majorité de syndiqués internationaux, que les ouvriers forment des syndicats canadiens. Au début du siècle, les évêques québécois sont unanimes à dénoncer les dangers du syndicalisme international et à marquer leur préférence pour des syndicats nationaux.

Les premiers syndicats catholiques

Quelques années plus tard, le clergé fait un pas de plus en créant ses propres syndicats nationaux, qu'il veut également confession-nels. Un certain nombre d'événements survenus à Montréal lui font craindre qu'il ne perde son influence sur les travailleurs. On s'inquiète en particulier que les syndicats internationaux, qui recru-tent de plus en plus de membres, se fassent les avocats de l'instruc-tion gratuite et de la fréquentation scolaire obligatoire, ce qui ouvre la voie à une intervention accrue de l'État dans le domaine de l'éducation.

De plus, le clergé s'alarme des progrès des idées socialistes en milieu ouvrier. Comme nous le verrons, il existe à Montréal, depuis 1899, un parti ouvrier qui fait élire un premier candidat aux élections fédérales en 1906, ainsi qu'un parti socialiste qui fait beaucoup de bruit, la même année, en organisant un défilé le premier mai. L'archevêque de Montréal sent le besoin, en 1907, de prévenir ses fidèles de se tenir à l'écart de pareilles manifesta-tions. Le Parti ouvrier, animé par des syndiqués internationaux favorables à l'action électorale, propose la nationalisation des entre-prises de services publics, ce qui est suffisant aux yeux du clergé pour en faire un parti socialiste. Enfin, la multiplication des grèves fait craindre que ces conflits ne se transforment en luttes de classes et n'ébranlent tout l'édifice social. C'est dans ce contexte que le clergé entreprend de former les premiers syndicats catholiques.

L'idée est proposée à l'épiscopat par un groupe de prêtres provenant de tous les diocèses de la province lors d'une réunion organisée, en janvier 1911, par la Fédération des ligues du Sacré-Cœur. Après avoir tracé un bilan de la situation du syndicalisme dans chaque diocèse, les participants s'entendent pour recommander à l'épiscopat la fondation d'organisations confessionnelles, comme il en existe dans certains pays d'Europe. Les évêques répondent graduellement à cette invitation, à mesure que les syndicats interna-tionaux deviennent une menace dans leurs diocèses.

À Jonquière et à Chicoutimi, c'est l'arrivée d'organisateurs internationaux, en 1911, qui incite l'évêque de l'endroit à former la Fédération ouvrière mutuelle du Nord (FOMN) avec l'objectif de défendre les intérêts religieux, sociaux et économiques de ses membres. Seuls les catholiques peuvent en faire partie, et un

Le conseil général de la Fédération ouvrière mutuelle du Nord avec, au centre, son fondateur, Mgr Eugène Lapointe. Elle est la première organisation syndicale catholique au Québec. (R. Parisé, *La fondateur du syndicalisme catholique au Québec, Mgr E. Lapointe*, p. 44)

aumônier est attaché en permanence à la fédération. Celui qui reçoit le mandat de lancer cette œuvre, Mgr Lapointe, n'est pas un nouveau venu dans le domaine social. Influencé par la pensée de catholiques sociaux européens, il a mis sur pied, en 1903, une caisse d'économie et fondé, en 1907, la Fédération ouvrière de Chicoutimi. Cette association, qui obtient peu de succès, se confine à la mutualité et à l'éducation de ses membres. Par contre, la FOMN, qui représente la première véritable organisation syndicale catholique, s'occupe activement des intérêts professionnels de ses membres: elle fait campagne pour l'élimination du travail le dimanche, obtient la journée de huit heures et persuade la Compagnie de pulpe de Chicoutimi de surseoir à une diminution générale des salaires en 1914.

Dans le diocèse de Trois-Rivières, une grève déclenchée par l'Union internationale des travailleurs de la chaussure donne naissance à la Corporation ouvrière catholique, en 1913. Le clergé est directement responsable de son organisation. Comptant un millier de membres à sa fondation, la Corporation connaît des déboires pendant la guerre, tout comme la Fédération ouvrière catholique de Montréal, née en 1914 à l'instigation d'Arthur Saint-Pierre. La fondation de syndicats catholiques tarde à Montréal, car on préfère en préparer l'éclosion par une œuvre d'éducation populaire appelée à connaître un grand rayonnement, l'École sociale populaire.

Le premier syndicat catholique du diocèse de Québec est formé à Thetford, en 1915. L'arrivée d'organisateurs internationaux parmi les mineurs d'amiante en grève effraie le clergé local qui fait appel à l'aide de Mgr Roy de Québec, chargé des œuvres sociales du diocèse. Celui-ci fonde l'Union catholique des ouvriers mineurs de Thetford, dont l'objectif est de «vouloir le bien de l'ouvrier, sans vouloir du mal au patron qui l'emploie[28]». Armée de tels principes, l'Union se comporte comme un syndicat jaune et perd graduellement du terrain au profit d'une union internationale, la Western Federation of Miners.

Un syndicat catholique d'imprimeurs et de relieurs est fondé à Québec, en 1916, par l'abbé Maxime Fortin, un prêtre appelé à jouer un rôle important dans le développement du syndicalisme catholique. La fondation survient pendant une grève des typographes et des pressiers de l'Action sociale, membres de l'union internationale. Le nouveau syndicat n'admet que des ouvriers catholiques et refuse la grève[29].

Enfin, à Hull, le syndicalisme catholique naît d'un syndicat déjà existant parmi les ouvriers de l'usine de papier Eddy. Sous l'influence des curés de deux paroisses de Hull, le syndicat modifie sa constitution en 1915 pour la rendre conforme à l'encyclique *Rerum Novarum* et accueillir un aumônier. L'Association ouvrière de Hull, qui compte quelques centaines de membres à sa fondation, élargit ses cadres pour inclure des policiers, des journaliers et des commis.

Les cinq fédérations de syndicats catholiques fondées avant la guerre se réclament de la doctrine sociale de l'Église telle que la définit l'encyclique *Rerum Novarum*, précisée par les enseignements de Léon XIII et de Pie X. Alors que les syndicats internationaux soutiennent que les intérêts des employeurs et des employés sont divergents, les syndiqués catholiques insistent sur la complémentarité des fonctions et des intérêts qui unissent les patrons et les ouvriers. On espère le retour dans l'entreprise moderne de l'esprit de fraternité qui imprégnait les corporations au Moyen

Document 2.2

**La convention collective
de l'Union typographique internationale n° 302 de Québec (1910)**

Clause 1. Quarante-huit heures constitueront une semaine de travail dans les ateliers de livres et jobs et sur les journaux du soir. Quarante-cinq heures constitueront une semaine de travail sur les journaux du matin. Sept heures et demie constitueront une nuit d'ouvrage. L'échelle de prix suivante devra être en force pour la période stipulée:

	Du 18 février 1910 au 17 février 1912	Du 18 février 1912 au 14 février 1914
Compositeur à la main (jour)	13,50$	15,00$
Compositeur sur machine (jour)	15,50	17,00
Compositeur à la main (nuit)	15,75	17,25
Compositeur sur machine (nuit)	17,50	19,00

Temps supplémentaire

	Par heure	Par heure
Compositeur à la main (jour)	0,38$	0,42$
Compositeur sur machine (jour)	0,45	0,48
Compositeur sur machine (nuit)	0,58	0,63

Clause 2. Ouvrage à la pièce sur machine monoline, douze centins par mille en pour ouvrage de nuit. Temps extra, prix et demi. Le caractère employé ne dépassera le huit points.

Clause 3. Quand une machine ne fonctionne pas ou manque de copie, l'opérateur sera payé pour le temps qu'il aura fait comme opérateur, puis il finira la journée à la casse et recevra le même salaire que s'il eût travaillé à la machine.

Clause 4. Les typographes travaillant la nuit revenant à l'ouvrage le jour recevront au minimum le salaire d'une demi-nuit de travail.

Âge. L'Église se charge de dispenser un enseignement moral auprès des patrons et des ouvriers afin que, dans leurs relations, l'égoïsme et la méfiance traditionnelle fassent place à un esprit de justice et de charité.

Puisque la morale et la religion doivent présider aux rapports entre employeurs et employés, il apparaît naturel au clergé québécois de réunir les travailleurs selon la confession. Réservant aux

Clause 5. Les protes dans un atelier ou département d'atelier ne devront recevoir moins que trois piastres par semaine au-dessus du salaire des typographes à la casse. Le temps extra sera au taux prix et un tiers.

Clause 6. Les apprentis sur machine recevront deux piastres de moins que le prix régulier sur machine. L'apprentissage devra durer douze semaines, les heures seront les mêmes qu'à la journée ordinaire.

Clause 7. Les apprentis seront payés comme auparavant mais il sera obligatoire de la part du patron et des membres de l'union de donner aux apprentis tous les avantages d'apprendre le métier.

Clause 8. Réparateur des machines 19,00$ pour travail de jour et 21,00$ la nuit.

Clause 9. Il est agréé de la part des patrons que personne autre que des membres de l'Union Typographique n° 302 ne sera employé dans leurs ateliers de composition. Ladite Union Typographique n° 302 de Québec agrée qu'il ne soit permis à aucun de ses membres de travailler dans un atelier non-unioniste de la ville, excepté dans les cas d'organisation. Les patrons s'engagent à ne prendre aucun travail d'ateliers non-unionistes.

Clause 10. Il sera payé prix double pour travail fait le dimanche, jour de l'An, Noël et la fête du Travail, et aucun travail à la pièce ne sera permis ces jours-là.

Clause 11. L'Union Typographique n° 302 de Québec consent à fournir des hommes sur demande. Dans l'impossibilité de le faire, le patron peut annoncer pour avoir des hommes ou se les procurer autrement, étant compris que la préférence doit être donnée à un unioniste. Sous aucune considération, des contrats ne seront faits avec des non-unionistes pour aucune période spécifiée, étant compris que ces hommes sont employés dans des cas d'urgence seulement, lorsqu'il est impossible de se procurer des membres de l'union.

Clause 12. Ce qui précède est l'échelle minimum de cette union.

Source: Archives publiques du Canada, ministère du Travail du Canada, RG 27, vol. 2559, 301-8-C.

seuls catholiques pratiquants l'adhésion aux syndicats, on leur assigne un aumônier chargé de donner son opinion sur les questions de doctrine ou de morale. Selon la constitution de certaines fédérations, il peut même suspendre l'adoption d'une résolution jusqu'à ce qu'elle soit approuvée par l'évêque.

Ces premiers syndicats catholiques ne sentent pas le besoin de regrouper les travailleurs par métier, ni de prévoir les mécanismes d'une négociation collective et, à plus forte raison, ils n'envisagent pas le recours à la grève. La constitution des fédérations de Chicoutimi et de Montréal ne comprend aucun article à propos de la grève; celle de l'Union de Thetford et de l'Association de Hull prévoit un arbitrage aux décisions exécutoires. À notre connaissance, aucun de ces syndicats ne déclenche de grève, geste contraire à l'esprit qui les a fait naître. Ils s'entendent avec les patrons à l'amiable en espérant que les principes qui les guident puissent attirer leur sympathie.

Confrontée aux réalités du monde du travail, la formule se révèle vite utopique. Les travailleurs comprennent qu'ils risquent de faire les frais de ce syndicalisme de complaisance. Aussi, après un départ rapide, les effectifs des cinq fédérations catholiques stagnent et régressent même durant la guerre. Il faut dire que ces syndicats apparaissent à un bien mauvais moment. Le Québec traverse avant la guerre une période de difficultés économiques dont souffre l'ensemble du mouvement syndical. C'est donc un échec presque complet qui frappe cette première vague de syndicats confessionnels. Mais le clergé n'abandonne pas la tâche; il profitera de l'expérience acquise pour relancer le mouvement sur des bases différentes après la guerre.

Le Parti ouvrier et le Parti socialiste

En politique, l'activité des syndiqués est aussi dynamique que dans le domaine strictement syndical. Le début du siècle voit le développement d'une conscience politique plus vive parmi un groupe important de travailleurs.

L'appui occasionnel à des candidats ouvriers ayant été plus ou moins un échec au 19e siècle, des syndiqués songent à créer un parti politique voué à la cause des travailleurs. L'idée fait son chemin parmi les membres des clubs ouvriers, organisations fondées dans les années 1890 pour servir de lieu de discussion des problèmes des travailleurs[30]. Au cours d'une réunion du club Ouvrier-Centre à Montréal, des travailleurs décident, en mars 1899, de fonder un parti ouvrier. Le contexte politique s'y prête: après un long règne conservateur au fédéral et au provincial, on est déçu du premier mandat des libéraux; les réformes sociales profondes qu'on attendait ne sont pas venues. «Si l'ouvrier veut améliorer son sort, conclut un orateur en 1898, il lui faut s'emparer des pouvoirs publics et gouverner lui-même[31].»

Quoique encore mal organisé, mais pouvant compter sur l'appui des deux conseils centraux de Montréal, le Parti ouvrier présente un candidat à l'élection fédérale de novembre 1900 dans la circonscription ouvrière de Sainte-Marie. Opposé au tout-puissant ministre libéral Israël Tarte, le machiniste Fridolin Roberge, alors président du Conseil fédéré, mord la poussière avec moins de deux cents votes. Les artisans de l'action politique ouvrière reviennent à la charge à l'élection provinciale suivante, en 1904, en choisissant deux candidats, Achille Latreille, tailleur de pierre, et Alphonse Verville, plombier. Également défaits, les candidats ouvriers réussissent cependant à augmenter le nombre de leurs voix. Réorganisé sur des bases plus solides après cette élection, le parti entre dans la lutte électorale, en avril 1905, en opposant son secrétaire, le sténographe Albert Saint-Martin, au premier ministre Lomer Gouin. Mais là, il est clair que le parti surestime ses forces.

Les circonstances sont plus favorables lors de l'élection fédérale complémentaire de février 1906 dans la circonscription de Maisonneuve. Le candidat libéral étant un manufacturier peu populaire, le parti lui oppose un leader syndical bien connu, Alphonse Verville, alors président du CMTC. Les chances de Verville de remporter la victoire augmentent lorsque les conservateurs se retirent de la lutte. Dans les assemblées du Parti ouvrier, on fait valoir que Maisonneuve étant composée à 80% de salariés, il est temps qu'un travailleur les représente au Parlement. Verville est élu avec plus de mille voix de majorité, ce qui témoigne de la montée de la classe ouvrière comme force politique au Québec.

Le parti, qui ne cesse d'augmenter le nombre de ses membres, fait reposer son organisation sur les clubs ouvriers, véritables écoles de formation politique dans une dizaine de quartiers montréalais. Son comité général est élu par des délégués venant des clubs ouvriers et des syndicats qui peuvent s'affilier au parti dès 1908. Le Conseil des métiers et du travail de Montréal (nom du Conseil fédéré à partir de 1903) a droit d'office à quinze délégués au comité général. Le programme, inspiré du parti travailliste de Grande-Bretagne, comprend une quarantaine d'articles qui apparaissent comme des idées radicales à l'époque: assurance-maladie, assurance-vieillesse, impôt progressif sur le revenu, tribunaux som-

Document 2.3

Programme du Parti ouvrier (1904)

1. Création d'un ministère de l'Instruction publique

2. Éducation gratuite et obligatoire

3. Assurance d'État contre la maladie et la vieillesse

4. Loi établissant la responsabilité des patrons dans les accidents du travail

5. Suppression du travail des prisons faisant concurrence au travail libre

6. Suppression de toutes les banques privées et leur remplacement par une banque d'État

7. Que le jour des élections soit déclaré jour de fête légale

8. Le vote obligatoire

9. Le suffrage universel

10. Le référendum

11. L'abolition de la qualification foncière

12. La liberté absolue de la presse en matière publique

13. L'élection des juges par le peuple

14. La suppression des intérêts usuriers

15. Rendre l'accès aux tribunaux plus facile

16. Création de tribunaux sommaires pour les petites causes

17. Création d'un crédit agricole

18. Création d'une caisse de prêts afin de permettre aux ouvriers de s'acheter une propriété où ils n'auront pas de loyer à payer

19. Création d'un ministère du Travail

20. La fermeture des magasins de bonne heure

21. L'abolition du système des travaux à forfait pour les entreprises du gouvernement ou des municipalités

22. L'abrogation de la loi abusive et tyrannique des maîtres et serviteurs

maires pour les petites causes, crédit agricole, suffrage universel, éducation gratuite et obligatoire. Dans le domaine économique, le parti, qui dénonce les trusts et les monopoles, propose la nationalisation ou la municipalisation des entreprises de services publics (téléphone, électricité, tramways, chemins de fer). Ses adversaires,

23. Que l'État s'empare par achat de toutes les industries donnant nécessairement lieu à monopole et qu'il les exploite pour le bénéfice de la communauté

24. Abolition du Sénat et du Conseil législatif

25. La journée de huit heures pour toutes les industries

26. Interdiction aux municipalités de voter des contributions ou boni à des particuliers désireux d'établir quelque industrie privée

27. Nomination d'inspecteurs pour les études de notaire

28. Suppression entière du droit de saisir les salaires et les meubles de ménage

29. Impôt progressif sur le revenu

30. Suppression de la commission du havre

31. Réglementation de l'immigration

32. Que les étiquettes des sociétés ouvrières soient apposées sur toutes les marchandises produites et achetées par l'État ou les municipalités

33. Prohibition du travail des enfants âgés de moins de quatorze ans

34. Abrogation de la loi permettant d'accorder des privilèges de chasse et de pêche aux clubs à l'exclusion des colons

35. Création de bibliothèques publiques

36. Macadamisage et entretien des routes par l'État

37. Que les élections générales des gouvernements fédéral et provincial aient lieu à des périodes fixes de quatre ans, nonobstant toute dissolution des parlements pouvant avoir lieu dans l'intervalle

38. Introduction du principe de la représentation proportionnelle

39. Les terres publiques devront être déclarées inaliénables et révocation de tous les octrois de terres à des individus qui n'auraient pas rempli les conditions requises.

Source: La Presse, 9 décembre 1904, p. 2.

hommes politiques et membres du clergé, l'accusent pour cette raison d'être un parti socialiste.

Fort du succès de Verville, le Parti ouvrier choisit Joseph Ainey, secrétaire de la Fraternité des charpentiers menuisiers, comme candidat dans Sainte-Marie lors d'une élection complémentaire à la fin de 1906. Les libéraux lui opposent Médéric Martin, ancien ouvrier devenu propriétaire d'une fabrique de cigares. Accusé par ses adversaires d'être un anticlérical, un révolutionnaire et un socialiste, Ainey subit une nette défaite. Un autre candidat du Parti ouvrier, Gustave Francq, jeune typographe d'origine belge appelé à jouer un rôle important dans le syndicalisme québécois, échoue également aux élections provinciales en 1908. Deux autres candidats du parti, Narcisse Arcand, charpentier, et Georges Brunet, pressier, sont défaits dans les circonscriptions de Dorion et de Laurier lors des élections provinciales de 1912. Sur la scène fédérale, Alphonse Verville est réélu jusqu'en 1921 dans Maisonneuve, mais il se présente davantage comme un candidat libéral-ouvrier à partir de 1911.

Ces échecs conduisent le parti à se tourner vers la politique municipale où sa tâche est plus aisée en l'absence d'un parti politique municipal bien structuré. Ainsi, Joseph Ainey est élu en 1910 au poste de contrôleur de la ville de Montréal. Plusieurs échevins, qui se sont engagés par écrit à supporter le programme du parti, remportent des victoires en 1908, en 1910, en 1912 et en 1914. Malheureusement, un grave conflit divise le mouvement en 1912 lorsque plusieurs membres quittent le parti et fondent de nouveaux clubs ouvriers. Ils se regroupent, en 1914, dans la Fédération des clubs ouvriers municipaux dirigée par J.-A. Guérin et intéressée uniquement à la politique municipale. La Fédération connaît du succès car elle compte en 1915 treize clubs affiliés, un nombre supérieur à celui du Parti ouvrier.

Même si ce dernier n'est actif que dans la région montréalaise, on relève des candidatures ouvrières lors d'élections à l'extérieur de la métropole. Un candidat ouvrier appuyé par le Conseil central de Québec, Delphis Marsan, est défait aux élections provinciales de 1897 dans la circonscription de Saint-Sauveur. Le Conseil central soutient en 1904 la candidature à l'échevinage d'Omer Brunet, militant ouvrier de longue date à Québec. Son programme comporte des mesures comme l'élection du maire par le peuple et le droit de vote pour tout citoyen ayant payé ses taxes[32]. Il est défait en 1904, mais il remporte la victoire en 1906 et encore en 1909.

Joseph-Alphonse Langlois, candidat ouvrier choisi lors d'une assemblée réunissant un millier de travailleurs à Québec, remporte la victoire en 1909 lors d'une élection complémentaire provinciale.

Affiche posée aux portes de l'église de Jonquière en 1912 pour dissuader les travailleurs de se joindre au Parti ouvrier et aux syndicats internationaux. C'est au même moment que l'évêque de Chicoutimi décide de former des syndicats catholiques. (Archives de l'Université Laval, Fonds Charpentier, 212/5/2)

Une fois au Parlement, il déçoit les syndicats lorsqu'il vote contre un projet de loi assurant l'uniformité des manuels scolaires dans les écoles publiques. Pris à partie au Conseil central, il confesse avoir suivi les directives de l'Église en cette matière[33]. À l'élection de 1912, le Conseil central lui oppose un candidat ouvrier, Omer Brunet, mais Langlois est réélu grâce à l'appui du Parti libéral.

Ailleurs en province, notamment à Saint-Hyacinthe, à Longueuil, à Sherbrooke, à Hull, à Buckingham et à Chambly, des travailleurs fondent des clubs ouvriers pour débattre des questions municipales. On assiste donc à un mouvement significatif de politisation des travailleurs un peu partout au Québec.

L'agitation socio-politique débouche également sur la formation d'un parti socialiste qui se manifeste avec éclat le 1er mai 1906 en défilant dans les rues de Montréal, drapeau rouge en tête[34]. En face de l'université, certains manifestants — ils sont cinq ou six cents — se mettent à crier à pleins poumons: «À bas la calote!», «Vive l'anarchie!». L'année suivante, Mgr Bruchési recommande à ses ouailles de s'abstenir de participer à la manifestation, et la police disperse les manifestants. Chaque année, il sera difficile aux socialistes de célébrer publiquement le 1er mai.

Une première cellule socialiste est fondée à Montréal en 1894 par deux ouvriers d'origine anglaise, ex-dirigeants des Chevaliers du travail, R.J. Kerrigan et William Darlington. L'arrivée, au début du siècle, d'immigrants d'Europe centrale qui se sont frottés aux idées socialistes dans leur pays d'origine accroît le nombre de militants. Malgré l'inlassable énergie d'Albert Saint-Martin, chef de file des francophones, les socialistes comptent peu de Canadiens français. Les candidats qu'ils présentent aux élections de 1908 et de 1911 recueillent une poignée de voix. Et pourtant, même s'ils sont en nombre infime, leur seule présence suscite la crainte des milieux politiques et religieux.

Le programme des socialistes est plus radical que celui du Parti ouvrier: il prône l'abolition du système capitaliste et l'étatisation des moyens de production. Après le défilé du 1er mai 1906, le Parti ouvrier exclut de ses rangs les membres qui font partie d'une organisation politique ayant un programme contraire au sien. La mesure vise en particulier les militants socialistes. Invité à participer au défilé du 1er mai 1907, le CMTM refuse, faisant valoir qu'il ne partage pas les principes socialistes et qu'il ne

La police de Montréal charge des manifestants socialistes attroupés pour célébrer la fête internationale du Travail, le 1er mai 1907. Même si les socialistes sont peu nombreux, les autorités religieuses et politiques craignent la diffusion de leurs idées. (J. Latour, *La Presse*, 1er mai 1907)

reconnaît pas d'autre fête du Travail que le premier lundi de septembre. Les syndicats internationaux n'ambitionnent pas de transformer radicalement le système socio-économique; leur projet de société se rapproche de l'option travailliste ou «social-démocrate» du Parti ouvrier[35].

Des arrêts de travail plus nombreux

À partir de 1900, le ministère du Travail à Ottawa tient un relevé des grèves survenues au pays. L'analyse de ces données permet d'avoir une image plus juste de la fréquence et de l'ampleur des grèves et lock-out au Québec. De 1897 à 1915, on relève 374 arrêts de travail, soit, en moyenne, une vingtaine par année, survenant en très grande majorité à Montréal et à Québec[36]. Ces arrêts de travail représentent un perte moyenne de 88 929 jours ouvrables par année (1901-1915), chiffre assez impressionnant qui reflète une meilleure organisation des travailleurs. Les années qui enregistrent les plus grandes pertes de jours ouvrables sont 1903, 1908, 1912 et 1914.

La construction vient en tête des industries touchées, suivie de près par le textile et la chaussure qui sont le théâtre de conflits d'envergure impliquant des centaines et même des milliers de travailleurs et travailleuses. C'est ce qui fait dire à Stuart Jamieson, auteur d'une étude sur les conflits industriels au Canada, que le Québec est «un lieu majeur d'agitation ouvrière et de conflits avant la Première Guerre mondiale[37]».

Grèves de la chaussure à Québec (1900-1914)

Les ouvriers qualifiés de la chaussure de Québec — monteurs, machinistes et tailleurs de cuir — se donnent trois vigoureux

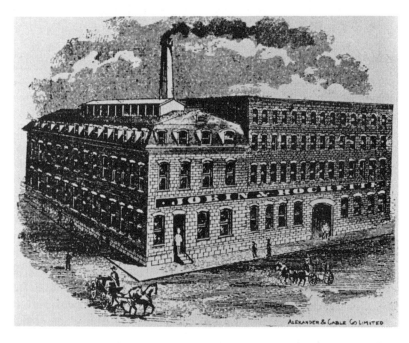

Manufacture de chaussures Jobin et Rochette de Québec, fin 19ᵉ siècle. (Musée canadien des civilisations, M 36)

syndicats à la fin du 19e siècle et parviennent rapidement à s'assurer un bon contrôle de leur milieu de travail[38]. En plus de négocier les échelles de salaires (travail forfaitaire), les syndicats surveillent l'apprentissage et jouissent de l'atelier syndical. Les manufacturiers de Québec, qui disent avoir perdu la direction de leurs entreprises, se regroupent en association et s'entendent pour fermer simultanément leurs fabriques, en octobre 1900, jusqu'à ce que les travailleurs renoncent à leurs syndicats. Ils exigent des employés qu'ils signent un contrat notarié où ils s'engagent à ne pas faire partie d'un syndicat. La stratégie se révèle peu fructueuse puisque les manufacturiers sont incapables, même après deux mois de lock-out, de recruter des briseurs de grève. C'est dans ce contexte qu'intervient l'archevêque dont la sentence arbitrale institue un tribunal permanent d'arbitrage pour régler les futurs conflits de travail.

Ce tribunal est composé d'un représentant des syndiqués, d'un représentant patronal et d'une troisième personne choisie par les deux parties ou, en cas de conflit, par l'archevêque lui-même ou un juge de la Cour supérieure. Pendant l'arbitrage, la grève et le lock-out sont interdits. «Avec cette manière de procéder, estime l'archevêque, les droits de chacun seront respectés et les relations entre patrons et ouvriers ne cesseront jamais d'être amicales[39].» En 1901 et en 1902 pourtant, des grèves éclatent parce que certains manufacturiers embauchent des non-syndiqués. L'année suivante, le tribunal rejette la requête des syndicats qui réclament une augmentation de salaires en invoquant l'encyclique *Rerum Novarum* qui fait un devoir aux patrons de payer un salaire familial suffisant. Craignant que les travailleurs ne déclenchent une grève en hiver, en pleine saison de production, l'Association des manufacturiers ordonne la fermeture des fabriques jusqu'à ce que les cordonniers machinistes s'engagent à respecter les taux de rémunération pour six mois. Mais, inébranlables, les travailleurs forcent les manufacturiers à rouvrir les portes de leurs ateliers, un mois plus tard. Les deux parties acceptent que le litige soit soumis au tribunal d'arbitrage.

Comme plusieurs manufacturiers quittent l'association patronale, les négociations se font par la suite dans chaque entreprise. Les syndicats maintiennent néanmoins un bon rapport de force: pas moins de huit grèves surviennent dans l'industrie de la chaussure de 1905 à 1912. «Nous ne sommes plus maîtres chez nous, dira

---

Document 2.4

Convention collective conclue entre l'Association des manufacturiers de chaussures et les trois syndicats d'ouvriers de Québec (1914)

1. Les heures de travail, tous les jours ouvrables, seront de sept heures du matin à midi, et de une heure à six heures de l'après-midi. Le samedi, le travail finira à cinq heures de l'après-midi.

2. Les salaires à la journée seront payés à raison du temps fait, qui seul sera compté, sur la base de dix heures de travail par jour. Le travail à la pièce sera payé suivant la liste de prix actuellement établie. Le patron et les ouvriers s'engagent à maintenir cette liste de prix et à s'y conformer jusqu'au premier novembre prochain.

3. L'engagement, la suspension et le renvoi des ouvriers, la distribution de l'ouvrage, l'appréciation de la qualité de l'ouvrage et de la compétence de l'ouvrier, et en général la direction des travaux et la régie de l'établissement sont du ressort du patron, qui agira directement ou par son représentant.

4. Tout ouvrier sera tenu de faire un ouvrage de première qualité suivant la classe de marchandises à laquelle il travaillera. Il sera responsable des défauts dans son ouvrage ainsi que des dommages qu'il causera à la marchandise.

5. Aucun ouvrier ne devra laisser l'ouvrage sans la permission du patron ou du contremaître. Lorsqu'il s'absentera, faute d'ouvrage, il devra en avertir le patron ou son représentant.

---

un manufacturier, il nous faut plier et nous rendre à toutes les exigences de l'Union[40].» Refusant de traiter davantage avec les syndicats, l'Association des manufacturiers décrète alors, le 19 décembre 1913, un lock-out qui touche 3000 ouvriers et ouvrières. On exige de tous les employés qu'ils signent individuellement une entente précisant leurs conditions de travail. Mais, encore une fois, les travailleurs tiennent bon. Après sept semaines d'arrêt de travail, un comité de citoyens trouve un compromis selon lequel il n'est plus question de signer un contrat individuel de travail et qui fait encore des syndicats les représentants des travailleurs. Un tribunal d'arbitrage est mis sur pied pour régler les futurs conflits.

6. Si un ouvrier croyait avoir à se plaindre de quelque décision de son patron concernant l'interprétation de la liste de prix, l'établissement d'une nouvelle liste de prix au premier novembre prochain, le changement d'outillage ou l'introduction d'un ouvrage nouveau entraînant une modification des prix, la suspension ou le renvoi de l'ouvrier, il pourra en appeler à l'arbitrage d'une commission conjointe composée de trois membres: un arbitre autre que le patron lui-même et nommé par lui, un arbitre autre que le plaignant et choisi par lui, et un tiers nommé par les deux premiers ou, à défaut d'entente, par un juge de la Cour supérieure du district de Québec. Cette commission devra se réunir et délibérer sur chaque cas dans le plus court délai possible. La décision sera finale et la parti en défaut devra s'y conformer. Les frais seront à la discrétion du tribunal d'arbitrage.

7. Dans chaque cas, avant l'audition de la plainte, le plaignant devra remettre entre les mains des arbitres un dépôt de 25,00$ pour garantir qu'il se conformera à la sentence, à défaut de quoi le dépôt sera confisqué au profit du gagnant. [...]

15. En cas de besoin d'un ouvrier, le patron s'engage à faire la demande dans sa manufacture et de mettre une affiche à la porte, dehors, et d'attendre vingt-quatre heures avant d'engager un ouvrier étranger à la fraternité intéressée.

16. Les manufacturiers, membres de l'Association des manufacturiers, s'engagent à ne pas faire de lock-out aussi longtemps que les ouvriers observeront le présent règlement. [...]

Source: Archives de l'Université Laval, Fonds de l'Association des manufacturiers de chaussures de Québec, 204/7.

Les syndicats de la chaussure de Québec démontrent un esprit de solidarité exceptionnel en ce début du siècle. Ils résistent à toutes les tentatives des manufacturiers pour mettre fin à la négociation collective. La révision de leur constitution et la présence d'un aumônier n'émoussent pas leur militantisme; ils invoquent le droit reconnu par l'Église aux travailleurs de se regrouper en syndicat pour faire échec à la volonté patronale.

Grève générale dans l'industrie du coton (1908)

Comme dans la chaussure, les travailleurs et travailleuses de l'industrie du textile font preuve d'un militantisme remarquable au début

Salle de filage à l'usine Wabasso de Trois-Rivières au début du siècle. Érigée en 1907, on la dit la plus moderne au Canada. (Archives Notman, musée McCord, 4981)

du siècle, même si leur pouvoir de négociation est plus faible en raison du peu de qualification de la main-d'œuvre. Des fileurs organisent des syndicats à Valleyfield en 1902, à Saint-Hyacinthe en 1903 et à l'usine Hochelaga de Dominion Textile en 1905[41]. À cette dernière filature, ils déclenchent une grève, en 1906, pour obtenir une augmentation de salaires. Ils entraînent dans le mouvement l'ensemble des ouvriers qui obtiennent finalement une augmentation salariale d'environ 10%. Le lendemain, les employés de la même compagnie aux filatures de Saint-Henri et de Sainte-Anne débraient. Ils obtiendront les mêmes avantages.

Ces succès poussent les travailleurs et travailleuses montréalais de Dominion Textile à s'unir en syndicats. Ils fondent la Fédération des ouvriers du textile du Canada qui organise des syndicats à Magog, Valleyfield, Montmorency, Chambly, Pointe-Saint-Charles, Saint-Hyacinthe, Sherbrooke et Coaticook. En juillet 1907, la Fédération compte 24 syndicats et 7000 membres dont les deux tiers sont des femmes. Ses syndicats mènent plusieurs grèves en 1906 et en 1907 et obtiennent officieusement le droit de représenter les employés. Les pressions de la Fédération vaudront une hausse générale des salaires de 25% aux employés des filatures de 1906 à 1908.

Or, une grave crise frappe l'industrie du textile en 1908. Les manufacturiers décident alors une réduction générale des salaires de 10%. Malgré l'indécision de l'exécutif de la Fédération sur l'opportunité d'arrêter le travail, une grève générale est finalement déclenchée qui réduit au silence presque toutes les filatures de coton du Québec. Les deux principaux employeurs, Dominion Textile et Montreal Cotton restent intraitables, d'autant plus que la demande de tissus est faible. Après un mois de débrayage, les grévistes retournent graduellement à leurs machines. Les compagnies refusent de réengager les principaux dirigeants syndicaux et menacent les syndiqués de mises à pied. Cet échec entraîne la disparition de la Fédération et de ses syndicats affiliés. Les tentatives de syndicalisation pendant la guerre et les années vingt tournent court. Ce n'est que dans les années trente que ce groupe de travailleurs se réconciliera avec le mouvement syndical. Nous y reviendrons.

REVERS (1916-1929)

Au point de vue de la syndicalisation, la période qui va de 1916 à 1929 se décompose en trois phases: la première (1916-1921) est caractérisée par une augmentation considérable des effectifs syndicaux en raison de l'activité industrielle engendrée par la guerre; la deuxième (1922-1924) voit une régression sensible de l'organisation syndicale après la récession de 1921; enfin, la dernière phase (1925-1930) est marquée par une lente croissance du nombre de syndiqués.

Entre 1921 et 1931, le nombre de syndicats au Québec reste stable, variant de 492 à 501, malgré une perte de 25 000 membres (voir le tableau 2.1). Les effectifs syndicaux dans les années vingt régressent, tant au Canada qu'aux États-Unis, même si la population active est en hausse. Car le syndicalisme, dont l'organisation repose sur les métiers, a du mal à rejoindre les travailleurs non qualifiés qui œuvrent dans les industries de production de masse nées après la guerre.

En général, on peut dire que le mouvement syndical après la récession de 1921 perd le dynamisme qui l'a caractérisé depuis le début du siècle. La léthargie se manifeste tout autant dans le programme législatif des centrales syndicales, qui évolue peu, que dans leur passivité à l'égard de l'action politique partisane. Après le bouillonnement des années de guerre, on assiste à un essoufflement des forces syndicales.

La conscription et les travailleurs

Estimant que les guerres se font toujours sur le dos des travailleurs et au profit des capitalistes, les délégués des diverses organisations ouvrières aux assises du Congrès des métiers et du travail du Canada adoptent, de 1911 à 1913, des résolutions à caractère pacifiste. Le CMTC révise son point de vue en 1915 après que l'Allemagne ait envahi un pays neutre, la Belgique, et qu'en conséquence le Canada soit entré en guerre. On croit que les militaristes allemands sont responsables des hostilités et que les nations alliées combattent pour une cause juste: le triomphe de la liberté et de la démocratie. Le CMTC appuie l'effort de guerre du Canada, en précisant bien toutefois qu'il est fermement opposé au service militaire obligatoire[42]. La Fédération canadienne du travail partage un point de vue à peu près identique[43].

Au début de 1916, les pressions se font de plus en plus fortes sur le gouvernement fédéral pour qu'il enrôle tous les jeunes Canadiens. Le président du CMTC effectue alors un sondage auprès des organisations affiliées pour savoir si elles iraient jusqu'à déclencher une grève générale dans l'hypothèse où la conscription serait approuvée par le gouvernement. Le Conseil des métiers et du travail de Montréal répond qu'il repousse toujours la conscription, mais qu'il appartient non pas au CMTC mais à chaque syndicat affilié de décider individuellement de se mettre en grève[44].

En août 1916, le gouvernement fait un pas vers la conscription en autorisant la Commission du service national à dresser un inventaire de la main-d'œuvre au Canada tout en se défendant que son intention soit d'imposer plus tard le service militaire obligatoire. Après plusieurs rencontres avec le premier ministre et des membres du cabinet, l'exécutif du CMTC recommande aux syndiqués de s'inscrire; il se laisse convaincre que la mesure ne sera pas suivie

Dirigeants du CMTC au congrès de Vancouver en 1915. Dans la première rangée, à partir du deuxième à gauche, Gustave Francq de Montréal, Jimmy Simpson de Toronto, «Paddy» Draper d'Ottawa, secrétaire-trésorier, et James Watters de Vancouver, président. (APC, C 53612)

de la conscription, sans toutefois en obtenir l'assurance formelle du premier ministre. À l'instar de plusieurs conseils centraux canadiens, le CMTM proteste vigoureusement contre l'exécutif du CMTC; il s'oppose à la campagne d'enrôlement, mais n'entreprend rien de concret pour y faire échec[45]. Par contre, la Fédération des clubs ouvriers municipaux de Montréal organise des assemblées de protestation, en janvier et en mars 1917. Elle recommande de ne pas signer la formule d'enrôlement de la Commission du service national[46].

Lorsque, en mai 1917, le gouvernement annonce son intention d'instaurer le service militaire obligatoire, une tempête de protestations s'élève dans les milieux ouvriers. L'opposition des travailleurs est d'autant plus forte au Québec qu'un vigoureux mouvement nationaliste interprète le conflit comme une guerre impérialiste. Le CMTM s'élève contre la conscription mais ne se mouille guère; il recommande simplement à la municipalité d'organiser une grande manifestation de masse[47]. Encore une fois, c'est la Fédération des clubs ouvriers municipaux qui prend la tête du mouvement en organisant à nouveau des assemblées de protestation qui réunissent des milliers de personnes. Son président, Gédéon Martel, déclare à l'une de ces réunions: «À la bande de voleurs et d'assassins d'Ottawa, il faut opposer l'union compacte des ouvriers[48].» À Québec, le conseil central national de l'endroit devient le centre de la lutte anticonscriptionniste: il organise des assemblées de protestation et envisage la grève générale pour y faire échec[49].

Pour sa part, l'exécutif du CMTC est ulcéré. Contrairement aux promesses qu'il lui avait faites, le gouvernement impose le service obligatoire sans l'avoir consulté au préalable. Le président de la centrale, James Watters, évoque l'éventualité d'une grève générale à moins que le gouvernement n'enrôle également «les richesses de la nation», c'est-à-dire qu'il ne nationalise les mines, les chemins de fer et toutes les industries nécessaires à la poursuite de la guerre. On craint que les contrats de guerre n'enrichissent une minorité d'exploiteurs[50], sentiment très répandu chez les syndiqués de l'Ouest canadien qui sont les plus déterminés à faire échec à la conscription par une grève générale.

En revanche, les unions internationales sont moins enthousiastes à cette idée. Depuis l'entrée en guerre des États-Unis en mars 1917, la FAT appuie à fond de train l'effort de guerre du gouvernement américain. Or, pour être efficace, une grève générale au Canada doit recevoir l'autorisation de chaque union internationale; le CMTC ne détient en fait qu'un pouvoir moral sur ses affiliés. Aussi, lors d'une réunion spéciale des représentants canadiens de quatre-vingts syndicats internationaux en juin, il est décidé, du moins à court terme, de ne rien entreprendre qui puisse nuire aux efforts du gouvernement[51]. Au congrès du CMTC en septembre, c'est la tendance modérée représentée par les unions internationales qui domine. La majorité des délégués renoncent à la grève générale (la loi de conscription est déjà adoptée) pour lui préférer la création d'un parti ouvrier canadien qui fera la lutte au parti gouvernemental lors du prochain scrutin. Prévues pour décembre, les élections fédérales doivent porter sur la question de la conscription.

Une aile québécoise du Parti ouvrier du Canada est fondée le 3 novembre, trop tard, estiment ses dirigeants, pour se lancer dans la mêlée électorale. En proposant, dans un manifeste, la tenue d'un référendum sur le sujet, le Parti libéral cherche à canaliser l'opposition à la conscription. La Fédération des clubs ouvriers municipaux de Montréal appuie les candidatures de trois ouvriers qui prennent l'étiquette d'ouvriers-libéraux et qui endossent le mani-

Ouvrières dans une usine de munitions à Verdun pendant la Première Guerre. Même si les femmes forment 25 % de la main-d'œuvre à Montréal en 1921, elles sont très peu syndiquées. (APC, C 18734)

feste libéral. Mais le Parti libéral présente quand même des candidats dans ces circonscriptions de sorte que les candidats ouvriers sont facilement défaits. Recueillant 72,7% des suffrages au Québec, la plus forte proportion jamais obtenue, c'est le Parti libéral, et non les organisations ouvrières, qui tire profit de la forte opposition des travailleurs à la conscription. Toutefois, comme le Canada anglais se porte majoritairement du côté des unionistes (conservateurs) et qu'il remporte la victoire, les travailleurs québécois ne peuvent échapper à la conscription.

Après l'élection, le gouvernement se rend compte que la collaboration des syndicats est nécessaire au succès de ses politiques. Au début de 1918, à l'invitation du premier ministre, une cinquantaine de représentants de syndicats internationaux et l'exécutif du CMTC rencontrent le Conseil de guerre du gouvernement. En échange de leur coopération, ces dirigeants exigent que les syndiqués soient représentés dans tous les comités et commissions créés pour la poursuite de la guerre lorsqu'il est question de travail[52]. Le gouvernement se montre effectivement plus ouvert à la participation des syndicats. Mais c'est unilatéralement qu'il décide, en juillet 1918, d'interdire toute grève dans les industries de guerre jusqu'à la fin du conflit. Pour mieux faire avaler la pilule, il exhorte les employeurs à reconnaître le droit à la syndicalisation et à ne pas congédier des ouvriers pour activités syndicales[53]. Ces mesures, contre lesquelles le mouvement syndical proteste, ont peu d'effet puisque la guerre prend fin quatre mois plus tard.

En 1919, plus attentif au désir de participation des syndiqués, le gouvernement en nomme plusieurs aux comités de reconstruction. Il faut dire que le climat des relations industrielles l'y force: les arrêts de travail sont nombreux et les syndiqués, surtout de l'Ouest canadien, se radicalisent (création de la One Big Union et grève de Winnipeg). Le gouvernement se rapproche alors du CMTC et des syndicats internationaux qui prêchent la modération.

La fondation de la CTCC

À la fin de la guerre, les syndicats catholiques sont en piteux état: sauf dans le diocèse de Chicoutimi, ils demeurent des organisations marginales. Le clergé sent alors le besoin de repenser la formule et de l'asseoir sur de nouvelles bases[54]. À cette tâche s'appliqueront deux clercs énergiques, l'abbé Maxime Fortin, à Québec, et le père Joseph-Papin Archambault, à Montréal. Tous deux en sont venus à la conclusion que, pour réussir, le syndicalisme catholique doit s'appuyer sur des gens issus du milieu ouvrier et non sur des professionnels ou des prêtres en qui les travailleurs ont peu confiance pour défendre leurs intérêts. En outre, il leur apparaît essentiel que cette élite ouvrière appelée à diriger les syndicats catholiques soit imprégnée de la doctrine sociale de l'Église. C'est dans ce but qu'ils mettent sur pied des centres de retraites fermées et des cercles d'études réservés aux seuls travailleurs.

Un premier cercle d'études est formé dès 1915 par l'abbé Fortin qui ambitionne de transformer les syndicats nationaux de la ville de Québec en syndicats catholiques. Sous sa direction, les travailleurs discutent, à la lumière des encycliques papales, de droit d'association et de propriété, de socialisme, de profit et de salaire juste, etc. Les efforts de l'abbé Fortin portent fruit puisqu'un an et demi plus tard plusieurs syndicats amendent leur constitution et font place à un aumônier à leurs réunions. Le Conseil central national de Québec, sous l'influence de travailleurs qui ont fréquenté le cercle d'études de l'abbé Fortin, accueille lui aussi un aumônier en janvier 1918. C'est ainsi que 12 000 travailleurs, d'anciens syndiqués nationaux ayant une forte tradition de militantisme, rallient les rangs du syndicalisme catholique.

Cette façon d'amener les travailleurs à se joindre aux syndicats catholiques apparaît comme la méthode idéale à un groupe d'ouvriers (11) et de membres de clergé (15), venant de toute la province, qui se réunit, en avril 1918, à la Villa Saint-Martin près de Montréal. Cette réunion, organisée par le père Archambault, a pour objet de faire le point sur l'organisation du syndicalisme catholique. Après un tour d'horizon de la situation des organisations catholiques dans chacun des diocèses, on discute du fonctionnement de ces syndicats et de problèmes concrets comme le droit de grève et l'atelier syndical fermé. En fin de réunion, l'assemblée fait le vœu que chaque prêtre présent communique avec son évêque afin qu'il nomme une personne responsable de la création d'un cercle d'études dans son diocèse.

Une seconde réunion a lieu au même endroit un peu plus tard, le 2 juin, mais cette fois-ci avec un nombre plus réduit de participants, treize personnes dont neuf ouvriers. C'est à cette réunion que sont définis, pour les deux prochaines décennies, les traits caractéristiques du syndicalisme catholique. Contrairement aux syndicats fondés avant la guerre, la défense des intérêts professionnels des travailleurs est placée au premier rang des objectifs des nouveaux syndicats. On prévoit la syndicalisation par métier, la négociation de conventions collectives et la reconnaissance du droit de grève (avec l'approbation de l'aumônier et de l'évêque). Les participants s'entendent aussi pour que seuls les catholiques soient admis à faire partie des syndicats comme membres actifs. L'aumônier assigné aux syndicats n'a pas droit de vote, mais il peut suspendre une résolution votée par l'exécutif si elle met en cause la foi ou la morale.

Les deux réunions de la Villa Saint-Martin jettent les bases du syndicalisme catholique. L'idée de diffuser le mouvement grâce aux cercles d'études fait tâche d'huile. À Montréal, un cercle est fondé en juin 1918 et un premier syndicat en novembre. Dans le diocèse de Sherbrooke, l'abbé Bois organise un cercle en septembre qui s'emploie à fonder des syndicats catholiques l'année suivante. Fier des résultats de son premier cercle d'études, l'abbé Fortin en met sur pied deux autres à Québec et un troisième à Lévis parmi les employés des chantiers maritimes.

Cette seconde vague d'organisation, de même que la «conversion» de nombreux syndicats nationaux de la ville de Québec, donne un second souffle au syndicalisme catholique. Les effectifs passent de 4000 membres en 1916 à environ 17 600 en 1921. Bien implanté dans toutes les régions du Québec, le mouvement n'est plus le groupe marginal qu'il a été avant la guerre.

Les premiers congrès

L'idée de créer une centrale à partir des organisations diocésaines existantes s'impose d'elle-même à mesure que le mouvement s'étend. En 1918, le Conseil central de Québec lance une invitation à tous les syndicats catholiques pour qu'ils délèguent des représentants à une rencontre à Québec, à l'occasion de la fête du Travail. La rencontre, conçue au départ comme une session d'études, se transforme en assemblée délibérante. Les délégués, au nombre d'une centaine, élisent un exécutif du congrès et votent des résolutions. La première résolution adoptée s'inscrit en faux contre l'école gratuite et obligatoire et l'uniformité des manuels dans les écoles publiques. Une autre résolution fait valoir la nécessité de créer une

Délégués des syndicats catholiques au congrès de Québec (1918) précédant la fondation de la CTCC. (Archives de la CSN)

fédération provinciale de syndicats catholiques, mais elle est rejetée, l'objectif paraissant prématuré. L'assemblée se rallie toutefois à l'idée de se réunir à nouveau l'année suivante à Trois-Rivières.

À ce deuxième congrès, les délégués votent un long cahier de résolutions et élisent un exécutif permanent qui a le pouvoir d'émettre des chartes d'affiliation. Au troisième congrès, à Chicoutimi, en 1920, les réticences à l'égard de la fondation d'une fédération s'estompent. Les délégués chargent l'exécutif de préparer la constitution et les règlements d'une centrale syndicale.

Celle-ci voit le jour à Hull, en 1921, en présence de 220 délégués représentant quatre-vingts syndicats. La constitution adoptée s'inspire de celle de la Fédération américaine du travail et des statuts de la Confédération française des travailleurs chrétiens (centrale confessionnelle française fondée en 1919). Le congrès donne à la nouvelle organisation le nom de Confédération des travailleurs catholiques du Canada (CTCC) et choisit Québec pour son siège social. Le premier président s'appelle Pierre Beaulé, un ouvrier de la chaussure de Québec; l'abbé Fortin est nommé un peu plus tard aumônier général de la CTCC.

Effectifs

À sa fondation, la nouvelle centrale prétend compter 45 000 membres, mais il est plus probable qu'elle n'en ait que la moitié de ce nombre, ce qui est quand même important puisque cela

Délégués au congrès de Hull où est fondée la CTCC en 1921. (Archives de la CSN)

Tableau 2.5

Effectifs des syndicats affiliés à la CTCC, 1921-1931

	Nombre de syndicats	Effectifs déclarés	Effectifs estimés	% des syndiqués québécois
1921	120	45 000	17 600	24,0
1926	103	25 000	15 450	20,2
1931	121	25 151	15 587	21,6

Source: Ministère du Travail du Canada, *Report on Labour Organizations*, 1921, p. 36-39, 251; 1926, p. 64-67; 1931, p. 65-80, 239 et 243. Les effectifs déclarés par la centrale étant gonflés (1921-1936), notre estimation est basée sur les rapports individuels fournis au ministère du Travail par les syndicats catholiques. Comme ils ne font pas tous rapports, nous appliquons la règle de trois (A. Charpentier, *Cinquante ans d'action ouvrière; les mémoires d'Alfred Charpentier*. Québec, PUL, 1971, p. 79).

représente près du quart des syndiqués québécois. La CTCC recrute la plupart de ses syndicats dans la ville de Québec (27), de Montréal (23), de Chicoutimi (15), de Hull (12) et de Trois-Rivières (9).

Comme les unions internationales, la CTCC voit ses effectifs régresser dans les années vingt (tableau 2.5) avec la crise économique de 1920-1921. Plusieurs syndicats fondés à la hâte au lendemain de la guerre se disloquent aux premières difficultés. En plus, les syndicats de la chaussure de Québec sont mêlés, en 1926, à une grève désastreuse qui affaiblit le mouvement dans la ville. N'eût été de l'appui du clergé catholique, les effectifs auraient régressé encore plus, ce qui aurait pu mettre en danger l'existence même du mouvement. En effet, les fabriques et les communautés religieuses exigent des entrepreneurs en construction et des imprimeurs qu'ils emploient des syndiqués catholiques. La crise économique de 1929 vient surprendre le mouvement alors qu'il n'est pas véritablement rétabli des chocs subis au cours de la décennie.

Idéologie et pratiques syndicales

Dans le préambule de la constitution de la CTCC adoptée en 1921, on discerne les deux idées-forces sur lesquelles repose l'idéologie de la centrale: le nationalisme canadien et la doctrine sociale de l'Église. Ce sont les deux principaux traits qui distinguent les syndicats catholiques des unions internationales jusqu'aux années soixante.

La CTCC fait appel au patriotisme et à la fierté des travailleurs canadiens pour qu'ils se donnent des structures syndicales autonomes. «C'est un non-sens, une faute économique, une abdication nationale et un danger politique, dit la constitution, que d'avoir au Canada des syndicats relevant d'un centre étranger qui n'a ni nos lois, ni nos coutumes, ni notre mentalité, ni les mêmes problèmes que nous[55].» On accuse les unions internationales d'asservir les travailleurs canadiens. En ayant tous ses centres de décision au Canada, le syndicalisme catholique permet aux syndiqués de donner à leur mouvement une orientation pleinement en accord avec leurs aspirations. À noter que ce nationalisme est canadien et non pas canadien-français; la centrale, à l'origine, espère, encore vaguement faut-il dire, se répandre dans tout le Canada chez les catholiques anglophones.

Les motifs religieux sont cependant plus importants que la fierté nationale pour expliquer la mise sur pied de syndicats catholiques. Le clergé québécois estime en effet que les questions syndicales ont une portée morale et religieuse importante et qu'elles doivent être résolues à la lumière de la doctrine sociale de l'Église. Guidés par l'enseignement de l'Église, les nouveaux syndicats confessionnels instaureront un esprit de collaboration et de bonne entente entre employeurs et employés. Le clergé se fait fort de transformer la mentalité des patrons et des travailleurs pour établir des relations de travail harmonieuses.

On croit possible d'y parvenir sans sacrifier les intérêts économiques particuliers des travailleurs. Que les employeurs et les employés aient des intérêts différents et des organisations distinctes ne signifie pas, peut-on lire dans la constitution de 1921, qu'ils aient «des intérêts opposés et soient des organisations ennemies». «Deux personnes morales comme deux individus peuvent se parler, s'entendre, vivre en bonne intelligence et même en amitié[56].» Les deux parties doivent mettre de la bonne volonté afin de concilier leurs intérêts particuliers. Pour établir la paix industrielle, on évoque la possibilité de former des comités conjoints de conciliation et d'arbitrage. Les théoriciens catholiques ont la nostalgie de la corporation professionnelle telle qu'elle existait au Moyen Âge quand l'Église guidait les corps de métiers.

Ce modèle anachronique de relations industrielles est mis à rude épreuve par les syndiqués catholiques eux-mêmes dans les années vingt. Les syndicats nationaux récemment «convertis» au syndicalisme catholique, notamment les syndicats de la chaussure de Québec, forcent la centrale à ne pas perdre de vue l'amélioration du sort économique des syndiqués. Leur tradition syndicale les rend méfiants à l'égard de la bonne volonté patronale; il n'est pas question de sacrifier les moyens qui leur ont permis de faire avancer la cause ouvrière. Ainsi, la négociation de bonnes conventions collectives devient l'objectif immédiat recherché. Pour renforcer le pouvoir de négociation des syndiqués, on regroupe autant que possible les travailleurs par syndicat de métier et la CTCC crée des fédérations de métier afin de coordonner la négocation. C'est ainsi que naissent la Fédération des employés de pulperies et papeteries en 1923, la Fédération des métiers de la construction l'année suivante, et deux autres en 1926, celles des métiers de l'imprimerie et des ouvriers du textile.

Les syndicats catholiques d'après-guerre se rendent compte également qu'il est difficile d'améliorer les conditions de travail sans faire peser la menace de la grève. Fait significatif, un certain nombre d'entre eux, probablement les syndicats de la chaussure de Québec, constituent un fonds de grève qui verse près de 10 000 $ en indemnités de 1918 à 1928[57]. Même si on prend soin de préciser

Allumettières membres d'un syndicat catholique en grève pendant deux mois à la compagnie Eddy Matches de Hull (1924). (Archives de la CSN)

que la grève doit être utilisée avec grande précaution et qu'elle n'est légitime qu'en tout dernier recours, les syndicats affiliés à la CTCC déclenchent au moins trente-deux grèves entre 1920 et 1930. L'une d'elles, celle des ouvriers de la chaussure de Québec en 1926, constitue le plus important conflit ouvrier jamais survenu dans la province à cette date.

On réalise également que tous les travailleurs doivent être syndiqués si l'on veut obtenir dans une entreprise des conditions de travail avantageuses. C'est pourquoi la CTCC abandonne graduellement ses réserves à l'égard de l'atelier syndical pour en réclamer elle-même l'insertion dans les conventions collectives. On écarte aussi des idées avancées par certains aumôniers, comme l'inclusion dans les conventions collectives d'échelles de salaire variable selon la capacité et les aptitudes des travailleurs, ou le principe de ne pas fixer un nombre maximal d'heures à la journée de travail sous prétexte que cette mesure empiète sur la liberté de l'ouvrier.

Ainsi s'établit chez les syndicats catholiques, dès les années vingt, un désaccord entre le discours qui prévaut lors de la fondation

Document 2.5

Constitution de la CTCC (1921) (extraits)

Caractère de la Confédération

Article 1. — La Confédération des travailleurs catholiques du Canada est une organisation ouvrière interprofessionnelle, réunissant les divers groupements ouvriers du Canada qui ont la double caractéristique d'être nationaux et catholiques. [...]

Si la CTCC se propose de travailler le plus possible à l'organisation professionnelle des travailleurs catholiques du Canada, ce n'est pas seulement parce que ceux-ci y ont droit et qu'elle leur est utile et avantageuse, c'est aussi que l'association ouvrière est une nécessité des temps présents.

Il y a, d'abord, le péril des organisations neutres à conjurer. Il y a ensuite ce fait que, au Canada, comme ailleurs, ceux de qui dépendent les ouvriers, spécialement dans les professions libérales, la finance, le commerce et l'industrie, sont déjà groupés en associations professionnelles puissantes.

L'organisation appelle l'organisation. Si ceux qui emploient s'organisent, il devient nécessaire que leurs employés s'organisent aussi. Autrement, les plus forts seraient trop tentés d'exploiter les plus faibles.

Cela ne saurait signifier, toutefois, que la CTCC prépare les troupes pour la guerre de classes. Si elle organise les ouvriers, c'est afin que leur classe puisse traiter plus équitablement avec les autres classes de la société, et s'accorder avec elles.

C'est le régime économique sous lequel nous vivons qui impose l'organisation distincte de la classe des employeurs et de la classe des employés; des intérêts différents ne peuvent être défendus que par des corps différents. Mais, organisations distinctes et intérêts différents ne signifient pas intérêts opposés et organisations ennemies. Deux personnes morales comme deux individus peuvent se parler, s'entendre, vivre en bonne intelligence et même en amitié.

de la centrale et les pratiques des syndicats affiliés. On prêche l'harmonie, mais on négocie dans un esprit de rapport de forces. Les dirigeants expliquent que les employeurs sont, en fait, responsables du raidissement des syndicats catholiques. Comme le patronat cherche toujours à réduire au minimum les conditions de travail et qu'il répugne à la négociation collective, les syndicats catholiques se croient justifiés de recourir à des pratiques semblables à celles des syndicats internationaux. Cependant, ils espèrent toujours, quoique dans un futur de plus en plus lointain, un changement de mentalité patronale. C'est pourquoi la CTCC ne remet pas en cause

La CTCC réprouve en principe et en pratique la théorie de ceux qui prétendent que le capital, les capitalistes et les employeurs sont les ennemis-nés du travail, des travailleurs et des salariés. Elle prétend, au contraire, qu'employeurs et employés doivent vivre en s'accordant, en s'aidant et en s'aimant. [...]

La CTCC professe, pour sa part, que cette fonction (définition des principes directeurs) appartient en propre à l'Église catholique qui a reçu de Dieu même la mission d'enseigner toutes les nations comme celle de lier et de délier la conscience de tous les hommes. Elle sait, du reste, que cette autorité doctrinale indiscutable et cette direction suprême en matières premières, l'Église la revendique et la réclame pour elle-même. Pie X a écrit, en effet (Enc. Singulari quadam): «La question sociale et les controverses qui s'y rattachent relativement à la nature et à la durée du travail, à la fixation du salaire, à la grève ne sont pas purement économiques et susceptibles, dès lors, d'être résolues en dehors de l'autorité de l'Église», attendu que «bien au contraire, et en toute vérité, la question sociale est avant tout une question morale et religieuse et que, pour ce motif, il faut surtout la résoudre d'après les règles de la morale et le jugement de la religion» (Encyclique Graves de Communi). [...]

La CTCC est une organisation essentiellement canadienne. Une des raisons de son existence, c'est que la plupart des ouvriers canadiens sont opposés à la domination du travail syndiqué canadien par le travail syndiqué américain. La CTCC croit que c'est un non sens, une faute économique, une abdication nationale et un danger politique que d'avoir au Canada des syndicats relevant d'un centre étranger qui n'a ni nos lois, ni nos coutumes, ni notre mentalité, ni les mêmes problèmes que nous. Elle croit que le travail syndiqué canadien doit être autonome, régler seul ses propres affaires et ne pas se noyer dans une masse syndicale où ses initiatives sont impuissantes, sa volonté inefficace et sa vie propre impossible.

Source: La CTCC, brochure de l'École Sociale Populaire, n° 98, 1921, p. 3-9.

l'idéologie de collaboration inspirée de la doctrine sociale de l'Église, jusqu'à sa déconfessionnalisation en 1960.

Les internationaux pris à partie

Après des progrès importants de 1917 à 1920, les unions internationales connaissent, elles aussi, des difficultés dans les années vingt. La stabilité de leurs syndicats affiliés cache en réalité un recul car la main-d'œuvre augmente au cours de la décennie (tableau 2.6).

La rigidité de leurs structures d'organisation par métiers entrave leur pénétration dans les industries de production de masse (nous reviendrons sur ce sujet au chapitre suivant). Quoi qu'il en soit, malgré la concurrence des syndicats catholiques, les internationaux réussissent à garder une proportion à peu près stable des syndicats au Québec (60%) de 1916 à 1931.

Les unions internationales des métiers de la construction et du transport ferroviaire regroupent toujours le plus fort contingent de syndicats (tableau 2.7). Dans les années vingt, on note également un accroissement significatif de syndicats dans la métallurgie et les pâtes et papiers. L'Association internationale des machinistes, qui s'est donné une juridiction très large, se montre très active au Québec. Elle syndique en particulier des travailleurs dans les chantiers navals, aux usines Angus à Montréal et dans les fabriques d'armement pendant la guerre. Le développement de l'industrie papetière entraîne l'expansion de deux unions internationales: la Fraternité internationale des «faiseurs de papier», un syndicat d'ouvriers qualifiés préposés aux machines à papier, et la Fraternité internationale des travailleurs de l'industrie des pâtes et papiers (Brotherhood of Pulp, Sulphite and Paper Mill Workers), qui regroupe tous les autres travailleurs des usines de papier. Ces deux unions s'implantent au Québec par l'intermédiaire d'ouvriers qualifiés venus des États-Unis assurer le bon fonctionnement des usines. Comme leurs syndicats sont disséminés un peu partout en province, ils subissent la forte concurrence de leurs rivaux catholiques.

Principal regroupement syndical au pays, les unions internationales dominent presque complètement le paysage syndical québécois et canadien à la veille de la guerre. La situation se modifie quelque peu après le conflit avec la naissance de la One Big Union dans l'Ouest canadien et la montée du syndicalisme catholique au Québec.

Les syndicats nationaux, qui misaient au début du siècle sur la fierté d'être canadiens pour attirer les travailleurs, ne représentent pas une menace sérieuse pour les unions internationales. La Fédération canadienne du travail demeure une centrale marginale dans les années vingt; elle ne représente qu'une dizaine de syndicats au Québec et compte moins de 10 000 membres au Canada en 1921[58]. Dans le but de relancer le syndicalisme canadien, elle s'unit, en 1927, à un syndicat numériquement important, la Fraternité canadienne des cheminots, pour fonder une nouvelle centrale, le Congrès

Tableau 2.6
Répartition selon l'allégeance des syndicats au Québec, 1916-1931

	Internationaux	Catholiques	Total des syndicats
1916	236	23	329
1921	334	120	492
1926	314	103	450
1931	286	121	491

Source: Ministère du Travail du Canada, *Labour Organizations in Canada*, 1916, p. 174-189; 1921, p. 249, 263 et 272; 1926, p. 230 et 248; 1931, p. 220 et 243.

Tableau 2.7
Répartition selon l'industrie des syndicats internationaux au Québec, 1911-1931

	1911	1921	1931
Mines	8	6	5
Construction	43	65	52
Métallurgie	26	46	32
Bois, papier	3	10	15
Imprimerie	12	13	12
Vêtement, textile	9	18	15
Alimentation	6	5	3
Cuir	6	5	3
Transport	65	143	124
Services	6	17	18
Autres	6	6	5
Total	190	334	286

Source: Ministère du Travail du Canada, *Labor Organizations in Canada*, 1911, p. 92-94; 1921, p. 248-249; 1931, p. 219-220.

pancanadien du travail (nous reviendrons sur cette fusion au chapitre suivant).

Après la guerre, les unions internationales sont prises à partie par un vigoureux mouvement de contestation dans l'Ouest canadien.

Des figures importantes du syndicalisme international en délégation au Parlement de Québec en 1926. (*Canadian Congress Journal*, février 1926, p. 5)

Parmi les immigrants des Prairies, des travailleurs influencés par les idées socialistes se font, en matière syndicale, les avocats de l'organisation des travailleurs par industrie plutôt que par métier. La guerre et l'imposition de la conscription avivent leurs frustrations tout en faisant naître, notamment chez les soldats démobilisés, de fortes attentes pour l'établissement d'une société meilleure. Mécontents du CMTC pour son peu de vigueur à lutter contre la conscription et déçus que les syndicats ne puissent les protéger contre l'inflation et le chômage d'après-guerre, des militants syndicaux de l'Ouest réunis à Calgary fondent, en 1919, une nouvelle centrale exclusivement canadienne, la One Big Union (OBU)[59]. Ses syndicats affiliés organisent les travailleurs par industrie et comptent la grève générale de sympathie parmi leurs moyens de pression. Influencés par l'anarcho-syndicalisme, les membres les plus radicaux de l'OBU se proposent à long terme de retirer le contrôle des industries aux capitalistes pour le confier aux travailleurs.

Profitant de la radicalisation du mouvement ouvrier, la nouvelle organisation s'étend rapidement avec près de 50 000 membres concentrés surtout dans l'Ouest canadien. En Ontario et au Québec, les unions internationales lui font la vie dure. À Montréal, le CMTM condamne l'OBU en mai 1919, et fait profession de foi dans le «trade-unionisme international» qui aurait grandement contribué à améliorer les salaires et les conditions de travail des ouvriers[60]. À l'été 1919, un conseil industriel de l'OBU est néanmoins fondé dans la métropole, mais l'appel lancé aux syndicats montréalais pour qu'ils y envoient des délégués reste sans réponse[61]. Le déclin de la centrale lors de la récession de 1921 est aussi rapide que sa montée; elle ne compte plus que 5000 membres au Canada en 1922, et elle disparaît de la métropole.

La radicalisation du mouvement ouvrier dans l'Ouest s'exprime aussi par le déclenchement de la grève générale de Winnipeg, au printemps 1919. Même si l'OBU n'y est pas mêlée directement, ses idées marquent néanmoins les grévistes. La grève de 35 000 travailleurs paralyse complètement la ville pendant six semaines et la divise en deux selon l'appartenance sociale. Le gouvernement fédéral arrête alors les dirigeants de la grève qui poursuivent, à son sens, des objectifs révolutionnaires. Le CMTC et les conseils centraux de syndicats dans les villes canadiennes, y compris le CMTM, protestent contre ces arrestations arbitraires, mais refusent

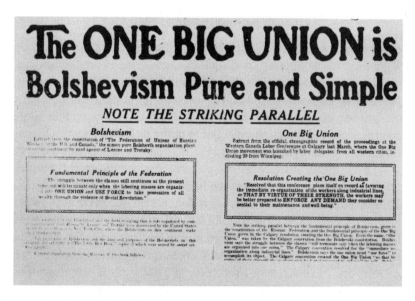

Pendant la grève de Winnipeg, un journal de la ville associe la One Big Union au bolchevisme. (*Winnipeg Citizen*, APC, C 37320)

Rassemblement de la foule à Winnipeg avant le défilé du 21 juin 1919 où les policiers chargés de disperser les manifestants feront deux morts et de nombreux blessés. (*Montreal Star*, APC 163001)

d'appuyer les grèves de solidarité à l'endroit des grévistes de Winnipeg[62]. Par ailleurs, la direction canadienne et américaine des unions internationales s'applique à modérer l'ardeur des grévistes pendant la vague de débrayages, souvent spontanés, qui déferlent au Québec et au Canada en 1919 et en 1920. On y voit le signe de comportements anarchiques qui risquent de compromettre l'existence même du syndicalisme[63].

Plus que l'OBU, c'est la poussée des syndicats catholiques qui inquiète les dirigeants des syndicats internationaux au Québec[64]. La lutte contre eux est d'autant plus délicate qu'elle prête elle-même le flanc à des accusations d'anticléricalisme. Aussi, le CMTM et le CMTC pressent la FAT de nommer un organisateur bilingue au Québec, ce qui est fait en 1918 après qu'on ait fait comprendre à Gompers, de passage à Montréal, la gravité de la situation. Par ailleurs, le CMTC réunit, en 1920, pendant trois jours, des représentants du syndicalisme international au Canada pour faire échec à l'OBU et aux syndicats catholiques. Malheureusement, l'idée d'un centre d'information sur le syndicalisme financé par les unions internationales qui est proposée lors de cette réunion n'a pas de suite car une seule union internationale répond à la collecte de fonds. La rencontre de chefs syndicaux avec Mgr Bruchési, en 1920, ne donne pas de résultats non plus, les évêques québécois étant convaincus de la nécessité de syndicats confessionnels. Après 1921, les dirigeants internationaux se rendent à l'évidence qu'ils doivent vivre avec des organisations confessionnelles. Le recul de la CTCC après sa fondation leur permet de respirer plus à l'aise, bien qu'ils ne cessent de la combattre.

Leur opposition repose toujours sur l'idée que la division des syndiqués selon des critères religieux affaiblit la force de négociation des travailleurs et nuit à l'efficacité syndicale. À leur sens, l'action syndicale est une question purement économique à laquelle on ne doit pas mêler les questions religieuses ou nationales. Le dollar n'a pas d'odeur, écrit Gustave Francq dans *Le Monde Ouvrier*: «Que les ouvriers réalisent donc une fois pour toutes que dans la lutte économique il n'y a pas de place pour des querelles de clocher ou des questions de race ou de religion. Le dollar n'a pas d'odeur pour les patrons, pourquoi en aurait-il pour les ouvriers[65]?» L'appartenance religieuse est une affaire strictement personnelle, soutiennent les internationaux, qui affichent d'ailleurs une parfaite neutralité envers toutes les religions. On ne nie pas que les questions syndicales aient une incidence morale, cependant il n'appartient pas à une institution mais à la conscience de chacun de s'en faire l'interprète.

La plate-forme politique du CMTC

En 1898, le CMTC, qui achemine les revendications de ses syndicats affiliés aux gouvernements fédéral et provinciaux, regroupe en seize points ses principales réclamations[66].

1. L'instruction gratuite;
2. La journée de travail de huit heures et la semaine de travail de six jours;
3. L'inspection gouvernementale de toutes les industries;
4. L'abolition du système de travaux à forfait pour les entreprises publiques;
5. Un salaire minimum décent selon les régions;

6. La propriété publique de services comme les chemins de fer, les télégraphes, l'aqueduc, l'électricité, etc.;

7. La réforme du système de taxation en diminuant les taxes pour les industries et en augmentant celles perçues sur la propriété foncière;

8. L'abolition du Sénat;

9. L'expulsion des Chinois;

10. L'étiquette syndicale appliquée sur tous les produits manufacturés, et, si c'est possible, sur tous les biens achetés par les gouvernements et les municipalités;

11. L'abolition du travail des enfants de moins de 14 ans et la suppression du travail des femmes dans des industries comme les mines, les ateliers et les manufactures;

12. L'abolition de la qualification foncière pour toutes les charges publiques;

13. L'arbitrage obligatoire des conflits ouvriers;

14. La représentation proportionnelle et l'abolition des districts municipaux;

15. La législation directe par l'initiative et le référendum;

16. La suppression du travail des prisonniers qui fait concurrence au travail libre.

Ce programme ne subit pas de changement majeur avant 1914. On modifie alors l'article onze en portant de 14 à 16 ans l'âge minimum de travail, et on ajoute l'idée d'un salaire égal pour un travail égal, qu'il soit accompli par un homme ou une femme. En 1921, le CMTC entreprend une révision complète de son programme: il laisse tomber les articles 3, 4, 5, 15 et 16, qui ont fait l'objet de lois, et ajoute huit articles. Les plus importants concernent le contrôle gouvernemental des ressources naturelles et l'établissement de l'assurance-chômage, des pensions de vieillesse et de l'assurance-maladie. Sous l'influence du mouvement ouvrier européen, le CMTC réclame une intervention accrue de l'État fédéral dans le domaine de la sécurité sociale. Sans pouvoir analyser chacune de ces revendications, limitons-nous à en étudier quatre: l'arbitrage des conflits de travail, l'instruction gratuite et obligatoire, l'indemnisation des accidents du travail (mesure importante même si elle n'est pas incluse officiellement au programme du CMTC) et l'établissement de pensions de vieillesse.

L'arbitrage, obligatoire ou facultatif

Le mouvement ouvrier canadien adopte une attitude assez ambiguë à l'égard de l'intervention du gouvernement dans le processus de négociation collective. Bien qu'ils soient tous en faveur du principe de l'arbitrage des conflits de travail, certains dirigeants syndicaux souhaitent qu'il soit obligatoire, d'autres, facultatif. À la fin du 19e siècle, les Chevaliers du travail favorisent l'arbitrage obligatoire pour éviter les grèves. C'est sans doute pourquoi le CMTC en retient le principe dans son programme de 1898.

La première loi fédérale de conciliation, adoptée en 1900, institue un mécanisme de conciliation et d'arbitrage; les parties dans un conflit industriel peuvent demander les services d'un conciliateur ou d'un arbitre nommé par le ministère du Travail. C'est d'ailleurs à l'occasion de la passation de cette loi que le ministère fédéral du Travail est formé. En 1903, une deuxième loi fédérale de conciliation, qui touche uniquement le transport ferroviaire,

William Lyon Mackenzie King, un des premiers intellectuels canadiens à s'intéresser aux relations industrielles. Avant de devenir premier ministre du Canada, il a été sous-ministre du Travail et à ce titre a inspiré la loi fédérale des différends industriels de 1907.

comporte cette fois-ci l'obligation des parties de soumettre leur litige à l'arbitrage. Le CMTC, de plus en plus soumis à l'influence des unions internationales (le président Gompers combat l'arbitrage), fait volte-face en 1902 à l'annonce de la loi; il remplace alors dans sa déclaration de principes obligatoire par volontaire[67]. On craint qu'une fois engagé dans cette voie, le gouvernement ne supprime complètement le droit de grève.

En 1907, le CMTC revient à sa position antérieure en approuvant, en principe, la loi des différends industriels (loi Lemieux) que vient d'adopter le Parlement canadien. Cette loi prévoit la conciliation obligatoire avant le déclenchement d'une grève ou d'un lock-out dans le secteur minier et dans les entreprises de services publics (transport urbain, télégraphe, téléphone). Durant la période d'enquête, les arrêts de travail sont interdits sous peine d'amendes, mais les parties ont le choix d'accepter ou de refuser la décision arbitrale. La Fédération canadienne du travail accueille la loi avec satisfaction, demandant même qu'elle soit étendue à d'autres secteurs industriels. Le CMTC est moins enthousiaste: il approuve le principe de la loi en 1907, mais réclame des modifications dès l'année suivante. À partir de 1911, il exige son rappel pur et simple; il reproche en particulier à la loi de priver les travailleurs du droit de grève pendant la période d'enquête. Revirement assez inattendu, les délégués au congrès de 1918 se montrent satisfaits de la loi, le gouvernement l'ayant amendée dans un sens favorable aux syndiqués. Ce point de vue prévaut jusqu'en 1925, année où le Conseil privé juge la loi inconstitutionnelle, du moins en ce qui touche les entreprises de juridiction municipale ou provinciale. Le CMTC invite alors le gouvernement fédéral à amender la constitution pour que la loi puisse encore s'appliquer. Ottawa se contente cependant de permettre aux provinces qui le désirent de profiter de la loi. Le gouvernement du Québec s'y refuse, ce qui le conduit à jouer un rôle plus actif dans la conciliation des conflits de travail.

Aux États-Unis, les unions internationales, qui ont des réticences à voir le gouvernement intervenir dans les relations industrielles, s'opposent à la conciliation obligatoire. Elles craignent que l'État, dominé par le capital, ne réduise le pouvoir de négociation des syndicats en leur enlevant leur principal moyen de pression, la grève. Au Canada, le sentiment est partagé. On fait davantage confiance à l'État comme acteur impartial en relations de travail.

L'école gratuite et obligatoire

Au début du siècle, une des principales préoccupations des syndicats sur le plan provincial concerne l'établissement de l'école gratuite et la fréquentation scolaire obligatoire. Réclamées depuis 1889 et inscrites au programme du CMTC en 1898, ces deux mesures sont constamment rappelées lors des rencontres annuelles du comité exécutif du CMTC avec le gouvernement du Québec[68]. La gratuité scolaire, fait-on valoir, permettrait aux fils de travailleurs de prolonger la fréquentation scolaire; quant à la scolarisation obligatoire jusqu'à 14, puis à 16 ans, elle élèverait le niveau général d'éducation de la classe ouvrière.

Mais le clergé catholique voit ces mesures d'un mauvais œil, alléguant que l'intervention de l'État dans l'éducation conduit à la laïcité et à la neutralité scolaires. L'opposition du clergé est si vive que cette question joue un rôle déterminant, nous l'avons vu, dans la décision de fonder des syndicats catholiques. D'ailleurs, la première résolution adoptée par un congrès de syndiqués catholiques, en 1918, rejette l'uniformité des manuels scolaires et l'école gratuite et obligatoire. Devant la résistance du clergé, le gouvernement ne légifère sur l'école obligatoire qu'en 1943, bien après les États américains et les provinces canadiennes, qui se sont prononcés dès la fin du 19e siècle.

Les accidents du travail

Jusqu'à ce que le gouvernement du Québec vote une loi d'indemnité, en 1909, la responsabilité dans les accidents du travail relève du droit commun: pour recevoir une compensation, l'accidenté doit intenter un procès à son employeur et prouver la responsabilité de celui-ci. En raison des risques financiers qu'elle comporte, cette procédure légale est bien rarement suivie. Ainsi, un travailleur accidenté se retrouve complètement démuni.

Depuis le début du siècle, les organisations ouvrières insistent pour qu'une loi vienne corriger cette situation. En 1906, le gouvernement libéral finit par présenter une loi qui prévoit qu'en cas d'accident la présomption de négligence pèse sur le patron qui doit prouver que sa responsabilité n'est pas en cause[69]. Repoussée par le Conseil législatif, la loi de 1906 (la première au Canada à instituer la notion du risque professionnel) est de nouveau présentée en 1909. Adoptée à ce moment-là, elle se révèle pourtant rapidement inadéquate: aucun organisme n'est chargé de l'administrer et le recours légal est lent et délicat pour les accidentés. Les syndicats réclament donc une réforme complète de la loi, dans le sens de celle adoptée en Ontario en 1914.

Il faut attendre 1923 pour que le gouvernement, à la requête des syndiqués, institue une commission d'étude sur le sujet. Cinq commissaires en font partie, dont deux délégués patronaux et deux représentants syndicaux, Gustave Francq, pour les syndicats internationaux, et Pierre Beaulé, président de la CTCC. Les représentants syndicaux s'entendent pour proposer le principe nouveau de la responsabilité collective du patronat de manière à forcer les employeurs à détenir une assurance mutuelle sous la gestion indirecte de l'État. Les représentants patronaux, de leur côté, s'en tiennent à la responsabilité individuelle de chaque employeur, mais sont prêts à accepter l'assurance obligatoire. Le rapport des commissaires reflète ces divergences de vue.

Exemple d'un intérieur d'usine exigu propice aux accidents de travail: la Lauzon Engineering à Lévis en 1918. (Roy, APC, PA 25216)

En 1925, le gouvernement élabore une loi qui étend l'application de la loi de 1909 à de nouvelles catégories de travailleurs; il retient l'obligation pour les employeurs de s'assurer, sans pour autant les rendre collectivement responsables des accidents. Mais à peine la loi adoptée, le gouvernement ajourne son entrée en vigueur, car les compagnies d'assurances augmentent leurs primes trop substantiellement au goût du patronat. Révisée en 1928, la loi institue la Commission des accidents du travail chargée d'administrer et d'appliquer la loi. Le gouvernement se rend ainsi à une demande des travailleurs tout en réduisant le coût des primes d'assurance pour les employeurs. En enlevant aux tribunaux de droit commun la juridiction en matière d'accidents du travail, la loi écarte les onéreuses poursuites judiciaires.

Sur le principe de la responsabilité collective des employeurs et l'inclusion des maladies industrielles parmi les accidents de travail, les syndicats ont gain de cause en 1931 lorsque le gouvernement refond complètement la loi des accidents du travail. Désormais, les victimes d'accident sont assurées d'être indemnisées sans devoir établir la négligence patronale. La loi de 1931, qui sera en vigueur dans ses grandes lignes pendant plus d'un demi-siècle, représente une victoire précieuse pour les travailleurs et travailleuses.

Les pensions de vieillesse

De 1927 à 1936, malgré les demandes répétées des syndicats, le Québec refuse d'ajouter sa quote-part du financement du programme de pensions de vieillesse (50%) à celle du fédéral, privant ainsi les personnes âgées de leur pension. Le Québec, qui sera la dernière province à participer à ce programme conjoint, explique son refus par le manque de fonds et par l'empiètement du fédéral dans un domaine de juridiction provinciale, mais c'est plutôt le caractère «socialisant» de la mesure et l'opposition des milieux conservateurs qui le font hésiter[70]. Pour le clergé, il n'appartient pas à l'État, mais aux familles et aux institutions de charité de venir en aide aux vieillards. Si ce raisonnement vaut en milieu rural, en milieu urbain la solution est absolument irréaliste. L'organe des syndicats internationaux à Montréal trace, en 1928, ce portrait de l'ouvrier retraité: «Après avoir dépensé sa vie pour élever une nombreuse famille avec les salaires de famine, de la maladie (*sic*), il est impossible à un ouvrier d'aujourd'hui de mettre un peu d'argent de côté en prévision des vieux jours et il lui est encore plus difficile de placer ses enfants dans des positions lucratives, parce que l'instruction ne leur a pas été donnée à profusion. L'ouvrier est donc, à la fin de sa vie, un miséreux qui se trouve à la charge d'autres miséreux aussi chargés de vivre aux crochets des autres sans pouvoir obtenir leur admission dans nos hospices, qui sont pourtant nombreux[71].»

Dès 1905, le CMTC propose au gouvernement fédéral de mettre en œuvre un programme de pensions de vieillesse comme il en existe dans plusieurs pays européens. Mais ce n'est qu'en 1926 que le gouvernement passe à l'action à la condition, en outre, que les provinces participantes paient la moitié des coûts. Une personne âgée de 70 ans et plus peut ainsi recevoir un montant minimum de 20$ par mois si son revenu ne dépasse pas 365$ par année.

À sa fondation, la CTCC est peu sensible à cette mesure; elle l'appuie, pour la première fois, lors de son congrès de 1926, malgré l'opposition du président et de l'aumônier de la centrale. L'empiétement constitutionnel que représente la loi fédérale ne soulève guère de problème chez les centrales qui souhaitent que le gouvernement fédéral ait complète juridiction dans le domaine social (nous reviendrons sur ce sujet).

Les aléas de l'action politique partisane

Au début de la guerre, l'attention des partisans de l'action politique ouvrière à Montréal se porte vers la scène municipale. Les questions de transport urbain, de corruption municipale et de voirie les intéressent davantage que la politique provinciale ou fédérale. Le Parti ouvrier (le CMTM délègue dix représentants d'office à son comité central) et la Fédération des clubs ouvriers municipaux, qui se disputent l'adhésion des clubs ouvriers de la métropole, sentent le besoin, en 1916, de refaire l'unité des forces ouvrières. La rencontre organisée dans ce but, en avril 1917, débouche sur la création d'un comité chargé de préparer la constitution d'une nouvelle organisation qui serait formée de la fusion des deux groupes[72]. Mais la Fédération fait échouer le projet en lui retirant son appui;

Manifestation anticoncriptionniste au square Victoria à Montréal. Les travailleurs s'opposent massivement à la conscription obligatoire pour service outre-mer. (APC, C 6859)

elle s'est trouvée une nouvelle vocation, la lutte contre la conscription.

L'opposition à la conscription réveille l'intérêt des syndiqués pour un engagement plus direct en politique. Aussitôt connue la décision du CMTC de faire échec à la conscription en présentant des candidats à la prochaine élection fédérale, le comité exécutif du CMTC au Québec organise le congrès de fondation de la branche québécoise du Parti ouvrier canadien. Plus de 200 délégués représentant 110 organisations (syndicats, groupes socialistes, associations agricoles, coopératives, etc.) et venus d'un peu partout au Québec mettent donc sur pied la section québécoise du Parti ouvrier du Canada, le 3 novembre 1917[73]. La constitution s'inspire de celle de l'ancien parti ouvrier à laquelle on ajoute quelques articles puisés dans la constitution de la section ontarienne. L'ancien parti, qui recrute ses membres à Montréal, s'affilie à la nouvelle organisation. Quant à la Fédération des clubs ouvriers, tiraillée sur le sujet, elle ne se joint à la nouvelle formation que l'année suivante (avril

1918). Les syndicats peuvent s'affilier au nouveau parti et le CMTM lui donne son appui déléguant des représentants à l'assemblée de Montréal du Parti ouvrier.

Le nouveau parti part cependant sur un mauvais pied en ne présentant pas de candidats aux élections fédérales du 17 décembre: le délai trop court (cinq semaines) entre la formation du parti et les élections ne lui permet pas de s'organiser. Par contre, la Fédération des clubs ouvriers appuie les candidatures de trois ouvriers qui se présentent à Montréal sous l'étiquette ouvrier-libéral. Aucun d'eux n'est élu, l'électorat s'étant massivement dirigé vers le Parti libéral. Le Parti ouvrier poursuit néanmoins son organisation; en janvier 1918, il dit compter 3000 membres, 18 syndicats affiliés et deux clubs ouvriers[74].

En février 1918, le président du Parti ouvrier, Joseph Ainey, contrôleur de la ville et ex-organisateur de la FAT au Québec, se présente à la mairie de Montréal contre Médéric Martin, le maire sortant. Il reçoit l'appui du CMTM et de clubs ouvriers, de même que celui du Parti ouvrier, bien qu'il n'en soit pas un candidat officiel. Son programme comprend des mesures comme la création de succursales de la bibliothèque de Montréal et l'augmentation du nombre de marchés publics pour réduire l'augmentation du coût de la vie. Il vient bien près de ravir le poste à Médéric Martin qui ne l'emporte qu'avec 54,6% des suffrages. Ayant réussi à réduire la majorité que détenait le vainqueur lors des élections antérieures, Ainey considère sa défaite comme une victoire morale[75].

Le Parti ouvrier met beaucoup de temps à se mettre en branle; il limite d'ailleurs, dans un premier temps, son travail d'organisation à la région montréalaise. Au deuxième congrès du parti, en décembre 1918, commence à se dessiner une division qui mine sérieusement ses chances de succès. Elle dresse l'aile radicale, composée de socialistes, actifs et de plus en plus nombreux à Montréal, contre les modérés, partisans du syndicalisme international et d'un programme ouvrier de type travailliste. L'orage éclate l'année suivante lorsque la section montréalaise du parti décide de soutenir le syndicalisme industriel proposé par la One Big Union[76]. La section provinciale du parti désavoue les Montréalais, mais le mal est déjà fait. Les dirigeants du syndicalisme international commencent à prendre leurs distances.

Le parti revient sur sa décision en 1923 en appuyant clairement

Un marché public où s'approvisionnent les familles ouvrières: le marché Bonse-cours de Montréal en 1908. (Archives Notman, musée McCord, 3729)

«l'unionisme industriel». D'autres résolutions déplaisent aux modé-rés, comme celle qui invite le gouvernement canadien à reprendre ses relations commerciales avec l'URSS ou qui adresse ses sympa-thies aux travailleurs allemands opprimés par l'occupant (troupes alliées)[77]. L'affiliation du Worker's Party of Canada (communiste) en 1923 confirme l'opinion des syndiqués internationaux selon laquelle le parti est noyauté par des éléments radicaux. Aussi, même si le CMTM continue d'envoyer des délégués aux réunions du Parti ouvrier, son appui n'est que formel. Sous l'influence de la FAT, l'opinion se répand de plus en plus que l'action partisane n'est pas du ressort du syndicalisme et que les «corps législatifs» institués par les syndicats (CMTC, conseils centraux) doivent se limiter à faire pression sur les gouvernements.

Le Parti ouvrier présente des candidats à plusieurs élections dans les années vingt; ils ont souvent moins de succès que les travailleurs qui s'affichent comme «ouvriers indépendants». Aux élections provinciales de juin 1919 par exemple, cinq candidats ouvriers font la lutte dans la région montréalaise: deux sont élus, Adélard Laurendeau dans Maisonneuve et Aurèle Lacombe dans Dorion; Alfred Mathieu, seul candidat supporté par le Parti ouvrier, subit la défaite[78]. Les deux candidats élus se rapprochent du Parti libéral; Lacombe deviendra même ministre sans portefeuille en 1921. Alphétus Mathieu, candidat du Parti ouvrier lors d'une élection complémentaire en avril 1920, est défait même si les conservateurs se retirent de la lutte[79]. En octobre 1921, des cinq travailleurs qui briguent les suffrages, quatre reçoivent l'appui du parti; aucun d'eux cependant ne recueille assez de voix pour représenter leurs commettants au Parlement fédéral[80]. Devant ces échecs, Gustave Francq, un des chefs de file du syndicalisme international, s'interroge: «À quoi sert-il alors de s'entêter à suivre une mauvaise voie, et ne vaut-il pas mieux avouer qu'on s'est trompé que de continuer à sacrifier nos meilleurs hommes et à les tuer politiquement parlant? Puisque le peuple ne veut pas du parti ouvrier, laissons ceux de nos membres qui sont atteints de la maladie du mandat électoral et qui en ont les capacités ou le courage, se présenter sous la bannière de l'un ou l'autre parti, et une fois élus ils pourront alors préconiser en Chambre les réformes que la grande masse des travailleurs organisés désire voir s'inscrire dans nos Statuts[81]...»

Pourtant, malgré les échecs et la désaffection des syndicats, le parti poursuit ses activités. Aux élections provinciales de 1923, il endosse trois candidats (Alfred Mathieu, Adélard Laurendeau, Narcisse Arcand) dans la région montréalaise, et un ouvrier indépendant brigue les suffrages à Hull[82]. Ils n'ont pas de chance, pas plus que les cinq candidats ouvriers (deux endossés par le parti) aux élections fédérales de 1925 et 1926. Enfin, les cinq candidats ouvriers (quatre appuyés par le parti) aux élections provinciales de 1931 échouent eux aussi, de même qu'un candidat du parti à une élection fédérale complémentaire dans Maisonneuve en 1932. Bref, aucun des 16 candidats endossés par le parti ne connaît les bonnes grâces des électeurs; la plupart ne recueillent même pas un nombre satisfaisant de voix.

En terrain municipal, le Parti ouvrier présente deux candidats à l'échevinage de Montréal en 1924, Joseph Schubert et Joseph Hogan, qui sont élus. Dans le quartier juif de Saint-Louis, Schubert sera réélu jusqu'à sa retraite, en 1942.

Délaissé par les syndicats internationaux, le Parti ouvrier devient de plus en plus marginal dans les années vingt. Les dirigeants internationaux lui reprochent d'être noyauté par une minorité «d'extrémistes» et de critiquer le «trade-unionisme». En fait, c'est plutôt leur propre neutralité politique qui laisse le champ libre aux «extrémistes». L'indifférence des syndicats internationaux a aussi pour effet de placer les francophones en minorité. Lorsque la section québécoise du Parti ouvrier vote son affiliation à un nouveau parti social-démocrate, le Cooperative Commonwealth Federation (CCF) en 1933, la grande majorité des membres sont des militants ou des travailleurs anglophones et juifs[83].

Tumulte et quiétude du mouvement de grèves

Les années 1916-1929 comptent un nombre de grèves et lock-out à peu près identique (362) à celui de la période antérieure (1901-1915). Par contre, les travailleurs touchés sont beaucoup plus nombreux et, surtout, les débrayages font perdre un nombre impressionnant de jours ouvrables (2 542 619). En moyenne par année, c'est le double de la période précédente[84]. Les nombreux conflits qui éclatent après la guerre expliquent cet accroissement: 60% des jours ouvrables sont perdus au cours des années 1919-1922. Le militantisme, à cet égard, atteint une telle intensité que le record de 1919 ne sera dépassé qu'en 1966 avec les grèves du secteur public et parapublic. L'effervescence ouvrière est reliée à la forte poussée inflationniste qui sévit à la fin de la guerre et au profond désir de changement social qui se fait jour au lendemain du conflit. C'est l'époque où W.L. Mackenzie King, chef du Parti libéral et futur premier ministre du Canada, propose un «nouvel ordre industriel» où les richesses seraient mieux distribuées et où les travailleurs seraient représentés à la direction des entreprises[85]. La récession économique de 1921 vient briser l'élan social, et le mouvement de grèves s'essouffle dans les années vingt.

L'industrie du vêtement, qui connaît un essor énorme à Montréal pendant la guerre, est le secteur industriel le plus touché par les arrêts de travail. À ses débuts, cette industrie emploie des immigrants, surtout d'origine juive, mais par la suite, cette main-d'œuvre venant à manquer, des Canadiens français y trouvent de l'emploi et se joignent aux syndicats que les travailleurs juifs ont formés. Les syndiqués des deux principales unions internationales de la confection, les Travailleurs amalgamés du vêtement d'Amérique et l'Union internationale des ouvriers du vêtement pour dames, démontrent un très fort militantisme (nous y reviendrons au chapitre suivant).

Grèves des employés municipaux (1918-1921)

La montée en flèche des prix pendant la guerre touche également les employés du secteur public dont les salaires n'ont pas bougé depuis longtemps. Aussi, des grèves éclatent à Montréal et à Québec parmi les employés municipaux, y compris les policiers et les pompiers[86]. Le gouvernement du Québec intervient alors pour réglementer le droit de grève dans les services publics. La loi des grèves et contre-grèves municipales, en 1921, est la première visant spécifiquement les employés du secteur public.

N'ayant pas eu de hausse salariale depuis dix ans et devant le refus de la commission administrative qui dirige la ville de négocier avec les représentants syndicaux, le 12 décembre 1918, les employés municipaux de la ville de Montréal débraient. Parmi les 1550 grévistes, on retrouve les policiers, les pompiers et d'autres groupes d'employés municipaux, membres de quatre syndicats formés en 1918. La ville, que le gouvernement provincial a mise en tutelle en raison de son endettement, fait valoir que sa situation financière précaire l'empêche de relever les salaires. L'arrêt de travail, ponctué d'affrontements violents entre les grévistes et les volontaires recrutés par les milieux d'affaires, ne dure qu'une journée et demie. Le premier ministre Lomer Gouin, l'archevêque de Montréal et un comité d'hommes d'affaires s'efforcent de trouver un terrain d'entente. Les grévistes retournent au travail après avoir obtenu qu'on forme un tribunal d'arbitrage de cinq membres dont deux représentant les employés. Les syndicats se réjouissent de l'issue du conflit.

Les 250 travailleurs de l'aqueduc de la ville abandonnent le travail à nouveau, en janvier 1920, toujours pour obtenir une augmentation de salaire. On coupe l'eau de plusieurs quartiers de la ville pendant une semaine, en plein hiver. Avec l'aide de compagnies privées, la ville réussit à rétablir le service. Pendant deux semaines, la partie patronale refuse de rencontrer les représentants syndicaux et repousse la conciliation que suggèrent les journaux. Finalement, le gouvernement provincial dénoue l'impasse en formant une commission d'enquête chargée de régler le conflit. Les employés retournent au travail, le 4 février, lorsque la ville accepte de reprendre tous ses employés.

La syndicalisation des employés municipaux étant récente, les administrations municipales, qui n'ont pas l'habitude de la négociation collective, veulent conserver une autorité entière sur chacun de leurs employés. Même l'arbitrage ou la conciliation leur paraissent cautionner la négociation collective et conduire immanquablement à une hausse des dépenses. En revanche, les syndicats, catholiques comme internationaux, favorisent la conciliation et l'arbitrage des litiges.

Dans le cadre de la poussée inflationniste d'après-guerre, la détérioration de leurs conditions de travail accentue le militantisme des employés municipaux dont les grèves finissent souvent par priver les citoyens de services essentiels. Pressé d'intervenir, le législateur québécois, qui sanctionne la loi des grèves et contre-grèves municipales le 19 mars 1921, n'interdit pas complètement le droit de grève dans les services municipaux. En ce qui touche les services d'incendie, de police, d'aqueduc et d'incinération sanitaire, les arrêts de travail sont suspendus tant qu'on n'a pas soumis le conflit à une procédure de conciliation et d'arbitrage. L'arbitrage est imposé sans toutefois que la décision du tribunal soit exécutoire. Le tribunal a un délai de cinq jours de délibération pour soumettre sa sentence, après quoi les parties retrouvent le droit de grève et de lock-out. Cette loi sera abrogée en 1944 lorsqu'on interdira complètement la grève et le lock-out et qu'on rendra exécutoire la sentence arbitrale dans presque tous les services publics.

La nouvelle loi est appliquée pour la première fois dès le mois de mai 1921, à la demande de l'Union des policiers et de l'Union des pompiers de Québec. Le conseil municipal, qui a maille à partir avec ses employés depuis 1918, refuse de reconnaître les syndicats et essaie de se soustraire à l'arbitrage. Forcé de s'y conformer, il repousse le rapport de la commission d'arbitrage qui recommande des augmentations de salaire d'environ 3 à 5%, ce que les syndiqués accepteraient. Selon les policiers et les pompiers, leur salaire de 17$ par semaine est insuffisant pour subvenir aux besoins de leur famille.

Malgré l'avis des aumôniers, la grève est déclenchée à minuit le 25 juin par les 313 policiers et pompiers. Le maire fait appel à la milice pour assurer la sécurité publique, engage des briseurs de grève et obtient des mandats d'arrestation contre les dirigeants syndicaux. Le conseil de ville se dit prêt à accepter les conclusions de la commission d'arbitrage, mais menace de ne pas réembaucher tous les grévistes, qu'il compte remplacer par les briseurs de grève. Quatre jours après le début du conflit, les grévistes, répondant à l'ultimatum de la ville, reprennent le travail. Une quarantaine d'entre eux sont suspendus pour quelques semaines, mais les augmentations recommandées par la commission d'arbitrage sont accordées. Malgré ces concessions, la ville refuse toujours de reconnaître les syndicats de ses employés comme agents négociateurs.

Grèves dans l'industrie de la chaussure à Québec (1925-1926)

Comme nous le notions plus tôt, les syndicats catholiques soutiennent des grèves peu après la fondation de la CTCC. Nous avons relevé 32 arrêts de travail déclenchés par des syndicats catholiques entre 1920 et 1930, ce qui représente 13% des conflits survenus au Québec pendant la décennie[87]. Le discours bon ententiste de la centrale n'empêche pas les syndiqués de recourir à «l'arme ultime». L'une de ces grèves, en 1926, constitue le plus important conflit ouvrier à survenir au Québec à cette date (88677 jours ouvrables perdus). Elle implique les 3000 ouvriers des trois syndicats de la chaussure de Québec qui, refusant la diminution de leur salaire, réduisent au silence quatorze fabriques pendant quatre mois[88].

Le conflit de 1926 est précédé d'une grève de deux semaines en novembre 1925, à la suite de la décision de l'Association des manufacturiers de chaussures de Québec de décréter unilatéralement une réduction substantielle des salaires de 33% afin de pouvoir faire face, dit-on, à la concurrence. Les syndiqués ripostent en abandonnant le travail dans quatorze usines. Ils ne retournent à leurs machines qu'après avoir obtenu que leur différend soit soumis à un tribunal d'arbitrage formé de représentants des deux parties et présidé par un juge de la Cour supérieure.

Après quatre mois d'enquête, le tribunal — le représentant ouvrier s'est désolidarisé de la décision — accorde intégralement la réduction demandée par le patronat. Déçus de cette décision, des travailleurs, qui ont aussi accumulé d'autres griefs contre les manufacturiers pendant la période d'arbitrage, prennent individuellement la décision de quitter le travail en mai 1926. L'association patronale décide alors d'écarter les syndicats et d'ouvrir les ateliers à tous les ouvriers désireux de travailler. Cette décision provoque des scènes violentes sur les lignes de piquetage et l'intervention des policiers municipaux et provinciaux pour disperser les grévistes.

Tout au long du conflit, le clergé appuie moralement et financièrement les grévistes. L'évêque auxiliaire de Québec, Mgr Langlois, qui essaie en vain de renouer le contact entre les parties, blâme publiquement les manufacturiers. Il leur reproche de vouloir briser les syndicats et de nier ainsi aux travailleurs le droit d'association, un droit naturel confirmé par l'enseignement catholique. Mais l'appui des autorités religieuses n'est pas suffisant pour faire broncher les manufacturiers, qui continuent à combler les postes que les grévistes ont abandonnés. Les syndicats essaient, mais sans trop de succès, de conclure des ententes séparées avec certains manufacturiers.

Finalement, le 1er septembre 1926, quatre mois après le déclenchement du conflit, les syndicats abandonnent la partie, les ouvriers étant à bout de souffle. L'échec de la grève porte un dur coup aux syndicats catholiques de Québec et à la CTCC elle-même. Le conflit contribue à faire perdre aux syndiqués catholiques leurs illusions sur la bonne volonté et la conscience sociale du patronat. Pour le président de la CTCC, Pierre Beaulé, le patronat est «en guerre ouverte» contre les syndicats catholiques[89].

* * *

À la fin des années vingt, les syndicats affiliés aux unions internationales dominent complètement le paysage syndical québécois. Leur succès au début du siècle auprès des ouvriers qualifiés leur confère un leadership incontestable sur le mouvement syndical. La grande majorité des syndiqués québécois voient, dans l'affiliation internationale, le meilleur moyen d'améliorer leurs conditions de travail. Bien établis au Québec, les internationaux font donc la vie dure aux organisations rivales. Après avoir tenté de contrôler le CCMTM, ils excluent les Chevaliers du travail et les syndicats nationaux du CMTC en 1902. Les assemblées des Chevaliers s'effritent, les syndicats nationaux vivotent et les organisations

catholiques, après un échec avant la guerre, ne ravissent pratiquement pas de syndiqués aux internationaux et ne se maintiennent,
en région surtout, que grâce au support du clergé.

La montée des syndicats internationaux provoque des remous
dans la société québécoise. Les hommes politiques, tant au fédéral
qu'au provincial, voudraient que les travailleurs brisent leurs liens
avec les unions américaines, et les journaux suggèrent aux syndiqués
de se donner des organisations purement canadiennes. Comme les
travailleurs persistent à maintenir leur affiliation internationale, les
gouvernements doivent s'ajuster. Pour obtenir la collaboration des
syndicats à l'effort de guerre, le gouvernement fédéral, par exemple,
devra reconnaître le CMTC comme le porte-parole des travailleurs
canadiens. Il prend alors l'habitude de le consulter avant de nommer
des syndiqués aux commissions gouvernementales touchant les relations de travail. Le gouvernement du Québec fait de même, à la
différence qu'il consulte aussi la CTCC et fait place dans ses
commissions aux représentants des syndicats catholiques.

Le clergé s'émeut plus vivement de l'expansion du syndicalisme international dont il redoute que les idées ne minent son
influence en milieu ouvrier. Il va même jusqu'à fonder des syndicats
catholiques pour lui faire échec. L'implantation de syndicats confessionnels dans une population très majoritairement catholique lui
apparaît, au début, comme un projet relativement facile. L'opération
sera plus laborieuse sans vraiment constituer un danger sérieux
pour les unions internationales. Celles-ci ont déjà des racines profondes en milieu ouvrier; elles les conserveront, quoi qu'en disent
ou fassent les clercs, les politiciens et les intellectuels.

CHAPITRE 3

CRISE ÉCONOMIQUE ET RÉALIGNEMENT SYNDICAL (1930-1940)

La crise économique qui frappe l'ensemble des pays capitalistes dans les années trente prend naissance aux États-Unis en octobre 1929, lorsque l'effondrement des titres à la Bourse de New York révèle le dysfonctionnement profond qui mine l'économie américaine. Depuis la guerre en effet, les entreprises ont accru leur production à un rythme beaucoup plus rapide que la consommation. Les industriels ont transformé les gains de productivité de leurs usines en accroissement des bénéfices et en augmentation des investissements, tout en maintenant les salaires et les prix à un niveau stable. Il en est résulté une capacité de production excédant largement la demande de biens et services[1]. La stabilité des salaires en effet ne permet pas aux familles ouvrières d'accroître leur consommation au même rythme que la hausse de la production. La crise boursière met à nu cette faiblesse fondamentale de l'économie américaine.

Fortement dépendant de l'économie américaine et, en général, des marchés extérieurs, le Canada est l'un des pays les plus durement touchés par la crise. L'économie du Québec subit un recul marqué: au plus fort de la dépression, en 1933, sa production manufacturière fléchit de 22% par rapport à 1929 (dollars constants). La situation ne s'améliorera qu'en 1936, année où la production retrouve le niveau de 1929 (dollars constants)[2]. Les secteurs industriels les plus touchés comprennent la construction, le transport, l'industrie lourde et les entreprises reliées aux industries du bois et du papier. Relativement moins touchées sont les industries

File de chômeurs attendant du secours pendant la crise. (Archives de la ville de Montréal, Z-35)

productrices de biens de consommation comme le textile, le vêtement et l'alimentation.

Le recul de l'activité économique a des conséquences désastreuses sur les travailleurs des villes, dont les salaires sont la seule
source de revenu. Non pas que les salaires diminuent plus rapidement que l'indice du coût de la vie[3], mais les périodes d'emploi
deviennent plus aléatoires, pour ceux qui ont la chance de conserver
leur gagne-pain. Même avant la crise, les employeurs avaient
l'habitude de mettre à pied temporairement la main-d'œuvre lorsque
les commandes se faisaient rares. Le phénomène prend maintenant
une ampleur nouvelle: on réduit la semaine de travail, quand on
ne ferme pas complètement pendant des semaines. Près de la moitié
des salariés de sexe masculin de Montréal connaissent une mise à
pied temporaire au début de la crise (23 semaines en moyenne en
1930-1931)[4]. Déjà en 1930, le salaire moyen d'un travailleur ne
suffit pas à assurer un revenu suffisant aux familles ouvrières. Selon
l'estimation du ministère fédéral du Travail, 60% des travailleurs
et 82% des travailleuses au Canada touchent un revenu inférieur

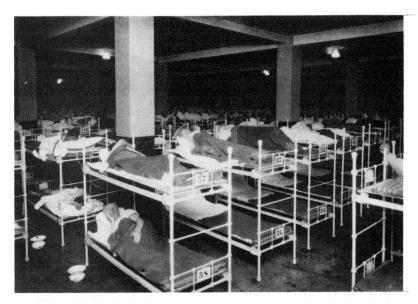

Le refuge Meurling pour les miséreux et les itinérants en 1932. (Archives de la ville de Montréal, Z 53-1)

au minimum nécessaire pour couvrir les seuls frais de logement et de nourriture d'une famille[5].

Le chômage permanent fait aussi des ravages. Un peu plus du quart de la main-d'œuvre canadienne est sans emploi en 1933, un niveau atteint, sinon dépassé, au Québec[6]. Le manque d'emploi, temporaire ou permanent, réduit des centaines de milliers de travailleurs et leur famille à l'endettement et à la misère. À Montréal, le quart de la main-d'œuvre masculine reçoit l'aide de la municipalité à l'hiver 1933[7]. Il faut attendre 1937 pour que l'emploi dans l'industrie manufacturière au Québec revienne au niveau de 1929.

Les mises à pied et la constitution d'un vaste réservoir de main-d'œuvre inactive affaiblissent le pouvoir de négociation des syndicats dans les entreprises. Les syndiqués subissent des réductions de salaires, et les conditions de travail se détériorent. Les syndicats perdent environ le tiers de leurs membres au Québec entre 1929 et 1933.

Si toutes les centrales sont touchées par le fléchissement des effectifs au moment de la crise, la reprise économique amorcée en 1936 a par contre des effets variables. Ainsi, alors que les syndicats catholiques connaissent une croissance remarquable (augmentation de 40% de 1936 à 1940), les unions internationales maintiennent un niveau d'affiliation à peu près stable jusqu'à la guerre.

Le nombre de syndiqués québécois double en dix ans, de 1931 à 1941: d'après nos calculs, il passe de 72 100 à 157 700, soit de 9% à 16,8% de la population active non agricole[8]. Comme nous le verrons, de nouveaux secteurs industriels s'ouvrent à la syndicalisation à la veille de la guerre. Les syndicats recrutent davantage de membres parmi les ouvriers non qualifiés de la grande industrie de production de masse.

LE FRACTIONNEMENT DU SYNDICALISME NORD-AMÉRICAIN

La position des syndicats internationaux s'affaiblit dans les années trente. Même si le nombre de leurs syndicats reste stable, on sait que leurs effectifs baissent de manière importante, bien qu'on ne puisse les chiffrer avec précision. Dans la seconde moitié de la décennie, la proportion des syndicats et des syndiqués qu'ils représentent au Québec diminue au profit des syndicats catholiques (tableau 3.1). Il est probable qu'à la veille de la guerre, ils ne regroupent qu'un peu plus de la moitié des syndiqués québécois. Ils n'affichent donc plus le dynamisme du début du siècle, et même dans les secteurs où traditionnellement ils sont forts, la construction et la métallurgie, on note un recul du nombre de syndicats (tableau 3.2). C'est d'ailleurs pour redonner un nouveau souffle à leurs organisations que les dirigeants québécois des unions internationales mettent sur pied la Fédération provinciale du travail (FPTQ) en 1937. En faisant mieux connaître leur mouvement, ils espèrent améliorer leurs chances de recrutement et contrer une recrudescence de la propagande dirigée contre eux.

C'est surtout en raison de leur structure d'organisation basée sur le métier que les syndicats internationaux ont du mal à organiser les travailleurs des secteurs comme le textile, le vêtement, le bois, le papier et les services, qui emploient en grande partie une main-d'œuvre non qualifiée. Dans ces industries, leur progrès s'est accompli à un rythme plus lent que celui de la CTCC dont les structures, plus souples, se prêtent bien à la syndicalisation par entreprise. D'autres éléments interviennent bien sûr, mais il s'agit

Tableau 3.1

Nombre et pourcentage de syndicats internationaux au Québec, 1931-1940

	Total des syndicats au Québec	Syndicats internationaux	% des syndicats québécois
1931	491	286	58,2
1936	573	275	48,0
1940	664	306	43,8

Source: Ministère du Travail du Canada, Labour Organizations in Canada, 1931, p. 219-220; 1936, p. 178-180; 1940, p. 179-181.

Tableau 3.2

Répartition des syndicats internationaux selon l'industrie, 1931-1940

	1931	1940
Mines	5	2
Construction	52	36
Métallurgie	32	30
Bois et papier	15	33
Imprimerie	12	13
Vêtement et textile	15	26
Alimentation	3	2
Cuir	5	2
Transport	124	142
Services	18	12
Divers	5	8
Total	286	306

Source: Ministère du Travail du Canada, Labour Organizations in Canada, 1931, p. 219-220; 1940, p. 179-181.

là à notre sens du facteur principal qui explique l'engourdissement des syndicats internationaux.

Depuis leur implantation au Québec, ils ont d'ailleurs peu débordé la région de Montréal. Le nombre de leurs syndicats en province est resté stable dans les années vingt et trente, au moment où s'accentue pourtant l'industrialisation des régions du Québec. Les syndicats catholiques, en revanche, déjà bien enracinés dans ces milieux et plus proches des communautés locales, profitent du regain de syndicalisation à la fin des années trente. Les internationaux voient donc leur échapper des groupes de travailleurs qui auraient pu enrichir leur membership. Entre 1940 et 1945, ils feront preuve, comme nous le verrons, d'une plus grande vitalité.

La naissance du COI

L'inertie du syndicalisme international au Québec est aussi conséquence de la division qui frappe le mouvement aux États-Unis. Le conflit qui provoque l'expulsion de douze importantes unions internationales de la FAT et la formation, en 1938, d'une centrale rivale, le Congress of Industrial Organizations (CIO) ou, en français, Congrès des organisations industrielles (COI), oppose deux conceptions de l'organisation des travailleurs. Traditionnellement, les unions internationales ont bâti leurs structures sur la profession de leurs adhérents: chaque syndicat de métier négociait avec l'employeur un contrat séparé. Ce système, qui vise à monopoliser l'offre d'ouvriers qualifiés, convient bien à certains types d'industries, mais il s'adapte mal aux vastes entreprises de production de masse qui se sont développées au 20e siècle. Dans ces nouvelles usines à forte intensité de main-d'œuvre, caractérisées par une division poussée du travail, les spécialités sont diluées au point qu'il est pratiquement impossible de déterminer les frontières entre les métiers. Le sentiment de solidarité des travailleurs ne passe plus par leur métier mais par leur appartenance à l'entreprise. Or, les unions internationales ne syndiquent qu'une infime portion de cette main-d'œuvre moins qualifiée. La plupart d'entre elles ne sont pas intéressées à modifier leurs structures pour répondre aux attentes de cette nouvelle catégorie de main-d'œuvre. Il n'échappe cependant pas à quelques chefs ouvriers que ce mode d'organisation prive des centaines de milliers de travailleurs des avantages de la syndicalisation.

Jusqu'aux années trente, les partisans du syndicalisme de métier ont toujours fait triompher leur point de vue au sein de la FAT. Mais, en 1935, un événement nouveau accélère la cristallisa-

Le président Franklin D. Roosevelt appose sa signature au Social Security Act en 1935. À sa gauche, le sénateur Robert F. Wagner, auteur du «Wagner Act» qui devient loi en juillet 1935. (William Cahn, *A Pictorial History of American Labor*, p. 256)

tion d'opinions différentes à l'intérieur de la centrale. L'administration Roosevelt, avec l'appui du Congrès des États-Unis, entreprend de favoriser la syndicalisation par deux mesures législatives, le *National Industrial Recovery Act*, voté en 1933, et, surtout, le *National Labor Relations Act* (loi Wagner) adoptée en 1935 après que la première loi ait été jugée inconstitutionnelle par la Cour suprême[9]. En reconnaissant le droit à la négociation collective et en obligeant les employeurs à négocier de bonne foi avec les représentants de leurs employés, le gouvernement veut faciliter la syndicalisation des travailleurs non qualifiés et semi-qualifiés de la grande industrie. Dans la mesure en effet où la cause de la crise économique réside dans la faiblesse de la demande de biens manufacturés, le gouvernement américain estime que la syndicalisation, par la hausse des salaires et la diminution des heures de travail qui l'accompagnent, entraînera du même coup un accroissement du pouvoir d'achat des travailleurs. Le préambule de la loi Wagner mentionne explicitement que «l'inégalité du rapport des forces entre gros employeurs et employés individuels tend à aggraver les récessions en diminuant les salaires et le pouvoir d'achat des salariés[10]».

Ce contexte nouveau renforce la détermination de plusieurs dirigeants syndicaux d'assouplir les structures des unions internationales afin de permettre l'organisation des travailleurs par entreprise et par industrie. Mais la majorité des unions affiliées à la FAT ne sont pas prêtes à abandonner leur emprise sur les ouvriers qualifiés de la grande industrie. C'est pourquoi une douzaine d'unions, ayant à leur tête John L. Lewis, président des Travailleurs unis des mines (United Mine Workers), mettent sur pied, en 1935, un comité chargé d'organiser les travailleurs sur une base industrielle (Committee for Industrial Organization). La direction de la FAT les somme de rompre leurs liens avec le comité sous peine d'être exclues de la centrale, ce qui se produit en 1936. Consacrant la division du syndicalisme nord-américain, ces syndicats transforment alors leur comité d'organisation, en 1938, en une véritable centrale, le Congress of Industrial Organizations (CIO). Les succès rapides des unions dissidentes ne tardent pas à démontrer qu'elles ont vu juste. Des centaines de milliers de travailleurs de la métallurgie, de l'automobile, du vêtement, du textile, du bois se joignent aux unions affiliées au COI. Trois ans après sa formation, la centrale fait déjà la moitié des effectifs de la FAT[11].

Au Québec, l'entrée en scène du COI se fait beaucoup plus lentement qu'en Ontario. Il n'y a, en 1936, que treize syndicats qui lui sont rattachés; dix-huit, quatre ans plus tard, la plupart affiliés aux Travailleurs amalgamés du vêtement d'Amérique, union qui a quitté la FAT pour le COI en y entraînant ses syndicats québécois. Encore une fois, comme cela avait été le cas pour les unions internationales de métier au 19e siècle, les unions industrielles mettent du temps à s'intéresser au Québec qui, pour elles, se situe à la périphérie du continent nord-américain. Mais ce faisant, elles laissent la voie libre aux syndicats catholiques.

La création du COI aux États-Unis a des répercussions immédiates sur le Congrès des métiers et du travail du Canada, qui a lié sa cause aux unions internationales de métiers (FAT) depuis son congrès de 1902. Sa constitution lui interdit d'affilier un syndicat avant qu'il ne se joigne à l'union internationale du métier correspondant. La FAT et ses unions pressent les dirigeants du CMTC d'expulser les syndicats COI, mais les syndiqués canadiens, qui ont vécu de loin les affrontements américains, se montrent réticents à exclure du CMTC plus d'une centaine de syndicats. Pourtant, devant la menace de plusieurs unions internationales de retirer l'affiliation de leurs syndicats, l'exécutif du CMTC finit par céder en 1939. La décision, ratifiée par les délégués réunis en congrès à London, en septembre de la même année, consacre la division du syndicalisme international au Canada, comme aux États-Unis.

Les syndicats expulsés entreprennent aussitôt des pourparlers avec le Congrès pancanadien du travail pour mettre sur pied une nouvelle centrale qui réunirait syndicats canadiens et syndicats COI. Le CPT accepte de se dissoudre pour faire place au Congrès canadien du travail (CCT), fondé à Toronto en 1940. La nouvelle organisation a encore peu de syndicats au Québec. Un conseil du travail est mis sur pied à Montréal en 1940, mais il faudra attendre 1952 pour que les syndicats du CCT jettent les bases d'une centrale provinciale, la Fédération des unions industrielles du Québec (FUIQ).

Le rôle de l'État

Depuis leur fondation, les syndicats internationaux aux États-Unis ont développé une profonde méfiance à l'égard de l'État et de l'appareil judiciaire dominés, estime-t-on, par des forces hostiles aux travailleurs. La FAT ne pousse pas pour autant les travailleurs à investir le pouvoir politique; elle préfère plutôt que l'intervention des pouvoirs publics soit la plus limitée possible. Estimant que c'est surtout par des pressions sur les entreprises à travers la négociation collective que les syndiqués obtiendront l'amélioration de leur sort, la FAT s'oppose, jusque dans les années trente, à l'instauration par l'État de mesures sociales comme les pensions de vieillesse, le salaire minimum et l'assurance-chômage[12]. Elle invite en revanche les syndicats à négocier des conventions collectives prévoyant l'allocation de fonds pour les travailleurs retraités ou en chômage temporaire. L'opposition de la centrale est encore plus vive lorsque le gouvernement se mêle de vouloir régir les relations de travail. Ainsi, par exemple, en 1907, craignant que certains États américains ne s'inspirent de la loi canadienne des différends industriels, Samuel Gompers presse le CMTC de lui opposer son refus[13].

Au Canada, peut-être sous l'influence du syndicalisme britannique, le mouvement ouvrier, même international, ne se montre pas aussi réticent à l'égard de l'action gouvernementale, du moins dans le domaine social. L'établissement de régimes de pensions de vieillesse et d'assurance-chômage, par exemple, font l'objet de résolutions du CMTC dès le début du siècle. La question du salaire minimum, par contre, suscite des réserves car on craint qu'une loi n'influence à la baisse les salaires.

Dans les années trente, les succès de la syndicalisation aux États-Unis amènent le CMTC à accepter d'emblée l'intervention de l'État dans le domaine des relations industrielles. Dès 1936, il presse le gouvernement fédéral et les provinces de légiférer sur le droit de négociation, à l'exemple de la loi Wagner[14]. Celle-ci, rappelons-le, reconnaît les bienfaits de la négociation collective et oblige les employeurs à négocier de bonne foi avec leurs employés. Au Canada, sauf pour un bref moment durant la Première Guerre, et à l'exception de lois favorisant la conciliation et l'arbitrage de conflits, les gouvernements sont peu intervenus dans le processus de négociation collective qu'ils jugent relever du domaine privé. Contrairement à l'exemple américain, le «New Deal» du premier ministre Bennett ne retient pas, en 1935, l'idée de faciliter la syndicalisation. Pour faire progresser sa cause, l'exécutif du CMTC prépare, en 1937, un projet de loi qui reprend l'essentiel des principes contenus dans la loi Wagner[15]. Cependant, sa démarche se complique car, au Canada, les relations de travail relèvent des parlements provinciaux, selon la décision rendue par le Conseil privé en 1925. Ce n'est qu'en 1944 que le gouvernement fédéral applique les éléments majeurs de la loi Wagner à l'industrie de guerre. Le Québec suit la même année avec la loi des relations ouvrières. En raison de l'importance de cette loi, nous lui consacrons quelques pages dans le prochain chapitre.

Pour le moment, contentons-nous de souligner que les syndicats internationaux, au Canada comme aux États-Unis, prennent conscience dans les années trente que l'État peut leur être d'un énorme concours pour faciliter la syndicalisation. Aux États-Unis, les effectifs syndicaux montent en flèche après l'adoption de la loi Wagner. Ces succès réduisent la méfiance traditionnelle des syndicats à l'égard de l'État. La crise économique leur fait percevoir également les limites de la négociation collective comme outil d'amélioration des conditions socio-économiques des travailleurs. Les syndicats COI en particulier auront tendance à préconiser des solutions étatiques pour relever le sort des salariés.

LE CONGRÈS PANCANADIEN DU TRAVAIL

Le Congrès pancanadien du travail ne regroupe que des syndicats du pays, sans attaches avec les unions internationales. Il est fondé en 1927 lorsque la Fraternité canadienne des cheminots se joint à la Fédération canadienne du travail. Cette dernière centrale, qui défend le syndicalisme national, vivote depuis la guerre. On croit donc nécessaire de mettre sur pied une nouvelle organisation pour relancer le syndicalisme canadien.

De tous les syndicats canadiens, la Fraternité des cheminots est sûrement celle qui a le mieux réussi. Fondée en 1908 dans l'intention de regrouper certaines catégories d'employés non syndiqués de chemins de fer (commis, préposés aux bagages, employés de wagons, etc.), la Fraternité, originaire de la Nouvelle-Écosse, se répand partout au Canada et même aux États-Unis. Au Québec, elle compte deux syndicats en 1911, 26 en 1921 et 37 en 1931[16]. Après avoir rallié le CMTC en 1917, elle en est exclue en 1921 parce que sa juridiction entre en conflit avec celle d'une union internationale affiliée à la FAT, la Fraternité des commis de chemins de fer et de navigation, manutentionnaires de fret, employés de messageries et de gares. L'expulsion de la plus importante fédération canadienne (137 syndicats) illustre encore une fois la tutelle que les unions internationales maintiennent sur la CMTC. Peu après, la Fraternité engage des pourparlers avec la Fédération canadienne du travail qui aboutissent à la création du Congrès pancanadien du travail en 1927.

Malgré bien des efforts, le Congrès pancanadien n'a guère plus de succès que la Fédération canadienne du travail. En 1936, il ne représente que 8,7% des syndicats québécois et 11% du total canadien. Il faut dire que la nouvelle centrale est née en un bien

Tableau 3.3

Nombre de syndicats affiliés au Congrès pancanadien du travail et à la Fraternité canadienne des cheminots, 1931 et 1936

| | Congrès pancanadien du travail | | Fraternité des cheminots |
	Québec	Canada	Québec
1931	51	366	37
1936	50	318	31

Source: Ministère du Travail du Canada, *Labour Organizations in Canada*, 1931, p. 220; 1936, p. 180.

mauvais moment, peu avant la crise qui affaiblit l'ensemble du mouvement syndical. Son échec la prédisposera à accepter la formation d'une nouvelle centrale, en 1940, lorsque les syndicats canadiens affiliés au CIO sont expulsés du CMTC.

Lors de sa fondation, le CPT se propose de regrouper les syndicats canadiens afin de mieux promouvoir leurs intérêts et d'améliorer la situation économique et sociale des travailleurs du pays. En plus de favoriser la syndicalisation des travailleurs, la centrale préconise l'éducation politique de ses membres et le «lobby» auprès des gouvernements[17]. Comme la centrale canadienne qui l'a précédé, le CPT réprouve la mainmise étatsunienne sur le mouvement ouvrier canadien, estimant être le seul véritable porte-parole des travailleurs canadiens.

Pour l'essentiel cependant, la conception de l'action syndicale et le programme législatif de la nouvelle centrale diffèrent peu du CMTC. Tout au plus peut-on relever certaines divergences mineures comme une opposition moins marquée que le CMTC au syndicalisme industriel, son désir de voir la loi des différends industriels s'étendre à un plus large éventail d'industries et un intérêt plus soutenu pour l'action politique ouvrière. Cet intérêt se traduit par une certaine sympathie pour le CCF, parti social-démocrate fondé dans l'Ouest canadien en 1932, qui ne se transforme cependant pas en appui actif dans les années trente. Même si le CPT compte dans ses rangs quelques syndicats radicaux, son programme législatif demeure modéré, reflétant l'emprise que la Fraternité canadienne des cheminots exerce sur son orientation.

Les difficultés de croissance du CPT ne s'expliquent pas seulement par la rude conjoncture des années trente, mais plus fondamentalement par la dure compétition des unions internationales. Celles-ci sont trop bien établies au Canada pour que leurs syndicats affiliés les quittent aisément; les avantages économiques qu'elles procurent à leurs membres valent bien qu'on passe outre à leur origine étrangère. Leur dimension nord-américaine assure une solidité qui a permis à la plupart d'entre elles de traverser la crise sans mettre leur survie en danger. En outre, elles peuvent compter sur des fonds de grève importants, une tradition, une organisation et des ressources humaines uniques. Le nationalisme des travailleurs canadiens n'est pas assez fort pour contrebalancer tous ces avantages. Au Québec, l'action du CPT est encore compliquée par la présence de la CTCC qui retrouve un nouveau souffle.

LA «MONTÉE TRIOMPHANTE» DE LA CTCC

C'est Alfred Charpentier, président de la CTCC de 1935 à 1946, qui, pour caractériser la croissance rapide des effectifs des syndicats catholiques pendant son mandat, parle de leur «montée triomphante». Au début des années trente, pourtant, la situation de la centrale n'a rien de reluisant; son sort apparaît même encore plus sombre que celui des internationaux. Organisant surtout des travailleurs semi-qualifiés et non qualifiés, elle aborde la crise économique avec une base syndicale faible. Dans son château fort de la ville de Québec, l'échec de la grève de 1926 a affaibli sérieusement les syndicats de la chaussure, l'épine dorsale de la centrale depuis sa fondation. Revers encore plus grave: le mouvement, en proie à une lutte intestine, se fractionne dans la ville de Québec en 1933.

Crise syndicale à Québec (1933)

La scission des syndicats catholiques de Québec est l'aboutissement d'une longue accumulation de griefs entre quelques aumôniers de syndicats, en particulier l'abbé Eugène Delisle, et un groupe de travailleurs dont les aumôniers réprouvent certaines décisions concernant le contrôle des finances[18]. L'opposition se cristallise entre l'abbé Delisle et Alfred Martin-Boucher, directeur du Conseil des métiers de la construction de Québec et secrétaire général de

Alfred Charpentier, artisan de la formation
des premiers syndicats catholiques à Montréal
et président de la CTCC de 1936 à 1946.
(Archives de la CSN)

la CTCC. Le conflit se répercute ensuite au Conseil central où la majorité des délégués manifestent, aux yeux des aumôniers, un trop grand esprit d'indépendance à leur égard. Avec l'appui du cardinal Villeneuve, qui voit dans cette affaire «un manque de confiance et de docilité» des travailleurs, les aumôniers poussent sept syndicats sur vingt-cinq à quitter le Conseil central pour former le Conseil général. L'abbé Fortin, dont les sympathies vont aux chefs ouvriers laïcs, démissionne de son poste d'aumônier général de la CTCC pour éviter d'entrer en conflit avec l'abbé Delisle, qui manifestement jouit des bonnes grâces du cardinal. En voyage en Europe à titre de membre de la délégation canadienne à la conférence de l'Organisation internationale du travail, le président Beaulé essaie, à son retour, de ramener les dissidents au Conseil central. Mais il interrompt ses efforts quand il se rend compte que le cardinal appuie les scissionnistes. Pour éviter de renier ses amis du Conseil central et pour ne pas entrer en conflit avec les autorités religieuses, il juge qu'il n'a plus d'autre choix que de démissionner.

Les aumôniers se retirent des syndicats affiliés au Conseil central et le nouveau conseil réclame du Bureau confédéral de la CTCC d'être l'unique organisation appelée à représenter les ouvriers de Québec. Le nouvel aumônier général, l'abbé Georges Côté, fait valoir que l'ancien conseil est devenu une organisation non catholique puisque les aumôniers s'en sont retirés. Comme il est impensable, dans le climat de l'époque, que le Bureau confédéral se dresse contre la décision du cardinal, l'avis de l'aumônier prévaut. «Douloureusement ressenti par les membres laïques du Bureau confédéral[19]», le geste entraîne la suspension de sept syndicats de Québec dont ceux des cordonniers machinistes et des tailleurs de cuir. Au congrès suivant, les délégués ratifient la décision de l'exécutif et acceptent à l'unanimité la demande d'affiliation du Conseil général. «Cette action, raconte Alfred Charpentier, membre de l'exécutif, dut en être une de soumission respectueuse à l'autorité religieuse de Québec... C'était le moment, ajoute-t-il, où il fallait aimer l'Église, la Sainte Église, au-dessus des hommes d'Église[20].»

Le conflit met en évidence le rôle important que jouent les aumôniers dans les syndicats et la sujétion des plus hautes instances de la CTCC aux autorités religieuses. Loin de limiter leur fonction à celle de conseillers moraux, certains aumôniers à la personnalité forte se perçoivent davantage comme des animateurs du mouvement dont l'influence doit prévaloir sur chaque décision importante du syndicat. Alfred Charpentier s'en plaint publiquement en mai 1933: «La fonction de conseiller moral, écrit-il, n'a rien à faire avec toutes les questions d'ordre matériel ou indifférentes à la morale dans un syndicat[21].» La situation diffère d'un syndicat à l'autre selon les circonstances et la personnalité des hommes en cause mais, en général, les aumôniers jouent un rôle clef dans la vie des syndicats catholiques. Cependant, à mesure que la CTCC prend de l'ampleur à la fin des années trente, leur rôle se confine davantage à celui de conseillers[22].

À long terme, la scission n'a pas de conséquences sérieuses sur la CTCC qui triple ses effectifs de 1931 à 1941, passant de 15 600 à 46 032 membres, ce qui fait passer de 21,6 à 29,1 % sa part du total des syndiqués québécois. La centrale atteint un sommet jamais égalé en 1936 avec 37 % des syndiqués au Québec[23].

Tableau 3.4

Répartition des syndicats de la CTCC selon l'industrie, 1931 et 1940

	1931	1940
Mines	1	5
Construction	41	69
Métallurgie	6	19
Bois, papier	4	27
Imprimerie	8	12
Vêtement et textile	6	34
Alimentation	2	10
Cuir	11	14
Transport	4	10
Services	20	42
Divers	12	18
Total	*115*	*260*

Source: Ministère du Travail du Canada, *Labour Organizations in Canada*, 1931, p. 56-62; 1940, p. 29-37. Le relevé officiel de la CTCC pour 1940 indique 239 syndicats affiliés bien que 260 aient fait parvenir au ministère du Travail le nom des membres de leur exécutif.

Cette croissance remarquable, nous l'attribuons en premier lieu à la plus large diffusion du syndicalisme catholique en province où la CTCC est bien implantée depuis sa fondation. Une forte proportion des nouveaux venus au syndicalisme catholique après la crise proviennent de centres urbains et semi-urbains en région, que les unions internationales ont toujours eu du mal à atteindre. Ces nouveaux syndiqués œuvrent surtout dans les industries de la métallurgie, du bois et du papier, du vêtement, du textile et dans le secteur des services (commis) (tableau 3.4).

La CTCC réalise donc ses gains dans les secteurs industriels où les structures des unions internationales à base professionnelle entravent leurs efforts de syndicalisation. Les nouvelles fédérations créées par la CTCC (qui en a ajouté cinq aux quatre déjà existantes) sont la chaussure (1932), les barbiers-coiffeurs (1935), l'amiante (1935), le vêtement (1936) et le meuble (1938). Comme ses fédérations sont loin de posséder l'autonomie et les pouvoirs d'une union internationale, la centrale catholique n'a pas vécu les conflits de juridiction qui divisent la FAT. Ses structures plus souples lui permettent, si le besoin s'en fait sentir, une syndicalisation de type industriel. C'est ainsi que les ouvriers du vêtement, de l'aluminium, des chantiers maritimes et des usines de pâte et papier sont syndiqués en bloc sans que les ouvriers qualifiés de ces entreprises ne fassent bande à part. Les syndicats catholiques répondent donc plus adéquatement que les internationaux aux désirs de syndicalisation des travailleurs de la grande entreprise dans les années trente.

Il est enfin une autre raison qui explique les succès de la CTCC au lendemain de la crise: en 1934, le gouvernement provincial adopte la loi d'extension juridique des conventions collectives. Cette loi, que nous examinerons en détail plus loin, permet au gouvernement d'étendre par décret les termes d'une convention collective conclue par un syndicat à tous les salariés et employeurs d'un même secteur industriel. La loi a eu pour effet de créer un mouvement de syndicalisation chez les travailleurs des industries où les décrets sont appliqués (construction, imprimerie, chaussure, vêtement, etc.)[24]. Les travailleurs d'usine non syndiqués ont tendance à se joindre aux syndicats pour participer à la négociation de leurs conditions de travail. L'afflux de nouveaux membres profite surtout à la CTCC car ce sont ses fédérations qui recourent à la loi; les syndicats internationaux, eux, s'en méfient, du moins pour un certain temps.

L'État à l'enseigne corporatiste

La crise de 1929 a modifié la perception que les syndicats internationaux avaient du rôle du gouvernement. Qu'en est-il de la CTCC?

Née dans des circonstances et pour des raisons différentes des internationaux, la centrale catholique ne partage pas leur crainte à l'égard de l'État. Le législateur lui est toujours apparu comme un allié qui pouvait lui permettre d'évincer les internationaux et mettre en place le cadre législatif requis pour l'établissement de corporations (nous reviendrons sur cette notion). C'est dans cette optique qu'il faut comprendre sa demande d'une loi d'incorporation professionnelle, qui est acceptée en 1924 (loi des syndicats professionnels) malgré l'opposition des internationaux qui craignent d'être passibles de poursuites judiciaires. Il est vrai que de douloureuses expériences

Ouvriers travaillant à la construction d'un viaduc à Montréal. (Archives de la ville de Montréal, Z 190-1)

aux États-Unis ont rendu ces derniers méfiants à l'endroit de l'appareil judiciaire. Mais pour les syndicats catholiques, l'incorporation syndicale vient reconnaître le caractère responsable de leurs organisations[25]. Il est normal, soutient-on, qu'un organisme comme un syndicat, appelé à jouer un rôle social important, ait un statut légal. En présentant l'image d'une organisation d'ordre et de stabilité, la CTCC espère s'attirer les faveurs des employeurs et de l'État.

La loi de 1924 trace la voie à une deuxième mesure importante réclamée par la CTCC et combattue par les internationaux: l'extension juridique des conventions collectives de travail. Les syndicats catholiques, ardents promoteurs de cette loi dans les années trente, la conçoivent comme le moyen par excellence pour répandre le syndicalisme et améliorer le sort de la classe ouvrière. Inspirée de lois similaires en Europe, la mesure permet au gouvernement d'étendre par décret à tout un secteur industriel, dans un territoire déterminé, les termes d'une convention collective conclue par un syndicat[26].

L'idée provient de l'abbé Boileau, aumônier des syndicats de Montréal, qui en a fait le sujet d'une thèse dans une université belge. La CTCC en adopte le principe à son congrès de 1931 et fait une campagne pour l'adoption de la loi, aidée en cela par Gérard Tremblay, secrétaire du Conseil central de Montréal, qui est nommé sous-ministre du Travail en mars 1931. Ayant lui-même rédigé le projet de loi, il se charge de convaincre le cabinet des ministres, malgré l'opposition des syndicats internationaux et d'une partie des associations patronales.

L'avantage le plus important de la loi est d'assurer aux travailleurs non syndiqués les avantages obtenus par les syndiqués. Le décret fixe des conditions minimales de travail qu'il est toujours loisible pour un syndicat de dépasser en signant une convention collective particulière avec un employeur. L'application du décret relève d'un comité paritaire formé par les syndiqués et les employeurs concernés. Pour la CTCC, ces comités constituent les embryons de la corporation, cellule de base de la société corporatiste dont elle rêve depuis sa fondation[27].

La corporation professionnelle, telle que la conçoit la centrale, devrait regrouper des représentants des travailleurs et des employeurs qui veilleraient aux intérêts communs de la profession. Des questions comme les salaires, les conditions de travail, l'apprentissage, le contrôle de la production et même le partage des profits devraient faire l'objet de discussions en comité mixte entre les membres de la corporation[28]. Dans un premier temps, la corporation couvrirait le Québec par secteurs industriels et elle serait coiffée, par la suite, d'une organisation intercorporative, toujours composée de travailleurs et de patrons, qui verrait aux intérêts généraux des professions. Grâce à ces structures, on pense mettre un terme aux conflits sociaux et instaurer une collaboration permanente entre le patronat et les ouvriers. Comme on peut l'imaginer, ce modèle d'organisation du travail rencontre plusieurs problèmes d'application. Nous en retenons deux: la nécessité du syndicalisme et le rôle de l'État.

Dans les années trente, la faillite du libéralisme comme système économique et comme régime politique suscite un intérêt nouveau chez les intellectuels pour le corporatisme social. Bien que l'idée d'instaurer des corporations ait toujours été l'objectif ultime de la CTCC, c'est au cours de cette période que la centrale précise sa pensée. Contre ceux qui prônent la dissolution des syndicats dans la corporation, la CTCC soutient au contraire que l'organisation corporative doit reposer sur deux syndicalismes parallèles, celui des ouvriers et celui des patrons[29]. On juge que les syndicats ont comme rôle de défendre les intérêts particuliers des travailleurs, quitte à ce que, dans un deuxième temps, ils participent à la corporation où sont discutés les intérêts communs de la profession. Pas question que la corporation remplace le syndicalisme; elle en est plutôt le complément.

Bien que la corporation professionnelle soit un corps autonome, l'État est néanmoins appelé à jouer un rôle important dans son établissement et son fonctionnement. Dans leurs textes sur le corporatisme, les dirigeants de la CTCC ne semblent pas avoir manifesté de craintes à ce sujet. Conçue comme un premier pas vers l'instauration du corporatisme, la loi de l'extension juridique des conventions collectives requiert l'intervention du gouvernement sur plusieurs plans. Mais la CTCC, qui salue l'adoption de la loi comme une victoire importante, ne semble pas s'en formaliser, du moins à ses débuts. Il n'en va pas de même pour les syndicats internationaux, qui craignent que l'État ne prenne prétexte de la loi pour limiter le droit des travailleurs à la négociation collective[30]. Dans leur optique, l'obtention de meilleures conditions de travail doit reposer sur un bon rapport de forces des syndiqués dans l'entreprise, et non sur le pouvoir législatif de l'État qui peut à tout moment se tourner contre eux.

Leur méfiance trouve son bien-fondé peu après l'adoption de la loi, avec l'arrivée au pouvoir du gouvernement Duplessis en 1936. Un an après son entrée en fonction, il abroge la loi de 1934 pour la remplacer par une autre similaire (loi relative aux salaires des ouvriers), mais en se réservant le pouvoir d'abroger ou de modifier un décret sans consulter les parties à la convention. L'intervention du gouvernement ne s'arrête pas là. Celui-ci amende la loi en 1938 pour interdire l'atelier syndical fermé sous peine de sanction pénale, même s'il est souhaité par les deux parties à une convention. L'année précédente, son attitude lors de la grève générale du textile et celle de la métallurgie, à Sorel, laisse penser à la CTCC qu'il veut substituer aux conventions collectives la réglementation des conditions de travail par des organismes d'État[31]. Toutes ces actions mécontentent la CTCC au point où son président,

Couturières dans une usine de chaussures, 1940. (APC, C 53881)

Alfred Charpentier, accuse publiquement le gouvernement de se livrer à «un ensemble d'agissements dignes du pire attentat politique contre la vie même du syndicalisme ouvrier dans la province de Québec[32]».

Dans ces moments sombres, la centrale reste cependant acquise aux principes de la loi d'extension juridique et ne met pas en doute les avantages liés à l'organisation corporative du travail. L'action du gouvernement lui apparaît comme un accident de parcours. Le Parti libéral, de retour au pouvoir, en 1939, refond d'ailleurs la loi de 1937 (rebaptisée loi de la convention collective) dans le sens des demandes syndicales.

Notons quand même que la CTCC ne s'en remet pas sans prudence à l'intervention de l'État dans les relations industrielles. Plus influencée par le corporatisme français que par ses versions italienne ou portugaise, elle propose, entre l'État et les syndicats, la création d'organismes intermédiaires, en espérant pour ces derniers le plus d'indépendance possible à l'égard de l'action gouvernementale. Ainsi, selon la loi d'extension juridique, l'application des décrets relève de comités paritaires indépendants et non pas de l'État, comme c'est le cas dans plusieurs pays européens[33]. La proposition de créer un conseil supérieur du travail relève du même esprit. Formé de spécialistes en relations industrielles, ce conseil devrait élaborer, réviser et appliquer la législation du travail. On espère même, à plus long terme, lui faire jouer le rôle d'une chambre intercorporative sur le plan provincial. Mais, réticent à partager ses pouvoirs, le gouvernement, lorsqu'il met sur pied le Conseil en 1940, ne lui réserve qu'un rôle consultatif[34].

Même si la CTCC tente de limiter l'ingérence gouvernementale dans l'établissement de la corporation, on voit mal comment, dans la pratique, une telle structure pourrait fonctionner sans une présence importante de l'État. Que ce soit par la législation, les nominations, la surveillance ou le pouvoir de coercition, le gouvernement est appelé à prendre une part active dans le fonctionnement de la corporation. Le fait que Duplessis ait pu tourner contre le syndicalisme la loi d'extension juridique n'est pas exceptionnel; plusieurs gouvernements européens qui ont adopté des lois similaires inspirées du corporatisme ont réduit les libertés syndicales. Mais la CTCC, jusqu'à la Deuxième Guerre, ne partage pas ces craintes; elle persiste à voir dans le corporatisme social et l'action législative de l'État la pierre angulaire de l'amélioration du sort des travailleurs. Si elle n'a pas, envers la politique et le système judiciaire, la même prudence que les syndicats internationaux, c'est qu'elle conçoit le syndicalisme comme un complément du capital plutôt qu'un lieu d'opposition. Ce n'est qu'après la guerre, quand elle remettra en cause le modèle corporatiste des relations de travail, qu'elle révisera sa conception du rôle de l'État.

La période qui va de 1935 à 1940 constitue un tournant dans l'histoire de la CTCC. Non pas que la centrale change au plan idéologique, car elle demeure fidèle aux enseignements de la doctrine sociale de l'Église et son objectif ultime reste toujours l'établissement de la corporation professionnelle. C'est plutôt que ses effectifs, plutôt stables depuis sa fondation, se mettent à croître de façon assez spectaculaire. À l'aube de la guerre, elle représente le tiers des travailleurs syndiqués de la province. Cette progression, poursuivie durant la guerre, aura des répercussions sérieuses sur ses structures (les fédérations professionnelles auront plus d'importance) et sur ses rapports avec le patronat (elle deviendra plus combative). Ces transformations, nous le verrons, provoqueront aussi une mise en question de ses orientations fondamentales.

LA FONDATION DE LA FPTQ

Au milieu des années trente, les syndicats internationaux au Québec se sentent menacés de toutes parts: par les syndicats catholiques qui connaissent une montée fulgurante, par le gouvernement Duplessis dont certaines mesures suscitent les pires craintes, et par le climat général de suspicion à l'endroit de leur mouvement qu'on soupçonne d'être dirigé par des communistes. La société québécoise effectue un virage à droite à cette époque, ce qui attise la phobie anticommuniste.

Le gouvernement Duplessis fait d'ailleurs adopter rapidement et à l'unanimité de la Chambre, en mars 1937, une «loi du cadenas» qui vise à protéger la province de la «propagande communiste», en interdisant la publication et la distribution de tout document «communiste» ou «bolcheviste» et donnant au gouvernement le droit de «cadenasser» tout établissement consacré à la propagande communiste. Comme elle ne définit pas les termes «communisme» et «bolchevisme», on craint que la loi ne serve à arrêter des militants de syndicats internationaux. C'est ce qui vient bien près de se produire à Montréal, en mai 1937, lors de la grève de l'Union internationale des ouvriers du vêtement pour dames. Le premier ministre émet alors un mandat d'arrestation pour conspiration séditieuse contre les dirigeants de la grève, dont Raoul Trépanier, président du comité de grève et président du Conseil des métiers et du travail de Montréal. Duplessis se ravise un peu plus tard, mais la décision n'en a pas moins pour effet d'ameuter tout le mouvement syndical international[35].

Même si les sympathisants communistes ne représentent qu'un groupe très marginal dans les rangs des syndicats internationaux au Québec, leurs opposants en particulier la presse catholique, certains clercs et les organisateurs de la CTCC, ne s'embarrassent pas des nuances. Leurs accusations portent: les syndicats internationaux sentent le besoin d'organiser plusieurs assemblées publiques d'information, à Québec et à Montréal, pour faire contrepoids aux attaques de leurs adversaires. C'est dans l'intention de défendre leur mouvement que les chefs de file du syndicalisme international lancent l'idée d'un regroupement provincial en 1937.

Les doléances que les syndicats internationaux adressent au gouvernement du Québec sont acheminées depuis 1889 par le comité exécutif provincial du CMTC, qui rencontre chaque année certains membres du cabinet. Le comité voit son importance croître

Fameuse grève de midinettes en 1937. Le président de l'Union internationale du vêtement pour dames, David Dubinsky (première rangée au centre) délègue à Montréal Rose Pesotta (au centre), alors vice-présidente internationale, qui y passe quelques mois, et Bernard Shane (à gauche de R. Pesotta) qui y demeure plus de quarante ans. (Archives de la FTQ)

à mesure que le gouvernement provincial intervient de plus en plus fréquemment sur des questions sociales et dans le domaine des relations de travail, champs d'intervention plutôt occupés par les municipalités et le gouvernement fédéral. Cette évolution est d'ailleurs accentuée dans les années trente lorsque le Conseil privé de Londres juge inconstitutionnelles les mesures sociales mises en avant par le gouvernement fédéral dans son New Deal de 1935 (assurance-chômage, salaire minimum, semaine de travail de 48 heures, etc). Les provinces, reconnaît-il, ont l'entière juridiction sur ces politiques sociales. Le mouvement syndical réalise alors qu'il devra améliorer ses structures de représentation auprès des gouvernements provinciaux. En 1937, le CMTC compte uniquement des fédérations provinciales affiliées, en Alberta et au Nouveau-Brunswick et entretient des réserves envers leur fondation, dans la mesure où il craint qu'elles adoptent des résolutions contraires aux siennes.

Au Québec, les opinions sont partagées sur la nécessité d'une fédération provinciale. Certains dirigeants syndicaux craignent en effet que le nouvel organisme ne soit une source de division parmi les syndiqués. Toutefois, la majorité des délégués à des assemblées tenues à Montréal, à Québec et à Trois-Rivières, au début de 1937, approuvent la formation d'une fédération[36]. Une réunion supplémentaire comprenant le comité exécutif provincial du CMTC, des délégués des trois conseils du travail et des représentants de quatre-vingts syndicats est organisée à Trois-Rivières en juillet 1937. Les résultats du vote sont assez partagés: 91 sont en faveur de la mise sur pied d'une fédération québécoise et 51 contre[37]. Dans le préambule de la résolution adoptée, on peut lire:

Attendu que, d'après les décisions du Conseil privé, la plupart des législations sociales reliées intimement à notre mouvement ouvrier organisé sont de la juridiction des gouvernements provinciaux.

Attendu que dans la province de Québec les besoins sociaux de la classe ouvrière sont de plus en plus nombreux et de plus en plus pressants.

Attendu que dans notre province il existe un mouvement soi-disant ouvrier, rival de notre organisation, et dont les buts sont la destruction du mouvement ouvrier international et l'avancement d'un système corporatiste visant à une dictature fasciste sur les organisations ouvrières.

Il est donc résolu que[38]...

Deux motifs de fondation ressortent: le gouvernement provincial légifère de plus en plus dans le domaine social et les syndicats catholiques se font les avocats du corporatisme. On craint que le gouvernement Duplessis, dans la foulée de la loi de 1934 sur l'extension juridique des conventions collectives, ne favorise l'établissement du système corporatiste que les dirigeants internationaux assimilent au fascisme. Gustave Francq en fait état dans une lettre adressée au secrétaire de la FAT, le 16 novembre 1937: «Nous avons affaire à une menace fasciste, politique qui semble avoir l'appui de notre gouvernement, des syndicats catholiques soutenus par l'Église, et par certains groupes d'employeurs[39].» Les agissements du gouvernement Duplessis depuis son arrivée au pouvoir leur ont donné un avant-goût de ce qui pourrait leur advenir si le corporatisme s'implantait au Québec. Le danger commande alors la mise sur pied d'une nouvelle structure d'intervention provinciale.

À la fin de 1937, un comité exécutif provisoire est formé sous la présidence de Raoul Trépanier, et un secrétariat organisé par Gustave Francq, un des plus actifs partisans de la création de la fédération provinciale. Le secrétaire-trésorier du CMTC remet, en janvier 1938, la charte officielle constituant la Fédération provinciale du travail du Québec (FPTQ). Dans sa courte allocution, il fait remarquer: «Nous devons bien nous unir, car nous devons vivre ensemble et former une nation. Nous devons nous adapter aux modes de vie et ne pas nous laisser aller à une fausse et étroite conception du nationalisme: le provincialisme. Je suis heureux de voir que les ouvriers du monde entier se sont occupés du bien-être de tous leurs frères et ne se sont pas renfermés dans leur petit coin[40].» Pour s'assurer que la FPTQ n'empiète pas sur la juridiction du CMTC, sa constitution contient un article qui l'oblige à soumettre au congrès du CMTC toute résolution revêtant un caractère législatif national. Le CMTC lui interdit également d'adopter une résolution qui viendrait en conflit avec sa déclaration de principes[41]. La centrale canadienne prend donc soin de bien délimiter le champ de juridiction de sa «filiale» québécoise.

Peuvent faire partie de la FPTQ les syndicats internationaux et canadiens, de même que toute autre organisation ouvrière reconnue par le CMTC. Il n'est pas permis à la FPTQ d'affilier des syndicats qui ne se conforment pas aux critères d'admissibilité du CMTC. Ainsi s'appliquent à la centrale québécoise les limites tracées par la FAT au CMTC en 1902: l'interdiction d'affilier des syndicats ayant une juridiction concurrente à celle d'une union internationale. Tout comme le CMTC représente les intérêts des unions internationales au Canada, la FPTQ assure leur défense au Québec.

Comme pour la centrale canadienne, l'affiliation des syndicats internationaux à la FPTQ est facultative. Pour cette raison, elle aura toujours du mal à recruter les syndicats internationaux dans la province. Plusieurs ne voient pas la nécessité d'une fédération québécoise, d'autres se refusent à payer une cotisation supplémentaire (0,02$ par membre et par mois). Tout au long de son histoire, la FPTQ ne groupera qu'une minorité de syndicats membres du CMTC et des unions internationales dans la province. C'est pourquoi elle ne pourra rémunérer un permanent, ni disposer d'un président à plein temps. Néanmoins, un premier pas est franchi, et une structure mise en place. Le temps se chargera d'accroître les pouvoirs et l'influence de la fédération.

En plus d'organiser un congrès annuel où sont définies ses orientations, la fédération présente chaque année au gouvernement provincial un mémoire proposant des améliorations à la législation.

La présence de la fédération permet aux internationaux de surveiller de beaucoup plus près la politique provinciale, tâche qui se révèle fort utile sous le gouvernement Duplessis. Quelques mois après sa fondation, la FPTQ organise un front commun avec la CTCC, le premier de leur histoire, pour faire échec à deux lois antisyndicales, les lois 19 et 20. En outre, dès sa fondation, la centrale québécoise s'occupe de l'éducation de ses membres et de la population en général en organisant des conférences, à la radio parfois, pour faire connaître le syndicalisme international. Enfin, la centrale prend en charge le journal qui a été, depuis 1916, l'organe officieux des syndicats internationaux au Québec, *Le Monde Ouvrier*. Quoique son fondateur, Gustave Francq, continue à en assumer la direction, le bihebdomadaire devient en 1941 l'organe officiel de la FPTQ.

Tout comme la fédération, le journal lutte contre les idées de droite en vogue au Québec depuis la crise. L'arrivée de Duplessis au pouvoir, la campagne anticommuniste, les manifestations fascistes et la popularité du corporatisme révèlent l'existence, croit-on, d'une tendance au conservatisme et à l'autoritarisme dans la province. Parce que ce courant menace leur existence et leur développement et qu'il entre en contradiction avec leur projet de société, les syndicats internationaux regroupent leurs forces au sein de la FPTQ. Dans le Québec de l'époque, il faut du courage à la FPTQ pour défendre les libertés individuelles et syndicales, le droit de vote des femmes, l'égalité juridique des sexes, l'instruction gratuite et la fréquentation scolaire obligatoire. Les ressources et les pouvoirs de la fédération québécoise sont modestes, mais l'organisme est fondé et il n'en tient qu'aux syndiqués de lui faire jouer un rôle plus considérable.

LÉGISLATION SOCIALE ET CONSTITUTION

Au centre des réclamations du mouvement syndical auprès des gouvernements, dans les années trente, se détachent deux préoccupations majeures: la question des relations de travail (que nous avons vue) et celle des mesures de sécurité sociale comme l'allocation aux mères nécessiteuses (soutiens de famille), les allocations familiales, l'assurance-chômage et l'assurance-maladie. Certaines de ces mesures ont déjà fait l'objet de revendications dès les années vingt; la crise en rend l'adoption encore plus urgente.

Document 3.1

Mémoire législatif de l'exécutif provincial du CMTC présenté au gouvernement du Québec (1934)

— Participation du Québec au programme fédéral de pensions de vieillesse

— Institution d'un système de pensions aux mères nécessiteuses

— Établissement d'un système d'assurance obligatoire contre la maladie et l'incapacité

— Révocation d'amendements apportés récemment à la loi des compensations ouvrières pour les accidents de travail

— Application de la loi des accidents de travail aux employés de restaurants et d'hôtels

— Convocation d'une conférence interprovinciale pour établir une journée de travail et une semaine de travail uniforme dans toutes les industries au Canada

— Exécution d'un vaste programme de travaux de construction pour réduire le chômage

— Adoption d'une loi des salaires raisonnables s'appliquant à tous les travaux de construction exécutés par ou pour le gouvernement

— Nomination d'un nombre suffisant d'inspecteurs et augmentation des pénalités pour les patrons qui enfreignent la loi du salaire minimum des femmes

— Semaine maximale de travail de 40 heures pour les jeunes gens et les jeunes filles

— Nécessité d'un jour de repos hebdomadaire pour les employés des endroits d'amusements ouverts sept jours par semaine

— Plus juste réglementation du transport par véhicules-moteurs

— Meilleure protection de la santé et la sécurité pour les opérateurs de machines cinématographiques et de machines à asperger la peinture, de même que pour les usagers des ascenseurs et monte-charges

Source: Le Monde Ouvrier, 27 janvier 1934, p. 1-3.

Dès la Première Guerre, une délégation du CMTC insiste pour que le gouvernement du Québec alloue une pension aux mères de famille veuves ou abandonnées. Un peu plus tard, la CTCC se joint à la centrale canadienne pour réclamer cette mesure déjà en vigueur dans plusieurs autres provinces. Le gouvernement ne s'y résout qu'en 1937, peu après avoir accepté de participer au programme de pensions de vieillesse. La lenteur du gouvernement s'explique par sa crainte des milieux conservateurs catholiques pour qui l'aide sociale est une chasse gardée de la famille et de l'Église.

Par contre, ces mêmes milieux se montrent sympathiques à la distribution d'allocations familiales, mesure qui renforce la cellule familiale. À partir de 1923, la CTCC réclame chaque année de telles allocations alors que les syndicats internationaux s'y opposent, craignant qu'elles ne provoquent une réduction des salaires dans les entreprises[42]. À la veille de l'adoption de cette mesure par le Parlement fédéral en 1944, ils s'y montrent toujours aussi hostiles.

En revanche, ils insistent beaucoup pour doter le Canada d'assurances sociales comme les pensions de vieillesse, l'assurance-chômage, l'assurance-invalidité et l'assurance-maladie. Après la Première Guerre, ce sont là des réclamations que le CMTC fait entendre régulièrement auprès du gouvernement fédéral et des provinces. Le Congrès pancanadien du travail et la CTCC feront de même, quoique la centrale catholique, pour la raison indiquée plus haut, ne se décide à les appuyer qu'en 1928.

Or, dans la mesure où la sécurité sociale, selon la constitution de 1867, est de juridiction provinciale, l'adoption de ces lois soulève un problème sérieux. Les syndicats internationaux préféreraient que ce soit le gouvernement fédéral qui mette en vigueur ces lois sociales parce qu'il dispose de ressources financières supérieures et que cette façon de faire épargnerait au CMTC l'effort de convaincre chaque gouvernement provincial. Dans le même sens, à partir de 1926, le CMTC, auquel se joint le CPT par la suite, insiste pour que la constitution soit amendée de manière à élargir les pouvoirs du gouvernement fédéral. Pendant ce temps, Ottawa se retranche derrière la constitution pour refuser d'agir, et les provinces allèguent leurs ressources financières trop limitées pour entreprendre des programmes aussi coûteux. Avec la dépression, l'adoption de ces mesures, surtout l'assurance-chômage, devient encore plus urgente. Le président du CMTC en précise la raison en 1935[43]: «Le Congrès n'a jamais préconisé de restrictions aux droits et intérêts des provinces, considérés comme sacrés pour le développement culturel de la population des différentes provinces;

mais lorsque les conditions modernes exigent que la protection des travailleurs de toutes les provinces soit uniforme afin que certains d'entre eux ne soient pas pénalisés par la concurrence d'autres travailleurs assujettis à des lois moins généreuses, la nécessité de lois uniformes s'impose. Un amendement à l'Acte de l'Amérique britannique du Nord apparaît comme le seul moyen de corriger cette situation.» L'exécutif provincial du CMTC reprend les mêmes arguments lors de ses rencontres annuelles avec le gouvernement du Québec.

Le gouvernement fédéral, qui présente en 1935 une loi instituant un programme canadien d'assurance-chômage, voit son projet rejeté par la Cour suprême et le Conseil privé qui le jugent inconstitutionnel. Il entreprend alors de demander à chaque province d'approuver un amendement constitutionnel qui placerait ce domaine sous juridiction fédérale. Lorsque le Québec donne son assentiment, en 1940, Ottawa peut finalement instaurer un régime fédéral d'assurance-chômage. Les nationalistes sont mécontents, mais les chômeurs et les milieux syndiqués se réjouissent.

Pour la CTCC, plus proche des milieux nationalistes que les syndicats internationaux, la question de juridiction crée bien des tiraillements. Bien qu'elle préfère, à toute autre formule, une entente entre les deux paliers de gouvernement, elle penche néanmoins vers un système canadien d'assurance-chômage. Refusant de cautionner la campagne autonomiste menée par le gouvernement Duplessis, l'exécutif de la CTCC fait clairement savoir, en 1938, «qu'un système d'assurance-chômage peut difficilement être efficace à moins d'être établi sur le plan national». La déclaration précise que le problème du chômage est national et que toutes les ressources du pouvoir central sont nécessaires pour le résoudre[44]. Aussi, lorsque le gouvernement Godbout donne son approbation à l'amendement constitutionnel en 1940, il a le support de la centrale catholique. Aux critiques que cet appui soulève, le président de la CTCC répond que sa centrale n'est pas «une organisation canadienne-française confinée à la province de Québec». Depuis sa fondation, ajoute-t-il, son objectif a toujours été «de syndiquer tous les Canadiens catholiques, de quelque race (nationalité) qu'ils soient[45]». Autonomiste, la CTCC l'est en matière d'éducation et de législation du travail; mais dans le domaine de la sécurité sociale, elle estime qu'il revient au gouvernement fédéral de légiférer, ces problèmes ayant acquis une dimension canadienne.

Dans le cas de l'assurance-maladie, la centrale catholique prend ses distances à l'égard du gouvernement fédéral après la guerre. Elle est plus sensible sur ce point aux arguments nationalistes, alors que les syndicats internationaux continuent à réclamer un programme fédéral dans les années quarante et cinquante. Mais nous reviendrons sur cette mesure sociale laissée en plan par les gouvernements durant la guerre.

Les lois de sécurité sociale dont nous jouissons aujourd'hui sont, pour une large part, le résultat de pressions exercées par les organisations syndicales. Le reproche qu'on adresse souvent à celles-ci de limiter leurs efforts à la négociation de contrats de travail avantageux pour leurs membres n'est donc pas fondé. Dotées dès la fin du 19e siècle de structures d'intervention auprès des pouvoirs publics en vue d'infléchir la législation dans le sens d'une meilleure protection sociale et d'une plus juste répartition des bénéfices du progrès industriel, leurs revendications visent la défense et la promotion sociale de l'ensemble des travailleurs, syndiqués et non syndiqués.

L'ACTION POLITIQUE: DES CHOIX INDIVIDUELS

Dans les années trente, le monde politique est en pleine effervescence, comme l'attestent les nombreux partis politiques qui naissent alors (Action libérale nationale, Union nationale, Crédit social, Cooperative Commonwealth Federation (CCF)). La crise ébranle non seulement le capitalisme mais aussi le système démocratique. Au Québec, comme dans l'ensemble du monde occidental, on cherche à rompre avec le passé et à imaginer de nouvelles formules politiques capables de ramener la prospérité[46]. Dans l'éventail des choix politiques, les solutions peuvent être trouvées à gauche ou à droite, c'est-à-dire vers des systèmes qui mettent l'accent sur une plus grande justice et égalité entre les individus, ou bien vers des programmes politiques où priment des valeurs d'ordre et d'autorité.

Au Québec, les centrales syndicales sont à peu près absentes de ces débats, conformément à leur principe de non-ingérence dans l'orientation politique de leurs membres. C'est donc à titre individuel que les syndiqués font des choix politiques qui vont de l'extrême droite à l'extrême gauche.

Les clubs ouvriers de la région montréalaise suivent une tangente assez particulière. Certains, affiliés à la section du Québec du Parti ouvrier canadien, se joignent au CCF en 1933. D'autres se tiennent à l'écart, préférant œuvrer sur le terrain municipal. On compte, en 1933, une vingtaine de clubs ouvriers municipaux, chaque quartier de la métropole en comptant au moins un.

Quelques clubs se sont regroupés en décembre 1929 dans une Fédération des clubs ouvriers de la province de Québec, présidée par J.-A. Chalifoux[47]. Aussi étonnant que cela puisse paraître, l'association puise son orientation dans une idéologie d'extrême droite, le fascisme italien, auquel elle emprunte aussi le sens de la discipline et les manifestations de masse. Une de ses assemblées réunit plusieurs milliers de membres en mai 1933. Dans ses réunions, il est de bon ton de dénoncer autant les trusts et les capitalistes que les communistes et les socialistes. Comme solution à la crise économique, du moins pour la ville de Montréal, la fédération propose d'organiser une exposition universelle, ce qui procurerait de nombreux emplois aux ouvriers en chômage. Son orientation de plus en plus évidente vers le fascisme provoque la scission du mouvement en 1933. Une aile plus modérée adhère au corporatisme préconisé par les milieux catholiques.

La reprise économique puis l'entrée du Canada en guerre mettent probablement un terme à l'activité des clubs ouvriers municipaux. Comme ils n'ont fait l'objet d'aucune étude particulière, nous connaissons mal leur développement pendant la guerre. Ils prouvent néanmoins que certains groupes de travailleurs croient trouver dans un programme de droite la solution aux difficultés économiques qui les accablent.

L'ALN et Duplessis

Plus nombreux sont les ouvriers qui, pendant la crise, voient d'un œil favorable l'Action libérale nationale (ALN), mouvement politique formé en juin 1934 par de jeunes libéraux progressistes. Accusant le Parti libéral d'être dominé par des intérêts capitalistes, l'ALN reprend les idées du Programme de restauration sociale élaboré par des clercs et des laïcs catholiques et inspiré de l'encyclique *Quadragesimo Anno* (1931). Dénonçant l'emprise des trusts et des monopoles, elle promet de réformer la vie politique, de mettre sur pied des mesures de protection sociale et d'humaniser le capitalisme en y greffant quelques idées corporatistes. Bien

Maurice Duplessis en compagnie de Camillien Houde, maire de Montréal, 9 août 1948. (Archives de la ville de Montréal, Z 277-4)

enracinée dans les milieux politiques et intellectuels et ayant les faveurs de la presse catholique, l'ALN canalise mieux que tout autre mouvement le besoin de changement dans la population. Son programme reçoit une large diffusion, l'accueil de la population est enthousiaste.

À l'approche des élections de 1935, l'ALN conclut une entente avec le Parti conservateur provincial dirigé par Maurice Duplessis. On se divise les candidatures, et un nouveau nom, l'Union nationale, est donné à la coalition. Le programme commun reprend celui de l'ALN. L'Union nationale subit la défaite, mais Duplessis, dans l'opposition, mène rondement l'attaque contre le gouvernement libéral et provoque de nouvelles élections l'année suivante. S'étant imposé comme chef de la coalition, il exige pour la renouveler des conditions plus avantageuses pour son groupe. L'ALN refuse et s'abstient de présenter des candidats, ce qui laisse le chemin libre à Duplessis, dont le parti remporte la victoire. La plupart des députés et des organisateurs de l'ALN lui sont restés fidèles.

Au cours de son premier mandat (1936-1939), le gouvernement de l'Union nationale concrétise un certain nombre des réformes promises, mais se montre prudent à l'égard du grand capital.

Contre toute attente, le syndicalisme écope plusieurs lois qui restreignent son champ d'intervention. En 1937, comme nous l'avons souligné, le gouvernement se donne le pouvoir d'abroger ou de modifier unilatéralement un décret d'extension juridique et vote la «loi du cadenas» (pour laquelle la CTCC félicite le gouvernement)[48]. L'année suivante, les projets de loi 19 et 20 interdisent l'atelier syndical fermé (obligation pour un travailleur de faire partie d'un syndicat comme condition d'emploi) et excluent des décrets les contrats octroyés par le gouvernement. Le mouvement syndical, unions internationales comme syndicats catholiques, se mobilise et présente un front uni. La sanction des deux lois, combinée au parti pris patronal de Duplessis lors de plusieurs grèves (robe, textile, métallurgie), provoque la désillusion des milieux syndicaux sur le caractère réformiste du gouvernement[49]. Certains militants songent à passer à la politique active.

En mai 1938, deux cents représentants de syndicats internationaux fondent un Comité d'action démocratique avec à sa tête Raoul Trépanier, président du Conseil des métiers et du travail de Montréal et récemment choisi président de la FPTQ. Jugeant que les libertés civiles et syndicales sont en danger, le comité se propose de dresser une plate-forme de revendications ouvrières et de la faire valoir auprès des partis politiques. Le président du comité se laisse tenter par l'action électorale: il se présente comme candidat de l'Action démocratique lors d'une élection provinciale complémentaire en novembre 1938, puis comme candidat «libéral-ouvrier», l'année suivante, aux élections générales. Dans les deux cas, il est défait par une faible marge[50]. Comme la constitution du CMTM et de la FPTQ l'exige, il a dû démissionner de la présidence de ces deux organismes avant de se lancer en politique active. Même si l'Union nationale fait courir de graves dangers aux syndicats internationaux, il n'est pas question que ceux-ci reviennent sur leur neutralité politique traditionnelle. C'est à titre individuel que les syndiqués doivent effectuer leur choix électoral. Le Parti libéral réussit à tourner à son avantage, du moins pour ce qui est des dirigeants, le mécontentement à l'endroit de l'Union nationale. La défaite de l'Union nationale, en 1939, est ressentie comme une bénédiction.

Sans l'avouer, il est probable que les dirigeants de la CTCC partagent le même sentiment. À la fondation de l'ALN en 1934, la centrale catholique, au nom de la non-partisanerie politique, se garde bien de poser des gestes qui puissent être interprétés comme un appui au jeune mouvement. Pourtant, les deux groupes, qui se situent dans la mouvance catholique, ont beaucoup d'affinités. Le programme de l'ALN reprend plusieurs des réclamations que la CTCC fait entendre depuis des années et le président de la centrale nouvellement élu, Alfred Charpentier, a participé à la rédaction du Programme de restauration sociale. La CTCC reste néanmoins à l'écart du débat électoral en 1935 et en 1936.

À l'approche des élections de 1939, l'ALN refait surface et endosse presque toutes les revendications législatives de la CTCC[51]. Elle lance un appel aux dirigeants de la centrale catholique pour qu'ils joignent ses rangs, de manière à profiter de la campagne électorale pour répliquer à l'antisyndicalisme de l'Union nationale. À Montréal, la plupart des dirigeants syndicaux de la CTCC sont sympathiques à l'ALN; deux d'entre eux quittent leur fonction et se présentent comme candidats. La centrale cependant réaffirme sa neutralité politique. Les résultats électoraux décevants marquent la fin de l'ALN, et les libéraux, en misant sur la crainte de la conscription, sont portés au pouvoir.

Socialisme et communisme

Le mouvement syndical est tout aussi absent de l'arène électorale fédérale. En 1932, un nouveau parti politique social-démocrate, le Cooperative Commonwealth Federation (CCF, ancêtre du NPD), est fondé à Calgary. Né lui aussi du besoin de réformes profondes engendré par la crise économique, il s'inspire d'un socialisme modéré applicable à l'intérieur des institutions politiques existantes. Les principaux éléments de son programme comprennent la socialisation des institutions financières et des services publics, la planification du développement économique et un certain nombre de lois sociales[52]. Ces mesures rejoignent d'assez près le programme législatif du Congrès des métiers et du travail du Canada. Il ne faudrait pas croire pour autant que le CMTC aide, directement ou indirectement, le nouveau parti. Présentées presque chaque année par des délégués au congrès du CMTC, des résolutions d'appui au CCF sont en effet rejetées; la majorité allègue que la centrale doit rester apolitique, sinon elle risque de diviser ses membres et d'affaiblir son influence auprès des gouvernements[53]. Le CMTC ne s'oppose pas à la formation d'un parti ouvrier, elle estime simplement que celui-ci doit évoluer indépendamment de la centrale.

Ces vues sont aussi partagées, bien qu'à un degré moindre, par le Congrès pancanadien du travail. Aaron Mosher, son président, participe à titre personnel au congrès de fondation du CCF et devient membre de l'exécutif canadien du parti. Mais sa présence non plus n'entraîne ni l'affiliation ni le support actif de la centrale à la nouvelle formation politique. La majorité des délégués au CPT s'y opposent et les dirigeants du CCF eux-mêmes ne sont pas très intéressés à associer leur parti à une centrale syndicale aussi faible[54]. D'ailleurs, nombreux sont les membres du CMTC qui voient dans les sympathies du CPT pour le CCF les signes d'une collusion entre les deux groupes, ce qui, bien sûr, ne facilite pas le rapprochement du CMTC avec le nouveau parti. C'est ainsi qu'à ses débuts, même si son programme contient la plupart des réclamations des centrales, le CCF ne peut compter sur les ressources du mouvement syndical.

Au Québec, le CCF ne réussit pas à se donner des assises solides dans les années trente. Le parti, qui ne compte que 183 membres en décembre 1936, ne déborde guère les milieux anglophones et juifs de Montréal[55]. Quelques clubs ouvriers se sont affiliés au parti, et la section québécoise du Parti ouvrier du Canada (active uniquement à Montréal) lui prête son appui jusqu'à sa dissolution en 1938. Quelques dirigeants syndicaux, membres d'unions internationales, militent dans le CCF, mais ils ne réussissent pas à obtenir le soutien du Conseil des métiers et du travail de Montréal qui accentue au contraire son désengagement à l'égard de l'action politique. Le nouveau parti souffre en particulier au Québec de l'opposition de l'Église catholique qui confond social-démocratie et communisme. C'est précisément pour faire échec à la diffusion des idées «socialistes» du CCF que des membres du clergé rédigent le premier programme de restauration sociale en 1933.

Plus encore que le CCF, le Parti communiste canadien a fort à faire pour diffuser ses idéaux au Québec. Fondée en 1921, sa section québécoise ne compte alors que 120 membres en règle, presque tous de Montréal dont une vingtaine de francophones uniquement. Leur nombre augmente peu jusqu'en 1936; ils sont plus nombreux par la suite à joindre les rangs du parti (2500 approximativement en 1947)[56]. Son objectif est évidemment de renverser le régime capitaliste et la démocratie de type libéral pour lui substituer la propriété collective des moyens de production et la dictature du prolétariat. À plus court terme, sa stratégie consiste à encourager les travailleurs dans leur lutte pour la satisfaction de leurs besoins immédiats et à investir l'arène politique afin de démasquer les contradictions du système démocratique[57].

À l'égard du syndicalisme, la position du parti change radicalement en 1929. Au lieu d'évoluer à l'intérieur des centrales syndicales existantes, les communistes fondent leurs propres syndicats rattachés à une organisation communiste, la Ligue d'unité ouvrière. Leur travail d'organisation au Canada est orienté vers les travailleurs non qualifiés de la grande industrie, négligés par les unions internationales. Leurs activités au Québec ont un certain succès parmi les ouvriers du vêtement, les marins, les bûcherons et les mineurs d'Abitibi, grâce aux campagnes d'organisation de fédérations syndicales communistes comme l'Union industrielle des travailleurs de l'aiguille, les Travailleurs unis du vêtement du Canada, l'Union des marins du Canada et l'Union industrielle des bûcherons d'Amérique.

La montée du fascisme dans les pays occidentaux conduit le Parti communiste canadien à réviser sa stratégie, en 1935. Ses syndicats réintègrent les rangs des centrales existantes afin de faire front commun contre la menace fasciste. Les communistes accomplissent alors un travail d'organisation exceptionnel au Canada pour les unions internationales affiliées au COI. Inquiets de la vitalité du parti, les pouvoirs publics exercent alors une dure répression contre ses membres qui s'atténue durant la guerre pour reprendre avec vigueur par la suite.

Aussi étonnant que cela puissent paraître, les centrales syndicales se tiennent dans les années trente à l'écart de l'action électorale, au moment même où de nouveaux partis politiques se portent à la défense des travailleurs. En dépit d'un contexte économique et politique tout à fait différent, la CTCC, le CMTC (FPTQ) et le CPT s'en tiennent encore, comme dans les années vingt, au cloisonnement le plus complet entre l'action syndicale et l'action politique partisane. Les choix électoraux, pense-t-on, sont la responsabilité des syndiqués et non des syndicats. Le mouvement syndical ne révisera ses positions que dans la décennie suivante sous l'action des syndicats industriels affiliés au COI et d'une nouvelle génération de dirigeants syndicaux à la CTCC.

RECUL DE LA PROPENSION À LA GRÈVE

Les difficultés économiques des années trente n'entraînent pas, comme on pourrait le croire, une augmentation du nombre et de l'intensité des grèves et lock-out. Malgré l'accroissement du nombre global des travailleurs dans la province, les conflits de travail diminuent (vingt-deux par année en moyenne). Quant aux pertes en jours ouvrables, elles sont moins onéreuses: la moyenne annuelle se situe à 75 462, niveau beaucoup moins élevé qu'au cours des années précédentes (181 615)[58]. Cette chute radicale s'explique par l'affaiblissement du pouvoir des travailleurs au moment de la crise économique. Comme le travail se fait rare et que les employeurs peuvent puiser dans un réservoir important de chômeurs, les travailleurs, déjà contents d'être épargnés par le chômage, craignent qu'une grève ne se traduise par la perte de leur emploi. Ce n'est pas dans les moments de crise qu'on est le plus militant, ce sont plutôt les périodes de prospérité qui aiguisent les attentes. Quand tout est à perdre, le conservatisme l'emporte; le désir de changement se fait jour lorsqu'il y a espoir de gains.

À l'intérieur de la décennie, l'année 1937 fait contraste: elle compte à elle seule 43 % des jours ouvrables perdus. Cette boursouflure s'explique par des grèves importantes chez les ouvrières de la confection à Montréal (Travailleurs amalgamés du vêtement d'Amérique), parmi les ouvriers des chantiers maritimes à Sorel (CTCC) et surtout par le débrayage de neuf mille syndiqués pendant un mois dans l'industrie textile (CTCC). L'ampleur de cette dernière grève en fait le plus important conflit ouvrier à survenir alors au Québec; elle ne sera dépassée que par la grève de l'amiante de 1949. Mais ce n'est pas la seule grève à laquelle soient mêlés les syndicats catholiques qui connaissent vingt et un conflits, soit 9 % des arrêts de travail survenus au Québec, de 1931 à 1940[59]. Comme pour la décennie précédente, le textile et le vêtement sont les secteurs industriels les plus touchés par les arrêts de travail, avec plus de la moitié des conflits. Les deux grèves que nous avons retenues concernent ces secteurs.

Grèves dans l'industrie du vêtement

L'industrie de la confection du vêtement est le théâtre de très nombreux conflits de travail de 1900 à 1940[60]. Dans l'entre-deux-guerres, presque à chaque année, des grèves viennent l'ébranler. La main-d'œuvre est répartie dans de nombreux ateliers où l'on trouve une forte proportion d'ouvriers juifs. Venus pour la plupart d'Europe de l'Est au début du siècle, ces immigrants ont acquis une expérience des métiers du vêtement dans leur pays d'origine. Au Québec, ils occupent les emplois les plus qualifiés et assument la direction des syndicats du vêtement. En contact étroit avec les communautés juives de New York et de Chicago, ils sont à l'origine de l'implantation au Québec des unions internationales du vêtement.

Dans les années vingt, deux unions dominent l'industrie: l'Union internationale des ouvriers du vêtement pour dames (International Ladies Garment Workers of America) et les Travailleurs amalgamés du vêtement d'Amérique (Amalgamated Clothing Workers of America). Contrairement à la plupart des unions internationales, ces deux syndicats croient, dès leur fondation, au syndicalisme industriel et essaient de regrouper tous les travailleurs de

Tailleurs dans une manufacture de vêtement en 1941. (Archives de la CSN)

l'industrie. Les ouvriers qualifiés (coupeurs, pressiers, tailleurs) occupent les fonctions de direction dans les syndicats; les femmes, majoritaires dans l'industrie, se retrouvent dans des emplois moins qualifiés. Cette situation n'est pas sans créer de graves problèmes pour ces syndicats, partagés entre leur volonté d'unir tous les travailleurs et le fait que seuls les ouvriers qualifiés aient vraiment les moyens de contraindre les patrons à négocier.

Pendant la Première Guerre, les Travailleurs amalgamés du vêtement d'Amérique (TAVA), qui comptent alors 5000 membres à Montréal, font des gains appréciables lors de deux grèves générales en 1917 et en 1919[61]. Reconnus comme agents négociateurs par l'association patronale, les syndicats obtiennent l'atelier syndical, la réduction de la semaine de travail de 49 à 44 heures et des augmentations substantielles de salaire. À la faveur de la crise économique de 1921, les manufacturiers remettent en question la négociation collective et tentent de réduire les acquis des syndiqués. Il en résulte de nombreux conflits de travail; on en compte pas moins de trente-trois dirigés par les TAVA à Montréal de 1921 à 1930[62]. Les employeurs recourent alors largement au travail effectué dans des ateliers non syndiqués à l'extérieur de Montréal. Le syndicat est acculé à des concessions et perd le tiers de ses membres dans les années vingt.

De façon assez surprenante, le redressement des conditions de travail s'effectue pendant la crise lorsque de nouveaux syndicats, affiliés au Travailleurs unis du vêtement du Canada, disputent à l'union internationale l'organisation des travailleurs. Fondée en 1932 par des militants communistes déçus de la faiblesse des TAVA, cette fédération purement canadienne se substitue aux syndicats internationaux dans plusieurs ateliers, quelquefois au prix d'une grève pour faire céder les employeurs[63]. La fédération exige notamment l'atelier syndical, la journée de 44 heures et le contrôle de l'apprentissage. Cependant, les manufacturiers, profitant de la division syndicale, ne respectent pas leurs engagements. Les dirigeants de la fédération concluent alors qu'un seul syndicat servirait mieux la cause des syndiqués. Après négociations avec l'union internationale, la fédération se saborde et ses 2000 membres réintègrent les rangs des TAVA en août 1933.

La réunification fouette l'ardeur des TAVA. En septembre 1933, 4000 syndiqués œuvrant dans une centaine d'ateliers débraient pendant une semaine. Même si la grève survient en pleine crise, ils obtiennent la semaine de travail de 44 heures et des augmentations salariales de l'ordre de 20% pour les ouvriers non qualifiés. À Montréal et dans ses environs, on estime à 90% le nombre des ateliers assujettis à ce nouveau contrat négocié personnellement par Sidney Hillman, président international des TAVA. À la fin du contrat, l'année suivante, le syndicat réussit à arracher une autre augmentation de 10%, après un arrêt de travail de douze jours de 4000 travailleurs dans cent dix-sept ateliers.

Pour faciliter le respect de l'accord, on s'entend pour recommander au gouvernement du Québec d'étendre les termes de l'entente aux autres ateliers de la province, dans le cadre de la loi d'extension juridique des conventions collectives. Les employeurs et les syndicats montréalais souffrent de la concurrence des ateliers ruraux où les conditions de travail sont inférieures. Bien qu'en principe les unions internationales soient opposées à la loi d'extension, cet exemple montre qu'elles sont parfois prêtes à reconnaître ses bienfaits.

Grève du textile (1937)

Les grèves dans le textile et dans le vêtement sont dirigés habituellement par des hommes. Mais ce sont les femmes qui les supportent car elles forment la majorité de la main-d'œuvre. Il en est ainsi de la grève de neuf mille ouvriers et ouvrières des filatures de coton appartenant à Dominion Textile, en août 1937[64].

Depuis la désintégration de la Fédération des ouvriers textiles du Canada en 1909, la CTCC et une union internationale, les Ouvriers unis du textile d'Amérique, n'ont regroupé qu'une minorité des employés des filatures. En 1935, le travail d'organisation de la CTCC obtient de meilleurs succès et la Fédération catholique nationale du textile est remise sur pied. Deux ans plus tard, elle s'estime assez représentative des ouvriers pour engager des négociations avec le plus gros employeur, Dominion Textile. Le contexte lui apparaît favorable car les témoignages de ses membres devant la Commission royale d'enquête sur l'industrie textile (1937) font ressortir publiquement les piètres conditions des tisserands. La compagnie refuse toutefois de négocier, alléguant qu'elle ne permettra pas à un tiers de s'interposer entre elle et ses employés. Les syndicats, ayant obtenu un vote d'appui à 95%, lancent le mot d'ordre de grève pour le 2 août.

En plus du droit à la négociation, la fédération cherche à obtenir le relèvement des salaires, une réduction des heures de travail de 55 à 48 heures par semaine pour l'équipe de jour, et un maximum de 60 heures pour l'équipe de nuit. On espère par la suite étendre ces conditions de travail à toutes les filatures de la province selon les modalités de la loi d'extension des conventions collectives. La compagnie propose plutôt que les conditions de travail soient déterminées non par une convention collective mais par l'Office des salaires raisonnables — que vient de créer le gouvernement pour fixer des conditions de salaires minimales. Le premier ministre Duplessis favorise aussi publiquement cette solution.

Après deux semaines de grève, la compagnie tente de rouvrir trois de ses filatures à Montréal, ce qui provoque de la violence sur les lignes de piquetage. Au lendemain de ces incidents, le premier ministre consulte le cardinal Villeneuve de Québec, qui promet de lancer un appel à Dominion Textile et aux syndiqués pour qu'ils acceptent la médiation du premier ministre. La compagnie acquiesce de même que la fédération, heureuse de pouvoir trouver un dénouement; vingt-cinq jours de grève commencent à peser lourdement sur ses membres. Elle sait que ses syndiqués, qui sont des travailleurs démunis et sans secours de grève, ne peuvent tenir le coup très longtemps.

Sa position de faiblesse se traduit à la table de négociation par des gains à peu près nuls pour ses membres. Tout au plus obtient-elle, en échange du retour immédiat au travail, la formation d'un comité dit paritaire (quatre représentants patronaux, deux délégués de la fédération et deux représentants des non-syndiqués) chargé de négocier des conventions collectives de travail dans chaque filature. En attendant la signature du contrat, les décisions de l'Office des salaires raisonnables s'appliquent aux conditions de travail. Et si les parties ne parviennent pas à s'entendre dans un délai de six mois, les décisions de l'Office sont automatiquement incorporées dans la convention. Signé quelques mois plus tard, le nouveau contrat de travail accorde une majoration salariale de 5%, une réduction de la semaine de travail (50 heures) et l'arrêt des machines pendant les heures de repas. Ces gains ne sont pas tellement impressionnants, mais la fédération se félicite d'avoir pu négocier un premier contrat de travail, qu'elle espère pouvoir améliorer par la suite.

Fileuse à l'usine de Dominion Textile à Verdun, 1929. (APC, C 51719)

Mais, Dominion Textile ne lui en donne pas l'occasion. À l'expiration du contrat, cinq mois plus tard (mai 1938), la compagnie refuse d'en négocier un autre, prétextant que les pratiques du syndicat n'ont pas donné satisfaction et que, de toute façon, il n'est plus représentatif de ses employés. Acculée au pied du mur, la fédération se sent trop faible pour déclarer une seconde grève. Elle concentre son action sur l'Office des salaires raisonnables pour qu'il édicte une ordonnance basée sur la convention en vigueur.

L'échec de la fédération suscite du mécontentement, surtout à Montréal et à Valleyfield où elle perd tous ses syndicats, laissant aux employés un souvenir amer du syndicalisme catholique. Ceux-ci se tournent en 1942 vers les Ouvriers unis du textile d'Amérique (OUTA) alors dirigés par Kent Rowley et Madeleine Parent. La guerre crée un contexte plus favorable aux revendications syndicales, mais Dominion Textile demeure une employeur coriace. Après de longues procédures judiciaires et une dure grève, les

OUTA parviennent à arracher la reconnaissance syndicale à Montréal et à Valleyfield en 1946. La fédération catholique mène aussi une grève générale mieux réussie dans les autres filatures l'année suivante.

* * *

Commencées sous de sombres augures, les années trente se terminent sur une meilleure note pour le mouvement syndical. L'affaiblissement causé par la dépression engendre des divisions au sein des centrales. La CTCC exclut de ses rangs le Conseil central de Québec, et le CMTC expulse plus d'une centaine de syndicats affiliés au COI.

La crise économique fait perdre aussi, en partie du moins, la méfiance traditionnelle que les unions internationales entretiennent à l'endroit de l'intervention de l'État, qui apparaît davantage comme un allié pour favoriser la syndicalisation. C'est pourquoi le CMTC réclame une manière de loi Wagner, surtout après les succès spectaculaires obtenus aux États-Unis. Toutefois, la situation se complique au Canada car chaque province a juridiction sur les relations de travail. En attendant un amendement à la constitution, les syndicats internationaux font antichambre dans les capitales provinciales. Le Québec n'inscrira finalement dans ses statuts l'essentiel de la loi Wagner qu'en 1944, après que le gouvernement fédéral en aura tracé la voie en l'appliquant aux industries de guerre.

Même en l'absence d'une loi qui favorise la négociation collective, le pourcentage de syndiqués au Québec connaît une hausse substantielle, grâce notamment aux campagnes d'organisation de la CTCC. C'est cette centrale qui profite du désir de syndicalisation des travailleurs de la grande industrie. Paralysées par une conception du syndicalisme qui privilégie l'organisation des travailleurs par métiers, les unions internationales ne disputent pas vraiment ce nouveau bassin de travailleurs à la CTCC avant la guerre. Déjà bien implantée à l'extérieur de Montréal, la centrale catholique gagne en outre rapidement l'adhésion des travailleurs en province. Enfin, elle sait profiter de la loi d'extension juridique pour gonfler ses effectifs. En 1936, elle compte 37 % des syndiqués québécois, la proportion la plus élevée de son histoire.

La montée du syndicalisme au Québec et le militantisme affiché par les syndicats du COI en Ontario et aux États-Unis provoquent un raidissement des employeurs et du gouvernement. Le patronat refuse la négociation collective ou suscite la formation de syndicats de boutique. Le gouvernement Duplessis cherche à limiter la puissance des syndicats en tentant de substituer à la négociation collective des décrets gouvernementaux et en luttant contre le principe de l'atelier fermé. Après une accalmie durant la guerre, ces objectifs seront à nouveau poursuivis par le gouvernement de l'Union nationale, qui reviendra au pouvoir en 1944.

CHAPITRE 4

L'INSTITUTIONNALISATION (1941-1960)

De la Deuxième Guerre mondiale à la Révolution tranquille, le syndicalisme québécois atteint sa majorité; il rejoint un nombre considérable de travailleurs et il pèse d'un poids plus lourd auprès des pouvoirs publics. À beaucoup d'égards, il rompt avec l'attentisme de l'entre-deux-guerres et renoue avec le militantisme du début du siècle. Ce renouveau provient de la syndicalisation des travailleurs de la grande industrie en même temps que d'une forte croissance économique pendant toute la période.

L'industrie de guerre donne une impulsion formidable à l'économie de la province. Le chômage disparaît graduellement; on fait même appel aux femmes pour occuper des emplois dans l'industrie lourde. Alors qu'on assistait à un retour à la terre dans les années trente, ce sont les villes, dans la décennie suivante, qui accueillent le surplus de population rurale. La guerre modifie légèrement la structure industrielle du Québec; l'industrie lourde (fer, métaux non ferreux, matériel de transport, etc.) prend un essor considérable et offre de nombreux emplois. Ce changement aura des répercussions notables sur la physionomie du mouvement syndical.

L'expansion économique se poursuit après la guerre, mais à un rythme plus lent. La valeur des expéditions manufacturières, un des principaux moteurs de l'économie, augmente en moyenne de 5,4% par année au Québec de 1946 à 1962[1]. L'inflation ne dépasse pas 2,0% en moyenne, et le taux de chômage demeure relativement faible, du moins dans la première décennie: 4,1% en moyenne de 1946 à 1956. Il augmente cependant par la suite, atteignant 8,2%, lorsque l'économie fléchit à la fin des années cinquante (1956-1961). Néanmoins, la période est prospère et le niveau de vie des Québécois s'élève. Plusieurs familles de salariés accèdent à l'ère de la société de consommation. Le revenu personnel disponible per capita s'accroît à un rythme supérieur à l'inflation, au taux de 2,6% par année en dollars constants (1949-1962)[2]. Ces années constituent une étape capitale dans l'amélioration de la condition ouvrière, car de plus en plus de familles de salariés peuvent satisfaire leurs besoins de première nécessité (nourriture, logement, vêtement) avec le revenu du seul chef de famille. Certaines commencent à participer, selon l'expression de M.-A. Tremblay et G. Fortin, à «l'univers des aspirations» en nourrissant des projets d'avenir comme une meilleure instruction pour leurs enfants, la sécurité financière et l'accession à la propriété[3].

La prospérité du Québec est liée à un contexte économique favorable dans l'ensemble du monde occidental. Privés de biens pendant la crise et la guerre, les consommateurs, qui disposent de meilleurs revenus et d'épargne accumulée, multiplient leurs achats de biens manufacturés[4]. En outre, le Québec profite d'investissements américains substantiels dans l'industrie manufacturière et dans l'exploitation des richesses naturelles. S'ils accentuent la dépendance du Québec à l'égard de l'économie américaine, ces investissements n'en accélèrent pas moins le processus d'industrialisation.

Le haut niveau de productivité du secteur manufacturier permet un déplacement de la main-d'œuvre vers le secteur tertiaire. De 1951 à 1961, la main-d'œuvre dans l'industrie manufacturière et la construction (secteur secondaire) passe de 38,6 à 34,5% alors qu'elle grimpe de 41,5 à 51,1% dans le secteur tertiaire[5]. Une proportion croissante d'emplois sont créés dans le commerce, la finance, les transports et l'administration publique. Cette redistribution dans la composition de la main-d'œuvre n'engendre cependant pas vraiment de transformation des effectifs syndicaux avant les années soixante. Pendant la guerre et l'après-guerre, les syndicats, qui sont très occupés à faire le plein des travailleurs industriels, se soucient peu d'organiser les cols blancs.

Pendant la guerre, l'organisation des travailleurs de la grande industrie entraîne une hausse considérable du taux de syndicalisation (tableau 4.1). La progression se ralentit par la suite, les effectifs

Tableau 4.1

Effectifs syndicaux au Québec, 1941-1961

	Effectifs syndicaux (estimation)	En pourcentage des salariés
1941	157 700	20,7
1946	259 700	29,3
1951	279 800	26,5
1956	352 500	28,7
1961	399 800	30,5

Sources: Ministère du Travail du Canada, *Organisations des travailleurs au Canada*, 1941, p. 9; 1946, p. 13; 1951, p. 9; 1956, p. 12; *La Gazette du Travail*, mars 1962, p. 305; BFS, *Canadian Labour Estimates*, 1931-1945, p. 18; *The Labour Force*, 1945-1955, p. 98; *Estimations du nombre de salariés par province et par industrie*, 1961-1976, p. 30. Voir l'annexe I pour une critique des sources et de la méthodologie.

syndicaux n'augmentant qu'au rythme de la main-d'œuvre. Le taux de syndicalisation reste donc à peu près identique de 1946 à 1961. Contrairement à une idée généralement reçue, ce n'est pas dans les années cinquante que le syndicalisme fait des progrès marquants; c'est pendant la guerre que les effectifs syndicaux font un bond important 64%.

La syndicalisation massive dans la grande industrie manufacturière transforme les modèles d'organisation des travailleurs. Le militantisme s'en trouve ranimé, les stratégies syndicales remises en question et les orientations idéologiques renouvelées. Ainsi, les syndicats réclament une forte intervention de l'État et se laissent tenter par l'action politique partisane.

L'APPUI SYNDICAL À L'EFFORT DE GUERRE

En 1939, lorsque le Canada entre en guerre, le mouvement syndical s'y engage dans un esprit tout à fait différent de celui qui était le sien lors du premier conflit mondial. Loin de mettre en doute la légitimité de la participation canadienne à la guerre ou de s'opposer à la conscription, les centrales syndicales apportent maintenant un soutien énergique au gouvernement. Elles sont convaincues que le pays doit prendre part au conflit pour défendre la liberté et les institutions démocratiques contre les dictatures fascistes qui menacent l'Europe. Le président du CMTC, Patrick M. Draper, déclare dans son message de la fête du Travail, en 1939:

> Il est à noter que, dès leur avènement, les dictateurs ont toujours supprimé toute trace de mouvement ouvrier libre. Un gouvernement despotique ne saurait tolérer la présence d'un mouvement ouvrier libre, car un tel mouvement exige le droit de sauvegarder les intérêts de ses membres, alors que la dictature refuse tous droits aux citoyens... On ne saurait trop répéter aux travailleurs syndiqués que la démocratie ne peut survivre à moins d'être activement soutenue. Il est clairement du devoir du mouvement ouvrier, dans son propre intérêt aussi bien que dans celui du pays, d'appuyer sans réserve le régime démocratique, car ce n'est que sous ce régime, malgré toutes ses lacunes, que le salariat peut espérer obtenir la reconnaissance de sa juste place dans l'ordre économique[6].

Et le président du Conseil des métiers et du travail de Montréal, Raoul Trépanier, de renchérir à la radio dans le même sens:

> Le mouvement ouvrier organisé international, que j'ai le grand honneur de représenter, s'est engagé solennellement à combattre le Communisme, le Nazisme et le Fascisme. Ces trois «ismes» représentent tout ce à quoi nous nous opposons. Je demande instamment à tous les ouvriers loyaux à leur pays de s'organiser afin de combattre effectivement tous ces mouvements subversifs. Notre démocratie est dans un grand danger. Plus le mouvement organisé sera fort, plus son influence augmentera contre les chefs des dictatures qui défendent aux ouvriers de s'organiser librement et de signer des contrats collectifs avec leurs patrons[7].

Comme elles l'ont toujours fait depuis leur fondation, les centrales syndicales défendent le système démocratique qui leur apparaît comme le régime politique le mieux à même de préserver les libertés syndicales et d'obtenir les gains économiques les plus substantiels.

Le gouvernement canadien a d'ailleurs bien tiré la leçon de sa douloureuse expérience du premier conflit mondial. Dès le début de la guerre, il associe le mouvement syndical à l'élaboration de

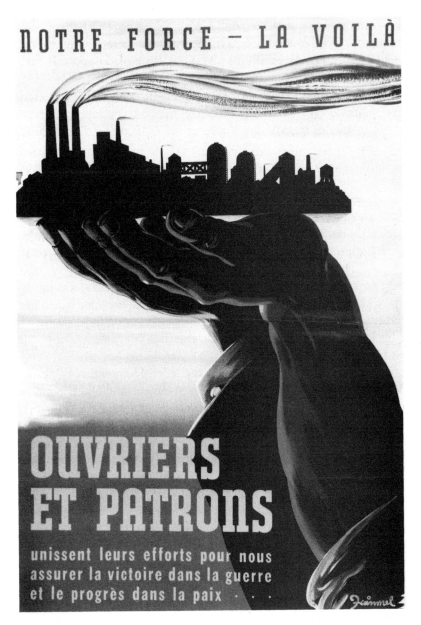

Affiche gouvernementale favorisant la bonne entente entre patrons et ouvriers. (APC, C 87501)

ses politiques de main-d'œuvre. Avant même que le Canada n'entre en guerre en effet, le ministre du Travail rencontre les délégations des centrales ouvrières afin de s'assurer leur collaboration. Il l'obtient facilement, même de la CTCC qui, à son congrès de 1938, s'élevait pourtant contre la participation du Canada aux guerres extérieures[8]. Une fois la guerre déclarée, la centrale catholique incite même les travailleurs à acheter des obligations d'épargne du Canada[9].

Mais ce n'est pas sans condition que le mouvement syndical, dont l'expansion économique et le plein emploi renforcent le pouvoir de négociation, accorde son appui au gouvernement. Plus qu'à tout autre moment, les travailleurs ont l'oreille attentive de l'État fédéral et réussissent à arracher de meilleures lois du travail, surtout qu'en ce domaine le Canada a pris du retard par rapport aux États-Unis. Durant la guerre, les exigences du mouvement syndical international sont de trois ordres: d'abord, il exige une participation aux commissions chargées des politiques de main-d'œuvre; ensuite, il réclame des mesures qui améliorent les salaires et les conditions de travail dans les industries de guerre; enfin, il insiste pour que soit appliqué au Canada l'équivalent de la loi Wagner.

En juin 1940, le gouvernement fédéral se rend à l'une des demandes syndicales. Il met en effet sur pied un Conseil national du travail en temps de guerre qui, formé de délégués des syndiqués et des employeurs, a pour mandat de conseiller le gouvernement sur toutes les questions touchant les besoins de main-d'œuvre[10]. L'année suivante, les travailleurs obtiennent une représentation égale à celle du patronat aux conseils régionaux du travail en temps de guerre, chargés de mettre en application les politiques salariales du gouvernement. Mais la lenteur des décisions (plusieurs grèves illégales surviennent) et le rôle purement consultatif de ces comités déplaisent aux centrales syndicales qui veulent participer à l'élaboration même des politiques. Elles ont gain de cause en 1943 avec la création du Conseil coopératif de production industrielle. Par la suite, la participation des centrales s'étend à d'autres commissions qui fonctionnent, semble-t-il, à leur satisfaction.

Autre objectif des syndicats: l'amélioration des conditions de travail dans les industries de guerre. Dès l'entrée du Canada dans le conflit, le Parlement vote la loi des mesures de guerre qui autorise le gouvernement à prendre tous les moyens jugés nécessaires pour la sécurité, l'ordre et le bien-être du pays. Avec cette loi, l'État place sous son contrôle les relations de travail dans les industries de guerre dont il détermine d'autorité les conditions de travail. Comme bientôt 75% de toutes les industries produisent pour des besoins militaires, les décisions du gouvernement ont une portée quasi générale pour les travailleurs[11].

Dans le domaine des relations industrielles, la première mesure du gouvernement fédéral, en novembre 1939, est d'appliquer aux industries de guerre la loi des différends industriels (loi Lemieux, 1907) qui, rappelons-le, impose la conciliation obligatoire sans que la sentence arbitrale ne lie les parties en conflit. Elle est accueillie sans trop de protestations. Dans la mesure où elle n'impose pas l'arbitrage à sentence obligatoire, elle n'enlève pas complètement le droit de grève aux syndiqués. Si, aux États-Unis, la Fédération américaine du travail s'engage formellement à ne pas recourir à la

Couturière aux usines de guerre Cherrier à Montréal, mai 1941. Encore une fois, on fait appel aux femmes pour combler la pénurie de main-d'œuvre masculine. (APC, PA 112815)

grève durant le conflit, les centrales syndicales canadiennes assurent tout au plus le gouvernement d'éviter les arrêts de travail dans les industries de guerre[12].

Définie en 1940, la politique salariale pour les industries de guerre suscite beaucoup de mécontentement. Le plus important des paramètres de cette politique prévoit un plafonnement des salaires qui ne devraient pas excéder les niveaux les plus élevés atteints au cours des années 1926-1929, avec une indemnité de vie chère correspondant à la hausse du coût de la vie. Dès la mise en vigueur de cet arrêté ministériel, des protestations s'élèvent contre l'application qu'en font les tribunaux d'arbitrage. Une vaste assemblée, organisée par le FPTQ et le CMTM, a lieu à Montréal, au cours de laquelle le président de la FPTQ, Elphège Beaudoin, déclare:

> Nous avons sacrifié à l'effort de guerre plusieurs de nos libertés; des libertés chèrement acquises après bien des années de luttes incessantes, mais nous les avons sacrifiées dans l'espoir que l'on nous accorderait en retour, pour la durée de la guerre au moins, un peu de justice. [...]
>
> Nous avons offert aux dirigeants du pays notre coopération, mais nous nous attendons en retour à la même coopération de la part de nos gouvernements, ou des organismes chargés de l'application de la politique ouvrière du gouvernement fédéral en temps de guerre. Nous n'avons jamais pensé que la coopération était une rue à sens unique[13].

On reproche notamment au gouvernement de soustraire la fixation des salaires à la négociation collective, de figer les salaires des travailleurs mal rémunérés, de maintenir l'écart salarial entre l'Ontario et le Québec et, pour le Conseil régional du travail du Québec (tribunal d'arbitrage), d'être très lent à rendre ses décisions et de ne pas comprendre de représentants du syndicalisme international[14].

À plusieurs reprises, en 1942 et en 1943, les organisations internationales manifestent leur mécontentement, sans jamais toutefois revenir sur leur appui à l'effort de guerre. Après certains ajustements du gouvernement, il semble que les syndiqués soient davantage satisfaits des décisions du Conseil régional à partir de 1944[15]. Il faut dire aussi que, cette année-là, le gouvernement fédéral se rend à une autre de leurs réclamations, capitale pour l'avenir du mouvement ouvrier: il vote une loi contraignant les employeurs à négocier de bonne foi avec leurs employés.

Peu de temps après le début de la guerre, les internationaux se plaignent du refus des employeurs de coopérer avec les représentants de leurs employés[16]. En juin 1940, le gouvernement répond par un arrêté ministériel qui appuie le principe de la liberté syndicale et le droit à la négociation collective[17]. Malheureusement pour les syndiqués, il s'agit là d'un simple vœu qui ne contraint pas vraiment les entreprises à négocier avec leurs employés. Ce droit étant déjà reconnu depuis cinq ans aux États-Unis (loi Wagner) et dans certaines provinces canadiennes, les centrales (CMTC et CCT) s'indignent du retard du Canada.

En 1942 et en 1943, les pressions syndicales sur les entreprises donnent lieu à une vague sans précédent de grèves, la plupart ayant précisément pour objet la reconnaissance syndicale[18]. Sur la recommandation d'une commission d'enquête, le gouvernement se résout finalement, en février 1944, à appliquer un arrêté en conseil (C.P. 1003), copie de la loi Wagner. Ne sont pas étrangers non plus à sa décision les succès du CCF dans les sondages, l'appui qu'a donné à ce parti le Congrès canadien du travail en 1943 et l'intérêt, plus marqué que jamais, du CMTC et de la FPTQ pour l'action politique partisane[19].

Après sept ans de lutte, on adopte enfin la loi la plus importante dans le domaine des relations industrielles depuis la légalisation du syndicalisme en 1872. En raison de sa portée considérable, nous consacrons dans les pages qui suivent une section spéciale à l'équivalent québécois de cette mesure.

On pourrait s'attendre à ce que la CTCC, composée presque exclusivement de francophones, dont bon nombre s'opposent à la conscription, ait des réserves à l'endroit des politiques fédérales du temps de guerre. Mais tel n'est pas le cas: elle accueille les lois fédérales de bonne grâce, collabore pour éviter les grèves dans les industries de guerre, souscrit aux décrets définissant les paramètres des augmentations salariales et est heureuse de participer aux comités touchant les politiques de main-d'œuvre. Tout comme les autres centrales canadiennes, elle souhaite une loi qui obligerait les employeurs à négocier avec les représentants des travailleurs mais, contrairement à celles-là, elle a le souci de protéger le champ de juridiction provinciale en matière de relations industrielles[20]. Par

Manifestation contre la conscription, 1942. La CTCC évite de prendre position sur le sujet. (*The Gazette*, APC, PA 107910)

ailleurs, si les syndicats nationaux ont été, pendant le premier conflit mondial, le noyau de l'opposition à la conscription, la CTCC reste étonnamment silencieuse, aussi bien au printemps 1940, lorsque le gouvernement mobilise les jeunes célibataires pour la défense du Canada, qu'en avril 1942, quand il organise un plébiscite pancanadien pour le relever de sa promesse faite au Québec de ne pas instaurer la conscription pour service outre-mer[21].

Révélateur du divorce qui sépare les organisations internationales des milieux nationalistes québécois, le CMTM approuve, lui, la loi de mobilisation générale en 1940 parce qu'elle est nécessaire à la défense du Canada. Et si l'organisme montréalais ne se prononce pas sur le plébiscite de 1942, sous prétexte qu'il s'agit d'une question de politique partisane, cela n'empêche pas le président du Conseil de suggérer aux ouvriers de voter «oui», dans «un effort total pour la protection de notre civilisation, de notre démocratie et de nos libertés trade-unionistes et religieuses[22]». Le CMTC, habilité à se prononcer sur cette question, appuie le gouvernement dans la mesure où celui-ci consulte les organisations ouvrières[23]. Mais qu'elles soient nationales ou internationales, les centrales syndicales au Québec (FPTQ et CTCC) reflètent peu la forte opposition des Canadiens français à la conscription: les sondages réalisés de 1941 à 1944 montrent que 80% des Québécois rejettent formellement le service obligatoire outre-mer[24]. Le pourcentage serait encore plus élevé si on pouvait isoler le vote francophone.

LES UNIONS INDUSTRIELLES ET LA FUIQ

Après avoir connu certaines difficultés dans les années trente, le syndicalisme international reprend de la vigueur. Il dispute avec plus de succès à la CTCC l'affiliation des nouvelles unités syndicales, parvenant ainsi à renverser la tendance amorcée vers 1935 (tableau 4.2). Dans les années quarante et cinquante, catholiques et internationaux maintiennent à peu près leur force respective en croissant au rythme de la main-d'œuvre syndiquée.

Le mouvement international, qui élargit ses appuis tant à Montréal qu'en province, implante de nouveaux syndicats principalement dans l'industrie métallurgique, l'alimentation et dans le secteur des services: pompiers, employés de bureau, etc. (tableau 4.3). Certains secteurs de syndicalisation très actifs au début du siècle montrent par contre moins de dynamisme: transport ferroviaire, chaussure et imprimerie.

Aussi surprenant que cela puisse paraître, les progrès du syndicalisme international profitent davantage à la FAT qu'au COI (tableau 4.4). En effet, 60% des nouveaux syndicats créés entre 1940 et 1955 sont rattachés à la FAT, le tiers seulement au COI. Il faut dire que les différences organisationnelles entre les deux centrales s'estompent graduellement et que plusieurs unions affiliées à la FAT adoptent le mode industriel de syndicalisation.

Parmi les unions industrielles les plus importantes qui viennent s'implanter au Québec pendant la guerre, notons les Métallurgistes unis d'Amérique, les Travailleurs unis des salaisons d'Amérique et l'Union internationale des mineurs, lamineurs et fondeurs (Mine Mill), toutes affiliées au COI. Signalons aussi l'Association internationale des machinistes, qui organise les travailleurs des grandes avionneries montréalaises (affiliés ni au COI ni à la FAT pendant

Tableau 4.2

Répartition par allégeance des syndicats du Québec, 1931-1961

	Internationaux		CTCC	
	Nombre de syndicats	% des syndicats québécois	Nombre de syndicats	% des syndicats québécois
1931	286	58,2	121	24,6
1936	275	48,0	190	33,1
1940	306	43,8	239	34,2
1946	437	44,1	338	34,1
1951	459	40,7	439	39,0
1955	601	44,4	441	32,6
1961	725	45,1	469	29,2

Source: Compilation faite à partir de *Labour Organizations in Canada*, 1931, p. 219-220; 1936, p. 29 et 178-181; 1946, p. 27-49; 1951, p. 24-69; 1955, p. 6 et 29-105; 1961, XII, p. 15-79.

Tableau 4.3

Répartition des syndicats internationaux au Québec selon l'industrie, 1931-1961

	1931	1940	1951	1961
Mines		2	7	9
Construction	54	36	57	96
Métallurgie	45	30	82	187
Bois, papier	15	33	47	65
Imprimerie	12	13	14	16
Vêtement, textile	15	26	41	68
Alimentation	3	2	22	52
Cuir	5	2	1	1
Transport	83	142	160	173
Services	51	12	33	53
Autres	3	8		5
Total	*286*	*306*	*464*	*725*

Source: *Labour Organizations in Canada*, 1931, p. 219-220; 1940, p. 179-181; 1951, p. 24-69; 1961, p. 15-79. Il aurait été préférable de présenter un tableau à partir des effectifs syndicaux. Malheureusement, les données du ministère du Travail ne sont pas désagrégées par province.

Tableau 4.4

Affiliation des syndicats internationaux au Québec, 1940-1955

	FAT	COI	Indépen-dants	Total
1940	236	16	54	306
1946	323	59	55	437
1951	331	53	75	459
1955	416	112	73	611

Source: *Labour Organizations in Canada*, 1940, p. 179-181; 1946, p. 27-49; 1951, p. 24-69; 1955, p. 29-105.

la guerre), et les Ouvriers unis de l'électricité, radio et machinerie d'Amérique dont l'expansion se fera après la guerre[25]. En 1957, ce sont les Métallos qui dominent de loin parmi les unions industrielles au Québec avec une cinquantaine de sections affiliées[26]. La plupart des syndicats COI ont des liens avec la Fédération des unions industrielles du Québec (FUIQ) et le Congrès canadien du travail (CCT), qui les représente pour l'ensemble du Canada.

Enfin, il ne faut pas oublier qu'au Canada les syndicats industriels (COI) ont uni leur destinée, au sein du CCT, avec un certain nombre de syndicats purement canadiens. Un seul d'entre eux, la Fraternité canadienne des cheminots, est d'une certaine importance au Québec (46 syndicats affiliés en 1951).

À propos de la Fraternité, il est important ici de faire remarquer qu'elle encaisse, en 1946, un coup qui perturbe sérieusement le travail d'organisation entrepris par le CCT au Québec. Cette année-là, Paul-Émile Marquette, dirigeant du syndicat montréalais des chauffeurs d'autobus et employés de tramways (affilié à la Fraternité des cheminots) et au surplus directeur régional du CCT, démissionne avec fracas de son poste pour mettre sur pied une fédération indépendante, l'Association ouvrière canadienne. Dans son sillage, passent à la nouvelle fédération l'Association canadienne des chauffeurs d'autobus (Montréal) et la Fraternité canadienne des ouvriers de l'amiante. Marquette fait valoir trois raisons de démissionner: la décision du CCT d'appuyer le CCF, le peu de cas que font les dirigeants du CCT de l'utilisation du français au Québec et l'ordre qu'ils lui ont donné d'affilier aux unions internationales (COI) les syndicats qu'il a contribué à organiser au Québec. «Au

Ouvriers à l'emploi de l'avionnerie Vickers pendant la guerre. La loge 712 de l'Association internationale des machinistes recrute massivement les employés des avionneries montréalaises; elle compte 11 000 membres en 1943. (APC, PA 110843)

Canada, déclare-t-il, nous sommes capables de conduire nos affaires sans le secours des étrangers. On n'a pas besoin d'envoyer nos deniers à l'étranger[27].» La décision du CCT à l'époque d'obliger certains de ses syndicats à se joindre aux unions internationales traduit le renforcement de l'aile internationaliste aux dépens de la tendance nationaliste à l'intérieur de la centrale canadienne. Nous y reviendrons.

L'Association canadienne, qui en plus des mineurs et des chauffeurs d'autobus comprend des marins, des ouvriers des brasseries et du transport maritime, survit tant bien que mal jusqu'en 1956 avec environ trois ou quatre mille membres[28]. Voyant son groupe affaibli par le manque de ressources, Marquette l'inféode

Délégués au congrès de Champigny de la FUIQ en 1954. Au premier rang, entre autres, Jean Gérin-Lajoie, Charles Devlin, Léo Lebrun, Jacques Chaloult, Roméo Mathieu et Philippe Vaillancourt. Au deuxième rang, Pierre Elliott Trudeau, Huguette Plamondon et André Thibodeau. En arrière-plan, pêle-mêle, Émile Boudreau, Bill Dodge et Fernand Daoust. (Archives de la FTQ)

cette année-là aux Mineurs unis d'Amérique, geste qui contredit les propos qu'il tenait dix ans plus tôt.

Jusqu'à la fondation de la FUIQ, en 1952, ce sont les conseils du travail de Montréal et de Québec qui représentent les syndicats industriels auprès du gouvernement provincial. Comme, selon la constitution du CCT, il faut au moins trois conseils de travail régionaux pour pouvoir créer une fédération québécoise, la formation d'un conseil du travail à Joliette ouvre la voie à la constitution de l'organisme. Les 160 délégués qui mettent sur pied la FUIQ, en décembre 1952, lui confient la tâche de favoriser la coopération entre les syndicats du CCT et du COI à travers la province et de faire des pressions en matière de législation provinciale[29].

Compte tenu de leur nombre au Québec, les syndicats affiliés au CCT dans la province appuient davantage la FUIQ que ceux du CMTC ne soutiennent la FPTQ. Selon les estimations basées sur le paiement des cotisations, la FUIQ compte de 30 000 à 35 000 membres au cours de sa courte existence; c'est plus de la moitié des membres québécois du CCT[30]. La FPTQ, de son côté, regroupe à peu près le même nombre de membres pendant ces années, ce qui représente, compte tenu des effectifs supérieurs du CMTC, entre 25 et 30% des syndiqués de la centrale canadienne au Québec[31]. Il semble donc que, malgré leur jeunesse, les syndicats industriels dans la province ressentent davantage la nécessité d'une centrale québécoise. Ce désir se comprend d'autant mieux que ces syndicats comptent davantage sur un rôle actif de l'État aux plans social et économique.

L'importance de la FUIQ dépasse largement sa brève existence de quatre ans. Les syndicats industriels provoquent un réalignement de l'idéologie et de l'action du syndicalisme international au Québec. Quatre orientations majeures distinguent les syndicats CCT-FUIQ de ceux affiliés au CMTC-FPTQ: foi dans le syndicalisme industriel, nationalisme canadien, désir d'accroître le rôle de l'État et action politique partisane.

Héritière du COI, la FUIQ reprend l'idée que le syndicalisme professionnel convient mal à l'ère industrielle moderne et que l'avenir appartient à la syndicalisation par entreprise. Elle estime que, dans la grande entreprise, c'est dans le cadre de l'usine et non dans celui du métier que se nouent les solidarités ouvrières.

Elle hérite également du nationalisme canadien que le Congrès pancanadien du travail a légué au CCT. La nouvelle centrale canadienne, qui reproche au CMTC d'être dominé par la FAT et les unions internationales de métiers, s'enorgueillit de son indépendance par rapport au COI et de l'autonomie de ses syndicats affiliés[32]. Mais si, au début, les unions internationales industrielles laissent à leurs syndicats canadiens plus de liberté que les unions de métiers, avec la croissance du nombre de syndicats internationaux au sein du CCT, la tendance nationaliste perd graduellement de l'influence, si bien que la centrale gravite bientôt autour du COI selon une orbite pas très différente de celle du CMTC autour de la FAT[33]. L'épisode Marquette traduit les remous causés par les décisions du CCT favorables aux internationaux.

Le programme du CCT-FUIQ montre ensuite un plus grand enthousiasme que celui du CMTC-FPTQ à l'égard de l'intervention de l'État. On ne craint pas la présence de ce dernier dans les relations industrielles et on réclame à grands cris son action dans les domaines économique et social. C'est de l'État fédéral qu'on attend des politiques économiques anticycliques, un système intégré de sécurité sociale et un code canadien du travail. La FUIQ n'élève pas de protestations contre le désir de centralisation du fédéralisme canadien.

Enfin, il existe une nette distinction entre les deux centrales à propos de l'action politique partisane. Alors que le CMTC refuse de soutenir les partis politiques, le CCT, peu après sa fondation, appuie le CCF, perçu comme «le bras politique» du monde du travail au Canada, avec recommandation à tous ses syndicats de s'affilier au parti. Emboîtant le pas à la centrale canadienne, le Conseil du travail de Montréal (CCT) forme un comité d'action politique, en 1949, qui appuie les candidats du CCF dans la région métropolitaine[34]. Un comité similaire, créé lors de la fondation de la FUIQ, a pour mandat de préparer un programme politique provincial. Le congrès adopte un tel programme en 1955, mais rejette l'idée de former un nouveau parti politique sur la scène provinciale[35].

L'appui du CCT et de la FUIQ au CCF constitue un tournant dans le mouvement syndical au Canada et au Québec. Jusque-là, le CMTC et la FPTQ, suivant l'exemple de la FAT, laissaient aux syndiqués, lors des scrutins, le soin de «récompenser les amis du travail et de punir ses ennemis». Au moment de la fusion de 1956 entre le CMTC et le CCT, c'est le trait qui distingue le plus nettement celle-ci de sa rivale, car, à maints égards, les deux centrales sont devenues très proches idéologiquement.

LA CTCC SE TRANSFORME

Après la guerre, la CTCC connaît une mutation profonde, tant en ce qui concerne l'action syndicale que l'idéologie. Elle abandonne le corporatisme et perd graduellement son caractère confessionnel. Dans ses relations avec le patronat, elle témoigne d'une combativité accrue qui culminera en quelques grèves retentissantes. Enfin, sans aller jusqu'à faire de la politique partisane, la centrale catholique devient un lieu d'opposition au gouvernement de l'Union nationale.

Durant la guerre, les dirigeants de la CTCC craignent pour l'avenir de leur mouvement, victime, dit le président Charpentier, «d'une persécution sans précédent[36]». Les employeurs anglo-canadiens se montrent particulièrement hostiles à la centrale à cause du peu d'enthousiasme manifesté par les Canadiens français pour

Tableau 4.5

Effectifs de la CTCC, 1936-1961

	Effectifs	% des syndiqués québécois
1936	33 170	37,0
1940	46 340	33,1
1946	62 960	24,2
1951	88 081	31,4
1955	97 176	30,2
1961	98 457	24,6

Source: Nous utilisons les données fournies par la centrale elle-même; elles correspondent à ses effectifs pour le Québec, car elle a peu d'affiliés à l'extérieur de la province (ministère du Travail du Canada, *Labour Organizations in Canada*, 1955, p. 14; 1961, p. xii). Pour les effectifs syndicaux totaux au Québec, voir le tableau 4.1.

Tableau 4.6

Répartition des syndicats de la CTCC selon l'industrie, 1931-1961

	1931	1940	1951	1961
Mines	1	5	9	12
Construction	41	69	70	70
Métallurgie	6	19	31	53
Bois, papier	4	27	61	65
Imprimerie	8	12	20	23
Vêtement, textile	6	34	70	56
Alimentation	2	10		3
Cuir	11	14	16	13
Transport	4	10		3
Services	20	42	82	125
Autres	12	18	80	46
Total	*115*	*260*	*439*	*469*

Source: Ministère du Travail du Canada, *Labour Organizations in Canada*, 1931, p. 217; 1940, p. 29-37; 1951, p. 24-69; 1961, p. 15-76.

la conscription. Au même moment, ses adversaires internationaux lancent une vaste campagne d'organisation au Québec pour lui ravir des syndicats. Selon la centrale, les fonctionnaires fédéraux chargés d'administrer les lois du travail dans les industries de guerre, parmi lesquels on retrouve de nombreux syndiqués internationaux, appliquent les arrêtés en conseil à l'avantage du mouvement auquel ils appartiennent[37]. Ce dernier point n'est pas étranger à la nouvelle sensibilité de la centrale pour l'autonomie provinciale et aux craintes à l'égard de la centralisation fédérale, tant dans le domaine social que dans celui du travail. Très minoritaire dans l'ensemble du pays, elle sent qu'il lui sera impossible d'infléchir les lois fédérales dans le sens de ses objectifs.

Les craintes s'atténuent toutefois après la guerre lorsqu'elle réussit à augmenter son membership et à conserver, au début des années cinquante, sa part des effectifs syndicaux totaux dans la province (tableau 4.5). En revanche, à la fin des années cinquante, cette part diminue, ce qui n'est pas sans influer sur la décision de la centrale de se départir, en 1960, de son caractère confessionnel perçu comme une entrave à son expansion dans les grandes entreprises montréalaises.

Dans l'industrie manufacturière (métallurgie exceptée) et la construction, la CTCC atteint dans les années cinquante un sommet qu'elle parvient difficilement à dépasser, alors que les internationaux y font encore des progrès (tableau 4.6). C'est ce qui expliquerait la diminution de sa part de syndiqués québécois. La centrale ne parvient à faire des progrès significatifs que dans le secteur des services. C'est d'ailleurs là, en particulier dans le tertiaire public, qu'elle obtiendra le plus de succès dans les années soixante.

L'évolution idéologique

Jusqu'à la guerre, l'objectif ultime de la CTCC est l'instauration de la corporation professionnelle au Québec. Depuis sa fondation, la centrale catholique pense corriger les abus du capitalisme en organisant les professions en corporations de manière à favoriser la collaboration entre patrons et ouvriers et restaurer ainsi la paix sociale.

Dans les années trente, le corporatisme connaît un regain de popularité parmi les intellectuels désireux de rétablir l'ordre social

Machiniste travaillant aux ateliers d'entretien de la ville de Montréal. (Archives de la ville de Montréal, Z 679-2)

catholique. La CTCC est donc amenée à préciser sa pensée sur l'organisation corporative[38]. Le congrès de 1939 charge le Bureau confédéral d'élaborer un programme de réformes corporatistes. Remis l'année suivante, le rapport propose d'appuyer la corporation sur une base syndicale, de s'assurer de son caractère chrétien et d'exclure les syndicats internationaux de son fonctionnement[39].

Discutées et amendées, les recommandations sont finalement adoptées par le congrès de 1942. Comme dans le projet initial, la résolution insiste pour édifier la corporation à partir de l'organisation syndicale; quant au syndicalisme international, même s'il n'est pas explicitement exclu, on le tient à distance en exigeant que la corporation revête un caractère chrétien et que les syndicats qui en feraient partie soient incorporés[40]. Quoique encore assez vague en ce qui concerne son application, le plan révèle néanmoins le souci de la CTCC d'écarter les projets, alors en vogue, qui ne font pas reposer la corporation sur le mouvement syndical. La centrale tente également d'éliminer les syndicats internationaux qui, de toute façon, dénoncent le corporatisme comme une «dictature fasciste sur les organisations ouvrières[41]».

L'adoption de cette résolution a peu de suite. La guerre mobilise dans un premier temps toutes les énergies de la centrale, et, après le conflit, les déclarations pro-corporatistes se font plus rares. D'ailleurs, on préférera remplacer alors ce terme par des expressions comme «organisation professionnelle» ou même «démocratisation de l'économie». La mise en sourdine du projet corporatiste s'explique pour la raison bien simple qu'il est associé beaucoup trop intimement au fascisme. Il devient gênant d'en réclamer l'application au sortir d'une guerre contre des régimes qui en ont fait la base de leur organisation sociale et qui ont voulu détruire le syndicalisme libre. Ainsi, en France, la politique du gouvernement de Vichy a consisté, en 1940, à dissoudre les confédérations syndicales, dont la Confédération française des travailleurs chrétiens, pour faciliter, disait-on, l'intégration des travailleurs dans le corporatisme d'industrie[42]. La CTCC répudie donc le corporatisme, modèle de relations industrielles à l'origine pourtant de sa fondation.

Elle le remplace pour un temps par l'idée de réforme de l'entreprise, théorie élaborée par des penseurs catholiques français qui vise à transformer le système économique en réformant la cellule de base du capitalisme, l'entreprise. Partant du principe que celle-ci possède un caractère social, on en déduit que le droit de propriété de l'employeur sur son entreprise n'est pas absolu. Puisque la production, les profits et la croissance de l'entreprise résultent de l'apport du capital et du travail, ils estiment que les travailleurs ont un droit à la participation aux bénéfices, à la gestion et à la propriété de l'entreprise[43]. Reprises après la guerre par de jeunes membres du clergé québécois, ces idées marquent les dirigeants de la CTCC.

À son congrès de 1948, la CTCC entreprend l'étude et la diffusion du projet de réforme de l'entreprise parmi ses membres[44]. L'idée fait son chemin rapidement puisqu'on la retrouve en préambule de la nouvelle constitution en 1951: «Dans l'entreprise, les travailleurs doivent être considérés comme des coopérateurs participant à une œuvre commune. Ils doivent s'y sentir intégrés et participer à sa gestion et à ses bénéfices[45].» Comme on peut le deviner, la théorie est combattue avec vigueur par le patronat aussitôt que les syndicats essaient de la transposer dans des projets de conventions collectives.

C'est ce que constate le président Picard au congrès de 1951. Les éléments dits de cogestion contenus dans les demandes syndicales ont contribué au durcissement des positions patronales lors de la grève générale du textile en 1947, de la grève de l'amiante en 1949 et de la grève de l'aluminium à Shawinigan en 1951[46]. Dans chacun de ces conflits, les compagnies refusent au syndicat un droit de regard sur les changements qu'elles pourraient instaurer dans la répartition des tâches[47].

Selon le président de la Canadian Johns-Manville, la véritable cause de la célèbre grève de l'amiante, en 1949, n'est pas une question de salaires ou de conditions de travail, mais une tentative de la part des chefs ouvriers de «s'arroger les droits de la Direction[48]». Les demandes syndicales comportent, en effet, une clause inacceptable selon la compagnie: le syndicat veut qu'on lui demande son «approbation» lors des promotions, des mesures disciplinaires et dans certaines questions reliées à la production, aux méthodes de travail et aux taux de rémunération[49]. C'est l'idée de cogestion, mise en avant par les tenants du projet de réforme de l'entreprise, qui inspire ces demandes syndicales[50]. La compagnie, qui en a fait une question de principe, les considère comme une atteinte au droit de gérance. Dans l'entente finale qui met fin à la grève, elle insiste pour que le syndicat «reconnaisse le droit de propriété» et «consente à incorporer dans le contrat une clause dite des droits de la direction[51]».

Les timides tentatives de réformer l'entreprise se heurtent donc à une opiniâtre résistance du patronat. Aussi, la CTCC met-elle en veilleuse cette théorie après 1952, bien que certaines demandes syndicales comportent parfois un droit de regard des travailleurs sur la gestion de leur milieu de travail. Mais on évite de rattacher ces réclamations à un projet de réforme global de l'entreprise par rapport auquel l'épiscopat prend aussi ses distances. Rome précise en effet, en 1953, que «le syndicat n'a pas le droit de prétendre à s'intégrer d'une façon organique dans la marche même de l'entreprise[52]».

À la recherche d'un nouveau projet de société, la CTCC passe ensuite à ce que nous appelons un humanisme libéral. Les déclarations de principes en préambule des constitutions de 1951 et de 1960 logent à cette enseigne idéologique qui prévaudra jusqu'au milieu des années soixante. En 1951, on proclame la foi dans la «vraie démocratie politique», on affirme l'égalité de tous les êtres humains et on fait état de l'opposition de la centrale à «tout traitement injuste à cause de la langue, de la nationalité, de la race, du sexe et de la religion[53]». Cet appui aux valeurs de liberté et de démocratie est repris avec plus de vigueur encore dans la constitution révisée de 1960.

Cette évolution coïncide avec l'orientation nouvelle des penseurs catholiques sociaux au Québec qui, après la guerre, se réconcilient dans une certaine mesure avec le libéralisme et la démocratie. Sous l'influence de penseurs catholiques français (Jacques Maritain, Emmanuel Mounier, le père Delos), ces catholiques «de gauche», comme on les appellera, veulent rapprocher la pensée de l'Église de la démocratie politique et sociale. Ils tentent de faire un heureux mariage entre catholicisme, humanisme, démocratie et liberté.

Dans les années cinquante, la CTCC se propose donc d'humaniser l'économie, c'est-à-dire d'orienter la production des biens, d'abord et avant tout, vers la satisfaction des besoins humains. La valeur «travail» doit passer avant le capital, car la personne doit primer sur l'accumulation des biens. Comme le capitalisme libéral basé sur la notion de profit maximal déprécie les valeurs humaines et spirituelles, la centrale le répudie, bien qu'elle reconnaisse la légitimité du droit de propriété privée. En réalité, c'est moins le capitalisme lui-même que ses abus qui doivent être corrigés, en intégrant la participation des travailleurs à la vie de l'entreprise et en faisant appel à l'État pour surveiller l'activité économique.

La déconfessionnalisation

Parallèlement à son changement d'orientation idéologique, la CTCC perd graduellement, à partir de la guerre, son caractère confessionnel. À l'origine, quatre caractéristiques en faisaient une centrale catholique: l'épithète «catholique» dans son appellation, la présence d'un aumônier, l'adhésion à la doctrine sociale de l'Église et l'obligation d'être catholique pour obtenir tous les droits de membre actif. La CTCC va peu à peu se départir de ces traits pour devenir une centrale non confessionnelle ouverte à tous les travailleurs.

Lors de la fondation de la CTCC, le privilège d'être membre actif des syndicats était réservé aux seuls catholiques. Quoique les syndiqués d'autres confessions religieuses ne fussent pas formellement exclus, on ne les admettait qu'à titre de membres adjoints, sans droit de vote ni possibilité d'occuper une fonction de direction[54]. En fait, peu de syndicats comptèrent des membres adjoints et l'habitude se développa rapidement, dans une ville aussi cosmopolite que Montréal, de ne pas faire en pratique de discrimination à l'endroit des non-catholiques. Leur nombre infime ne justifiait pas de s'alarmer de leur présence. D'ailleurs, les non-catholiques n'étaient guère intéressés à se joindre à des syndicats qui leur accordaient, du moins officiellement, un statut d'infériorité.

Pendant la guerre, la CTCC voit bien que cette discrimination représente un important obstacle au recrutement. En cette période favorable à la syndicalisation, elle s'inquiète que les centrales rivales progressent à un rythme supérieur. En 1942, une enquête ordonnée par le cardinal Villeneuve propose la suppression de toute discrimination dans le recrutement des non-catholiques[55].

L'année suivante, d'autres événements forcent la CTCC à revoir sa position à l'égard des non-catholiques. L'application graduelle dans les industries de guerre d'une loi équivalente à la loi Wagner place la CTCC dans une situation délicate. Les commissions gouvernementales chargées d'appliquer les décrets du gouvernement fédéral reconnaissent, comme aux États-Unis, le monopole de représentation au syndicat majoritaire dans une entreprise. Là où deux ou plusieurs syndicats se disputent l'adhésion des travailleurs, un vote d'allégeance est tenu pour déterminer le syndicat qui négociera en leur nom. Ainsi, les décrets amènent-ils les syndicats de la CTCC à représenter des non-catholiques auxquels ils accordent un statut d'infériorité.

Ce problème surgit avec beaucoup d'acuité, en 1943, dans l'industrie du papier de la région du Saguenay. La compagnie Price Brothers avait accordé quelques années plus tôt l'atelier fermé à deux syndicats internationaux, devenus par la suite minoritaires dans les quatre usines de la compagnie. Mais celle-ci refuse de négocier avec les syndicats catholiques parce que leur reconnaissance signifie l'obligation pour les non-catholiques d'appartenir à une organisation confessionnelle et, aussi, parce qu'ils ne représentent pas les ouvriers de métiers essentiels au fonctionnement de l'usine[56]. Le conflit, qui dégénère en une grève, conduit le gouvernement du Québec à mettre sur pied une commission royale d'enquête qui recommande l'annulation de la clause d'atelier fermé et

Gérard Picard, président de la CTCC de 1946 à 1956, et Jean Marchand, secrétaire général de 1948 à 1961, puis président jusqu'en 1965. Dans les années 1950, la CTCC n'hésite pas à faire front commun avec les autres centrales syndicales. (*Montreal Star*, APC, PA 163000)

la reconnaissance des syndicats catholiques majoritaires[57]. Le gouvernement se rend aux désirs de la commission, mais en obligeant en contrepartie les quatre syndicats de la CTCC à supprimer le mot catholique de leur appellation et à accorder l'égalité de droits et privilèges à tous leurs membres[58].

Quelques mois plus tard, le président de la CTCC, Alfred Charpentier, invite les délégués présents au congrès de la centrale à ouvrir le mouvement «dans un large esprit de fraternité ouvrière[59]». La suggestion crée des tiraillements, mais elle se traduit quand même dans une résolution qui exige des membres de la centrale, non pas qu'ils soient catholiques, mais, selon une formulation plus vague, «qu'ils conforment leurs paroles et leurs actes de syndiqués aux principes directeurs de la CTCC[60]». Ainsi, en adhérant aux principes de la doctrine sociale de l'Église, un non-catholique peut être membre de plein droit de la centrale. La CTCC élimine donc un premier critère de confessionnalité en donnant à tout membre un statut d'égalité.

Un pas plus important vers la déconfessionnalisation est franchi seize ans plus tard, au congrès de 1960, quand la CTCC supprime deux autres de ses caractères confessionnels: l'épithète catholique de son appellation et toute référence directe à la doctrine sociale de l'Église. Dans sa déclaration de principes, la phrase où elle dit «s'inspirer dans ses principes et son action de la doctrine sociale de l'Église» est remplacée par une autre où elle reconnaît adhérer à «des principes chrétiens, dans sa pensée et son action[61]». Quant à l'appellation de la centrale, la majorité des délégués préfèrent Confédération des syndicats nationaux (CSN) à Confédération des syndicats chrétiens, éliminant ainsi tout caractère religieux de son nom.

Encore une fois, à la fin des années cinquante, la CTCC traverse une période de recrutement difficile, dont on espère sortir en se montrant plus accueillant envers les non-catholiques, nombreux dans un milieu cosmopolite comme Montréal. Lors de la tenue d'un scrutin dans les unités de négociation pour choisir le syndicat majoritaire, la CTCC ne peut compter sur les votes de la plupart des non-catholiques. En régime de monopole de représentation syndicale tel qu'il existe en Amérique du Nord, la confessionnalité impose donc à la centrale une contrainte majeure. «Ou bien, dit le rapport du comité exécutif, la CTCC accepte le défi et fonde un grand nombre de syndicats majoritaires, ou bien elle se condamne elle-même à la stagnation et sans doute à une éventuelle disparition[62].» Ainsi présenté, le dilemme n'est pas difficile à résoudre pour les délégués au congrès de 1960, surtout que depuis quatre ans la centrale étudie la question et que l'épiscopat l'assure de ne pas s'opposer en principe aux modifications de statut confessionnel[63].

Cette évolution a lieu sous l'influence d'un nouveau courant de pensée apparu dans l'Église après la guerre qui fait une distinction beaucoup plus nette entre le temporel et le spirituel et qui redonne aux laïcs une plus grande autonomie dans l'action sociale. On pense que des domaines comme le syndicalisme et le mouvement coopératif sont des activités temporelles qui ne relèvent pas directement du pouvoir spirituel. Les principes chrétiens doivent certes continuer à guider l'action sociale, mais cela relève davantage du jugement des fidèles que de directives précises de la hiérarchie. Les laïcs engagés dans l'action sociale, qui revendiquent une plus grande part de responsabilités dans l'orientation de leur mouvement, ne prisent d'ailleurs guère de se voir soumis à des règles d'action précises. Les aumôniers en viennent ainsi à jouer un rôle beaucoup plus discret dans les syndicats de la CTCC après la guerre. Lorsque les dirigeants de la centrale décident de s'affranchir de la tutelle de l'Église en 1960, l'évolution des esprits est trop avancée pour que les évêques puissent y faire obstacle.

Après le congrès de 1960, seule la présence d'un aumônier témoigne encore de la confessionnalité. Il joue un rôle de plus en plus effacé, si bien que lorsqu'il remettra sa démission en 1971, le Conseil confédéral ne demandera pas son remplacement[64]. Les syndicats et les organismes régionaux sont libres cependant de maintenir un service d'aumônier, pratique que plusieurs avaient déjà abandonnée ou abandonneront par la suite. Ce dernier épisode de la déconfessionnalisation passe inaperçu tellement la CSN s'éloigne des principes religieux qui ont présidé à sa fondation.

L'après-guerre marque une transformation majeure de la CTCC. Il faut bien comprendre cependant que la centrale ne fait alors qu'adapter son idéologie à ses pratiques syndicales. Depuis les années vingt, en effet, le corporatisme influe peu sur l'action de syndicats qui, dans les faits, conçoivent leurs relations avec le patronat dans un esprit de rapport de forces. La signature de bonnes conventions collectives de travail retient l'essentiel de leur énergie. Quoi qu'on ait pu écrire à ce sujet, ces syndicats soutiennent de très nombreuses grèves, bien avant celle de l'amiante de 1949.

Le changement le plus important que connaît la centrale après la guerre est donc d'ordre idéologique: le rejet du corporatisme et, à sa suite, la déconfessionnalisation presque complète en 1960. La radicalisation de son discours après la guerre traduit cette évolution. La vague d'industrialisation qui touche le Québec durant la guerre et l'arrivée de nouveaux leaders syndicaux à la tête de la CTCC n'expliquent que partiellement ces transformations. Plus significative nous semble être la difficulté de l'Église de proposer une idéologie de rechange au corporatisme, trop associé dans l'esprit de la population au fascisme. Au Québec comme ailleurs, la victoire des démocraties libérales lors du deuxième conflit mondial porte un dur coup aux idéologies de droite. La jeune génération de clercs et de laïcs catholiques veut se loger à une autre enseigne que le corporatisme. La guerre a comme résultat d'ébranler le projet d'organisation sociale que l'Église diffuse au Québec depuis le 19e siècle; l'abandon de la confessionnalité par la plupart des mouvements sociaux catholiques s'inscrit dans cette dynamique. Avec le mouvement coopératif, le syndicalisme catholique est un des premiers à vouloir établir un nouvel équilibre entre le temporel et le spirituel.

LA SYNDICALISATION DES ENSEIGNANTS

Le syndicalisme chez le personnel enseignant vit une ambiguïté qu'il ne résoudra que dans les années soixante: il est partagé entre l'attrait pour les corporations professionnelles (Barreau, Collège des médecins, etc.), dont les enseignants convoitent le prestige social, et l'obligation de négocier avec les commissions scolaires pour améliorer leur sort. Chaque enseignant est convaincu, d'une part, qu'il appartient à un groupe social supérieur; mais, en même temps, il doit recourir à des moyens de pressions calqués sur ceux des travailleurs. Le directeur du journal *L'Enseignement* emploie l'expression juste lorsqu'il caractérise les enseignants de «demi-peuple et demi-bourgeois[65]». En raison de leur travail, ils se sentent différents des travailleurs, mais leur traitement indique bien que leur condition s'apparente à celle des ouvriers qualifiés.

À l'origine, les premières associations d'enseignants ressemblent plutôt à des organisations professionnelles ayant pour but le perfectionnement de leurs membres et le rayonnement de la profession. Ce sont les objectifs que se sont fixés les associations d'instituteurs laïcs de Québec et de Montréal fondées en 1845. Il faut dire qu'à cette époque les enseignants laïcs sont peu nombreux; leur nombre décroît même à la fin du 19e siècle, quand on assiste à la cléricalisation de la profession. Jusqu'aux années trente, les deux associations d'instituteurs et celles formées par les institutrices au début du siècle se limitent à des activités professionnelles, sans revendications de nature syndicale.

Une exception cependant vaut la peine d'être relevée, car elle est révélatrice du sentiment des autorités à l'égard du syndicalisme enseignant. En 1919, l'association nouvellement fondée du bien-être des instituteurs et institutrices de Montréal, qui regroupe la majorité des enseignants laïcs de la métropole (380 membres), réclame de la commission scolaire l'engagement des instituteurs et des institutrices par contrat collectif et une augmentation des traitements de l'ordre de 400$ par année[66]. La CECM leur offre une hausse de 100$, portant ainsi leur rémunération à un niveau variant entre 15 et 22,50$ par semaine. Selon les enseignants, c'est tout à fait insuffisant pour vivre convenablement. Augmentant moins rapidement que l'inflation d'après-guerre, leur traitement n'arrive pas aux deux tiers de ce qu'un ouvrier qualifié peut gagner à l'époque (30$ par semaine). Les commissaires refusent de recevoir les représentants de l'association sous prétexte que l'union des instituteurs «n'est pas compatible avec leurs devoirs comme serviteurs du public». Ce sont, disent-ils, «des prêcheurs d'anarchie[67]».

C'est alors qu'est fondé, sous l'action de commissaires et de principaux d'écoles, un nouveau groupement d'instituteurs et d'institutrices, l'Alliance catholique des professeurs de Montréal, qui obtient l'approbation du clergé et la reconnaissance de la commission scolaire[68]. L'Association du bien-être cherche alors l'aide des syndicats internationaux qui lui portent assistance. L'archevêque de Montréal, Mgr Bruchési, exhorte publiquement les enseignants à quitter leur syndicat:

> Mais je demande ce soir aux instituteurs et institutrices de Montréal de mettre de côté pour le moment, toute idée d'union ou de syndicat. Soyez certains que je ne suis pas contre l'union ou le syndicat, mais pour ceux qui enrichissent leurs patrons. Les protecteurs des instituteurs et des institutrices, ce sont les commissaires d'école, les directeurs, les inspecteurs, les évêques et le surintendant constituant le Conseil de l'instruction publique; ils s'occupent de la question. Si ce n'est pas assez que l'on fasse une plainte, les évêques, le Conseil de l'instruction publique, le surintendant, le gouvernement sauront bien trouver une solution. Mais qu'il n'y ait point d'union formée comme chez les ouvriers. Non pas qu'il y ait là une injustice, mais je crois qu'il y a là une cause de malaise. Et pour mettre fin à ces discussions qui ne cessent pas dans beau-

coup de foyers, que toute union formée disparaisse. Que les instituteurs se forment seulement en cercles pédagogiques comme il arrivait auparavant[69].

De son côté, la commission scolaire ne réengage pas soixante-huit instituteurs qu'elle prive aussi du droit à leur pension. Devant les protestations que soulève cette décision, elle consent à les reprendre pour autant qu'ils s'engagent par écrit à ne pas appartenir à un syndicat. Vingt d'entre eux signent l'entente, les autres doivent quitter la CECM[70]. L'Association disparaîtra peu après. Pour sa part, l'Alliance se confine jusqu'en 1936 à des questions profession-nelles, laissant se détériorer la situation économique de ses membres. L'échelle de traitements des enseignants et enseignantes demeurera la même de 1920 à 1944; il y aura même une réduction de 1932 à 1936[71]. Dans les années cinquante, l'Alliance goûtera à son tour la même médecine que l'Association du bien-être.

Une institutrice et ses élèves. (APC, PA 112883)

Les fédérations d'enseignants catholiques

À partir de 1936, intéressés au premier chef à négocier de meilleures conditions de travail, plusieurs syndicats d'enseignants voient le jour dans différentes régions de la province. Le mouvement commence en novembre de cette année-là chez les institutrices rurales de La Malbaie sous la direction de Laure Gaudreault qui devient, l'année suivante, la première présidente de la Fédération catholique des institutrices rurales. Malgré les objectifs religieux et moraux de sa constitution, c'est surtout vers la défense des intérêts économiques de ses membres que s'oriente la Fédération. Dès le premier congrès, la présidente l'affirme sans ambages: «Le but de cette association est essentiellement professionnel: la sauvegarde de nos intérêts, le souci de nous assurer le pain quotidien [...] parce que dans cette province, trop nombreuses sont les institutrices qui ne gagnent pas un salaire suffisant pour pourvoir aux exigences les plus élémentaires de la vie[72].» Et, en effet, les institutrices sont très mal rétribuées. Lors de sa fondation, la Fédération réclame un traitement minimal annuel de 300$ pour les institutrices, dont les trois quarts touchent un salaire inférieur[73].

Les instituteurs ruraux, moins nombreux et très dispersés, se regroupent et fondent une fédération provinciale en 1939. Au même moment, le mouvement de syndicalisation gagne les villes où les instituteurs urbains coiffent leurs syndicats d'une fédération en 1942. L'idée de chapeauter les trois fédérations par un organisme provincial s'impose d'elle-même; elle se réalise en 1945 avec la fondation de la Corporation générale des instituteurs et institutrices de la province (CIC)[74]. L'année suivante, une loi spéciale vient sanctionner la naissance de la nouvelle corporation dont tous les instituteurs doivent obligatoirement faire partie. Léo Guindon, président de l'Alliance catholique des professeurs de Montréal, en devient le premier président. Elle s'attaque aussitôt à relever le statut de l'enseignant en lui assurant un salaire convenable et une plus grande sécurité d'emploi.

L'Alliance en rupture avec la CIC

Peu après sa fondation, la CIC traverse la crise la plus sérieuse de son histoire lorsque deux exécutifs se disputent la direction du mouvement. Le schisme traduit la conception différente que se font du syndicalisme les enseignants montréalais et ceux de la province. Depuis l'accession de Léo Guindon à sa tête, l'Alliance des professeurs de Montréal fait preuve d'un militantisme qui renoue avec celui de l'Association du bien-être. Un premier contrat de travail est signé en 1945, après l'arbitrage, en vertu de la loi des services publics adoptée l'année précédente. Une deuxième sentence arbitrale est rejetée en 1949 par les enseignants qui, geste sans précédent, abandonnent leurs salles de cours pendant une semaine. L'arrêt de travail, illégal selon la loi des services publics, crée tout un émoi (nous traçons à la fin de ce chapitre un historique de cette grève)[75].

Aussitôt, la Commission des relations ouvrières révoque le certificat de reconnaissance syndicale de l'Alliance, ce qui permet à la CECM d'ignorer les représentants du syndicat. Comme il arrive souvent en de telles circonstances, un nouveau syndicat, l'Association des professeurs catholiques de Montréal, voit alors le jour et reçoit aussitôt l'aval de la commission scolaire même s'il ne regroupe qu'une minorité d'enseignants. Le nouveau syndicat se propose de refaire l'unité syndicale «dans la charité et la paix, dans le respect de l'autorité et des lois comme dans la fidélité aux directives de nos pasteurs[76]».

Comme la majorité des enseignants et enseignantes restent pourtant fidèles à l'Alliance et que la CECM refuse de négocier avec celle-ci, l'archevêque de Montréal, Mgr Paul-Émile Léger, propose, en juin 1951, aux deux exécutifs de démissionner en bloc pour être remplacés par de nouveaux venus à la tête d'une seule organisation. L'Association accepte, mais les membres de l'Alliance, par vote secret, s'y refusent (346 contre, 198 pour)[77]. Le rejet de la proposition de l'archevêque a l'allure d'une rebuffade de leur chef spirituel, qui, peu après, donne sa bénédiction à la formation d'un nouveau syndicat de professeurs, l'Association des éducateurs catholiques de Montréal. Cette association fera la lutte à l'Alliance jusqu'en 1959. Quant à l'Association des professeurs catholiques, elle disparaît à la fin de 1951.

C'est dans ce contexte que des divisions font surface à la CIC. Le président, Léo Guindon, est battu en 1951 par Léopold Garant de Québec. Un peu plus tard, une assemblée de la plupart des responsables syndicaux de la CIC réunis à Québec (où sont

Le conseil d'administration de la CIC en 1949-1950. Au premier rang, Léo Guindon, aussi président de l'Alliance des professeurs de Montréal, et Laure Gaudreault, instigatrice du mouvement d'organisation des institutrices rurales dans les années 1930. (Archives de l'Alliance des professeurs de Montréal)

présents des représentants de l'Association des éducateurs catholiques de Montréal) décident de réformer les structures de la corporation malgré l'opposition du conseil d'administration et du conseil général où dominent les représentants de l'Alliance. La réforme signifierait principalement la dissolution des trois fédérations à l'origine de la CIC et son remplacement par des fédérations diocésaines qui uniraient hommes et femmes, urbains et ruraux, afin de faciliter la négociation avec les commissions scolaires et permettre, selon les vœux de l'épiscopat, la nomination d'aumôniers diocésains. La révision des structures a aussi comme conséquence d'enlever à l'Alliance le rôle prépondérant qu'elle a joué jusque-là au sein de la CIC[78]. Enfin, au cours de cette réunion, les responsables syndicaux adoptent une résolution où ils regrettent vivement l'attitude de l'Alliance à l'égard de la suggestion faite par l'archevêque de Montréal[79]. Peu de temps après la clôture de la réunion, l'Assemblée des évêques approuve le projet de restructuration et nomme aussitôt un premier conseiller moral qui, dans sa première intervention, rappelle le grave devoir d'obéissance des enseignants catholiques aux directives des évêques[80].

Convaincus que ces décisions sont prises dans l'illégalité, les syndiqués montréalais tentent de reprendre en main le secrétariat de la CIC, en mai 1952. Leurs représentants convoquent une réunion du conseil général de la CIC, qui élit un nouvel exécutif[81]. Leur «coup d'État», comme leurs adversaires l'ont appelé, est de courte durée: le gouvernement, en sanctionnant d'une loi le projet de réforme des structures de la CIC (loi 146), place le nouvel exécutif dans l'illégalité (février 1953). Ayant récupéré son siège social, le conseil d'administration s'empresse de le transférer de Montréal à Québec. Il retire à l'Alliance son droit de représenter les enseignants montréalais pour reconnaître plutôt sa rivale, l'Association des éducateurs catholiques de Montréal. Ce n'est qu'en 1959 que l'Alliance réintégrera la CIC. Par référendum, les enseignants diront préférer l'Alliance à l'Association des éducateurs. Ce dernier groupement sera alors dissous, mettant fin à un schisme qui paralysait les efforts de négociation des enseignants montréalais.

Le conflit entre l'Alliance et les enseignants du reste de la province oppose deux conceptions de l'action syndicale. Les instituteurs et institutrices montréalais conçoivent le syndicalisme en termes de protection des membres et de défense de leurs intérêts professionnels, à la manière des syndicats d'ouvriers. Par exemple, l'Alliance insiste auprès de la CECM pour mettre sur pied un comité de révision, sorte de comité de griefs comme le prévoient les conventions du secteur privé. Parmi ses moyens de pression, elle n'exclut pas la grève qu'elle lie étroitement au droit d'association. Elle recherche de plus l'appui des grandes centrales syndicales qui se portent d'ailleurs à sa défense au cours des années cinquante.

Pour sa part, la CIC met son action sous le signe du corporatisme. En 1956, son président Léopold Garant définit la Corporation comme «étant susceptible de devenir semblable aux Corporations des vieilles professions libérales comme le Collège des Médecins, le Barreau, la Corporation des Agronomes, etc.[82]». À leur exemple, la CIC réclame du législateur qu'il la reconnaisse comme une corporation fermée; elle veut avoir un mot à dire dans le recrutement des normaliens; elle instaure même un serment d'office et élabore un code d'éthique. Enfin, elle a tendance à croire que les

Léopold Garant, président de la CIC de 1951
à 1965. (Archives de la CEQ, 313-1)

enseignants ont des conditions salariales précaires, faute d'être organisés à la manière des autres professions libérales. Une fois reconnu le caractère professionnel de l'enseignant, on pense obtenir une meilleure reconnaissance sociale et des traitements qui s'apparentent à ceux des «professionnels[83]». Si l'action syndicale même, c'est-à-dire la négociation collective, n'est pas rejetée, elle ne passe qu'au second plan. Aussi n'est-il pas étonnant de constater qu'en 1960 à peine deux cents conventions collectives ont été négociées alors que le Québec compte 1800 commissions scolaires[84]. Le corporatisme a peut-être revalorisé le statut des enseignants à leurs propres yeux, mais il a peu contribué à améliorer leurs conditions matérielles.

Le gouvernement et le clergé catholique appuient avec tout le poids de leur influence cette dernière conception du syndicalisme enseignant. Le gouvernement Duplessis vote une brochette de lois destinées à restreindre le droit des enseignants à la négociation collective. En 1946, la loi 10 retire aux instituteurs et institutrices des municipalités rurales le droit à l'arbitrage; la loi 60, en 1949, balise les sentences arbitrales; en 1952, le gouvernement supprime l'adhésion obligatoire des enseignants catholiques à la CIC (loi

Tableau 4.7

Effectifs des associations d'enseignants, 1901-1961

	CIC	PAPT
1901-1902		453
1921-1922		1 345
1945-1946		2 600
1946-1947	7 758	
1951-1952	11 000	
1952-1953	4 000	
1953-1954	5 000	
1955-1956	6 700	2 700
1956-1957	9 000	
1958-1959	11 700	
1959-1960	16 200	
1960-1961	28 483	

Source: *Bulletin de l'Alliance des professeurs catholiques de Montréal*, octobre 1946, p. 2-3; *L'Enseignement*, août 1951, p. 5; Pierre Dionne, *Une analyse historique de la Corporation des Enseignants du Québec, 1836-1968*, mémoire de maîtrise (relations industrielles), Université Laval, 1969, p. 162; Allan D. Talbot, *PAPT. The First Century. A History of the PAPTQ*, Montréal, 1963, p. 52 et 67.

146); en 1954, il révoque la reconnaissance syndicale de l'Alliance, par une loi spéciale avec effet rétroactif. La révocation de l'adhésion obligatoire explique la chute brutale des effectifs de la CIC en 1952 (tableau 4.7). Ces mesures antisyndicales ne seront corrigées qu'en 1959, à l'aube de la Révolution tranquille, au cours des «cent jours» de l'administration de Paul Sauvé.

Quant au clergé, pour qui l'enseignant prolonge l'œuvre de l'Église en milieu scolaire, il s'inquiète de l'action de l'Alliance surtout après le refus de ses membres d'aquiescer à la démission de leur exécutif conformément à la recommandation de Mgr Léger en 1951. Pour ce dernier, l'Alliance s'est trop attachée à des questions d'ordre matériel; il l'invite à «lever le front» vers des tâches d'ordre professionnel[85]. L'action syndicale seule, pense-t-il, est à rejeter car elle crée des situations de conflit qui compromettent l'éducation chrétienne; il faut la subordonner à l'organisation professionnelle (la corporation). Répandue par les aumôniers dans les syndicats, cette conception de l'action syndicale en milieu enseignant est adoptée par la CIC qui ne s'en départira que dans les années soixante.

Les enseignants anglophones

L'histoire du syndicalisme enseignant chez les anglophones suit une voie parallèle à celle des francophones. À la différence de ceux-ci, toutefois, les associations d'enseignants anglophones sont divisées entre catholiques et protestants. Les premiers, qui négocient avec les mêmes commissions scolaires, maintiendront des contacts étroits avec leurs collègues francophones. Par contre, les associations protestantes évolueront isolément, même si leurs préoccupations rejoignent souvent celles des catholiques.

Incorporée en 1943, la Federation of English Speaking Catholic Teachers of Montreal espère également recruter des membres hors de Montréal[86], mais plusieurs difficultés l'en empêcheront. Sa fondation, en 1938, résulte de la fusion de deux associations montréalaises, l'English Catholic Women Teachers' Association, formée en 1918, et l'English Association of Teachers. Lorsque l'Alliance entreprend la négociation de contrats de travail avec la CECM en 1942, la fédération anglophone se range à ses côtés. Dans les années qui suivent, elle coordonne ses efforts avec l'Alliance et ses membres participent à la semaine de grève en 1949. Elle aussi se voit retirer son certificat de reconnaissance syndicale, qu'elle ne retrouvera que beaucoup plus tard, la Commission des relations ouvrières ayant décidé en 1954 et en 1959 de ne reconnaître qu'un seul agent de négociation pour l'ensemble des enseignants catholiques montréalais. Le retrait par le gouvernement en 1954 de la clause d'adhésion obligatoire n'entraîne pas de diminution significative de ses membres, mais elle subit néanmoins les contrecoups de la lutte que se livrent l'Alliance et l'Association des éducateurs catholiques de Montréal. En 1958, les enseignants catholiques de langue anglaise mettent sur pied une organisation provinciale, la Provincial Association of Catholic Teachers of Quebec, qui presse le gouvernement de la reconnaître au même titre que la CIC.

Les enseignants protestants vivent des moments moins mouvementés que leurs collègues catholiques. Dès 1864, ils coiffent leurs organisations locales d'une fédération provinciale, la Provincial Association of Protestant Teachers of Québec[87]. D'abord exclusivement intéressée à des questions pédagogiques, la PAPT revendique de meilleurs salaires après la Première et la Seconde Guerre mondiale, en même temps que les enseignants francophones. Elle est reconnue officiellement en 1945 comme porte-parole des enseignants protestants. Le gouvernement ne retirera pas au PAPT la clause d'adhésion obligatoire dans les années cinquante, ce qui n'entravera pas la progression constante de ses effectifs.

Les enseignants catholiques envient les traitements du secteur protestant et en font souvent le modèle de leurs réclamations salariales. La rémunération des protestants s'aligne sur celle de leurs collègues des autres grandes villes canadiennes. De meilleures ressources financières ainsi que la crainte de perdre leur personnel au profit du secteur privé ou d'autres provinces incitent les commissions scolaires protestantes à mieux rémunérer leurs enseignants. L'écart entre les deux groupes ne disparaîtra que dans les années soixante lorsque les catholiques accentueront leur pression sur les commissions scolaires.

LA PURGE ANTICOMMUNISTE

Tant au Canada qu'aux États-Unis, le mouvement syndical international traverse une période d'anticommunisme virulent après la guerre. Le syndicalisme international a toujours rejeté l'idéologie communiste. Loin de vouloir l'abolition du système capitaliste, il en approuve la légitimité tout en souhaitant un certain nombre de réformes pour l'humaniser. Périodiquement, la FAT, le CMTC et la FPTQ dénoncent le caractère dictatorial du projet de société proposé par les communistes, et ces derniers reprochent aux internationaux de cautionner un système qui exploite des travailleurs. L'hostilité entre les deux groupes prend un caractère dramatique après la guerre avec l'expulsion hors de la FAT et du COI de membres du Parti communiste et même d'unions internationales dominées par les communistes.

De 1929 à 1935, le Parti communiste canadien organisait ses propres syndicats, tâche d'autant plus facile qu'un nombre considérable d'ouvriers non qualifiés étaient laissés sans organisation par les unions internationales. C'est ainsi que la Ligue d'unité ouvrière,

Des militants communistes actifs dans le syndicalisme: Robert Haddow, à gauche, organisateur de l'Association internationale des machinistes, est expulsé pour allégeance communiste en 1946; il en est de même pour Jean Paré, au centre, qui se joint aux Ouvriers unis de l'électricité en 1945. Cette union est exclue du COI et du CCT en 1950. (Louis Jacques, *Weekend Magazine*, APC, PA 115247)

organisme spécialement créé par le Parti communiste pour la syndi-calisation des travailleurs, obtient certains succès au Québec auprès des ouvriers du bois et du vêtement. Suivant le mot d'ordre de la Troisième Internationale communiste, qui s'inquiète des progrès du fascisme dans le monde, les syndicats communistes au Canada sont dissous en 1935 et les syndiqués joignent les rangs des unions et des centrales syndicales internationales. Comme le fascisme met en danger l'existence même du syndicalisme, on conclut qu'il est préférable pour les syndiqués de combattre unis dans une même organisation. Non seulement des milliers de travailleurs se joignent-ils aux unions internationales, mais les militants communistes s'emploient activement à les recruter. Au Canada comme aux États-Unis, ils contribuent largement au développement spectaculaire du COI. Travailleurs infatigables, ils occupent rapidement de nombreux postes de direction dans les syndicats. L'historien Henry Pelling estime qu'aux États-Unis, à la fin de la guerre, un quart des effectifs du COI sont tous sous le contrôle des communistes, bien que la centrale ne compte probablement pas plus de un pour cent de véritables membres du parti[88]. Selon toute vraisemblance, leur présence au Canada s'est fait sentir avec plus de force encore. D'abord organisées par des communistes, les plus importantes unions affiliées au COI au Canada (Syndicat international des mineurs, lamineurs et fondeurs, Travailleurs unis de l'automobile, de l'électricité, du bois, du textile) ont à leur tête des communistes à un moment ou à un autre, avant la guerre[89]. À l'occasion, leurs activités suscitent des tensions, mais ils ne subissent pas l'ostracisme qui s'abattra sur eux après la guerre.

Au Congrès canadien du travail

Des deux centrales internationales au Canada, c'est le Congrès canadien du travail (COI) qui manifeste l'anticommunisme le plus virulent. De 1947 à 1951, les militants communistes perdent graduellement sur tous les fronts avant d'être expulsés de la centrale canadienne. C'est par un rejet global de l'idéologie communiste, aux congrès de 1947 et de 1948, que l'offensive démarre. Parce que le régime communiste, dit la résolution, «restreint ou abolit la liberté syndicale», le CCT «déclare s'opposer, par tout moyen légitime, à toute philosophie totalitaire, qu'elle soit communiste, fasciste ou le reflet de l'une ou l'autre[90]».

La fièvre anticommuniste apparaît aussi dans les résolutions touchant la politique extérieure canadienne. Tout en dénonçant «l'impérialisme communiste russe», on appuie la politique étatsunienne: plan Marshall, participation du Canada à l'OTAN (1948-1949), soutien des Nations unies en Corée (1950), retrait de la Fédération syndicale mondiale (d'obédience communiste) (1948). En outre, malgré l'opposition des délégués communistes, la centrale réaffirme chaque année son appui au CCF, comme «le seul parti politique auquel le travail peut se rallier[91]».

Pour les plus acharnés des anticommunistes, l'objectif ultime n'est ni plus ni moins que l'expulsion des syndicats «rouges». Le secrétaire-trésorier du CCT, Pat Conroy, le déclare sans ambages en 1948: «Le présent congrès et chaque syndicat local doivent se débarrasser des communistes s'ils désirent survivre et conserver un mouvement syndical libre[92]...» Le CCT y réussit au cours des trois congrès suivants en invoquant divers prétextes: article de journal diffamatoire, non-paiement de cotisations et non-renouvellement de conventions. C'est ainsi que, avec de fortes majorités, la centrale expulse les syndicats canadiens affiliés aux Ouvriers unis de l'électricité, radio et machinerie d'Amérique (United Electrical Radio and Machine Workers of America, 25 000 membres au Canada) et à l'Union internationale des mineurs, lamineurs et fondeurs (International Union of Mine, Mill and Smelter Workers, 20 000 membres au Canada). En 1950, l'exécutif du CCT se fait donner le pouvoir, inscrit dans la constitution, «d'expulser tout syndicat qui, de l'avis du conseil, adhère aux principes et aux politiques de toute organisation communiste ou fasciste, sous réserve d'appel au congrès suivant[93]». Cette résolution permet à l'exécutif du CCT d'exclure de ses rangs, l'année suivante, les syndicats membres de l'Union internationale des travailleurs de la fourrure et du cuir (International Fur and Leather Workers Union, 5000 membres au Canada).

La chasse du CCT aux communistes est menée en parallèle avec celle du COI aux États-Unis, qui élimine lui aussi en 1949 et en 1950 plusieurs organisations parmi lesquelles se trouvent les trois unions bannies du CCT. Non satisfaite de les expulser, la centrale étatsunienne tente de leur ravir leurs syndiqués en créant une nouvelle union des travailleurs de l'électricité et en poussant les Métallurgistes unis d'Amérique à marauder les syndicats de l'Union internationale des mineurs. Au Canada comme aux États-Unis, les trois unions expulsées connaissent une diminution de leurs effectifs. Au Québec, les trois syndicats de l'Union internationale des mineurs en Abitibi passent aux Métallurgistes unis, et l'Union internationale des travailleurs en électricité ravit les cinq syndicats de l'union rivale. La fièvre anticommuniste n'épargne pas non plus le Conseil du travail de Montréal (CCT) qui se débarrasse de ses éléments radicaux[94]. Après 1952, la lutte anticommuniste perd de son intensité, la centrale ayant fait place nette des militants communistes.

Au Congrès des métiers et du travail du Canada

Au Congrès des métiers et du travail du Canada, qui compte peu de syndicats communistes, l'anticommunisme apparaît un peu plus tard qu'au CCT. En 1947 et en 1948, son exécutif affiche même une retenue qui contraste avec l'affolement qui s'est emparé de la centrale concurrente. Ainsi, en 1947, les résolutions anticommunistes présentées au congrès sont condensées en une seule, assez vague, qui «censure» la conduite de tout individu qui cherche à faire du congrès «un instrument pour arriver à ses propres fins[95]». Plutôt hésitante également est la résolution du congrès de 1948 qui ne fait que «déplorer» l'activité des communistes, sans recommander d'action particulière[96].

Ce sont les événements entourant l'expulsion de l'Union des marins canadiens qui poussent la centrale à adopter des résolutions beaucoup plus fermes. En 1948, en effet, le congrès du CMTC renouvelle son appui à l'Union des marins canadiens, syndicat affilié d'obédience communiste, comme l'unique syndicat des marins canadiens. Il rejette du même coup la prétention du syndicat adverse fondé l'année précédente, la Canadian Lake Seamen's Union (CLSU), de les représenter même s'il est affilié à une union internationale (FAT), la Seafarers' International Union of North America (SIU). Au cours de ce congrès, les délégués endossent même la décision de l'exécutif d'avoir suspendu, plus tôt dans l'année, les syndicats de la Fraternité des employés du transport ferroviaire et maritime (FAT) parce que cette union n'a pas désavoué le geste de son vice-président, Frank Hall, qui a négocié la fusion entre la CLSU et la SIU.

Or, jugeant que le CMTC ne met pas assez d'énergie à se défaire de communistes, un groupe de trente-deux représentants de syndicats internationaux affiliés à la centrale ayant à leur tête Frank Hall forment une association en vue de «faire maison nette des communistes» au sein du CMTC[97]. Ils portent l'affaire devant le conseil d'administration de la FAT qui, signe révélateur du peu d'importance qu'elle accorde à l'autonomie de la centrale canadienne, censure la décision du CMTC de suspendre les syndicats de la Fraternité des employés du transport ferroviaire et l'invite à «prendre des mesures rigoureuses pour éliminer complètement toute trace d'influence communiste[98]». Geste plus lourd de conséquences, quatorze unions internationales suspendent l'affiliation de leurs syndicats canadiens tant que l'Union des marins canadiens fera partie du CMTC[99]. Résultat du lien de dépendance qui lie le CMTC aux unions internationales, la centrale canadienne plie l'échine: elle expulse l'Union des marins (remplacée par le SIU l'année suivante) et vote plusieurs résolutions à caractère anticommuniste.

Au congrès de 1949, les délégués ne se bornent pas à de vagues déclarations anticommunistes; ils bannissent les sympathisants communistes de tout poste de direction et exigent, en vertu d'une modification à la constitution, un serment d'allégeance des dirigeants du CMTC. Tout nouvel aspirant à un poste de direction doit jurer ne pas être associé «à aucun groupement qui propage une philosophie entrant en contradiction avec les principes sur lesquels reposent les institutions démocratiques du Canada[100]». L'année suivante, le CMTC donne l'ordre à toutes ses organisations affiliées de se débarrasser des dirigeants communistes sous peine de suspension. Il modifie sa constitution de façon à permettre à son conseil exécutif d'exclure des réunions les délégués «rouges», à sa discrétion[101]. Les pouvoirs énormes que les délégués donnent ainsi à leur exécutif reflètent l'état de panique qui s'est emparé du CMTC.

En politique extérieure, on note un revirement aussi spectaculaire en 1949. Alors que l'année précédente, le CMTC désavouait indirectement le plan Marshall, les délégués au congrès de 1949 se portent à sa défense. Ils invitent aussi le Canada à ratifier le traité de l'OTAN, appuient l'intervention des Nations unies en Corée et enjoignent leur exécutif de collaborer avec la FAT et la Trade Union Congress de Grande-Bretagne à la formation d'une nouvelle centrale syndicale internationale «fondée sur les idéaux de liberté et de démocratie et opposée à l'idéologie du totalitarisme[102]».

Dans sa lutte contre les syndicats communistes, le CMTC s'est montré, après 1949, aussi acharné que le CCT. La teneur des résolutions adoptées par les deux centrales se rejoint assez éloquemment, tout comme elle reflète des résolutions approuvées par leurs mentors aux États-Unis, la FAT et le COI.

À la Fédération provinciale du travail du Québec

La Fédération provinciale du travail du Québec, qui représente les syndicats de la FAT-CMTC, suit une politique en cette matière calquée sur celle de la centrale canadienne[103]. En 1947 et en 1948, ses résolutions anticommunistes ne s'accompagnent pas encore de mesures concrètes pour faire échec à la présence de radicaux à ses congrès annuels. Elle ne veut pas non plus s'ingérer dans les affaires de ses syndicats affiliés, qui restent libres d'admettre ou d'exclure les «indésirables[104]». Le congrès de 1949 non plus ne donne pas lieu à des décisions fermes sur ce sujet; les délégués confient à l'exécutif l'étude de la résolution qui recommande aux organisations affiliées d'expulser les communistes[105]. Ce congrès ayant lieu en juin, on préfère sans doute attendre que le CMTC se prononce en octobre, avant de prendre une telle mesure.

Aussitôt la chasse aux communistes déclarée par la centrale canadienne, la FPTQ et le CMTM également emboîtent le pas en recommandant à leurs syndicats affiliés d'empêcher que des communistes n'accèdent à des postes de commande[106]. Au cours des années subséquentes, la centrale québécoise est dirigée par des anticommunistes notoires, Marcel Francq et Roger Provost. Ce dernier est nommé directeur québécois des Ouvriers unis du textile d'Amérique en 1952, en remplacement de Kent Rowley évincé pour activités communistes. Critiquée par le CTCC pour le caractère peu démocratique de cette épuration, la FPTQ reproche à la centrale catholique «d'appuyer de son prestige, implicitement, les propagandistes du marxisme au Québec[107]». Son anticommunisme semble avoir imprimé à la centrale un caractère plus conservateur dans les années cinquante. Elle réprouve le militantisme de la FUIQ et de la CTCC, qu'il se manifeste dans les relations de travail ou dans leurs rapports avec le gouvernement Duplessis.

La fièvre anticommuniste qui gagne les centrales syndicales après la guerre s'inscrit dans un mouvement beaucoup plus vaste qui s'est emparé d'une large partie de l'opinion publique canadienne. Devenus presque hystériques, les journaux pressent les syndicats de se débarrasser des «agents de l'impérialisme russe». Même si les communistes ne représentent qu'une fraction très minoritaire des syndiqués, les centrales se sentent obligées de les exclure pour sauver les apparences. La tolérance dont elles ont fait preuve jusque-là fait place à l'esprit vindicatif qui emporte l'opinion publique.

La guerre froide entre les États-Unis à l'Union soviétique explique la virulence de la campagne anticommuniste. Après la guerre, un certain nombre d'événements en politique internationale vont cristalliser l'opposition entre l'Est et l'Ouest. Il y a d'abord, en 1947, l'invasion de la Tchécoslovaquie par les troupes soviétiques et le mise sur pied par les États-Unis du plan Marshall. Une alliance militaire (OTAN) est créée en 1949; et les pays occidentaux appuyent les forces des Nations unies engagées contre les troupes communistes chinoises en Corée de 1950 à 1953. À l'époque, il y a une véritable crainte que, sans des mesures de protection spéciales, certains États occidentaux ne basculent dans le camp soviétique.

Les militants communistes canadiens, qui condamnent ces politiques comme l'expression de l'impérialisme américain, sont alors eux-mêmes perçus comme des agents de l'impérialisme soviétique. Ce reproche apparaît d'autant plus fondé que le Parti communiste canadien suit fidèlement les directives de la Troisième Internationale depuis sa fondation. Ainsi, la Deuxième Guerre mondiale, analysée en 1939 par le parti comme une guerre impérialiste déclenchée par les capitalistes, est devenue, deux ans plus tard, après l'invasion de l'URSS par les troupes allemandes, une guerre pour sauver la civilisation[108]. Désireux d'éviter toute action qui entraverait l'effort de guerre, le Parti communiste canadien invite même les syndiqués à suspendre leur droit de grève pendant la durée du conflit. Aux yeux de plusieurs, les communistes subordonnent les intérêts du Canada à ceux de l'URSS qui utilise l'Internationale communiste pour mieux asseoir ses visées impérialistes. Pendant les années d'après-guerre, alors qu'un nouveau conflit apparaît imminent, les communistes font figure d'ennemis de l'intérieur. Pour éviter de se voir accusé d'être le refuge de l'agitation communiste, le mouvement syndical entreprend donc de les déloger des postes de commande.

À ces raisons, qui relèvent du contexte politique général de l'après-guerre, s'ajoute un motif plus profond d'opposition du syndicalisme international au communisme. Depuis leur fondation, les syndicats internationaux croient que la démocratie est le système politique le plus apte à réaliser l'émancipation des travailleurs, car il leur laisse la liberté de s'organiser et de négocier avec le patronat. C'est sous le système démocratique de gouvernement, dit la résolution anticommuniste du CMTC en 1949, que le mouvement syndical s'est développé et a atteint l'influence qu'on lui connaît aujourd'hui[109]. Pourquoi alors lui substituer un régime politique totalitaire qui restreint ou abolit la liberté syndicale? On s'apitoie sur le sort des travailleurs des pays de l'Est dont les syndicats sont sous la dépendance de l'État. «Nous nous rendons tous compte, déclare Aaron Mosher, président du CCT, que nos institutions démocratiques sont loin d'être parfaites, mais nous croyons qu'elles sont les meilleures jusqu'ici dans l'histoire du monde et qu'elles prévoient la plus grande mesure possible de liberté et de bien-être pour les hommes. Elles ont été édifiées sur le respect de la personne humaine comme telle, et elles ont considéré de prime importance les intérêts de l'individu, c'est un contraste marqué avec toute la philosophie d'un État policier et de la dictature totalitaire[110]...» Acquises aux bienfaits de la démocratie libérale, les centrales internationales se sont toujours portées à sa défense, que ce soit contre les socialistes du début du siècle, la One Big Union, les régimes fascistes ou le Parti communiste.

LA CRÉATION DU CTC ET DE LA FTQ ET LE PROJET D'AFFILIATION DE LA CTCC

Dans un mouvement assez spectaculaire d'unité, le syndicalisme international met fin, en 1955, à vingt ans de division. En effet, les deux grandes centrales américaines, la FAT et le COI, fusion-nent pour donner naissance à une nouvelle centrale, l'AFL-CIO (en français: FAT-COI). Dans le sillage des centrales étatsuniennes, le CMTC et le CCT entament des pourparlers de fusion qui aboutissent en 1956 à la mise sur pied du Congrès du travail du Canada (CTC). L'année suivante, le regroupement de la FPTQ et de la FUIQ conduit à la fondation de la Fédération des travailleurs du Québec (FTQ). Le mouvement d'unité, parti des États-Unis, se prolonge au Canada et au Québec.

Tant pour recruter de nouveaux syndiqués (la proportion de salariés syndiqués diminue dans les années cinquante) que pour faire face aux lois antisyndicales d'après-guerre du gouvernement améri-cain[111], les deux centrales américaines se rendent compte que leur division les affaiblit. Le maraudage a coûté énormément d'énergie et d'argent qui auraient été mieux employés à l'organisation des non-syndiqués. Il faut ajouter que le clivage entre unions d'indus-tries et unions de métiers s'est estompé: la FAT intègre dans ses rangs des unions industrielles et le COI en rassemble qui syndiquent

George Meany, président de la FAT, à gauche, et Walter Reuther, président du COI, se félicitent de la fusion de leur organisation en décembre 1955. (W. Cahn, *A Pictorial History of American Labor*, p. 286)

les travailleurs par métiers. Ce qui était un sujet de discorde en 1936 n'est donc plus un obstacle à la réunion des deux centrales. Sur cette toile de fond qui favorise la fusion, vient s'ajouter, en 1952, le décès des présidents des deux centrales (William Green et Philip Murray). Aigris par les conflits des années trente, ils faisaient eux aussi obstacle à la réconciliation. Leurs successeurs, George Meany (FAT) et Walter Reuther (COI), entament dès leur élection des pourparlers qui aboutissent à la réunification trois ans plus tard.

Au Canada, c'est avec joie que la nouvelle est accueillie. Les syndiqués canadiens avaient été très réticents à expulser les syndicats COI du CMTC, et, à plusieurs reprises, des résolutions avaient réclamé l'unité ouvrière au CMTC comme au CCT[112]. Aussi, dès que le comité de réunification de la FAT-COI annonce un accord de principe en février 1955, le comité conjoint d'unité au Canada fait de même le mois suivant. Le protocole de fusion est approuvé sans opposition par les congrès du CMTC et du CCT. La nouvelle centrale issue de la fusion, le CTC, voit le jour au congrès de Toronto, en avril 1956. Son premier président est un francophone,

Claude Jodoin, auparavant organisateur montréalais de l'Union internationale des ouvriers du vêtement pour dames. Avec environ un million de membres (250 000 au Québec), soit 80 % des syndiqués canadiens[113], le CTC devient, de loin, le principal porte-parole du mouvement syndical canadien.

Comme nous l'avons fait remarquer plus tôt, les différences qui séparent le CMTC du CCT s'estompent dans les années cinquante. Même l'appui du CCT au CCF ne constitue plus un obstacle majeur à l'union des centrales, car on est nombreux à l'intérieur même des rangs du CMTC à souhaiter un changement d'orientation. L'accord de fusion prévoit la création d'un comité d'éducation politique par le CTC. Ce comité amorce, dès l'année suivante, des discussions avec le CCF, les syndicats indépendants, les organisations de fermiers et les coopératives pour jeter les bases d'un nouveau parti politique. Signe révélateur que les éléments d'opposition à l'action politique se sont affaiblis sérieusement, le CTC participera activement à la création du Nouveau Parti Démocratique en 1961.

L'entente créant le CTC stipule que les fédérations provinciales et les conseils du travail des villes doivent fusionner dans un délai de deux ans. Au Québec, des pourparlers ont aussitôt lieu entre la FPTQ et la FUIQ; les deux fédérations sont pourtant les dernières à en arriver à un accord de fusion au Canada, en février 1957[114]. Les rivalités entre les deux groupes au cours des années précédentes ont laissé des marques qui ne s'oublient pas facilement. À la FPTQ, on reproche à la FUIQ son radicalisme et ses prises de positions politiques, tandis qu'à la FUIQ on critique la centrale adverse pour son conservatisme et sa mollesse à l'endroit du gouvernement Duplessis. L'aile engagée de la FUIQ voudrait bien, pour contrebalancer les forces conservatrices, que la CTCC se joigne à la nouvelle fédération.

Malgré des tiraillements, la Fédération des travailleurs du Québec naît à Québec le 16 février 1957[115]. Elle reçoit une charte du CTC dont elle est une sous-centrale provinciale. Selon sa constitution, elle regroupe, à leur demande, les sections locales des unions canadiennes et internationales affiliées au CTC. Elle fait valoir leurs intérêts auprès du gouvernement provincial et veille à faire respecter les aspirations des travailleurs québécois dans le cadre des principes et des politiques du CTC[116]. Nous verrons, au

Romuald Lamoureux, président de la FUIQ, et Roger Provost, président de la FPTQ, lors du congrès de fusion donnant naissance à la FTQ. (Archives de la FTQ)

chapitre suivant, que la FTQ interprétera ces pouvoirs dans un sens très large. Comme premier président, le congrès de fondation élit Roger Provost, alors président de la FPTQ. Romuald Lamoureux et Roméo Mathieu, respectivement président et secrétaire de la FUIQ, deviennent premier vice-président et secrétaire de la FTQ. Une des résolutions adoptée au cours du premier congrès favorise l'affiliation de la CTCC. Mais comme le fait remarquer le nouveau président de la FTQ, c'est au comité exécutif du CTC qu'il appartient de négocier une entente[117].

La CTCC subit elle aussi l'influence du mouvement nord-américain pour l'unité syndicale. À son congrès de 1955, elle confie à un comité la tâche d'étudier «les meilleures méthodes pour réaliser l'unité ouvrière complète au Canada[118]». Après avoir rencontré des représentants du CTC, le comité recommande l'année suivante aux délégués non pas une fusion avec le CTC, mais une affiliation comme «union nationale». La centrale catholique renonce à son statut de centrale ouvrière nationale pour se transformer en «one big union» qui gardera ses syndicats affiliés tout en étant

À droite, Roger Provost, président de la FTQ, accompagné de Gérard Picard et Jean Marchand. En 1958, la bonne entente règne entre les centrales; la CTCC songe même à s'affilier au CTC. (*Montreal Star*, APC, PA 130359)

affiliée au CTC. Pour les membres du comité où siègent le président Gérard Picard et le secrétaire Jean Marchand, «l'unité ouvrière est une condition fondamentale à la promotion des travailleurs[119]». À cette époque où le nationalisme apparaît suspect aux forces progressistes, certains dirigeants sentent sans doute le besoin de s'ouvrir aux influences extérieures. Mais les partisans de l'affiliation prennent soin d'écarter l'unité organique de manière à préserver l'intégrité de la centrale.

Même avec ces réserves, le projet présenté au congrès de 1956 fait problème au moment où il faut en déterminer les conséquences pratiques; il nécessite, en effet, une modification profonde des structures de la centrale et la suppression de son statut confessionnel. Le comité de l'unité syndicale reçoit donc un appui plutôt tiède des délégués; à cause de tensions qui apparaissent au sein de la centrale, le congrès spécial sur l'affiliation prévu pour juin 1957 n'a pas lieu. Un groupe de syndiqués repousse l'affiliation parce qu'elle signifierait l'abandon des caractéristiques spécifiques de la CTCC, c'est-à-dire son statut confessionnel et son caractère national[120].

La question rebondit au congrès régulier de 1957, qui amende substantiellement le projet d'affiliation en durcissant les exigences à l'endroit du CTC. D'après le projet adopté, la CTCC garderait son autonomie quant à son orientation doctrinale, son expansion et ses structures internes, elle conserverait ses conseils centraux et resterait indépendante de la FTQ, se réservant même le droit de faire des représentations au gouvernement du Québec[121]. Pourtant, même amendé dans un sens aussi favorable à la CTCC, le projet d'affiliation ne recueille qu'un appui mitigé des délégués (204 contre 189); l'accord est donc loin d'être réalisé à l'intérieur de la centrale. Du reste, du point de vue du CTC, ces conditions rendent l'entente presque impossible.

La centrale canadienne échoue, elle aussi, dans sa tentative pour aplanir les obstacles à l'affiliation. À son congrès de 1958, l'exécutif du CTC se voit refuser le mandat de négocier une entente directement avec la CTCC, en passant outre à l'article de la constitution qui l'oblige à obtenir le consentement de chaque union internationale ayant juridiction concurrente avec des syndicats catholiques[122]. Un vice-président du CTC tracera ainsi les limites des pouvoirs du CTC: «Le CTC a, quant à lui, non pas deux, mais 125 cofondateurs, ces 125 unions qui lui sont affiliées et qui doivent donner leur accord à tout réaménagement des pouvoirs au sein de la centrale. Toute tentative visant à enlever des pouvoirs aux cofondateurs du Congrès afin d'accroître les pouvoirs des fédérations ou du Congrès lui-même s'est habituellement butée à une résistance considérable; il continuera probablement d'en être de même à l'avenir[123].»

Il est peu probable dès lors que le CTC obtienne le consentement écrit de chacune des unions internationales. Si elles ont mis de côté le principe d'exclusivité juridictionnelle lors de la fusion FAT-COI, il est douteux qu'elles soient prêtes à en faire autant pour une centrale aussi minuscule que la CTCC. En somme, le CTC n'a pas l'autorité pour affilier la CTCC; le véritable pouvoir de décision se trouve aux États-Unis, entre les mains des unions internationales. Des obstacles presque insurmontables hypothèquent donc une entente entre les deux centrales: le CTC a peu de pouvoir sur ses syndicats affiliés, et la CTCC pose des conditions d'affiliation difficilement acceptables.

Les négociations se poursuivent néanmoins jusqu'en 1961. La CTCC fait un certain nombre de concessions: elle élimine l'article qui insiste sur l'autonomie de son orientation doctrinale, de son expansion et de ses structures internes, et accepte la fusion de ses conseils centraux dans les deux années qui suivraient la signature de l'entente. Reste le problème de l'empiétement de juridictions que le CTC estime finalement impossible à surmonter en 1959. Il retire alors son offre d'accorder le statut d'union nationale à la CTCC, ne laissant plus d'autre choix aux syndicats catholiques que de fusionner avec ceux des unions internationales[124]. «L'échafaudage précaire que nous avions dressé, raconte Jean Marchand, s'écrasa comme un édifice dont les fondations cèdent brusquement[125].» Les pourparlers cessent définitivement en 1961, la CSN abandonnant l'idée que l'unité ouvrière passe par une affiliation à la centrale canadienne. Ainsi se termine l'épisode le plus propice à l'unité syndicale au Québec.

UNE MESURE CAPITALE:
LA LOI DES RELATIONS OUVRIÈRES (1944)

Les principes qui sous-tendent la loi des relations ouvrières gouvernent encore de nos jours les relations de travail dans la grande majorité des entreprises au Québec. Consécration du droit à la négociation collective, elle représente la conquête syndicale la plus importante depuis celle du droit d'association et de grève en 1872.

Ce sont les syndicats internationaux qui s'en sont faits les promoteurs au Québec, après l'adoption aux États-Unis de la loi Wagner en 1935. Chaque année, à partir de 1937, le CMTC et la FPTQ réclament l'adoption d'une loi similaire au Canada. Le gouvernement fédéral ne cède qu'en 1944, et pour les seuls travailleurs des industries de guerre (décret CP 1003)[126]. Précisons toutefois que les officiers des conseils de conciliation créés dans le cadre de la loi des différends industriels favorisent la négociation collective depuis 1940 et organisent des votes d'allégeance syndicale dans les entreprises à partir de 1942.

Au Québec, craignant qu'Ottawa ne profite de la guerre pour étendre sa juridiction à l'ensemble des industries, le gouvernement Godbout vote une loi similaire à la loi Wagner, deux semaines seulement avant le décret fédéral[127]. Le Québec allait légiférer de

Caricature de Phil Brossard. (*Le Monde Ouvrier*, octobre-novembre 1949)

toute façon, comme le lui avait recommandé l'année précédente la commission d'enquête Prévost sur les conflits aux usines Price.

 La loi provinciale des relations ouvrières (loi 3) adoptée en février 1944, établit les principes suivants: elle oblige les employeurs à négocier de «bonne foi» avec les représentants des travailleurs; elle exige du syndicat son accréditation auprès de la Commission des relations ouvrières; elle permet au syndicat de représenter non pas seulement ses membres, mais la totalité des travailleurs de l'unité de négociation; elle prévoit le recours obligatoire à la procédure de conciliation et d'arbitrage en cas d'échec des négociations et suspend le droit de grève et de lock-out durant cette procédure. Cette loi, en somme, fait passer les relations du travail du régime privé au domaine public. En effet, la négociation était jusque-là facultative, et les contrats de travail signés, des ententes *bona fide*, dépourvus du caractère légal que leur confère la nouvelle loi.

Il plaît aux centrales syndicales que les employeurs soient tenus de négocier «de bonne foi» avec leurs salariés, mais de l'intervention de l'État découlent des règles précises de négociation qui encadrent sévèrement ce droit. Ainsi, contrairement aux lois américaines, la grève est interdite pendant la durée de la convention et elle ne peut être déclenchée qu'après une période obligatoire de conciliation et d'arbitrage. Évidemment, un gouvernement antisyndical peut se servir des mécanismes d'application de la loi pour éliminer des syndicats jugés trop militants.

Adoptée en même temps que la loi 3 et faisant suite à une série de débrayages dans les services publics de Montréal, l'année précédente, la loi des différends entre les services publics et leurs salariés (loi 2) prévoit l'arbitrage obligatoire et l'interdiction du droit de grève dans les services publics (hôpitaux, commissions scolaires, entreprises de services publics, etc.). Pour les fonctionnaires et les policiers, eux aussi privés du droit de grève, il est en outre interdit de s'affilier à une centrale syndicale. Avant l'adoption de cette loi, la seule catégorie de salariés à qui on avait déjà enlevé le droit de grève étaient les employés d'hôpitaux, dont les différends devaient être soumis à un tribunal d'arbitrage qui rendait une sentence obligatoire (1939). Comme nous l'avons vu, les policiers, pompiers et quelques autres catégories d'employés municipaux ont fait l'objet d'une loi en 1921, qui ne leur interdisait la grève que pendant la procédure obligatoire de conciliation et d'arbitrage. C'était la première fois que le législateur introduisait l'idée d'une catégorie particulière de travailleurs au service du bien commun.

Les centrales syndicales se réjouissent, en 1944, que le gouvernement consacre le principe de la négociation obligatoire, tout en émettant des réserves sur certains aspects de ces lois. Ainsi, les dirigeants de la FPTQ les approuvent, mais s'élèvent contre l'obligation d'obtenir une majorité de 60% des salariés pour qu'un syndicat soit reconnu et protestent contre l'interdiction du droit d'affiliation aux fonctionnaires et aux policiers[128]. Les syndicats du CCT au Québec, qui font les mêmes reproches à ces lois, déplorent en outre que la loi des relations ouvrières consacre la préséance législative québécoise sur la législation fédérale et qu'elle favorise la reconnaissance de syndicats minoritaires dans la même unité d'accréditation (en réalité, le pouvoir du syndicat minoritaire se limite à soumettre des griefs résultant de l'application de la convention collective)[129]. Quant à la CTCC, elle accueille les deux lois avec satisfaction, tout en émettant l'opinion que les policiers devraient avoir le droit d'affiliation. Acceptant de faire l'expérience des nouvelles lois, elle se propose d'en noter au fur et à mesure les faiblesses[130]. Dès le congrès de septembre 1944, elle recommande notamment que les pouvoirs de la commission chargée d'appliquer la loi soient mieux définis et que le 60 % exigé pour la reconnaissance d'une association soit ramené à 50 %[131].

Alors que les syndicats internationaux se sont fait les avocats de l'application de la loi Wagner au Québec, la centrale catholique s'est ralliée assez tard à cette démarche. À la loi américaine, dont elle n'a pas réclamé l'adoption avant la guerre, elle préfère la loi d'extension juridique[132]. Ce n'est qu'au moment où le gouvernement fédéral commence à la mettre en application dans les industries de guerre que la CTCC revendique certains éléments de la loi, comme la liberté syndicale et l'arbitrage obligatoire. Contrairement aux internationaux, elle tient particulièrement à ce que dans l'unité de négociation le syndicat minoritaire conserve certains droits lorsqu'il représente une portion raisonnable de salariés[133]. Mais l'opinion des internationaux prévaut puisque, comme aux États-Unis, la loi de 1944 reconnaît le monopole de représentation syndicale.

UN BILAN DES REVENDICATIONS LÉGISLATIVES

Chaque année, les délégations des centrales syndicales soumettent des mémoires aux gouvernements fédéral et provincial dans le but d'améliorer la législation. Ces mémoires, qui reposent sur les résolutions adoptées par les délégués lors des congrès annuels, sont l'occasion d'échanges de vues entre les dirigeants syndicaux et le premier ministre qu'accompagnent habituellement, outre le ministre du Travail, quelques autres membres du cabinet. Les rencontres se déroulent normalement dans le calme, sauf en certaines occasions dans les années cinquante où le premier ministre Duplessis aura des échanges mémorables avec les représentants de la FUIQ et de la CTCC.

Bien qu'ils divergent sur certains aspects, les programmes législatifs des centrales se ressemblent passablement durant la période qui nous occupe. L'accent peut être mis sur une réclamation plutôt qu'une autre, mais, pour l'essentiel, les centrales présentent un front uni devant les gouvernements[134].

Au gouvernement provincial

Sur le plan provincial, les mémoires d'après-guerre contiennent comme principales revendications l'amélioration des lois du travail, la question de l'habitation et des réformes dans le domaine de l'éducation.

L'intervention de l'État dans le système des relations industrielles conduit évidemment les centrales à porter une attention toute spéciale à la législation du travail, surtout à la loi des relations ouvrières dont l'application déçoit énormément les organisations syndicales: beaucoup d'employeurs refusent de rencontrer les représentants du syndicat accrédité, ils suscitent des comités de boutique, se servent de moyens dilatoires, abusent de procédures légales, congédient des travailleurs pour activités syndicales, etc. La Commission des relations ouvrières, chargée d'appliquer la loi, est la cible de reproches: composition déficiente, délais considérables, décisions non motivées et partiales, etc. On réclame donc des amendements à la loi que le gouvernement n'apporte qu'au compte-gouttes.

La pénurie de logements et leur coût élevé pour les travailleurs conduisent d'autre part les centrales à réclamer une intervention gouvernementale. Selon la CTCC, en 1953, «le problème du logement est un des problèmes sociaux les plus angoissants de l'heure[135]». Pendant la guerre, c'est le gouvernement fédéral qui exerce un contrôle sur l'augmentation des loyers par l'entremise d'une régie. Lorsqu'il abandonne ce contrôle, en 1950, la FPTQ et la CTCC prient le gouvernement provincial de prendre en charge la régie des loyers, ce qu'il accepte de faire l'année suivante[136]. À plus long terme, la solution réside, selon les centrales, dans l'accès à la propriété. C'est pourquoi elles réclament du gouvernement fédéral un programme canadien de construction d'habitation[137], et du gouvernement provincial un crédit urbain pour garantir la mise de fonds initial à l'achat d'une propriété[138]. Mais, selon le premier ministre Duplessis, la province n'a pas les ressources financières et humaines pour mettre sur pied un tel programme[139].

L'accès des travailleurs à l'éducation et à la culture est une

Présentation du mémoire annuel de la FPTQ, 1952. Au centre, Hélène Antonuk, secrétaire de l'exécutif, Marcel Francq, membre de la CRO, Maurice Duplessis, premier ministre, Claude Jodoin, alors vice-président du CTC, Harry Bell, Antonio Barrette, ministre du Travail, et Édouard Larose, vice-président de la FPTQ. (Archives de la FTQ)

autre préoccupation majeure des syndicats dans les années cinquante. Depuis le début du siècle, les syndicats internationaux insistent d'ailleurs pour que le gouvernement instaure l'instruction gratuite et obligatoire. La CTCC, qui savait l'opposition farouche du clergé sur cette question controversée, demeure silencieuse jusqu'en 1942. Ce n'est que lorsque le Conseil de l'instruction publique (formé pour la moitié d'évêques) reconnaît les bienfaits de la scolarité obligatoire que la CTCC s'empresse d'adopter une résolution dans ce sens[140]. Dans son mémoire à la commission Massey en 1950, elle ajoute la gratuité des manuels, la suppression de tous les frais de scolarité, l'octroi de bourses d'études et l'aide de l'État à l'enseignement universitaire aux adultes[141]. Les autres centrales, le CMTC et le CCT, abondent dans le même sens, approuvant même l'aide fédérale aux universités[142]. Les mêmes idées sont reprises en 1958 dans le mémoire conjoint CTCC-FTQ au surintendant de l'Instruction publique; on y ajoute cependant des éléments nouveaux: la fréquentation scolaire obligatoire jusqu'à 16 ans et la démocratisation des principaux organismes qui régissent l'école (commissions scolaires, comité catholique du Conseil de l'instruction publique)[143]. Mais là encore, Duplessis écarte la gratuité de l'enseignement comme un «mythe» et un «leurre», puisque quelqu'un, dit-il, doit payer la note[144].

Au gouvernement fédéral

Si, pendant la guerre, les réclamations des centrales portent surtout sur l'amélioration des décrets qui régissent les industries de guerre, après 1945, ce sont le chômage, l'inflation et l'implantation d'un programme d'assurance-maladie qui retiennent l'attention.

Changement important par rapport aux décennies antérieures, les centrales sont, après la guerre, acquises aux idées keynésiennes. Elles attribuent à l'État le rôle de régulateur de l'économie dans le but de parvenir au plein emploi et à une croissance raisonnable des prix. En 1946 et en 1947, l'abolition de la réglementation fédérale provoque une montée rapide des prix (8,7% par année de 1946 à 1951) sans que les salaires ne suivent une évolution parallèle. La réaction des centrales est alors d'exiger le contrôle permanent des prix afin de maintenir ou d'améliorer le pouvoir d'achat des travailleurs. En février 1951, les trois centrales canadiennes ainsi que les fraternités de cheminots présentent un mémoire conjoint au cabinet fédéral où elles proposent «l'immobilisation des prix» et la formation d'une commission publique de réglementation[145]. La montée des prix ralentit nettement par la suite et le salaire réel des travailleurs augmente, de sorte que les centrales abandonnent cette revendication.

Par contre, la lutte contre le chômage demeure une préoccupation constante. Le taux de chômage canadien, qui se situe à 2,6% en 1948, s'élève régulièrement, surtout après la récession de 1957 pour atteindre 11,3% en 1961. Le régime économique n'est pas remis en question, mais les centrales attendent de l'État des mesures à court terme comme l'augmentation des prestations d'assurances sociales, l'encouragement à l'industrie de la construction, la mise sur pied de programmes de travaux publics et la réduction des impôts. À plus long terme, elles pensent que l'augmentation du pouvoir d'achat des travailleurs, la transformation des ressources naturelles et la planification économique sont susceptibles de réduire

Taudis d'une seule pièce, août 1942. Après la guerre, les centrales réclament une intervention gouvernementale dans le domaine de l'habitation. L'arrêt de la construction résidentielle et la forte urbanisation créent une pénurie de logements. (*The Gazette*, APC, PA 108354)

le chômage[146]. Un mémoire commun de la CTCC et de la FTQ au gouvernement provincial en 1958 reprend ces thèmes, tout en soulignant la responsabilité de Québec dans la résolution du chômage[147].

Un autre mémoire conjoint, présenté la même année au gouvernement provincial, a trait à une autre revendication des années cinquante: la mise en place d'un programme d'assurance-maladie. Pour les centrales, la sécurité sociale n'est pas une responsabilité individuelle: «Tout citoyen, indépendamment de ses moyens de fortune, a un droit à la sécurité sociale du fait même qu'il appartient à la communauté[148].» Le régime d'assurance-maladie proposé est universel, à base contributoire (employeurs, employés et gouvernements), et il implique une législation conjointe fédérale-provinciale, car on juge les provinces incapables d'en assumer seules les coûts.

Depuis la Première Guerre (depuis 1928 pour la CTCC), les centrales canadiennes revenaient constamment à la charge pour que le gouvernement fédéral mette sur pied un tel régime. La question revêt une actualité plus grande après la Seconde Guerre mondiale avec la publication du rapport Marsh sur la sécurité sociale (1943), qui suggère l'adoption d'un vaste programme pour protéger les travailleurs contre la maladie, l'invalidité et le décès du soutien de famille[149].

La question soulève le problème constitutionnel de la responsabilité des provinces en matière de santé. Le gouvernement québécois résiste à l'intrusion fédérale dans ce domaine de juridiction provinciale. Il faut dire aussi que le conservatisme de Duplessis n'aide pas à lui faire accepter un tel programme au Québec. Pour les centrales canadiennes (CMTC, CCT et CTC), il n'y a pas d'hésitation à recommander que le gouvernement fédéral établisse un programme national d'assurance-maladie[150]. Les centrales québécoises partagent le même point de vue, mais en se souciant de l'autonomie provinciale: la FPTQ désire que le Québec administre l'application du programme alors que la CTCC préfère une législation conjointe adoptée après entente entre les provinces et Ottawa[151].

Quand le gouvernement fédéral met sur pied, en 1957, un programme conjoint d'assurance-hospitalisation dont il paie 50% des coûts, les centrales interprètent le geste comme un pas dans la bonne direction et elles invitent le gouvernement provincial à s'associer au programme. Mais ce n'est qu'avec l'arrivée des libéraux au pouvoir, en 1960, que les Québécois pourront jouir de la gratuité des frais d'hospitalisation (1961); et il faudra attendre 1970 pour qu'entre en vigueur un régime complet d'assurance-maladie. Le régime correspond d'assez près à celui dont la CSN, la FTQ et l'UCC préconisent l'application dans un mémoire conjoint en 1966: il est universel, complet, obligatoire et public, c'est-à-dire directement régi par l'État.

Comme autres revendications soumises avec insistance au gouvernement fédéral après la guerre, mentionnons des améliorations aux lois de l'assurance-chômage, des pensions de vieillesse et des allocations familiales; des modifications à la loi de l'impôt afin de la rendre moins régressive; et «l'enchâssement» d'une déclaration des droits de l'homme dans la constitution. Les centrales préparent la voie à plusieurs mesures adoptées par Ottawa au cours des années ultérieures, tout comme au Québec elles contribuent à définir le contenu de ce qui deviendra la Révolution tranquille.

L'ANTISYNDICALISME DE DUPLESSIS

En politique provinciale, la crainte qu'ont les Canadiens français de la conscription ramène le Parti libéral d'Adélard Godbout au pouvoir en 1939 après une éviction de trois ans. La défaite de l'Union nationale comble d'aise la CTCC et la FPTQ qui ont goûté aux mesures antisyndicales de Duplessis pendant son premier mandat[152].

Les années du gouvernement Godbout (1939-1944) sont empreintes de relations cordiales avec les syndicats. Plusieurs lois qui déplaisent au mouvement syndical sont abrogées: les lois 19 et 20 (1938), qui interdisaient notamment l'atelier syndical, et la loi 88, qui rendait les syndicats non incorporés passibles de poursuites. Des amendements sont apportés également à la loi des conventions collectives et à celle des salaires raisonnables à la satisfaction des centrales. Durant le court mandat libéral, les lois sociales ont, en général, l'accord des syndicats. C'est le cas de la loi instituant le Conseil supérieur du travail (1940), de la loi du salaire minimum (appliqué à tous les salariés, 1940), de l'amendement constitutionnel permettant l'établissement d'un régime d'assurance-chômage (1940), de la loi établissant un conseil d'orientation économique (1943), de la loi de fréquentation scolaire (1944) et de la loi des relations ouvrières (1944).

Le retour de l'Union nationale au pouvoir, en 1944, réveille les craintes des dirigeants syndicaux, qui n'ont pas tort: jusqu'à sa mort en 1959, Duplessis lance une attaque en règle contre le mouvement syndical[153]. Plusieurs lois viennent restreindre le champ d'activité et le pouvoir de négociation des syndicats. Ainsi, le gouvernement s'emploie à soustraire le secteur public et parapublic du droit à la syndicalisation (fonctionnaires en 1938, employés de municipalités rurales, 1949) et à leur enlever le droit de grève (employés d'institutions charitables, 1939; employés des villes, 1949), le droit d'arbitrage (institutrices rurales, 1946) ou leur accréditation s'ils font grève (loi 20, 1954).

L'aversion de Duplessis pour l'atelier fermé se traduit, en 1938, par une loi qui prévoit des amendes pour quiconque attente à la liberté de travail d'un salarié. L'atelier fermé, dit-il, est «un attentat au droit de tout ouvrier de travailler librement, c'est un attentat au droit à la liberté de l'ouvrier de faire partie ou non d'une union; de plus, c'est vouloir constituer un État dans l'État et le gouvernement n'endurera jamais ça[154]». Malgré des assemblées de protestation et une délégation conjointe auprès du ministre du Travail, la loi est adoptée en 1938, puis retirée par le gouvernement libéral quelques années plus tard. En 1949, Duplessis propose un projet de code du travail (loi 5) dont certaines dispositions rendent illégaux l'atelier fermé et toute forme de sécurité syndicale sauf le précompte volontaire. La nouvelle provoque immédiatement la formation d'un front commun des trois centrales québécoises contre le projet de loi; l'appui du Conseil supérieur du travail et de la Commission sacerdotale d'études sociales vient s'ajouter par la suite au mouvement de protestation. Devant une opposition aussi forte, le gouvernement retire son projet[155].

Ce projet de code contient également des articles qui rendent illégale une grève non précédée d'un vote majoritaire des salariés au scrutin secret, qui obligent toute organisation syndicale à remettre à la CRO un rapport financier et la liste de ses membres, et qui permettent à la CRO de révoquer l'accréditation d'un syndicat qui

Rencontre entre des dirigeants de la CTCC et de la FUIQ lors de la marche de protestation contre les projets de loi 19 et 20 (1954). De gauche à droite, Philippe Girard (CTCC), J.-P. Tessier (FUIQ), R. Mathieu (FUIQ), J. Chaloult (FUIQ), R.-J. Lamoureux (FUIQ), J. Marchand (CTCC), G. Picard (CTCC), P. Vaillancourt (FUIQ) et W. Dodge (FUIQ). (J. Gérin-Lajoie, *Les Métallos, 1936-1981*, p. 107)

Document 4.1

Chanson composée à l'occasion de la marche sur Québec contre les lois 19 et 20 (1954)

On est syndiqué ou bien on l'est pas!
(Sur l'air de «On est Canadien ou bien on l'est pas!»)

1. Maurice Duplessis aujourd'hui fait de la bile,
    À cause de ses maudits bills;
    Il en veut à tous les syndicats,
    T'as menti, tu nous auras pas!

2. La police provinciale va sortir ses matraques
    Pour protéger son «cheuf» qui détraque,
    Son bill, on ne le digère pas,
    On l'a sur le cœur, il l'a sur les bras!

3. Souvenez-vous donc d'Asbestos
    Où les nôtres ont attrapé des bosses
    Et Louiseville, Rouyn-Noranda,
    Enfin ses deux bills, pour finir le plat.

4. Les ouvriers en ont déjà vu bien d'autres,
    D'une grande cause, ils sont les apôtres;
    Assommez-en un, ils reviendront trois,
    On est syndiqué ou bien on l'est pas.

Source: Le Monde Ouvrier, décembre 1977, p. 16.

compte parmi ses dirigeants une personne «connue» pour être un adepte ou un propagandiste d'une doctrine communiste ou marxiste. La lutte contre le communisme sert à plusieurs reprises au gouvernement pour mettre au pas des syndicats jugés trop militants.

L'anticommunisme se retrouve également dans le fameux projet de loi 19 présenté en 1953 comme amendement à la loi des relations ouvrières. Les centrales craignent que la définition imprécise du terme communiste ne serve à éliminer des syndicats revendicateurs[156]. Présenté en même temps que le projet de loi 20 qui vise à désaccréditer automatiquement tout syndicat d'employés de services publics et de corporations municipales et scolaires qui ferait grève (on vise l'Alliance des professeurs catholiques de Montréal à la suite de la grève de 1949), l'amendement donne lieu à une «marche sur Québec» de la CTCC, de la FUIQ et de l'Alliance des professeurs (la FPTQ partage leur opposition, mais est absente pour ne pas s'associer à la CTCC qui maraude ses syndicats affiliés[157]). La marche fait beaucoup de bruit dans les journaux, mais n'ébranle pas le gouvernement qui persiste dans sa décision. Elle va cependant avoir pour effet de mêler davantage la CTCC et la FUIQ à la politique provinciale.

L'aversion de Duplessis pour le syndicalisme se manifeste aussi par sa lenteur à apporter à la loi des relations ouvrières des modifications qui rendraient son application plus juste pour les syndiqués. D'après les trois centrales, cette loi, qui doit permettre à tout ouvrier d'adhérer librement à un syndicat et de conclure des conventions collectives, est bafouée par beaucoup d'employeurs qui se livrent impunément à des activités antisyndicales (intimidation, congédiements, etc.). La Commission des relations ouvrières chargée d'appliquer la loi est fréquemment la cible de reproches: lenteur à émettre des décisions qui ne sont ni publiées, ni motivées; manque d'indépendance des commissaires à l'égard du gouvernement; révocation de certificats de reconnaissance syndicale pour des motifs autres que leur caractère représentatif, etc.

Au cours d'importantes grèves qui ponctuent son mandat à la tête de la province, Duplessis se porte d'abord vers la partie patronale. Tendant à voir les grèves comme un acte d'insubordination et un facteur de désordre, et à en attribuer la responsabilité aux excès de certains leaders syndicaux qui fomentent les grèves et manipulent les ouvriers[158], Duplessis traite ces derniers de révolutionnaires, de saboteurs et de dictateurs. D'après sa conception paternaliste des relations patronales-ouvrières, il voudrait que les travailleurs adoptent une attitude de subordination filiale envers leurs employeurs. La grève, révolte contre l'autorité patronale, doit donc être réprimée.

LA TENTATION DE L'ACTION POLITIQUE PARTISANE

Alors que, traditionnellement, les centrales syndicales refusaient de porter leur action sur le terrain politique, les gestes antisyndicaux du gouvernement ravivent l'idée d'un engagement politique plus manifeste. Cette étape n'est cependant pas franchie partout avec la même assurance. Dans la plupart des cas, l'éducation politique ne se prolongera pas en action électorale.

Des policiers dispersent des manifestants lors de la grève des réalisateurs de Radio-Canada, 1959. La Société refuse de reconnaître un syndicat de cadres, qui en plus est affilié à la CTCC. (*Montreal Star*, APC, PA 162992)

L'éducation politique à la CTCC

Conformément aux termes de sa constitution de 1921, la CTCC a toujours rejeté l'idée de donner son appui à un parti politique[159]. L'arme politique avait un cachet socialiste qui seyait mal à une centrale née pour faire échec à cette idéologie. «Un parti ouvrier, écrivait l'abbé Fortin en 1923, ouvre la porte à la lutte de classes et ne saurait aider les ouvriers[160].» D'autre part, on pensait que l'action politique était une source de division parmi les travailleurs. Comme on l'a vu, la centrale catholique reste fidèle à cette ligne de conduite dans les années trente même si le programme de l'Action libérale nationale répond largement à ses attentes.

Avec l'arrivée d'une nouvelle équipe à la tête de la centrale après la guerre, la CTCC révise ses positions. Ce sont des événements comme la grève de l'amiante et le dépôt de la loi 5 qui décident les délégués au congrès de 1949 à former un comité d'action civique (devenu l'année suivante comité d'orientation politique) en vue de l'éducation politique des syndiqués. Prudemment, on prend soin de préciser que le comité n'appuie aucun parti politique et que son rôle se limite à influencer le législateur, à faire l'éducation civique des travailleurs et à orienter l'opinion publique vers une «collaboration de classes[161]». À la veille des élections provinciales de 1952, le comité reçoit du Bureau confédéral le mandat de faire connaître le point de vue de la CTCC sur les programmes proposés par les partis politiques et d'éclairer les électeurs sur la valeur des candidats en présence[162]. Au cours de la campagne, le comité diffuse le programme législatif de la centrale et dénonce officiellement quatre candidats de l'Union nationale pour leur hostilité à l'endroit de la CTCC[163]. Ce dernier geste, que certains délégués au congrès de 1952 interprètent comme de la partisanerie politique, provoque un long débat qui se termine par une résolution confirmant les orientations tracées par le Bureau confédéral[164]. Tout en repoussant l'action politique partisane, la majorité comprend la nécessité de gestes politiques concrets.

Au congrès de 1954, après l'épisode des lois 19 et 20, la CTCC fait un pas de plus en libérant un permanent exclusivement pour l'éducation politique et en approuvant l'idée d'appuyer, sur le plan local et en collaboration avec les groupements intéressés, des candidats soucieux du bien commun[165]. Mais cette dernière avenue, destinée à encourager l'engagement des syndiqués en politique locale, ne se traduit par rien de concret. Il y a des réticences chez les syndiqués à dépasser l'action politique éducative pour déboucher ne serait-ce que sur un appui indirect à un parti politique.

Le CCF, «bras politique» du CCT-FUIQ

Le CCT soutient le CCF à partir de 1943 et recommande à tous ses syndicats de s'affilier au parti. La centrale brise ainsi la tradition d'indépendance syndicale à l'égard de l'action politique partisane. La déception causée par les politiques gouvernementales pendant la guerre, l'identité de vues entre le CCF et le CCT et les succès du CCF en Saskatchewan, en Colombie-Britannique et en Ontario convainquent une majorité de délégués que le temps est venu de

Caricature parue dans le journal du COI et reprise dans l'organe de la CTCC. (*Le Travail*, 27 mars 1953, p. 7)

faire le saut en politique active[166]. Mais l'enthousiasme diminue avec les échecs électoraux du CCF après la guerre, et le mot d'ordre d'affiliation du CCT ne donne pas les résultats escomptés.

Document 4.2

Extraits du Manifeste au peuple du Québec (1955)

(Adopté par la FUIQ au congrès de Joliette en mai 1955, le manifeste lance un cri d'alarme devant le caractère réactionnaire du gouvernement Duplessis.)

Devant le honteux spectacle d'un gouvernement asservi aux intérêts égoïstes du capitalisme domestique et étranger jusqu'à leur sacrifier nos richesses naturelles de l'Ungava, jusqu'à abandonner notre classe agricole à son sort tout en faisant son éloge et jusqu'à faire fi de nos libertés civiles et démocratiques acquises au cours de siècles de lutte; devant le spectacle de cette tyrannie sans précédent dans les annales de notre province, depuis l'établissement de la responsabilité ministérielle, et devant l'apathie complice de la députation dite d'opposition, les signataires de ce manifeste lancent un cri d'alerte aux citoyens du Québec de toutes les classes de la société, et leur demandent de travailler collectivement à la mise en œuvre des principes énoncés dans ce manifeste.

Alors que nous vivons dans un monde divisé en deux, soit d'une part les forces capitalistes, soit d'autre part les forces totalitaires, nous refusons de croire que nous avons à choisir entre ces deux régimes. Nous préconisons une social-démocratie. Nous voulons un socialisme démocratique qui respectera la propriété personnelle, les traditions et la foi des masses canadiennes-françaises.

Droits de l'homme et libertés civiles

Les signataires de ce manifeste proclament leur foi dans les droits de l'homme tels que proclamés par les Nations unies le 10 décembre 1948, entre autres:

«La reconnaissance de la dignité inhérente à tous les membres de la famille humaine et de leurs droits égaux et inaliénables constituant le fondement de la liberté, de la justice et de la paix dans le monde.»

«La méconnaissance et le mépris des droits de l'homme ont conduit à des actes de barbarie qui révoltent la conscience de l'humanité, et l'avènement d'un monde où les êtres humains seront libres de parler et de

---

Au Québec, la situation est encore plus difficile. Le CCF, qui n'a reçu que peu d'appui en milieu francophone, a une longue pente à remonter. Taxé de parti socialiste, il est ouvertement attaqué par le clergé catholique et son programme centralisateur ne lui attire pas la sympathie des intellectuels francophones[167]. Et même si,

croire, libérés de la terreur et de la misère, doit être proclamé comme la plus haute aspiration de l'homme.» (...)

Conformément aux principes énoncés ci-haut, nous condamnons des mesures aussi immorales que la loi du cadenas et des lois restreignant les droits du syndicalisme. (...)

La Confédération canadienne

Les signataires de ce manifeste désirent que la province de Québec demeure au sein de la Confédération canadienne avec l'intention bien définie d'en rapatrier la constitution. Il est inadmissible qu'une nation qui joue un rôle national et international comme la nôtre, ne puisse amender sa propre constitution.

Nous préconisons le rapatriement de la constitution canadienne pourvu qu'on y inclue un mode d'amendement donnant voix au chapitre aux provinces qui constituent la Confédération. (...)

La sécurité sociale

Quant à ses ressources naturelles, son développement industriel, sa force ouvrière et son héritage culturel, la province de Québec est hors de tout doute une des plus riches du Canada. Il ne peut y avoir d'excuse pour l'insécurité, la faim et la pauvreté dans le Québec. Pourtant, il existe beaucoup de misère, particulièrement parmi les citoyens physiquement handicapés.

Un programme complet de sécurité sociale doit être mis en œuvre; le principe de base de ce programme étant la pleine acceptation de la responsabilité de tous les citoyens du soin et de la protection de ceux qui ne peuvent subvenir à leurs propres besoins. Les ressources humaines de la province doivent primer sur les ressources matérielles et la propriété privée. La sécurité sociale doit être considérée comme un droit plutôt que comme une charité. (...)

La socialisation des ressources naturelles et des services publics

Vu le fait que la province de Québec, de province agricole qu'elle était, s'est transformée en province industrielle, nous sommes maintenant en mesure d'en venir à la conclusion que toutes nos ressources naturelles sont exploitées à peu près exclusivement en vue de faire des profits, au lieu

suivant le mot d'ordre de leur centrale, le Conseil du travail de Montréal (CCT) et la FUIQ forment des comités d'action politique pour prêter main-forte aux candidats CCF au Québec, les résultats sont très décevants, le CCF recueillant moins de 2% des suffrages québécois aux élections fédérales de 1949, de 1953 et de 1957[168].

d'être développées et d'être exploitées en vue du bien commun. Aussi, n'hésitons-nous pas à affirmer qu'il ne peut y avoir d'autre solution réaliste que la socialisation de toutes nos ressources naturelles. Nous croyons également qu'une telle socialisation devrait s'accomplir en accordant une compensation aux actionnaires. (...)

Les relations ouvrières-patronales

Les signataires de ce manifeste adhèrent au principe du droit au travail reconnu dans la déclaration des droits de l'homme des Nations unies.

Nous préconisons la compilation de toutes nos lois du travail dans un code unique qui garantirait le droit réel d'association et le droit de grève pour tous les salariés et qui rendraient impossible la formation de tout syndicat de boutique. (...)

L'agriculture

Malgré la flagornerie constante de notre gouvernement à l'endroit des paysans, nous croyons que la classe agricole n'a pas eu un meilleur sort, jusqu'à maintenant, que la classe ouvrière. Le paysan du Québec vit tout autant que le travailleur dans l'insécurité économique et sociale. (...)

L'éducation

Déplorant le fait que l'éducation n'est pas accessible aux masses populaires, nous croyons urgent d'établir l'instruction entièrement gratuite et obligatoire jusqu'à l'âge de 16 ans.

De plus, nous préconisons que l'enseignement secondaire et universitaire soient gratuits pour toute personne qui sera en mesure de démontrer ses aptitudes. (...)

Le système parlementaire

Nous connaissons bien les traditions de notre système gouvernemental, le principe essentiel de base est la liberté de discussion de toute affaire publique. (...)

Le premier signe d'une dictature naissante est souvent l'hésitation des chefs de gouvernement à tolérer le rôle de l'opposition au parlement. Ce danger existe présentement dans la province de Québec. (...)

Source: Louis-Marie Tremblay, *Idéologies de la CSN et de la FTQ, 1940-1970*, p. 263-267.

Selon Roméo Mathieu, secrétaire général de la FUIQ, les dirigeants de la centrale ne sont pas convaincus eux-mêmes du bien-fondé de l'appui au CCF et ils sentent «une résistance obstinée de leurs membres et du public québécois en général[169]». Non seulement doivent-ils vaincre la résistance des syndiqués à l'action politique, mais le CCF, issu de milieu anglophone, colle mal à la réalité québécoise.

Après l'échec de la manifestation de Québec contre les lois 19 et 20, les éléments les plus politisés de la FUIQ croient le moment venu de fonder un parti social-démocrate sur la scène provinciale. «L'attitude antidémocratique et antisyndicale de nos gouvernements, déclare Roméo Mathieu, nous oblige, qu'on le veuille ou non, à recourir à une des seules libertés qui nous restent, celle de choisir les représentants qui composent nos gouvernements[170].» Au congrès de Champigny tenu cinq moins après la manifestation, en juin 1954, les délégués appuient la suggestion du Comité d'action politique de préparer un manifeste politique et d'en discuter avec les représentants de la CTCC et de la FPTQ[171]. Il n'est pas encore question de créer un parti, mais l'idée est dans l'air. Présenté l'année suivante, le manifeste résume dans une perspective radicale pour l'époque les principales revendications de la FUIQ. Il est approuvé par les délégués mais la recommandation de former un nouveau parti politique est rejetée à la majorité des voix, après un débat orageux. Pour certains délégués, c'est au CCF de mettre en œuvre les éléments du manifeste, et non à un parti provincial; pour d'autres, l'éveil politique des travailleurs québécois n'est pas suffisant pour justifier la création d'un nouveau parti.

L'antisyndicalisme de Duplessis ne convainc donc ni la FUIQ ni la CTCC de porter leur lutte sur le terrain politique. Déçus, les plus ardents partisans du parti provincial fondent un peu plus tard la Ligue d'action socialiste dans le but de faire l'éducation socialiste-démocratique. En 1956, ils se joignent au Rassemblement, un mouvement qui s'efforce de regrouper les forces démocratiques dans la province.

L'apolitisme du CMTC-FPTQ

De son côté, la FPTQ s'en tient à l'apolitisme qui a caractérisé le CMTC depuis sa fondation (sauf en de brèves périodes). Les syndicats internationaux de métiers partagent à cet égard les positions de la FAT: séparation de l'action syndicale et de l'action politique partisane; responsabilité individuelle du vote; crainte de l'ingérence étatique (on juge que l'État a tendance à favoriser le patronat); confiance dans la force économique des travailleurs au niveau de l'entreprise. Bref, ces syndicats ont tendance à dévaloriser l'action politique au profit de la négociation collective. C'est ce qui faisait dire à Samuel Gompers que «le pouvoir économique est plus important que le pouvoir politique[172]».

Autre argument souvent évoqué: l'action électorale divise les travailleurs. De mauvaises expériences, tant au Canada qu'aux États-Unis, ont laissé le souvenir que l'action partisane divise les syndicats et ébranle la solidarité des syndiqués. Et comme ces dissensions affaiblissent les syndicats lors des négociations avec les employeurs, il vaut mieux ne pas se mêler de politique partisane. À un groupe torontois qui faisait valoir l'importance d'un parti ouvrier, Gompers répondit: «Toutes les fois qu'il y a eu un parti ouvrier, il a retenu toute l'attention et les syndicats sont passés au second plan[173].»

Les syndicats canadiens et québécois affiliés à la FAT partagent à peu près les mêmes idées à l'égard de l'engagement politique. À quelques velléités près (1900, 1906 et 1917), le CMTC s'est tenu à l'écart des partis politiques et a maintenu cette ligne de conduite jusqu'à la fusion de 1956[174]. Au Québec, les instances rattachées au CMTC défendent un apolitisme encore plus rigide. La déclaration de principes du Conseil des métiers et du travail de Montréal, rédigée en 1899, contient une disposition rejetant toute partisanerie politique, et la constitution de la FPTQ interdit formellement à ses dirigeants de se mêler de politique[175]. Pour l'une des figures dominantes du syndicalisme international au Québec, Gustave Francq, les syndiqués «sont déjà assez divisés sur le terrain économique sans accentuer encore cette malheureuse division par de stériles discussions politiques». D'ailleurs, ajoute-t-il, «dans le Québec, nous sommes encore trop inféodés à l'idée de bleu et de rouge, pour nous risquer imprudemment dans pareille aventure[176]». Jusqu'à la fusion de 1957, la FPTQ ne se départit pas de ses réticences. Tout au plus, consent-elle à une action politique éducative en 1954[177]. À l'intérieur de la FTQ, les anciens éléments FPTQ représenteront le groupe le plus réfractaire à l'engagement politique.

La politisation du CTC-FTQ

Au printemps de 1958, à Winnipeg, le CTC annonce sa décision de former un nouveau parti politique. «Le temps est venu, dit la résolution, d'effectuer en profondeur un réalignement des forces politiques au Canada.» On sent le besoin d'un vaste mouvement politique populaire qui regrouperait le CCF, le mouvement syndical, les organisations d'agriculteurs, des membres de professions libérales et «toute autre personne d'esprit libéral intéressée à une réforme et à une reconstruction sociale en profondeur[178]...» Le congrès se rend ainsi à la suggestion du Comité d'action politique formé deux ans plus tôt, lors du congrès de fusion. En 1956, les partisans de l'appui politique au CCF avaient renoncé à ce que le CTC se prononce clairement sur cette question, de peur de froisser les délégués du CMTC et d'hypothéquer la fusion des deux centrales. Mais en 1958, les esprits sont favorables, d'autant plus qu'il est question de former un nouveau parti. Le recul du CCF auprès de l'électorat au cours des années cinquante convainc à la fois les dirigeants du CTC et du CCF qu'il vaut mieux créer un nouveau parti que d'essayer de renflouer le CCF.

Il est surprenant de constater que c'est presque à l'unanimité que les délégués à Winnipeg appuient l'idée d'un nouveau parti. Qu'est-ce qui a bien pu vaincre les réticences des éléments conservateurs de l'ancien CMTC? Il y a plusieurs facteurs qui interviennent: la désillusion à l'égard des vieux partis, l'accroissement de l'appui au CCF à l'intérieur même du CMTC, l'évolution du CCF vers le réformisme, etc.[179]. Pour leur part, les délégués québécois au congrès appuient la résolution, mais ils savent qu'ils ont à faire au Québec «un effort formidable dans le domaine de l'éducation politique[180]».

À la suite du congrès de Winnipeg, un sous-comité est chargé d'entrer en contact avec le CCF et d'autres groupes intéressés en vue de rédiger un projet de constitution et un programme pour le nouveau parti. Deux ans plus tard, à Montréal, les délégués du CTC renouvellent leur appui tout en préparant le congrès de fondation du nouveau parti. Il naît à Ottawa à l'été 1961 sous le nom

La CCF traduit son nom en 1956 pour Parti social-démocratique. La poignée de main symbolise la volonté de donner naissance à un nouveau parti politique en conjonction avec le mouvement syndical. Sous le regard de J.S. Woodsworth, fondateur du CCF, Stanley Knowles, député CCF défait, Claude Jodoin, président du CTC, Thérèse Casgrain, David Lewis et M.J. Coldwell, dirigeants du CCF. (APC, C 567)

de Nouveau parti démocratique (NPD). Même s'il est indépendant du CTC, les syndicats de la centrale sont invités à s'affilier à lui et à lui apporter leur appui. Son programme d'inspiration social-démocrate est plus modéré que celui du CCF; on cherche de cette façon à obtenir l'appui des syndicats et des électeurs «liberally minded[181]».

Au Québec, la FTQ accueille avec enthousiasme le projet de fonder un nouveau parti social-démocrate canadien; les délégués au congrès de 1958 décident également d'entreprendre des pourparlers avec les groupements progressistes et libéraux de la province en vue de la création d'un nouveau parti provincial. Le revirement aussi rapide de la FTQ s'explique notamment par l'antisyndicalisme dont fait preuve Duplessis lors de la grève de Murdochville. Il n'est pas question pourtant de fonder un parti provincial avant la création du parti canadien à l'été 1961. Ce délai ne permet pas à la centrale de s'engager dans l'élection provinciale de 1960 qui voit la défaite de l'Union nationale. Elle laisse ainsi lui échapper un moment très propice à un renouveau politique au Québec.

L'appel lancé en 1958 par le CTC et la FTQ aux forces progressistes en vue de jeter les bases d'un nouveau parti s'adresse en particulier à la CTCC qui rappelle encore que sa constitution ne lui permet pas d'appuyer un parti politique[182]. Un amendement à la constitution présenté par Gérard Picard, alors membre du conseil national du CCF, et adopté par le congrès de 1959, permet aux syndicats affiliés, aux fédérations et aux conseils centraux de prendre les attitudes qu'ils jugent appropriées du point de vue politique, pour autant qu'elles n'aillent pas «à l'encontre des intérêts généraux du mouvement[183]». Cependant, à l'exception du Conseil central de Montréal, cet amendement a peu d'effets sur les corps affiliés de sorte que la CTCC en reste à sa ligne de conduite traditionnelle.

LE MOUVEMENT DE GRÈVES

On a écrit et souvent répété que les années cinquante marquent la naissance d'un syndicalisme militant au Québec. La poussée de l'industrialisation pendant la guerre aurait permis à l'institution syndicale de parvenir à la «condition adulte» et aux travailleurs, pour la première fois, de faire respecter leur voix[184]. Nous avons montré dans ces pages que cette interprétation repose sur une méconnaissance de l'histoire du syndicalisme. Il est vrai cependant que des conflits célèbres comme les grèves de l'amiante (1949), de Louiseville (1952) ou de Murdochville (1957) laissent penser que les travailleurs manifestent une plus grande combativité après la guerre.

Le nombre des arrêts de travail augmente effectivement durant la guerre et l'après-guerre (tableau 4.8). Alors que, pendant les années trente, le Québec enregistrait en moyenne 22 conflits par année, il en compte trois fois plus pendant la guerre. Au cours des quinze années suivantes, le nombre annuel de grèves se stabilise à environ 35.

Tableau 4.8

Grèves et lock-out au Québec, 1941-1960

	Nombre de grèves (moyenne annuelle)	Jours-personne perdus	Moyenne des jours-personne perdus annuellement par 100 salariés
1941-1945	73,0	161 012	18,5
1946-1950	35,0	404 041	42,7
1951-1955	32,6	399 566	35,7
1956-1960	38,0	335 451	25,5

Sources: Ministère du Travail du Canada, *La Gazette du Travail*, 1940-1945; *Grèves et lock-out au Canada*, 1945-1960. BFS, *Canadian Labour Force Estimates*, 1931-1945, réf. pop. 23, p. 18; *The Labour Gazette*, 1945-1955, p. 98.

La recrudescence des grèves pendant la guerre, avec deux années records en 1942 et en 1943 (135 et 109 grèves), traduit l'amélioration du pouvoir de négociation des travailleurs après vingt ans de vaches maigres. Depuis la récession de 1921 et la crise de 1929, les employeurs ont en effet eu beau jeu de réduire les salaires et de combattre la syndicalisation. Mais l'expansion économique du temps de guerre renverse la tendance: le plein emploi place les syndicats dans une meilleure position pour rattraper les pertes subies au cours des années antérieures.

Le gouvernement fédéral essaie de baliser les relations de travail en imposant la conciliation obligatoire dans les conflits et en déterminant un mécanisme de fixation des salaires selon la hausse du coût de la vie. L'application de ces mesures suscite pourtant un tel mécontement que les grèves sont plus nombreuses que jamais dans tout le Canada. L'intervention gouvernementale a au moins l'avantage de régler rapidement les conflits de sorte que les grèves, même si elles sont fréquentes, durent en moyenne peu de temps (74 % durent moins de cinq jours)[185]. C'est pourquoi, en termes de jours-personne perdus, les grèves sont moins importantes pendant la guerre qu'au cours des années ultérieures.

L'intensité des conflits de travail s'amplifie après la guerre, d'autant plus que certains employeurs cherchent à revenir sur les concessions accordées auparavant, et d'autres s'ingénient à éviter la négociation collective. L'inflation d'après-guerre contribue également à rendre plus difficiles les relations de travail. Les conflits (1946-1954) touchent surtout les entreprises du textile et du vêtement de même que l'industrie métallurgique, en pleine expansion et en voie de syndicalisation[186]. En ce qui a trait à la propension à la grève selon l'appartenance syndicale, il apparaît que, de 1945 à 1967, les syndicats internationaux suscitent 39,7% des grèves contre 32,9% pour la CSN[187], ce qui correspond à peu près à la proportion de syndicats québécois détenus par les deux organisations. L'affiliation syndicale a donc eu peu d'effets après la guerre sur le nombre de grèves déclenchées par les travailleurs syndiqués.

Parmi les grèves qui méritent d'être étudiées plus attentivement, nous en avons retenu trois: celle de l'Alliance des professeurs catholiques de Montréal, celle des mineurs de l'amiante en 1949 et le conflit de Murdochville en 1957. Toutes trois marquent un tournant dans l'évolution des centrales syndicales, et permettent d'évaluer les forces sociales en présence. D'autres conflits, comme ceux des employés de tramways à Montréal et des ouvriers de la compagnie Price Brothers, en 1943, ou encore les grèves du textile à Valleyfield (1946), à Lachute (1947) et à Louiseville (1952) constituent également des moments importants de l'activité syndicale. Malheureusement, l'espace manque pour leur accorder l'attention qu'ils méritent.

La grève de l'Alliance (1949)

La grève des enseignants de l'Alliance des professeurs catholiques de Montréal (du 17 au 24 janvier 1949) constitue le premier véritable arrêt de travail d'enseignants à survenir au Québec. Or, la loi des services publics interdit la grève aux enseignants; tout litige avec les commissions scolaires doit être en effet soumis à un tribunal d'arbitrage aux décisions exécutoires[188]. La grève illégale prend un relief particulier car elle est perçue, à l'époque, comme un acte d'insubordination de la part de ceux-là mêmes qui ont pour «mission» d'enseigner le respect des lois et de l'autorité. Il apparaît également que les institutrices, qui forment la majorité des syndiqués, jouent un rôle prépondérant dans la combativité de l'Alliance tout au long du conflit.

La grève est l'aboutissement d'une longue série de frustrations des enseignants dans leurs relations avec la CECM depuis 1942.

L'échelle de traitements n'ayant pas augmenté depuis 1919, le syndicat insiste plus vigoureusement pendant la guerre pour obtenir une augmentation. Après trois ans de pourparlers, une décision arbitrale favorable aux syndiqués et des «menaces», la CECM accepte finalement une convention collective qui hausse les traitements. L'Alliance, qui convient de reconduire la convention pour les années scolaires 1945-1946 et 1946-1947, insiste l'année suivante pour que celle-ci contienne certains changements, notamment une révision des échelles salariales. Encore une fois, la CECM (dont quatre commissaires sont désignés par le gouvernement provincial et trois par l'archevêché) traîne les pieds. Six mois après le début des négociations, elle fait enfin une offre qui constitue un recul sur certains points de la convention précédente et qui propose des augmentations de traitement minimes pour la majorité des enseignants. Ces derniers la rejettent. La Commission soumet alors le litige à un tribunal d'arbitrage dont la décision, rendue neuf mois plus tard (août 1948), maintient l'offre. Bien que le tribunal admette que l'instituteur catholique reçoit 400$ par année de moins que le professeur protestant, et l'institutrice catholique 900$ de moins que sa consœur protestante, il fait état de l'incapacité de payer de la CECM et de sa propre incompétence comme tribunal à recommander une augmentation des traitements lorsqu'une commission scolaire est déficitaire. Forte de cette décision et de celle de la Commission municipale de Québec qui approuve le jugement, la CECM refuse tout compromis.

Devant l'impasse, après déjà un an et demi de négociations, les professeurs décident par vote secret de cesser le travail (72% en faveur). Malgré une résolution de la CECM qui suspend les enseignants qui ne se présenteraient pas en classe, 95% du personnel laïc n'est pas à son poste le lundi, 17 janvier 1949[189]. Des résolutions d'appui parviennent aux grévistes du Conseil du travail de Montréal (COI), de la FPTQ et de la CTCC. De son côté, la Commission des relations ouvrières révoque le certificat de reconnaissance syndicale de l'Alliance pour s'être placée dans l'illégalité. Dès le lendemain, les enseignants sont prêts à retourner en classe, après l'engagement de l'archevêque de Montréal, Mgr Charbonneau, de leur «obtenir satisfaction» pour l'année 1948-1949 en travaillant de concert avec les corps publics et la CECM[190]. Toutefois, comme la Commission tient à sévir contre certains grévistes,

Assemblée où les enseignants montréalais, en majorité des femmes, se prononcent à 72% en faveur de la cessation de travail, 10 janvier 1949. (McAllister, *The Gazette*, APC, C 53633)

l'arrêt de travail se prolonge jusqu'au lundi suivant. L'exécutif de l'Alliance ne propose la réintégration des classes qu'après avoir reçu l'assurance officieuse qu'aucune sanction ne serait prise contre les enseignants.

La CECM n'exerce pas de représailles contre les grévistes. Elle s'emploie cependant à faire payer chèrement à l'Alliance son arrêt de travail. N'ayant pas réussi en cour à révoquer le certificat de l'Alliance (la Cour du banc du roi renverse la décision du CRO), elle cherche, lors des négociations de 1950, à éliminer de la convention les clauses à portée syndicale (congés sans solde, comité de griefs, renvoi de professeurs, etc.)[191]. Puis, le président Léo Guindon est renvoyé pour «insubordination» et «inconduite» avec trois autres membres de l'exécutif (deux seront réinstallés). À partir de janvier 1951 et jusqu'en 1959, la CECM refuse de rencontrer les négociateurs de l'Alliance. Elle vient bien près de signer en 1951 une entente avec un syndicat parallèle né après la crise, l'Association des instituteurs catholiques de Montréal, mais une injonction obtenue par l'Alliance l'en empêche finalement.

Les pouvoirs politiques et religieux se liguent alors contre les enseignants montréalais. Signe tangible que l'Alliance n'a plus la sympathie de l'archevêché, on lui retire son aumônier, en février 1951, qu'on affecte à l'association rivale. Le gouvernement pour sa part supprime le recours à l'arbitrage en 1951, et, en février 1953, vote la loi 146 qui marginalise l'Alliance au sein de la Corporation des instituteurs catholiques. Quand le plus haut tribunal de justice, le comité judiciaire du Conseil privé de Londres, confirme l'accréditation de l'Alliance en avril 1954, le gouvernement fait voter spécialement la loi 20 qui, par sa clause rétroactive, enlève de nouveau à l'Alliance son certificat de reconnaissance syndicale. Mais la conjugaison de ces forces n'ont pas raison du syndicat qui conserve l'appui et la confiance de la majorité des enseignants et des enseignantes pendant toutes ces années de lutte.

La grève de l'amiante (1949)

Cette grève, sûrement le conflit de travail le mieux connu au Québec, a donné lieu à un livre de Pierre Elliott Trudeau, à plusieurs thèses et à de nombreux articles[192]. Pour beaucoup, elle représente un tournant dans l'histoire syndicale de la CTCC et du Québec. Mais une meilleure connaissance du syndicalisme antérieur conduit à relativiser cette interprétation.

La grève de l'amiante, la plus importante à survenir dans la province à l'époque, touche près de 5000 ouvriers à Asbestos et à Thetford Mines. Elle dure plus de quatre mois, de février à juillet 1949[193]. Deux mille ouvriers travaillent pour la Canadian Johns-Manville, les trois mille autres sont à l'emploi des firmes Asbestos Corporation, Flintkote et Johnson. Au centre des réclamations syndicales, il y a l'élimination de la poussière d'amiante, une augmentation générale de 15 cents l'heure, la consultation du syndicat dans tous les cas de promotion, de transfert et de congédiement et la retenue à la source des cotisations syndicales[194]. Cette dernière demande commence à se répandre depuis que le juge Rand, dans son rapport d'arbitrage lors d'une grève aux usines Ford à Windsor en 1945, a obligé la compagnie à percevoir à la source les cotisations de tous les salariés, qu'ils soient ou non membres du syndicat. La formule assure évidemment une plus grande stabilité financière au syndicat qui peut ainsi offrir de meilleurs services.

Appel aux scientifiques pour lutter contre l'amiantose et la silicose. (*Le Travail*, septembre 1948, p. 3)

La Canadian Johns-Manville offre une augmentation générale de 5 cents l'heure et quelques autres améliorations mais refuse de percevoir les cotisations syndicales et rejette la demande que les promotions, les mesures disciplinaires et certaines questions reliées aux méthodes de travail et aux taux de rémunération soient discutées avec le syndicat[195]. Elle y voit une atteinte au régime de propriété et refuse toute concession.

Comme la négociation piétine, le syndicat réclame un conciliateur qui, après quelques jours, se déclare impuissant à rapprocher les parties. Quant à l'arbitrage, avant de pouvoir déclencher la grève, dernière étape selon la loi des relations ouvrières, les mineurs, qui n'ont pas oublié les décisions antérieures, ont perdu confiance dans l'impartialité de ses tribunaux. Par ailleurs, quelques jours avant que la grève ne se déclenche, le gouvernement présente au Parlement un code du travail (projet de loi 5) qui soulève la réprobation générale du mouvement syndical. C'est dans ce climat

Grévistes au local du syndicat, Asbestos 1949. (Sperling, APC, PA 128776)

d'exaspération contre la compagnie et le gouvernement que les mineurs décident, à l'immense majorité, de se mettre en grève sans passer par l'arbitrage que leur prescrit la loi.

L'illégalité de l'arrêt de travail permet au CRO d'enlever au syndicat son accréditation et pousse la compagnie à faire appel à des briseurs de grève. Aux grévistes qui entendent faire respecter les piquets, la compagnie réplique par une injonction; elle requiert également la présence de la police provinciale. Le premier ministre Duplessis, qui veut bien intervenir pour résoudre le conflit, exige au préalable que les grévistes retournent au travail et rentrent dans la légalité. Comme la grève se poursuit toujours, il accuse les dirigeants ouvriers d'être des saboteurs et des fauteurs de trouble.

Le conflit, qui a beaucoup de retentissements dans la province, donne lieu à un mouvement de solidarité et de générosité sans

Camions chargés de vivres venus ravitailler les grévistes, 1949. (Archives de la CSN)

précédent. Plus de 500 000$ en argent et 75 000$ de vivres sont recueillis parmi les syndiqués de toutes allégeances et aux portes des églises, comme l'ont demandé les évêques de la province[196]. Car, malgré l'illégalité de la grève, la hiérarchie catholique, les aumôniers et le bas clergé apportent leur appui aux grévistes. Les évêques craignent qu'un échec ne mette en danger la survie même d'un mouvement qu'ils ont contribué à mettre sur pied[197].

C'est la médiation de Mgr Roy de Québec qui permet aux deux parties de trouver un terrain d'entente, après quatre mois de résistance héroïque des syndiqués. À court terme, le règlement comporte peu d'avantages pour les grévistes: la reconnaissance syndicale, le réengagement des mineurs selon l'ancienneté (les briseurs de grève restent à l'emploi de la compagnie), la non-discrimination pour avoir participé à la grève (la compagnie n'abandonne cependant pas ses poursuites contre les grévistes sur qui pèsent des accusations) et la reprise des négociations. En cas d'échec de celles-ci, ce qui se produit effectivement, un tribunal d'arbitrage doit fixer les termes de la convention collective. La décision du tribunal (l'arbitre syndical est dissident) accorde une augmentation de dix cents l'heure, la retenue syndicale volontaire et une convention d'une durée de deux ans, mais sans exiger que la compagnie élimine les poussières d'amiante. La compagnie accepte le rapport, mais le syndicat demande auparavant une augmentation additionnelle de cinq cents l'heure. Ce dernier point est finalement réglé grâce à la médiation du premier ministre qui ajoute une formule d'indexation aux dix cents déjà accordés. Au total, la grève apporte de minces résultats aux mineurs; c'est plutôt à long terme qu'elle leur vaut des bénéfices. Les conventions signées par la suite seront plus généreuses que dans l'ensemble de l'industrie minière[198].

Cette grève ne représente pas le premier conflit d'envergure auquel la CTCC est mêlée; la grève de la chaussure de 1926 et celle du textile en 1937 ont déjà montré la vigueur du militantisme des travailleurs. Elle tranche cependant avec ces conflits et les autres grèves qui ont pu éclater à l'époque en ceci que le syndicat, du moins au début des négociations, tente d'ouvrir la voie à la participation des travailleurs à la gestion de leur entreprise. Cette réclamation, inédite parmi les demandes syndicales habituellement formulées en Amérique du Nord, place la CTCC à l'avant-garde du mouvement syndical. La grève a aussi un caractère politique au sens où elle vise à faire échec à l'antisyndicalisme du gouvernement Duplessis. Les syndiqués désavouent les tribunaux d'arbitrage mis en place par le gouvernement, tout en signifiant à ce dernier leur aversion pour le nouveau code du travail présenté peu avant le début du conflit (loi 5). Il leur apparaît important de faire savoir qu'il y a une limite aux abus gouvernementaux.

La grève de Murdochville (1957)

La loi des relations ouvrières de 1944 consacre le droit à la négociation collective pour les travailleurs et fait l'obligation aux employeurs de négocier de bonne foi avec leurs employés. Mais, avec un employeur aussi coriace que la Noranda Mines, il y a un écart considérable entre les principes généreux de la loi et la réalité de la négociation.

Déclenchée le 10 mars 1957, la grève de Murdochville dure sept mois. Elle oppose la Gaspé Copper Mines, filiale de la Noranda

Mines, à la section locale 4881 des Métallurgistes unis d'Amérique[199]. Ce syndicat, qui jouit de l'appui de la grande majorité des mineurs, est en instance de recevoir un certificat de reconnaissance syndicale de la CRO quand la compagnie obtient, de la Cour supérieure, un bref de prohibition en alléguant que la CRO n'a pas respecté des formalités mineures. Pour cette raison, un autre juge de la même cour ordonne de suspendre toute procédure dans le litige, sans même entendre la CRO. Les délais exigés par l'appareil judiciaire vont alors s'accumuler. Près de quatorze mois (d'août 1956 à septembre 1957) seront nécessaires à un juge de la Cour supérieure avant de rendre un jugement qui confirme la légalité de la procédure suivie par la CRO.

Pendant ce temps, à l'été 1956, la compagnie harcèle les dirigeants du syndicat en les rétrogradant et en réduisant leur salaire; la goutte qui fait déborder le vase est la mise à pied «temporaire» du président du syndicat, Théo Gagné. Interprétant ce geste comme une provocation, les mineurs déclenchent la grève aussitôt, en mars 1957. La compagnie n'a pas de mal à obtenir une ordonnance de la cour interdisant le piquetage puisque la grève est illégale; le syndicat n'a en effet pas encore obtenu le certificat de la CRO. S'appuyant toujours sur la légalité de sa position, la compagnie intente également une poursuite en dommages contre les Métallos.

Elle tente alors d'ouvrir les portes de ses installations, mais la violence éclate sur les lignes de piquetage, des actes de sabotage (un gréviste en meurt) sont commis aux installations de la compagnie et la police provinciale augmente son contingent à Murdochville. Le ministre du Travail refuse d'intervenir en raison de l'illégalité du conflit.

En août, six mois après le début de la grève, la situation apparaît désespérée pour le syndicat: la compagnie est parvenue à reprendre le cours normal de ses opérations et il ne reste plus que 400 grévistes sur 964 au début du conflit. Les centrales, la FTQ, le CTC et la CTCC, décident alors d'apporter un appui tangible aux grévistes. Le 19 août, a lieu la célèbre «marche sur Murdochville» à laquelle participent 450 syndiqués (dont Claude Jodoin, président du CTC, et Gérard Picard, président de la CTCC). Elle est suivie par la «marche sur Québec», le 7 septembre, où plus de 5000 travailleurs de tous les coins de la province protestent contre l'inertie du gouvernement provincial, et attirent l'attention du public

Pour éveiller l'opinion publique, la FTQ organise une marche de solidarité syndicale pour appuyer les grévistes de Murdochville. Formée de syndiqués venant de toutes les régions du Québec, la caravane atteint les barrières de la Gaspé Copper Mine le 19 août 1957. (*Montreal Star*, APC, PA 162990)

sur le droit d'association des travailleurs. On évoque alors la possibilité d'une grève symbolique d'une journée, en rotation, parmi les syndiqués de la FTQ.

Fin septembre, après quatorze mois de délai, la Cour supérieure déboute la compagnie de sa requête contre la CRO. Épuisés par sept mois d'arrêt de travail, les grévistes concluent qu'il n'y a plus de raison de poursuivre la grève, d'autant plus que le syndicat peut déposer une nouvelle requête en accréditation. Mais ce n'est pas la fin de leurs déboires. La compagnie réembauche uniquement 200 d'entre eux puisqu'elle entend garder les 800 mineurs engagés pendant la grève. Certains subissent des diminutions de salaire et d'autres doivent quitter les logements fournis par l'employeur. Pis encore, la compagnie forme un syndicat de boutique qui ravit aux Métallos l'accréditation, la majorité des employés étant maintenant formée de briseurs de grève (les Métallos évinceront ce syndicat en 1965). Comble de l'ironie, la Gaspé Copper Mines poursuit les Métallos pour dommages et perte de production pendant la grève; la longue bataille judiciaire aboutit finalement en Cour suprême qui condamne en 1970 les Métallos à payer 1,5 million de dollars à la compagnie.

Piquets devant la Gaspé Copper Mine, juillet 1957. Au centre, Paul Jodoin, président du CTC. (*Montreal Star*, APC, PA 115801)

Cette grève renforce l'unité à l'intérieur de la FTQ entre les tendances FPTQ et FUIQ et elle constitue un jalon important dans la lutte du mouvement ouvrier contre le pouvoir politique à Québec. Elle est également un grand moment d'unité ouvrière entre la FTQ et la CTCC. Pour les grévistes de Murdochville, la défaite est cependant amère. Ils paient de leurs souffrances les carences de la loi des relations ouvrières qui permet l'abus de procédures judiciaires par un employeur. De son côté, Duplessis s'entête à ne pas amender une loi qui accuse un retard important sur des lois similiaires dans les autres provinces et aux États-Unis.

* * *

La Deuxième Guerre mondiale donne une impulsion formidable au mouvement syndical dont les effectifs s'accroissent de 65 % entre 1941 et 1946. À la fin de la guerre, près du tiers des salariés au Québec ont joint les rangs du syndicalisme. S'il était possible de distinguer parmi ces travailleurs les seuls cols bleus, le pourcentage de syndiqués parmi ceux-ci dépasserait sans doute les cinquante pour cent. Plusieurs syndicats de métiers se transforment en syndicats industriels et les syndicats COI effectuent une percée importante, notamment dans la métallurgie et l'alimentation. À la fin de la période, la grande industrie manufacturière est presque complètement syndiquée.

Les travailleurs industriels, qui sont en majorité non qualifiés, ont un faible pouvoir de négociation dans l'entreprise. Ils doivent alors compter sur l'assistance de l'État pour pousser le patronat à la négociation collective. Malgré ses lacunes, la loi des relations ouvrières de 1944 évite au syndicalisme de connaître une régression qui aurait pu survenir après la guerre, au moment où les industries se reconvertissent à la production de paix et que la main-d'œuvre se fait moins rare. Une bonne partie des énergies du mouvement syndical est employée dans les années subséquentes à améliorer cette loi. Ainsi le syndicalisme perd-il sa méfiance traditionnelle envers l'État dont il réclame maintenant l'appui. Laissé à ses seuls moyens, il ne pourrait résister efficacement au pouvoir patronal.

Et ce n'est pas seulement dans ce secteur qu'il souhaite l'intervention de l'État; il presse les gouvernements pour qu'ils atténuent les effets des cycles économiques et élargissent considérablement le champ de la législation sociale. Les syndiqués comprennent que la négociation collective limitée à l'entreprise n'est plus suffisante et qu'ils doivent consacrer davantage d'effort à l'intervention politique.

Cette tendance débouche tout naturellement sur l'action politique partisane des syndicats internationaux. L'idée reçoit davantage d'appuis au Canada anglais, où existe une forte tradition social-démocrate, qu'au Québec, où les résistances conservatrices ont empêché le développement d'un tel mouvement chez les francophones. C'est pourquoi la CTCC, qui n'a de racines qu'au Québec, écartera l'idée d'appuyer un parti politique. Mais les forces qui militent en faveur de l'action partisane sont néanmoins présentes et elles referont surface dans les années soixante. Aux travailleurs de la grande industrie, plus enclins à l'interventionnisme de l'État que les ouvriers de métiers, viendront alors s'ajouter les employés du secteur public dont le gouvernement est le principal employeur et qui ont tout intérêt à ce qu'il leur soit sympathique.

CHAPITRE 5

LA RADICALISATION
(1960-1985)

En modifiant les valeurs dominantes des Québécois, la Révolution tranquille aura un impact capital sur le mouvement syndical. Dès la mort de Duplessis, en 1959, et son remplacement par Paul Sauvé à la tête de l'Union nationale, on sent un courant de sympathie pour le syndicalisme et un début de réformes sociales. Mais ce sont surtout les politiques du Parti libéral, porté au pouvoir en 1960, qui déclenchent un réalignement des objectifs de société de l'État québécois. Plusieurs des réformes mises alors en œuvre par le gouvernement sont réclamées par les organisations syndicales depuis longtemps. Il en est ainsi de l'institution de l'assurance hospitalisation, de la réforme du système d'éducation et de l'intervention active de l'État dans l'économie. C'est pourquoi, en général, les centrales accueillent avec plaisir les lois progressistes adoptées au cours de ces années.

Le changement social profond qui accompagne la Révolution tranquille aiguise en même temps les attentes du mouvement syndical si bien que, bientôt, il ne se satisfait plus de l'idéologie de «rattrapage» qui inspire les politiques du gouvernement Lesage, mais voudrait pousser plus avant les réformes dans le sens d'une redéfinition fondamentale de l'organisation économique de la société. Les résistances de l'État et d'autres agents économiques provoquent des frustrations qui débouchent sur des affrontements majeurs. La radicalisation du syndicalisme québécois qui se manifeste à la CSN dès 1966 et chez les deux autres centrales à partir de 1970 est largement le fruit des espoirs que la Révolution tranquille a, à la fois, fait naître et rapidement déçus.

Jusqu'en 1974-1975, la transformation du syndicalisme se fait dans un contexte de prospérité économique. Les indicateurs économiques des années soixante montrent des taux de croissance supérieurs à ceux de la période antérieure : la production manufacturière progresse de 8,5 % en moyenne par année, le produit national brut augmente de 9,5 % annuellement en dollars courants ; pour sa part, le revenu personnel disponible per capital progresse de 4,1 % par année en dollars constants (1962-1974). Quant au taux de chômage, il demeure à peu près constant à 6,8 % en moyenne (1962-1974) alors qu'il était de 6,5 % pour la décennie cinquante (1952-1961)[1].

La situation se détériore considérablement au milieu des années soixante-dix, sous l'effet de la stagnation économique et de l'inflation accélérée. Le taux de chômage atteint des sommets (9,3 % en moyenne de 1974 à 1981) pendant que l'inflation gruge le pouvoir d'achat des travailleurs. À toutes fins pratiques, la rémunération réelle des salariés n'augmente pas de 1977 à 1985.

Les difficultés économiques prennent l'ampleur d'une véritable récession en 1981-1982 quand la Réserve fédérale américaine et la Banque du Canada adoptent une politique monétaire restrictive ; cette médecine destinée à juguler l'inflation déclenche le plus important recul économique depuis la crise de 1929. La gravité de la situation ébranle profondément les centrales syndicales bien qu'on manque encore de recul pour évaluer pleinement ses effets[2]. Le haut niveau de chômage affaiblit le pouvoir de négociation des syndicats avec les entreprises, et leurs effectifs accusent une diminution. Dans la vague de conservatisme qui balaie alors le Québec, elles sont accusées de miner la position concurrentielle des entreprises et de créer du chômage. De fortes pressions s'exercent sur l'État pour qu'il révise à la baisse les politiques sociales et les lois du travail. Placé sur la défensive, le syndicalisme québécois est conduit à revoir ses priorités et ses stratégies.

Reflet de l'évolution générale de la structure occupationnelle du Québec, la composition de la main-d'œuvre syndiquée change de façon significative au cours de la période. Les cols blancs et les employés publics pèsent d'un poids de plus en plus lourd sur l'orientation des centrales. En effet, alors que, de 1961 à 1971, le nombre de cols bleus chute de 856 000 à 791 000 (baisse de 7,5 %)

Tableau 5.1

Effectifs syndicaux au Québec, 1961-1985

	Effectifs déclarés	Effectifs estimés	% des effectifs par rapport aux salariés
1961	353 300	399 800	30,5
1966	591 551		35,7
1971	728 263		37,6
1976	788 668		34,8
1981	880 199		35,4
1985	970 900		38,2

Sources: Pour les effectifs syndicaux: *La Gazette du travail*, mars 1962, p. 305; J.K. Eaton, *Croissance du syndicalisme dans les années soixante*, Travail Canada, 1976, p. 19; BFS, Loi sur les déclarations des corporations et des syndicats ouvriers, 1970-1985 (71-202). Concernant les travailleurs salariés: BSF, *Estimations du nombre de salariés par province et par industrie, 1961-1976*, p. 30; BFS, *Moyennes annuelles de la population active*, 1981-1985 (17-529).

parmi les salariés, les cols blancs connaissent une progression de 42%[3]. Cette tendance se poursuit par la suite, si bien que la croissance des emplois pendant ces années est attribuable uniquement au secteur des services. Il va sans dire que c'est là que le mouvement syndical devra recruter de nouveaux membres.

Il y parvient avec un certain succès dans les années soixante grâce à la syndicalisation presque complète du secteur public et parapublic. Au cours des seules années 1963-1966, les effectifs syndicaux totaux s'accroissent de 42,8%[4], largement parce que ces travailleurs et travailleuses obtiennent le droit à la négociation et à la grève. Pour l'ensemble de la décennie, c'est l'organisation des employés des administrations publiques (fédérale, provinciale et municipale) et des organismes qui en dépendent qui explique avant tout la progression du taux de syndicalisation (tableau 5.1).

Dans le secteur manufacturier, où les syndicats recrutent traditionnellement leurs membres, la diminution du volume de salariés influe négativement sur le taux de syndicalisation; les cols bleus qui y travaillent n'alimentent plus comme auparavant le syndicalisme d'un fort contingent de nouveaux adhérents. Le tarissement de cette source d'expansion syndicale s'est traduit aux États-Unis depuis 1960 par un déclin continu de la proportion de syndiqués parmi les salariés[5].

L'explication vaut également pour le Québec, où le niveau de syndicalisation accuse un léger recul, mais elle n'est pas la seule. D'une part, en effet, le nombre d'emplois dans les secteurs public et parapublic plafonne, si bien que le mouvement syndical ne peut espérer trouver de ce côté de nouveaux adhérents. La croissance de l'emploi s'effectue, d'autre part, dans le secteur tertiaire privé, parmi les employés de bureaux, de commerce et de services, où le mouvement syndical a du mal à s'implanter. Le grand nombre d'entreprises, leur petite taille et leur dispersion (commerce de détail, restauration, institutions financières) rendent très difficile le travail d'organisation, surtout que le travail à temps partiel s'y répand. Enfin, il faut ajouter que les difficultés économiques rencontrées depuis 1974 et le haut niveau de chômage entravent la dynamique de la syndicalisation. Craignant de perdre leur emploi, les travailleurs font moins confiance à la force revendicative du syndicalisme.

Avec la reprise économique qui se fait sentir depuis 1983, le taux de syndicalisation se redresse. Cette tendance est-elle temporaire ou marque-t-elle un nouveau départ pour le syndicalisme? On manque de recul pour bien évaluer la portée du phénomène. Mais, il y a tout lieu de croire que les facteurs lourds de désyndicalisation comme la diminution du volume de main-d'œuvre dans le secteur manufacturier et les difficultés d'organisation des cols blancs brideront la progression du syndicalisme. Avec un peu moins de 40% des salariés syndiqués, le mouvement syndical a probablement atteint un plateau qu'il dépassera difficilement à moins d'effectuer une percée significative auprès des employés de bureau du secteur privé.

On doit noter qu'au cours de la période l'augmentation du taux de participation des femmes au marché du travail se traduit par une plus grande féminisation des effectifs syndicaux (tableau 5.2). La syndicalisation du secteur public et parapublic y contribue fortement dans les années soixante. Mais, il n'en reste pas moins que globalement les femmes demeurent moins bien syndiquées que les hommes. Leur concentration dans les entreprises de services joue un rôle déterminant à cet égard.

Tableau 5.2

Pourcentage des femmes parmi les effectifs syndicaux et dans la main-d'œuvre féminine en emploi, 1963-1982

	1966	1971	1976	1981	1985
% de femmes dans les effectifs syndicaux	20,9	30,7	31,8	34,5	37,3
% de femmes syndiquées dans la main-d'œuvre féminine en emploi	17,6	31,0	28,7	30,3	31,3

Sources: Conseil du statut de la femme, *Syndicalisation, droit à acquérir, outil à conquérir. Étude sur les travailleuses non syndiquées au Québec*, p. 62, cité dans Mona-Josée Gagnon, «Les femmes dans le mouvement syndical québécois», in M. Lavigne et Y. Pinard, *Travailleuses et féministes*, Montréal, Boréal Express, 1983, p. 163. Pour 1981 et 1985: BFS, Loi sur les déclarations des corporations et des syndicats ouvriers, 71-202, 1981 et 1985; *Le marché du travail*, avril 1983, p. 7, et janvier 1988, p. 7.

En 1973, les femmes constituent environ les deux tiers des effectifs à la CEQ, le tiers à la CSN et le cinquième à la FTQ[6]. Leur présence accrue et la prise de conscience de leurs problèmes particuliers conduisent les centrales à leur accorder plus d'attention. Dans les années soixante-dix, on met sur pied des comités de la condition féminine, et les congrès syndicaux adoptent des cahiers de revendications spécifiques pour les femmes.

LE MOUVEMENT SYNDICAL ET LA RÉVOLUTION TRANQUILLE

On appelle Révolution tranquille l'ensemble des réformes qui, de 1960 à 1966, ont pour objet d'aligner le Québec sur les autres sociétés nord-américaines. Bien que le processus de modernisation se soit amorcé dès la fin du 19e siècle, la province a accumulé un certain nombre de retards, particulièrement depuis les années trente. Le rôle des artisans de la Révolution tranquille va consister à combler ce retard en s'inspirant des valeurs néo-libérales. Les réformes entreprises vont permettre de doter le Québec d'institutions plus en accord avec son niveau de développement économique. Cette évolution rapide résulte des transformations économiques d'après-guerre, de la montée de nouvelles élites politiques parmi la petite bourgeoisie et de pressions exercées par le mouvement syndical, qui souhaite depuis longtemps l'adoption de plusieurs de ces réformes.

La mise en œuvre de ces dernières appartient au Parti libéral, porté au pouvoir en juin 1960 et réélu en 1962. Il faut cependant préciser que dès la mort de Duplessis, en 1959, Paul Sauvé entreprenait déjà de réviser les politiques de son prédécesseur. Son décès prématuré, «cent jours» après avoir été porté à la tête de l'Union nationale, ne lui laisse pas le temps toutefois de mener à bien les changements souhaités. Le «dégel» se produit avec l'équipe libérale de Jean Lesage dont le programme électoral de 1960 promet la modernisation du Québec.

L'affirmation du néo-libéralisme

La Révolution tranquille résulte fondamentalement d'un changement des valeurs dominantes au Québec. De nouvelles élites politiques et syndicales de même que des membres du clergé abandonnent l'idéologie de conservation que l'Église catholique diffuse depuis le milieu du 19e siècle. Inspirés par des valeurs de liberté, de démocratie et de laïcité, ils cherchent à «implanter au Québec la démocratie libérale[7]». Leur libéralisme ou plus précisément leur néo-libéralisme marque cependant une évolution par rapport à l'individualisme et au laisser faire du 19e siècle. On confie maintenant à l'État un rôle actif sur les plans économique et social, et on attend de son intervention qu'elle réduise les inégalités sociales et soutienne un développement économique plus harmonieux.

Animé par cet esprit, le Parti libéral, dès son arrivée au pouvoir, se propose de donner une nouvelle vie à la politique en s'attaquant à la corruption et au favoritisme, en réformant la fonction publique et en invitant les citoyens à participer activement à la marche de l'État. Cette revalorisation du processus démocratique trouvera un écho favorable chez les centrales syndicales. Écartées par le précédent gouvernement de toute participation aux décisions politiques, elles apprécient la nomination de représentants syndicaux au sein des divers organismes consultatifs ou quasi administratifs du gouvernement. La FTQ participe officiellement en 1967 à quarante-trois commissions et organismes gouvernementaux[8]. Il y a lieu de croire que la CSN se montre tout aussi empressée à s'associer à l'appareil gouvernemental.

Quant à la réforme de la fonction publique, les centrales s'entendent avec le gouvernement pour en faire une priorité; elles jugent que la syndicalisation des fonctionnaires est le meilleur moyen de faire échec au favoritisme et à l'arbitraire. La revalorisation de l'État passe d'abord par l'amélioration de la condition des employés de l'État.

Un nouveau rôle pour l'État

Une caractéristique importante de la Révolution tranquille qui découle du changement d'orientation idéologique mentionné plus haut réside dans la redéfinition du rôle de l'État québécois. Alors que la pensée clérico-conservatrice cherche à restreindre le plus possible les interventions de l'État, voilà que le gouvernement accroît considérablement ses fonctions, tant sur le plan de l'économie que dans des secteurs jusque-là jalousement défendus par l'Église, c'est-à-dire les services sociaux, le bien-être et l'éducation. L'avènement de la démocratie libérale implique une séparation plus nette entre l'Église et l'État et l'abandon par le pouvoir spirituel de champs d'interventions qu'on juge relever davantage des pouvoirs publics.

L'institution de l'assurance hospitalisation, en 1961, marque le début d'une prise en charge par l'État des services de santé et de bien-être; l'année suivante, la loi des hôpitaux resserre considérablement l'emprise étatique sur les institutions hospitalières. On se rappellera que les centrales syndicales revendiquent depuis longtemps un programme d'assurance-maladie; elles accueillent donc la loi de 1961 comme un premier pas dans la bonne direction.

En éducation aussi, l'Église subit un recul: en 1964, le gouvernement réussit à créer un ministère de l'Éducation ayant autorité sur les structures du système scolaire et les orientations pédagogiques des programmes d'enseignement. On fait valoir que l'éducation est une responsabilité primordiale de l'État et que la démocratisation de l'éducation passe par la reconnaissance d'une autorité unique disposant des ressources nécessaires pour faciliter l'accès à tous les niveaux d'enseignement. La CSN et la FTQ mettent, elles aussi, la réforme de l'éducation sous le signe de la démocratisation et de l'accessibilité à l'enseignement supérieur pour les fils et filles de travailleurs. Dans leur mémoire présenté en 1962 à la Commission royale d'enquête sur l'enseignement (commission Parent), elles proposent une réforme du Conseil de l'instruction publique et la création d'un ministère de l'Éducation[9]. Lors du débat passionné entourant la création du ministère, on les retrouve du côté du gouvernement pour donner à l'État une large autorité sur le système sociale. Leur appui renforcera la détermination du gouvernement à adopter rapidement cette loi qui marque un tournant dans les relations entre l'Église et l'État au Québec.

L'intervention de l'État est également souhaitée dans l'économie dont on propose même la nationalisation de certains secteurs. Sans que le système capitaliste soit remis en question, on attend de l'État qu'il oriente l'économie, qu'il démocratise l'entreprise et qu'il humanise le travail. À la fin des années cinquante, la mise en place d'un plan étatique d'orientation de l'économie apparaissait comme le meilleur moyen pour stabiliser le développement et parvenir au plein emploi.

Aussi, lorsque le gouvernement crée, en 1961, le Conseil d'orientation économique, la CSN et la FTQ sont heureuses de déléguer des représentants au comité de direction. Et quand, l'année suivante, il annonce sa décision de faire porter l'élection sur la nationalisation de l'électricité, il répond aux revendications du syndicalisme. La CSN a en effet inclu cette mesure dans son cahier de revendications en 1959 et la FTQ la réclame depuis 1960. Voilà pourquoi, en 1962, les deux centrales appuient (indirectement) le Parti libéral, en recommandant de voter pour la nationalisation. D'autres mesures renforçant la présence de l'État dans l'économie recevront l'aval des syndicats: la création de la Société générale de financement (1962), l'établissement de la Société québécoise d'exploration minière (1964), l'institution de la Caisse de dépôt et de placement (1964) et la mise en place de la Sidérurgie d'État du Québec (1965). Mais, si les politiques économiques de l'État et les réclamations du mouvement syndical se recoupent à beaucoup d'égards, les intentions sont différentes: l'un veut affirmer un nationalisme économique, l'autre réformer le système capitaliste.

Le nationalisme québécois

Le nationalisme constitue une autre caractéristique de la Révolution tranquille. Mais, contrairement au nationalisme canadien-français

Symbole par excellence de la Révolution tranquille: la nationalisation des compagnies d'électricité en 1962. Le premier ministre Jean Lesage avec René Lévesque, ministre des Mines et des Ressources naturelles, signe le document autorisant l'acquisition par Hydro-Québec de onze compagnies d'électricité. (*Montreal Star*, APC, PA 163006)

traditionnel au contenu surtout culturel, le nouveau nationalisme québécois s'inscrit dans l'affirmation politique et économique des Franco-Québécois. Ressentant vivement leur infériorité économique, ces derniers font de l'État québécois le levier de leur promotion collective. C'est pourquoi ils ont tendance à lui octroyer les pouvoirs les plus étendus. Cette orientation conduit certains d'entre eux à remettre en question le régime fédéral canadien et à proposer l'indépendance politique du Québec. Parmi les mouvements indépendantistes qui naissent entre 1957 et 1968, rappelons le Rassemblement pour l'indépendance nationale (1960) qui devient parti politique en 1963, et le Mouvement souveraineté-association (1967) qui se transforme aussi en parti politique en 1968 (Parti québécois).

Pendant ces années, les centrales endossent le nationalisme québécois, mais sans aller jusqu'à appuyer le projet d'indépendance politique du Québec. Leur nationalisme modéré repose sur un désir d'autonomie plus grand du Québec à l'intérieur de la fédération canadienne et sur la reconnaissance du caractère binational du Canada. Si le séparatisme est écarté, c'est qu'on croit possible de réformer le système fédéral et qu'on craint que l'indépendance n'entraîne une baisse du niveau de vie des travailleurs[10].

Les luttes menées par le gouvernement québécois pour accroître les pouvoirs du Québec (régime des rentes, retrait des programmes conjoints, transfert de ressources) ont l'appui unanime du mouvement syndical. «La FTQ, dit une résolution adoptée en 1963, épaulera les efforts du gouvernement provincial en vue du renforcement de l'État du Québec par le rapatriement de certains pouvoirs et juridictions, particulièrement dans le domaine de la fiscalité[11].» La CSN abonde dans le même sens: il n'est que légitime pour le Québec «d'occuper toute sa juridiction et de sauvegarder les valeurs dont cet État est le dépositaire naturel[12]».

Que la CSN soit sensible au nationalisme québécois ne surprend guère. La position de la FTQ, par contre, est étonnante. Oubliant les réticences passées des syndicats internationaux à l'égard du nationalisme canadien-français, ce n'est plus vers Ottawa que la centrale se tourne pour mettre en œuvre son programme législatif, mais vers Québec, dont elle défend l'autonomie en matière d'éducation et de santé et qu'elle encourage aussi à s'affirmer dans le domaine des ressources naturelles et de la planification économique. Le nationalisme l'amène à adopter des positions différentes de celles du CTC et la pousse même à rechercher, comme nous le verrons, un statut spécial par rapport au Congrès du travail du Canada. Refusant d'être une simple succursale du CTC, elle aspire à jouer le rôle d'une véritable centrale syndicale au Québec. Accusée par la CSN de représenter des syndicats «étrangers», elle sent le besoin de se donner un visage français et québécois, sans toutefois renier la nécessité d'une solidarité canadienne et internationale.

Mieux enracinée dans la société francophone, la CSN profite de la montée du nationalisme. Lors de maraudages entrepris contre les unions internationales, elle oppose avec succès son enracinement à la dépendance de ses rivaux à l'égard des centres de décisions étrangers. Le gouvernement provincial ne sera pas insensible à cet argument lorsqu'en 1965 il interdira à toutes fins pratiques à ses fonctionnaires de s'affilier à la FTQ; les conditions d'affiliation ne leur laissent d'autre choix que de rejoindre la CSN.

Cependant, la CSN, qui affirme être la seule centrale authentiquement canadienne, ne veut pas se confiner à la province de Québec. Au début des années soixante, elle renouvelle son désir «d'étendre ses cadres aux dimensions du Canada entier[13]». En 1964, elle ouvre même un bureau à Toronto pour faciliter son travail d'organisation en Ontario. Elle renoue avec un vieux rêve qu'elle caressait depuis sa fondation: devenir la seule centrale authentiquement canadienne. Paradoxalement donc, la plus québécoise des centrales veut se donner une envergure pancanadienne, alors que la FTQ, liée pourtant au CTC et aux unions internationales, affirme son caractère québécois.

La législation du travail

En matière de législation du travail, la Révolution tranquille innove de façon spectaculaire. Dès l'arrivée de Paul Sauvé à la tête du gouvernement, le climat des relations avec les centrales syndicales s'améliore sensiblement. À la sortie de leur première rencontre avec le premier ministre, en novembre 1959, les présidents des centrales affichent leur satisfaction: pour Roger Mathieu, l'entrevue est «extrêmement fructueuse et prometteuse pour l'avenir», et Roger Provost remercie le premier ministre pour ses «remarques bienveillantes et progressives[14]». Peu de temps après, le ministre du Travail présente le projet de loi 8 qui modifie la composition de la Commission des relations ouvrières (parité de la représentation patronale et syndicale), lui donne le pouvoir de réintégrer un travailleur congédié pour activités syndicales et renforce les pénalités pour les infractions à la loi. Les centrales approuvent les principes de ces amendements, mais plaident pour une refonte complète de la loi selon les recommandations du Conseil supérieur du travail[15]. Signe du nouvel esprit qui anime le gouvernement, le Conseil vient d'être remis sur pied après être tombé en disgrâce sous l'administration Duplessis.

Le Parti libéral élu en 1960 se montre aussi bien disposé envers le syndicalisme: son programme électoral prévoit notamment l'abrogation des lois 19 et 20 adoptées en 1954 et la promulgation d'un nouveau code du travail. Ce dernier (bill 54) ne sera déposé que trois ans plus tard, en juin 1963[16].

Contrairement aux réformes mises en œuvre en éducation et dans le domaine social, le projet de loi 54 n'effectue pas une «révolution», même tranquille, dans les relations industrielles. Les deux premières versions du projet de loi n'apportent pas de changement fondamental, le législateur se contentant surtout d'y condenser des dispositions éparpillées dans plusieurs lois distinctes. Si certaines modifications constituent un progrès pour le syndicalisme, d'autres marquent un net recul, comme si le gouvernement voulait contrebalancer les mesures pro-syndicales par d'autres qui renforcent le pouvoir patronal[17]. Par exemple, si, d'un côté, les lois 19 et 20 sont abrogées, les employeurs sont tenus de prélever sur autorisation volontaire les cotisations syndicales à la source et on réduit l'intervention gouvernementale à la seule conciliation (recours facultatif à l'arbitrage); en revanche, de l'autre côté, l'exercice du droit de grève est assujetti à un vote au scrutin secret et le droit du travail est soumis plus directement au droit civil, ce qui expose le syndicat à de longs et coûteux recours judiciaires.

La réaction syndicale au bill 54 étonne le gouvernement, qui ne s'attend pas à une protestation aussi vigoureuse de la part d'un mouvement jusque-là sympathique à ses réformes. D'urgence, la CSN organise une assemblée extraordinaire de ses dirigeants et militants, qui rejettent le texte de loi. Devant le comité parlementaire chargé d'étudier celle-ci, le président Jean Marchand déclare que ses dispositions concernant le personnel de la fonction publique risquent de «mettre le feu à la province[18]». À la FTQ, on organise un congrès extraordinaire, les 11 et 12 avril 1963. Une résolution donne au comité exécutif le pouvoir de recourir à la grève générale si le gouvernement n'amende pas profondément le projet de loi. Même la CIC entre dans la ronde en manaçant de convoquer un congrès d'urgence si le gouvernement persiste dans ses intentions[19].

Le durcissement des centrales, à la fin de 1963, résulte largement de la pression exercée sur elles par les syndicats des secteurs public et parapublic qui réclament eux aussi la libre négociation et le droit de grève. Les fonctionnaires de l'État, dont le début d'organisation remonte à 1961, optent finalement, le 30

Assemblée de fonctionnaires provinciaux au début des années 1960. Jusqu'en 1964, les salariés directs de l'État, fonctionnaires et ouvriers, n'ont pas le droit de se syndiquer et de négocier collectivement. (Archives de la CSN)

novembre 1964, pour le Syndicat des fonctionnaires provinciaux (CSN) qui entreprend immédiatement de négocier une première convention collective. Les professionnels du gouvernement s'organisent également, et le premier syndicat d'ingénieurs voit le jour en février 1964. Au même moment, les employés d'hôpitaux et les enseignants remettent en cause le système d'arbitrage qui les régit.

De plus en plus discrédité, on le juge incapable d'améliorer la condition des syndiqués. Des grèves illégales éclatent parmi les infirmières de l'hôpital Sainte-Justine (16 octobre 1963) et chez les enseignants, notamment, à Sainte-Foy (décembre 1963), dans le diocèse de Sherbrooke (février 1964) et en banlieue de Québec (février 1965). Parfois, la menace de grève suffit pour faire plier les directions d'hôpitaux et de commissions scolaires[20].

La pression des syndiqués pousse aussi les centrales à revoir leur propre position à l'égard du droit de grève dans les services publics. Par exemple, si, en juin 1963, le secrétaire général de la CSN, Marcel Pepin, reconnaît que l'intérêt public peut justifier la suppression du droit de grève dans certains services publics (allusion aux employés des municipalités, des commissions scolaires et des hôpitaux[21]), huit mois plus tard, la centrale n'admet plus que deux exceptions: les policiers et les pompiers[22]. À la CIC, l'évolution est tout aussi spectaculaire: pour la première fois, en août 1963, les délégués au congrès invitent le gouvernement à légaliser le droit à la grève pour le personnel enseignant[23]. «La pratique intégrale du droit d'association, peut-on lire dans un rapport de la centrale, n'a pu et ne peut se concevoir sans l'usage du droit de grève[24].»

Devant la détermination des travailleurs et travailleuses, une troisième version du projet de loi, le 30 avril 1964, marque un virage complet par rapport au projet initial: elle ne cherche pas à établir un équilibre entre les gains et les reculs syndicaux et elle prend parti pour une libéralisation complète des relations de travail[25]. Parmi les amendements les plus importants, figurent la suppression de toute référence au Code civil et à l'obligation du vote de grève au scrutin secret, ainsi que l'extension du droit de négociation aux professionnels et aux travailleurs agricoles. En ce qui concerne les services publics, la consultation poursuivie en comité parlementaire aboutit à des modifications majeures dans une quatrième version de la loi, finalement adoptée à l'unanimité le 22 juillet 1964. Les travailleurs font une conquête majeure: le droit de grève est reconnu pour tous les employés d'hôpitaux, de commissions scolaires et de municipalités. L'année suivante, la loi 5 (juin) étend ce droit aux instituteurs et la loi de la fonction publique (août) aux fonctionnaires de l'État.

Résultat de la combativité des syndiqués, ces deux lois placent le Québec à l'avant-garde de la législation du travail en Amérique

En 1966, le Syndicat des fonctionnaires provinciaux, qui a choisi de s'affilier à la CSN, signe sa première convention collective avec le gouvernement du Québec. (Archives de la CSN)

du Nord. Pour la première fois, l'enthousiasme issu de la Révolution tranquille porte les conquêtes sociales au-delà du modèle proposé par les autres sociétés nord-américaines. Le militantisme des travailleurs québécois se fait également sentir au niveau fédéral. La grève illégale des facteurs et des postiers montréalais, en 1965, précipite la décision du gouvernement central de reconnaître, deux ans plus tard, le droit à la négociation et à la grève pour tous ses employés.

LA MÉTAMORPHOSE DE LA FTQ

Née d'une délégation de pouvoirs consentis aux fédérations provinciales (il en existe dans chacune des provinces) par le Congrès du travail du Canada, la FTQ regroupe les syndicats québécois affiliés au CTC qui veulent bien se joindre à elle. Ces syndicats sont rattachés à des unions internationales ou encore à des fédérations nationales (pancanadiennes). L'exécutif de la FTQ est élu lors de congrès annuels (biennaux à partir de 1965) où les délégués des syndicats affiliés déterminent les orientations de la centrale. Nous

Tableau 5.3

Répartition des effectifs selon l'affiliation syndicale au Québec, 1961-1981

	1961	1966	1971	1976	1981	1985
CTC/FTQ	201 235	300 179	364 004	403 155	425 850	450 000
	(57 %)	(48,2 %)	(49,9 %)	(51,5 %)	(48 %)	(46,3 %)
CSN	90 733	190 454	184 925	151 951	189 295	209 000
	(25,7 %)	(30,5 %)	(25,3 %)	(19,2 %)	(21,5 %)	(21,5 %)
CEQ	33 840	54 258	70 000	82 548	81 033	91 586
		(8,7 %)	(9,6 %)	(10,4 %)	(9,2 %)	(9,4 %)
CSD				37 922	49 581	39 885
				(4,8 %)	(5,6 %)	(4,1 %)
Autres	61 076	77 887	109 334	113 092	134 440	180 429
	(17,7 %)	(12,5 %)	(15,0 %)	(14,3 %)	(15,2 %)	(18,5 %)
TOTAL	*353 044*	*662 778*	*728 263*	*788 668*	*880 199*	*970 900*

Sources: Le total pour 1961 est basé sur les effectifs déclarés et n'inclut pas la CEQ qui ne se considère pas encore comme une centrale syndicale (corporatisme, peu d'insistance sur la négociation collective et le droit de grève). De 1976 à 1986, il faudrait ajouter, parmi les centrales, la Confédération des syndicats canadiens, qui compte peu de membres au Québec, et, en 1986, la Fédération canadienne du travail. Pour 1961 et 1966: Ministère du Travail et de la Main-d'œuvre, *Taux du syndicalisme au Québec*, 1971, p. 13; pour 1971 à 1981: BFS, Loi sur les déclarations des corporations et des syndicats ouvriers (CA-LURA), 71-202, 1971, 1976, 1981, 1985.

verrons que la FTQ, qui jouait un rôle relativement effacé depuis sa fondation, parviendra à s'imposer comme le véritable lieu de ralliement des forces syndicales internationales et nationales au Québec.

Il est remarquable de constater que le CTC-FTQ réussit, depuis 1961, à conserver une proportion stable des syndiqués québécois (la diminution en 1966 provient de l'ajout des membres de la CEQ au total des syndiqués) (tableau 5.3). Les effectifs du CTC au Québec suivent le mouvement général de croissance de la syndicalisation. La hausse régulière cache cependant une transformation très importante de la composition du membership de la centrale qui réussit à s'adjoindre un nombre élevé de syndiqués du secteur public et parapublic.

Quelques figures importantes du syndicalisme international au Québec: Claude Jodoin, président du CTC de 1956 à 1969, Roger Provost, président de la FTQ de 1957 à 1964, et Louis Laberge, alors président du Conseil du travail de Montréal, mars 1963. (*Montreal Star*, APC, PA 130358)

L'affiliation à la FTQ étant facultative, ce ne sont pas tous les syndicats CTC au Québec qui se joignent à elle. Lors de sa fondation, en 1957, elle ne regroupe encore que le tiers des syndiqués québécois du CTC (tableau 5.4). Avec des effectifs aussi réduits, elle ne peut offrir à ses membres qu'un minimum de services, et son rayonnement dans la société québécoise en souffre. Ainsi, son président et son secrétaire n'occupent leur fonction qu'à temps partiel, et elle ne compte que trois permanents en 1957. Mais à partir de 1967, la centrale se renforce, ses effectifs augmentent considérablement et la proportion des syndicats CTC affiliés connaît une hausse substantielle.

Tableau 5.4

Effectifs du CTC et de la FTQ au Québec, 1957-1985

	CTC	FTQ	% des effectifs du CTC affiliés à la FTQ
1957	250 000	91 954	36,8
1961	250 000	101 811	40,7
1966	325 000	140 620	43,3
1971	364 004	225 000	61,8
1976	403 155	285 000	70,6
1981	410 000	350 000	85,3
1985	450 000	426 000	94,6

Sources: *Le Monde Ouvrier*, octobre 1964; F. Harvey, *Le Monde Ouvrier au Québec*, Montréal, Boréal Express, 1980, p. 287; BFS, Loi sur les déclarations des corporations et des syndicats ouvriers, 71-202, 1971 et 1976. Pour 1981 et 1985, les données sont fournies par la centrale.

En triplant ses effectifs, la FTQ est devenue la plus importante centrale syndicale au Québec. Disposant de ressources plus considérables, elle peut offrir à ses affiliés des services plus nombreux et être davantage présente sur la scène québécoise. Sa progression est constante, sauf lors du maraudage fructueux de la CSN en 1964-1965, lors du départ de syndicats de la construction en 1979 et au moment de la crise économique de 1982 qui dégarnit le membership d'à peu près tous les syndicats, du moins dans le secteur privé.

Dans le climat nationaliste qui marque le Québec au début des années soixante, la CSN apparaît comme la centrale la mieux à même de représenter les aspirations des travailleurs québécois. La FTQ et ses affiliés, qui font figure de représentants d'organisations étrangères, perdent des adhérents. On estime à 9356 le nombre de travailleurs que la CSN enlève aux syndicats affiliés au CTC de 1964 à 1967[26]. Ce revers constitue le point tournant d'une redéfinition du rôle et de l'orientation de la FTQ au Québec. Son redressement porte rapidement des fruits: le succès remporté lors de la campagne d'organisation des 7500 employés de l'Hydro-Québec en 1966 marque, selon le président Louis Laberge, «la mort d'un mythe, celui de la toute-puissance et de l'invincibilité de la CSN[27]».

Travailleurs de la Quebec Steel Products, dont le syndicat est affilié aux Métallurgistes unis d'Amérique. Syndicat international le plus important au Québec, il voit ses effectifs s'effriter dans les années 1970 avec les fermetures d'usines. (George Bird, *Montreal Star*, APC, PA 162988)

Beaucoup plus sérieuse, en termes de défections, sera la perte de plusieurs milliers de travailleurs du bâtiment en 1979. Leur départ survient à la suite d'un différend entre la FTQ et le Conseil provincial du Québec des métiers de la construction (CPQMC), qui regroupe les syndicats québécois de la construction affiliés aux unions internationales. Après l'exclusion du Conseil, la FTQ met sur pied, en avril 1980, la FTQ-Construction, appelée à jouer pour ses affiliés le même rôle que le Conseil. Dix syndicats se joignent à elle, de sorte que la FTQ parvient à récupérer environ 50 000 des 70 000 membres qu'elle comptait dans le bâtiment[28]. Cet épisode, sur lequel nous reviendrons, marque une étape importante dans l'indépendance des centrales canadiennes à l'égard des unions internationales.

Depuis les années soixante, on note au Canada une montée constante du nombre de syndicats nationaux pendant que les unions internationales voient leur importance diminuer. La proportion des syndicats canadiens à l'intérieur du CTC passe, par exemple, de 30 à 52% entre 1971 et 1984[29]. La désaffiliation en bloc ou en

Travailleuses du vêtement. La FTQ compte environ 30% de femmes parmi ses syndicats affiliés en 1981. (*La Gazette du Travail*, juin 1974, p. 296)

partie de syndiqués canadiens de plusieurs unions internationales notamment explique l'affaiblissement des internationaux au pays (par exemple, les Travailleurs unis du papier et l'Union des ouvriers unis des brasseries, en 1974, les Travailleurs unis de l'auto en 1984). L'affirmation du nationalisme canadien, particulièrement claire au Canada anglais, touche le mouvement syndical dont de nombreux membres interprètent l'affiliation internationale comme un lien de dépendance. Le recul du syndicalisme international est aussi attribuable à l'augmentation rapide des effectifs de syndicats canadiens dans le secteur public et parapublic (Syndicat canadien de la fonction publique, Alliance de la fonction publique du Canada). Plutôt tournés vers les secteurs traditionnels de syndicalisation comme les métiers de la construction et l'industrie manufacturière, les internationaux voient leurs effectifs stagner.

Pour les années où on peut déterminer la proportion de syndiqués internationaux parmi les membres du CTC au Québec, on note une régression de 80,8 à 66,1% de 1971 à 1981[30]. La baisse s'est sans doute accentuée par la suite car la crise économique frappera davantage le secteur privé. La FTQ s'est ressentie de ce changement dans la configuration du syndicalisme canadien. Selon toute probabilité, le nombre des syndiqués nationaux de la FTQ rejoint celui de ses syndiqués internationaux au milieu des années quatre-vingt. Elle devient donc de moins en moins le porte-parole du syndicalisme international et davantage la voix du syndicalisme pancanadien au Québec.

Cette évolution tire sa source de changements dans la composition des effectifs de la FTQ et du CTC au Québec (tableau 5.5). Le secteur manufacturier qui occupait une place prépondérante à l'intérieur de la centrale est en perte de vitesse (alimentation, vêtement, textile, métallurgie), alors que les emplois dans le domaine des services sont en nette progression. Ces déplacements, qui touchent aussi la CSN, traduisent des changements dans la structure occupationnelle de la main-d'œuvre. L'augmentation de la productivité industrielle réduit les besoins en main-d'œuvre tandis que l'extension des services à la population (commerce, restauration, services publics) requiert un plus grand nombre de travailleurs, en particulier des femmes[31]. L'organisation de ces nouveaux groupes de travailleurs représente un défi d'une importance cruciale pour la FTQ comme pour le reste du mouvement syndical.

Crise d'identité

D'abord composée en majorité de syndicats internationaux, la FTQ défend pendant longtemps cette formule d'organisation syndicale. Les immenses ressources financières et organisationnelles du syndicalisme nord-américain, fait-on valoir, permettent d'affronter avec efficacité les grandes entreprises multinationales. «Il faut opposer, dit Louis Laberge, à ce capitalisme international une force syndicale capable autant que possible de traiter d'égal à égal avec ces entreprises tentaculaires.» C'est, ajoute-t-il, la «formule syndicale de l'avenir», car les entreprises s'internationalisent toujours davantage[32]. La division des syndiqués québécois, qui découle notamment de la présence de la CSN, affaiblit leur pouvoir de négociation.

Or, les travailleurs, toujours selon Laberge, font le choix d'un syndicat beaucoup plus pour des raisons pragmatiques qu'idéologiques: «De par leur condition, les travailleurs sont condamnés au pragmatisme, au sens du pratique, à la poursuite d'objectifs concrets. Leur première préoccupation, c'est de gagner leur vie et celle de leur famille. Ils créent des syndicats pour mieux gagner leur vie, pour pouvoir le faire avec un maximum de sécurité et

Tableau 5.5

Répartition des effectifs du CTC au Québec par secteurs d'activité économiques, 1968 et 1976

	Effectifs 1968	Effectifs 1976	Pourcentage 1968	Pourcentage 1976
Primaire				
Mines/forêt	13 535	14 757	4,2	3,5
Secondaire				
Construction	26 775	57 166	8,2	13,7
Aliments/tabac	18 302	17 028	5,7	4,0
Cuir/caoutchouc	5 980	6 373	1,8	1,5
Vêtements/textile	41 156	35 938	12,8	8,6
Bois/meuble/papier	27 778	31 247	8,6	7,4
Imprimerie	3 936	8 410	1,2	2,0
Métallurgie/chimie	48 971	56 707	15,3	13,5
Ind. manuf. diverses	2 903	4 096	0,9	1,0
Tertiaire				
Transports	35 405	50 562	11,0	12,1
Communications	23 563	29 119	7,3	7,0
Commerce/finances	18 632	28 172	5,8	6,7
Services	16 615	13 810	5,1	3,3
Éducation/santé/ administration publ.	35 644	63 358	11,0	15,1
Total	*319 746*	*417 228*	*100*	*100*

Sources: Québec, *Taux du syndicalisme au Québec*, ministère du Travail et de la Main-d'œuvre, 1971, p. 37, 45, 88, 94. F. Delorme et G. Lassonde, *Aspects de la réalité syndicale québécoise, 1976*, Québec, ministère du Travail et de la Main-d'œuvre, 1978, p. 23-25. Pour 1976, la rubrique construction comprend aussi les travaux publics.

de dignité[33].» Si donc les membres de la FTQ continuent à démontrer leur attachement au syndicalisme international, ce n'est pas par sentiment, mais parce qu'ils y trouvent une puissance et une efficacité qui leur valent des gains économiques précieux.

Selon la FTQ, la conscience «internationale» au plan socio-économique peut parfaitement coexister avec la conscience nationale de Québécois et de Canadiens sur le plan de la société civile et politique[34]. Comme centrale québécoise, la FTQ se dit en mesure de refléter les aspirations spécifiques des travailleurs québécois; les structures du syndicalisme international lui laissent assez d'autonomie pour assumer l'identité québécoise de ses membres.

Cependant, la Révolution tranquille et le profit que retire la CSN du nationalisme québécois vont provoquer une crise d'identité à la FTQ qui, selon sa constitution de 1957, est la «succursale québécoise du CTC». Ses pouvoirs lui viennent non de la volonté directe de ses affiliés, mais de la centrale canadienne qu'elle prolonge sur la scène québécoise. Son rôle consiste donc principalement, voire presque exclusivement, à acheminer les doléances des syndicats affiliés au gouvernement provincial, pour autant, faut-il ajouter, que ses réclamations ne contreviennent pas «aux principes et aux politiques du CTC». Disposant de peu de ressources, la FTQ a finalement une présence discrète sur la place publique à la fin des années cinquante.

La Révolution tranquille va transformer la centrale. Comme beaucoup d'autres institutions au Québec, elle est touchée par le désir d'affirmation et d'émancipation des Canadiens français, ce qui se traduira par la volonté des syndicats affiliés de lui assurer une plus grande autonomie à l'égard du CTC et des unions internationales. Du même coup, elle répond aux critiques, principalement véhiculées par la CSN, qui l'accusent de représenter des intérêts étrangers et de perpétuer l'asservissement des Québécois.

Devant ces développements, le CTC et la FTQ mettent sur pied en 1964, sous leur autorité conjointe, une équipe d'organisateurs au Québec[35]. Ce type de coopération, où l'on tient compte de la volonté de la FTQ, plaît à la centrale québécoise; elle voudrait même l'étendre aux services d'éducation syndicale qui relèvent exclusivement du CTC. Mais, en 1966, celui-ci fait marche arrière et décide unilatéralement de mettre fin à l'entente sur le service d'organisation, ce qui suscite la colère du comité exécutif de la FTQ.

Au cours des années subséquentes, celle-ci revient à la charge à chaque congrès du CTC pour accroître son autonomie. Les pouvoirs qu'elle réclame comprennent la juridiction sur l'éducation syndicale et les conseils du travail au Québec avec compensation financière et contrôle des permanents du CTC animant ces services.

Les motifs invoqués sont l'efficacité syndicale, une meilleure concurrence des autres centrales syndicales et la reconnaissance d'une identité québécoise fondée sur des différences culturelles[36]. Après plusieurs refus, le congrès du CTC, en 1973, agrée finalement à l'ensemble des revendications de la FTQ.

Le statut spécial que la centrale canadienne lui reconnaît résulte largement de l'autorité morale de plus en plus grande que la FTQ exerce sur ses affiliés. Une présence de plus en plus soutenue sur la place publique lui donne une influence qui dépasse largement les pouvoirs inscrits dans ses statuts. Elle devient le porte-parole du syndicalisme international et national (pancanadien) au Québec, à tel point que de nombreux syndiqués se définissent plutôt par leur adhésion à la FTQ que par leur appartenance à des unions nationales ou internationales.

L'autorité dont jouit la FTQ auprès de ses membres l'amène à intervenir davantage dans l'action des syndicats affiliés. Là aussi, elle cherche à élargir son influence. Historiquement, dans le syndicalisme nord-américain, les unions délèguent peu de pouvoirs aux centrales, et surtout elles ne leur reconnaissent aucun droit de regard sur leurs actes[37]. Mais, au fil des années, la FTQ se mêle toujours davantage dans l'activité de ses affiliés, remettant ainsi en cause leur autonomie absolue. Elle intervient fréquemment dans les grèves, se fait le porte-parole de ses affiliés dans les fronts communs, prend position dans les conflits de juridiction et, en 1975, se donne le pouvoir d'enquêter pour faire respecter des normes de moralité et d'efficacité chez ses affiliés[38]. Ce sont les révélations de la commission Cliche (voir plus loin) qui l'incitent à se doter de ce pouvoir d'intervention.

Le renforcement de son autorité se vérifie aussi par la décision des délégués, au congrès de 1973, de permettre l'affiliation directe de syndicats qui ne sont pas déjà au CTC[39]. La résolution précise cependant que l'affiliation directe ne peut survenir que dans les cas où les normes morales et les normes d'efficacité de la FTQ ne sont pas respectées par les syndicats CTC. Au congrès suivant, en 1975, le Bureau exécutif sent le besoin de baliser encore plus ce pouvoir en soulignant le caractère provisoire de l'affiliation et en précisant qu'elle représente toujours un caractère exceptionnel[40].

Dans les années soixante-dix, quelques syndicats mécontents des services et des structures de leur union internationale veulent s'en désaffilier tout en gardant leurs liens avec la FTQ[41]. Pour éviter qu'ils ne passent à une centrale rivale, la FTQ les accepte aux conditions indiquées plus haut. Cette décision, même si on en atténue la portée par la suite, marque un pas important dans le sens d'un affranchissement à l'égard du CTC et des unions internationales. Elle reflète concrètement l'influence de plus en plus forte acquise par la FTQ auprès de ses membres.

Les luttes autonomistes du CTC

En même temps qu'elle demande plus d'autonomie, la FTQ pousse le CTC à s'affranchir davantage des unions internationales. Et, en effet, les pouvoirs du CTC sont revus, au congrès de 1974, dans le sens d'un élargissement de son autorité sur ses affiliés. En cela, le CTC cède également à l'influence d'un courant nationaliste au Canada anglais qui dénonce la dépendance du syndicalisme canadien.

Dès 1967, dans un mémoire à la Commission sur la constitution et les structures du CTC, la FTQ réclame un accroissement substantiel des pouvoirs du CTC et la «canadianisation» des structures et du fonctionnement de plusieurs syndicats internationaux[42]. Un pas important dans ce sens est franchi au congrès de 1970 par l'adoption des normes minimales de canadianisation des unions internationales: élection des dirigeants canadiens par des syndiqués canadiens, détermination par une conférence canadienne des politiques des syndicats canadiens, présence au Canada d'un bureau qui se fasse le porte-parole des syndicats canadiens, etc.[43]. Un rapport remis au congrès de 1972 montre que sur quatre-vingt-dix unions internationales implantées au Canada, quarante-trois se conforment pleinement aux normes de canadianisation, vingt-huit les observent en partie alors que six ne les respectent pas du tout[44]. Comme les mesures de 1970 pour atteindre ces normes n'ont qu'une valeur incitative et que les résultats se révèlent décevants, les délégués au congrès de 1974 établissent une procédure de canadianisation et accordent même à la direction du CTC le pouvoir de suspendre un syndicat affilié et de former un syndicat canadien parallèle[45].

Cette orientation nouvelle du CTC tranche avec la politique traditionnelle des centrales nord-américaines de ne pas s'immiscer dans les affaires internes des affiliés, et reflète une modification du rapport de forces au sein du CTC entre les tendances internationale et nationale. Les syndicats canadiens, qui augmentent leurs effectifs à un rythme supérieur à celui des syndicats internationaux, peuvent désormais infléchir les politiques du CTC dans un sens plus autonomiste. Rappelons que, de 1965 à 1975, leur proportion à l'intérieur du CTC passe de 16,8 à 39,4 %[46].

Ouvriers de la construction sur le site d'Habitat 67, Exposition universelle, décembre 1966. (APC, PA 116042)

Les unions internationales les plus conservatrices s'inquiètent de ces décisions. Dans un geste spectaculaire de protestation, les unions de la construction suspendent pour un temps leur cotisation au CTC en 1974. Leur mécontentement s'accroît un peu plus tard lorsque la centrale canadienne endosse le geste de la FTQ de mettre sur pied la FTQ-Construction, regroupement parallèle au Conseil provincial du Québec des métiers de la construction.

Le Conseil, qui réunit les syndicats de la construction affiliés aux unions internationales, négocie la convention collective de ces travailleurs sur le plan provincial. Affilié à la FTQ jusqu'en 1979, il détient une charte du Building Trades Department qui coordonne l'action des unions internationales de la construction (FAT-COI). Depuis 1970, le Conseil accepte en son sein un syndicat québécois qui a coupé ses liens avec son «internationale», la Fraternité des électriciens et des monteurs de ligne[47]. En 1979, le Building Trades Department, sous l'influence de syndiqués québécois, adopte une résolution qui interdit l'affiliation au Conseil de syndicats n'appartenant pas à une union internationale[48]. Les dirigeants du Conseil expulsent aussitôt le syndicat des électriciens, ce qui déplaît à la FTQ selon laquelle le Conseil devrait plutôt reconnaître tous les syndicats de la construction qu'ils appartiennent ou non à une union internationale, comme le font elle-même et le CTC[49]. La centrale québécoise prend ainsi parti pour l'autonomie du syndicat québécois plutôt que de défendre le lien international.

Plus encore, elle s'active à mettre sur pied un nouveau conseil, la FTQ-Construction, qui voit le jour en avril 1980[50]. Dix syndicats de la construction se joignent alors à lui, que les statuts rendent complètement indépendant du Building Trades américain. Le gouvernement québécois adopte plus tard une loi (109) qui reconnaît la FTQ-Construction comme une association représentative distincte du Conseil.

Le Building Trades intervient alors pour que le CTC désavoue la FTQ et la mette au pas, mais celui-ci n'en fait rien. En riposte, les unions de la construction ajoutent un moyen de pression supplémentaire en suspendant le paiement de leurs cotisations au CTC. On fait le pari que la perspective de perdre une source aussi importante de revenu fera céder ce dernier. Mais, le scénario se déroule tout autrement: non seulement la direction du CTC résiste au chantage, mais elle suspend les unions affiliées au Building

Trades pour non-paiement des cotisations et organise un département des métiers de la construction pour accueillir les syndicats qui veulent demeurer membres du CTC. La suspension entraîne des pertes substantielles: un total de 229 783 membres et des sommes équivalant à 12,6% des cotisations totales perçues par le CTC en 1979[51].

Outre la situation au Québec, le conflit entre le CTC et les unions de la construction porte également sur le mode de représentation des délégués aux congrès du CTC. Les unions voudraient que ce soient elles qui choisissent les délégués et non plus, comme auparavant, les syndicats locaux de la construction. Le CTC deviendrait alors une centrale d'unions nationales et internationales, plutôt qu'une émanation des syndicats locaux. La proposition vise à assurer aux unions internationales une meilleure surveillance des délégués aux congrès du CTC.

En fait, la trajectoire suivie par le CTC depuis les dix dernières années suscite beaucoup de mécontentement à la direction des unions internationales de la construction. On s'inquiète du «radicalisme» des résolutions qu'on y adopte et de l'autonomie qu'il a acquise à l'égard des unions internationales. On remet en question les orientations nouvelles de la centrale, issues largement de l'influence de plus en plus forte des syndicats du secteur public. On peut faire un certain parallèle entre cette division au sein du CTC et le schisme qui ébranle la CSN en 1972 lorsque plusieurs syndicats du secteur privé quittent ses rangs pour fonder la CSD. Nous y reviendrons.

Les dix unions internationales de la construction suspendues par le CTC fondent, le 31 mars 1982, une nouvelle centrale, la Fédération des travailleurs canadiens (FTC), qui espère rallier tous les syndicats opposés aux politiques du CTC. Elle compte 213 301 membres en 1983[52]. Au Québec, les syndicats affiliés à la FTC proviennent uniquement du Conseil provincial des métiers de la construction qui représente 21 757 travailleurs lors de la campagne de maraudage dans la construction en novembre 1983 (30,9% des travailleurs de la construction)[53].

Tout comme la décision de Berlin en 1902, celle du CTC en 1981 a pour enjeu l'autonomie de la centrale canadienne à l'égard des unions internationales. Dans les deux cas, la situation au Québec cristallise un conflit qui prend une envergure pancanadienne.

Mais, alors qu'en 1902 les syndicats canadiens et les Chevaliers du travail ne faisaient pas le poids face aux internationaux (les modifications apportées à la constitution excluaient du CMTC tous les syndicats ayant une juridiction parallèle aux unions internationales), huit décennies plus tard, le CTC peut résister à leurs pressions car il compte maintenant une forte proportion de syndicats canadiens. D'ailleurs, beaucoup de syndiqués au Canada, même internationaux, défendent l'autonomie de la centrale canadienne.

La commission Cliche (1974)

Le 1er mai 1974, le gouvernement du Québec institue la Commission royale d'enquête sur l'exercice de la liberté syndicale dans l'industrie de la construction après qu'il y ait eu, sur les chantiers de construction de la baie James, saccage des installations et arrêt complet des travaux. D'ailleurs, la violence a régulièrement cours sur plusieurs autres chantiers du Québec. La commission est composée du juge Robert Cliche et des commissaires Brian Mulroney, avocat, et Guy Chevrette, vice-président de la CEQ.

Les trois membres de la commission Cliche: Brian Mulroney, avocat, Robert Cliche, juge, et Guy Chevrette, vice-président de la CEQ, mars 1975. (*Montreal Star*, APC, PA 163005)

Ce sont les rivalités entre les syndicats de la construction CSN et FTQ qui sont à l'origine des conflits. Jusqu'aux années soixante, une paix relative règne entre les syndicats des deux centrales, l'une regroupant surtout les travailleurs de la construction en province, les unions internationales (FTQ) étant mieux établies à Montréal. L'apparition de grands chantiers de construction à l'extérieur de la métropole où les syndicats internationaux désirent obtenir le monopole de représentation syndicale, donne lieu à des affrontements intersyndicaux majeurs. Pour éliminer les syndiqués de la CSN, certains syndicats de la FTQ instaurent un véritable régime de terreur sur les chantiers, usant d'intimidation et de violence physique.

Comme le démontre la commission Cliche, les quatre syndicats visés — électriciens (section locale 167), plombiers (144), opérateurs de machinerie lourde (791) et mécaniciens d'ascenseurs (89) — sont noyautés par des éléments louches. Faisant peu de cas de la démocratie syndicale, leurs dirigeants se sont taillés de véritables empires recourant systématiquement à l'extorsion, au chantage et aux voies de fait exécutées par des équipes de fiers-à-bras[54]. Quant aux ouvriers, craignant pour leur travail (les bureaux de placement syndicaux sont entre les mains des éléments indésirables), ou jugeant que les dirigeants sont efficaces lors des négociations avec les entrepreneurs, ils ferment les yeux. Comme le précise la commission Cliche, les abus se limitent aux quatre syndicats mentionnés; elle ne trouve rien de répréhensible tant à la CSN et à la CSD que chez les dix-neuf autres syndicats de la FTQ-Construction[55]. Mais les révélations de la commission, largement relayées par les médias, vont jeter le discrédit sur l'ensemble du mouvement syndical et plus particulièrement sur la FTQ.

Au lendemain de ces révélations, la FTQ entreprend d'effectuer un «nettoyage» en mettant en tutelle d'abord le local 791 des opérateurs de machinerie lourde, puis le Conseil provincial des métiers de la construction (dans ce dernier cas, il s'agit d'une tutelle volontaire décidée par les 23 syndicats affiliés). Le rôle de tuteur est confié au secrétaire général de la FTQ, Fernand Daoust. Malheureusement, selon la structure du syndicalisme international, les centrales ont peu de pouvoir sur leurs affiliés; le tuteur doit obtenir la collaboration volontaire des syndicats, ce qui entrave sérieusement l'efficacité de son travail[56].

Dans son rapport, la commission Cliche propose des mesures radicales: la mise en tutelle par le gouvernement, pour trois ans, des quatre syndicats inculpés, et un contrôle sévère des activités et des structures de tous les syndicats de la construction (incorporation obligatoire, ratification des statuts, perte d'emprise sur les bureaux de placement, etc.). Quelques jours après le dépôt du rapport, le gouvernement soumet deux projets de loi (29 et 30) qui mettent en tutelle les syndicats désignés par la commission, imposent l'élection des délégués de chantier et créent une présomption de culpabilité contre les dirigeants et les membres de syndicats en cas d'arrêt ou de ralentissement illégal de travail. Un peu plus tard, une autre loi (47) remplace la Commission de l'industrie de la construction, un organisme paritaire patronal-syndical chargé de l'application du décret de la construction, par l'Office de la construction du Québec. Les membres de l'Office sont nommés par le gouvernement et l'organisme se voit attribuer comme tâche supplémentaire l'organisation du placement, de la sécurité au travail et de la formation professionnelle. Pour la FTQ comme pour la CSN, une intrusion aussi poussée de l'État dans les affaires syndicales met en danger l'existence même du syndicalisme libre[57]. «On prétendait s'attaquer au banditisme, fait valoir la FTQ, on enchaîne le mouvement syndical[58].»

En guise de protestation, la FTQ organise une grève d'une semaine sur les chantiers de construction et un débrayage général de ses membres le 21 mai 1975[59]. Ces pressions débouchent sur un compromis tacite avec le gouvernement: la tutelle des quatre syndicats est acceptée et l'Office de la construction veillera à la sécurité au travail et à la formation professionnelle. Mais les bureaux de placement syndicaux, auxquels les syndicats de la construction tiennent obstinément, continuent leurs activités moyennant le respect d'un code d'éthique supervisé par l'Office de la construction[60]. Le gouvernement lèvera les tutelles sur les syndicats en octobre 1981, sauf pour la section locale 144 des plombiers qui ne retrouvera son autonomie qu'en février 1987[61].

L'épisode menant à l'instauration de la commission Cliche montre que les syndicats, comme toute autre organisation, ne sont pas à l'abri de la corruption. La large autonomie dont jouissent les unions internationales en particulier peut en faire des proies intéressantes pour des éléments indésirables qui tirent profit de l'indépendance que les organisations de travailleurs ont su préserver contre les empiétements des pouvoirs politiques et judiciaires. Les syndicats internationaux défendent jalousement cette autonomie car ils ont le souvenir que bien souvent ils ont été victimes de répression de la part de l'État. Cette liberté malheureusement peut servir de paravent à l'action de criminels qui imposent une véritable dictature sur les travailleurs. Il appartient au mouvement syndical de trouver en lui-même les moyens d'épurer ses rangs.

Le socialisme démocratique

Dans ses grands axes, l'idéologie de la FTQ connaît peu de changements depuis la fondation de la centrale en 1957. Le type de syndicalisme qu'elle défend est réformiste et son projet de société s'apparente au socialisme démocratique[62]. Malgré les critiques qu'elle lui adresse, elle ne condamne pas globalement le capitalisme, quoiqu'elle souhaite apporter bon nombre de réformes.

Plus que la CSN, du moins dans les discours, la FTQ a une vision économiste du développement social. L'émancipation des travailleurs passe d'abord par l'élévation de leur niveau de vie et le syndicalisme a pour objectif principal de leur procurer la plus grande part possible de bien-être matériel. Le président de la FTQ le rappelle encore en 1979: «La première raison d'être du syndicalisme, c'est la défense des droits des travailleurs sur le terrain même du travail. C'est là que se jouent les intérêts vitaux des travailleurs, leur salaire, leur emploi, leur santé et sécurité[63]...»

La FTQ est toutefois loin de penser que le libéralisme économique, laissé à lui-même, puisse assurer la prospérité des travailleurs. La recherche du profit maximal, ainsi que le laisse entendre le patronat, ne conduit pas automatiquement au bien-être général de la population. Au contraire, le capitalisme entraîne un développement anarchique des forces productives, des inégalités de revenu, le chômage et la pauvreté généralisée dans l'abondance[64]. La FTQ propose donc de *réformer* en profondeur ce système, pour en orienter le développement vers la satisfaction des besoins de l'ensemble de la population. «C'est pas sorcier ce que nous voulons, clame le président Laberge en 1973, c'est un régime qui va penser à l'être humain plutôt que de penser aux profits maximisés[65].» C'est l'humanisation du système économico-social qu'on vise: les besoins de la population doivent primer sur l'accumulation de richesses.

Pour atteindre cette fin, la centrale retient trois avenues principales: l'action politique, un élargissement du rôle de l'État dans le
domaine économique et social et la syndicalisation massive des
travailleurs. Voyons chacune de ces orientations.

En ce qui concerne les rapports avec l'État, la FTQ recourt
à la fois à l'action politique partisane et aux méthodes plus traditionnelles de «lobby» auprès des pouvoirs publics. À partir de 1960,
elle s'associe au Nouveau parti démocratique et invite ses membres
à voter pour lui. Comme nous le verrons plus loin, elle donne
aussi un «appui tactique» au Parti québécois lors des élections
provinciales de 1976 et de 1981. Il s'agit, chaque fois, d'utiliser
la force électorale des membres pour accéder à la social-démocratie.
Les pressions périodiques exercées sur le gouvernement pour
l'adoption ou la réforme de lois vont aussi dans le même sens.

La participation au processus électoral démontre l'adhésion
de la centrale au système démocratique de gouvernement. «Le
socialisme que nous préconisons, rappelle le président en 1979,
ne constitue en rien une atteinte aux libertés politiques fondamentales; bien au contraire, il repose sur le respect de ces libertés et
recherche la pleine reconnaissance de ces droits fondamentaux[66].»
C'est pourquoi, lorsqu'elle définit plus précisément son projet d'organisation politique en 1979, la FTQ défend le suffrage universel,
la suprématie de l'Assemblée législative, la préséance du pouvoir
législatif sur les pouvoirs exécutifs, l'indépendance du pouvoir
judiciaire, et elle adhère aux libertés fondamentales définies dans
la Charte des droits et libertés de la personne[67]. La centrale partage
donc les principes fondamentaux sur lesquels repose la société
démocratique; sa seule ambition est d'en voir respecter l'esprit et
d'en améliorer le fonctionnement.

Une intervention accrue de l'État dans les domaines économique et social constitue une autre voie d'action de la FTQ. Puisque
l'économie capitaliste ne permet pas le plein emploi ni le développement harmonieux des forces productives, l'État doit intervenir
davantage dans le champ économique par la planification, la nationalisation de certains secteurs industriels et le contrôle de plus en
plus poussé de l'épargne collective. À cet égard, la FTQ est d'une
remarquable constance pendant toute la période.

Dès 1963, en effet, elle réclame l'étatisation des compagnies
minières, des industries de la pulpe et du papier et des compagnies

UNE SOCIÉTÉ DE DOMINATION

Caricature de Jean Paré parue dans *Le Métallo*, organe au Québec des Métallur-gistes unis d'Amérique.

d'assurance[68]. Son intérêt marqué pour un meilleur contrôle de la gestion de l'économie par la planification étatique remonte aux revendications de la FUIQ. Les nationalisations visent surtout les industries du secteur des richesses naturelles (hydro-électricité, gaz, pétrole, amiante, etc.) et certains secteurs clés de l'économie qui sont considérés comme essentiels au développement équilibré du Québec (sidérurgie, produits chimiques et pétrochimiques, etc.)[69]. La formation de sociétés d'État par le gouvernement provincial (SGF, SIDBEC, SOQUIP, REXFOR, etc.) est bien accueillie, mais on souhaite que celui-ci augmente son appui financier et élargisse leur champ d'action. En 1971, pour la première fois, la FTQ propose également la nationalisation progressive de l'épargne collective (compagnies d'assurance-vie, assurance-automobile et caisses de retraite) afin de «pouvoir orienter cette épargne en fonction des priorités québécoises de développement économique et social[70]». À l'extérieur de ces secteurs nationalisés, la centrale trouve qu'il y a place pour l'entreprise privée tout autant que pour le mouvement coopératif qu'elle ne juge pas assez développé dans l'économie. Toutefois, l'action de l'État demeure au centre de la vision économique de la FTQ[71].

De même, le gouvernement est invité à jouer un rôle de premier plan dans l'accès aux biens sociaux comme l'éducation, la santé et le logement, car la disparité des revenus engendre l'inégalité devant ces services fondamentaux. Le gouvernement doit donc s'assurer que l'ensemble de la population jouisse de services médicaux gratuits, d'un revenu de retraite décent et de logements à prix modique, tout en facilitant l'accès à la propriété pour les travailleurs. Quant à l'éducation, la FTQ demande dès 1965 la gratuité scolaire à tous les paliers de l'enseignement. La démocratisation de l'éducation continue d'être une préoccupation de la centrale même après les grandes réformes du début des années soixante.

Finalement, l'avènement d'une société sociale-démocrate requiert la syndicalisation massive des travailleurs et travailleuses. Selon la FTQ, il est illusoire de penser que les non-syndiqués puissent obtenir une juste part de la richesse qu'ils créent. Incapables de créer un juste rapport de forces avec l'employeur, ils sont à la merci de l'arbitraire patronal, d'autant plus que les lois du travail apparaissent insuffisantes pour permettre la syndicalisation de la majorité des travailleurs. C'est pourquoi, depuis 1967, la centrale réclame des modifications au Code du travail de manière à rendre possible l'accréditation multipatronale. Ces amendements permettraient l'accréditation d'unités de négociation comprenant des travailleurs d'entreprises différentes dans un même secteur industriel. Le syndicat requérant, une fois obtenue l'adhésion de la majorité des travailleurs dans un secteur donné (par exemple, les employés de restaurants d'un quartier) pourrait négocier une convention collective avec les employeurs regroupés dans un groupe patronal unique[72]. L'accréditation multipatronale mettrait alors le syndicalisme à la portée des travailleurs et travailleuses largement sous-syndiqués des services, du commerce et de la petite entreprise.

Deux documents publiés par la FTQ: l'un illustre la radicalisation de la centrale au début des années 1970, l'autre l'importance accordée à la promotion du français comme langue de travail.

Depuis sa fondation, la FTQ est restée fidèle aux principes qui sous-tendent son projet de société. Au début des années soixante-dix toutefois, au lendemain de l'élection du gouvernement Bourassa, de la crise d'Octobre et de la grève de *La Presse*, le discours de la centrale s'est radicalisé comme en font foi le document *L'État, rouage de notre exploitation* (1971) et les rapports du président de 1971 et de 1973 (*Un seul front* et *Le combat inévitable*)[73]. La critique du régime capitaliste se fait plus virulente: on s'en prend au système qui, dans sa logique du profit maximal, opprime la classe ouvrière, et on dénonce le contrôle sans précédent qu'exerce le pouvoir économique sur l'appareil politique. La centrale lance alors un appel à l'unité de toutes les forces progressistes en «un seul front» pour instaurer, le mot est lancé, une «société socialiste».

Mais cette radicalisation du discours ne donne pas lieu à une redéfinition de l'idéologie, comme le démontrent les précisions apportées au projet de société au cours des années ultérieures. La mutation se situe sur le plan de la critique sociale sans que soient remises en cause les orientations sociales-démocrates. D'ailleurs, aussitôt le gouvernement Bourassa défait, l'analyse sociale devient plus modérée.

Du fédéralisme renouvelé à la souveraineté-association

Sur la question nationale, la position de la FTQ s'est considérablement modifiée. En effet, alors que la FPTQ et la FUIQ voyaient d'un mauvais œil le nationalisme canadien-français, la FTQ s'associe aux objectifs de la Révolution tranquille et appuie les revendications autonomistes de «l'État du Québec». Une résolution adoptée en 1963 propose ainsi de «tout mettre en œuvre pour revaloriser l'État provincial du Québec et lui faire donner enfin sa mesure dans les domaines relevant de sa juridiction[74]».

Il est extrêmement significatif que la FTQ, pour la première fois de son histoire, participe officiellement aux fêtes de la Saint-Jean en juin 1965[75]. Rappelons que, lorsque l'idée est lancée dans les années vingt de déclarer le 24 juin fête légale, le Conseil des métiers et du travail de Montréal, qui regroupait les syndicats internationaux de la métropole, s'y opposa en alléguant que les fêtes chômées étaient déjà assez nombreuses et qu'il ne convenait pas de favoriser une nationalité au détriment des autres[76]. Les valeurs cléricales et conservatrices que véhiculait le nationalisme canadien-français à cette époque le rendait suspect aux yeux des syndicats internationaux. Mais avec la Révolution tranquille, le projet de société associé au nationalisme s'est transformé dans un sens proche de la vision sociale de la FTQ; il devient ainsi plus facile pour la centrale de partager les grandes lignes de ce nationalisme.

L'indépendantisme, par contre, apparaît excessif. À la FTQ comme dans les autres centrales, l'affirmation de l'autonomie provinciale ne débouche pas sur l'adhésion à la souveraineté du Québec: on juge le fédéralisme canadien assez flexible pour s'accommoder d'un élargissement des pouvoirs du Québec. «La Confédération canadienne, affirme une résolution de 1963, est le cadre le plus propice à l'épanouissement de la nation canadienne-française, à condition d'être réaménagée dans sa constitution et son fondement[77].» À chaque congrès, de 1963 à 1967, le séparatisme est condamné vigoureusement parce que contraire aux intérêts des travailleurs. Il s'agit, croit-on à l'époque, «d'une idéologie bourgeoise qui réduirait le standard de vie des travailleurs du Québec et qui créerait des bouleversements sociaux qui seraient au désavantage des Canadiens de langue française[78]».

La réforme souhaitée de la constitution s'oriente vers un renforcement du caractère bilingue et biculturel du Canada. Le mémoire soumis en 1966 au comité de la constitution de l'Assemblée législative propose un «fédéralisme adapté» qui comprendrait l'égalité absolue des deux langues dans l'administration fédérale et dans certaines provinces. L'année suivante, la FTQ invite le CTC à constituer un conseil binational consultatif composé d'un nombre égal de syndiqués de langue française et de langue anglaise, qui verrait à faire des recommandations sur la constitution canadienne, le biculturalisme et le bilinguisme, et sur les relations fédérales-provinciales[79]. En somme, la centrale croit possible de réconcilier le réaménagement du fédéralisme selon la dualité culturelle du Canada avec l'aspiration d'un Québec fort et autonome.

Mais à partir du congrès de 1967 et surtout celui de 1969, la FTQ révise ses options, si bien qu'en 1980 elle appuie le projet de souveraineté-association du Parti québécois. Plusieurs événements survenus sur la scène politique ébranlent en effet la position constitutionnelle de la centrale. La fondation, en 1967, du Mouvement souveraineté-association ayant à sa tête René Lévesque donne au projet indépendantiste une allure de respectabilité. Puis, en 1969, les manifestations pour des droits linguistiques des francophones (université McGill et Saint-Léonard) et la vive opposition à la loi 63 qui consacre la «bilinguisation» du Québec aiguisent le nationalisme. L'idée d'indépendance gagne de nombreux travailleurs qui votent en faveur du PQ en 1970 (50% des «militants FTQ», selon F. Daoust)[80].

La tendance vers l'unilinguisme français apparaît en 1967 avec une résolution qui prie le gouvernement de prendre les mesures nécessaires pour donner la priorité au français comme langue de travail et de promotion au Québec[81]. Prenant conscience que l'érosion de la langue française commande des mesures énergiques de protection, les délégués proposent, deux ans plus tard, que tous les enfants de Néo-Québécois s'inscrivent à l'école publique francophone[82]. Forte d'une résolution réclamant le français comme seule langue officielle en territoire québécois, la centrale exige en 1971 le rappel de la loi 63 et, en 1974, dénonce la loi 22 qui s'inscrit «dans une longue tradition d'à-plat-ventrisme envers les intérêts étrangers[83]». En revanche, la Charte de la langue française (loi 101) adoptée en 1977 par le gouvernement péquiste reçoit un appui inconditionnel[84]. Le droit de travailler en français pour la majorité exige, selon la FTQ, des mesures coercitives à l'adresse

Pour la première fois, la FTQ participe au défilé de la fête de la Saint-Jean en 1965. Elle veut montrer qu'elle est une centrale authentiquement québécoise. (Archives de la FTQ)

des entreprises. Encore en 1983, malgré les progrès du français en milieu de travail, la centrale prie le gouvernement de ne pas relâcher sa vigilance.

En ce qui concerne l'indépendance également, la volte-face est importante. Les dénonciations virulentes du «séparatisme» cessent au congrès de 1969. La centrale commence à se rapprocher du Parti québécois dont les thèses nationalistes et sociales-démocrates lui plaisent. Selon un sondage réalisé au congrès de 1973, 76,1% des délégués auraient voté pour le PQ aux dernières élections provinciales[85]. Comme nous le verrons plus loin, les délégués mettent en veilleuse, en 1973 et en 1975, l'idée de former un parti ouvrier sur la scène provinciale; en revanche, et pour la première fois ouvertement, la centrale donne son appui au Parti québécois lors de la campagne électorale de 1976. Certes, on prend soin de préciser que cet appui tactique n'est pas un appui au projet

---

Document 5.1

La FTQ et le référendum

(Le président Louis Laberge évoque les principales raisons qui incitent sa centrale à recommander de voter «oui» au référendum de 1980.)

L'intérêt de la FTQ pour les questions constitutionnelles et pour l'avenir du Québec n'est pas nouveau; toute notre histoire est jalonnée de prises de position à caractère ou à incidence constitutionnels. Dès 1961, la FTQ affirmait le droit du Québec à l'autodétermination et reconnaissait l'existence de deux nations au Canada, dont l'une avait pour expression politique et juridique l'État provincial du Québec. Si la FTQ a déjà rejeté ce qu'elle appelait «l'option séparatiste», elle a aussi rejeté carrément la confédération telle qu'elle existait et existe toujours et elle a réclamé une redéfinition des liens entre le Québec et le Canada.

La FTQ a aussi adopté, à l'occasion de luttes précises et au fil des années, de multiples positions au plan économique, social et culturel qui ont des implications constitutionnelles. De ces prises de position se dégagent un bilan très lourd pour le régime fédéral: celui-ci a généralement favorisé le Canada anglais, et tout particulièrement l'Ontario, au détriment du Québec. La prétendue vocation du régime fédéral d'équilibrer le développement économique entre les diverses régions du Canada est une faillite gigantesque. Les politiques économiques et fiscales de l'État fédéral, notamment dans le domaine des subventions aux investissements, ont toujours été à la remorque du grand capital anglophone et n'ont jamais été conçues en fonction des intérêts des Québécois.

La FTQ a aussi toujours dénoncé le gaspillage que constituent les dédoublements de juridiction entre le fédéral et le gouvernement québécois.

---

de souveraineté-association proposé par le PQ, mais il n'en reste pas moins que, peu avant le référendum, les 2200 délégués réunis en congrès spécial disent oui, à plus de 90%, à la négociation de la souveraineté-association.

Ce choix politique s'impose, selon les dirigeants de la centrale, en raison d'une insatisfaction marquée tant à l'endroit du système constitutionnel qu'à l'endroit des politiques fédérales «qui ont généralement favorisé le Canada anglais et tout particulièrement l'Ontario au détriment du Québec[86]». Tel qu'il a fonctionné, le système fédéral canadien n'a pu répondre aux attentes des Québécois qui aspirent à une clarification et à un rapatriement de juridictions au Québec[87]. D'ailleurs, on juge que les politiques économiques et

Prônant un socialisme démocratique dans lequel l'État aurait un rôle détermi-nant à jouer dans un développement planifié en fonction des besoins de la majorité, la FTQ a revendiqué de multiples rapatriements de pouvoirs d'Ottawa vers le Québec.

Notre position dans le présent débat doit aussi tenir compte de notre lutte, incessante depuis le début des années 1960, pour un Québec français. C'est sans doute au plan linguistique que s'est manifestée de la façon la plus scandaleuse l'oppression nationale; pour le travailleur québécois franco-phone, ne pas être capable de travailler dans sa langue ou être réduit à des postes subalternes à cause de son unilinguisme, c'est être étranger dans son propre pays. Il est d'ailleurs significatif de voir que les salaires les plus bas, les emplois les moins intéressants et le chômage le plus fréquent sont encore, dans une bonne mesure, le lot des francophones unilingues et, dans une moindre mesure, celui des francophones bilingues. Il faut par ailleurs souligner que cette lutte de la FTQ pour la reconnaissance du français comme langue de travail, s'est toujours faite dans le respect des travailleurs anglophones et allophones, qui sont d'ailleurs très nombreux dans nos rangs.

C'est en tenant compte de l'ensemble de ces positions, ainsi que de la situation particulière de la FTQ au sein du mouvement syndical canadien, que le Conseil général a dégagé la recommandation sur laquelle vous serez invités à vous prononcer aujourd'hui. Cette recommandation en faveur d'une réponse affirmative à la question posée au référendum, n'est donc pas une surprise; c'est le prolongement logique et normal des positions élaborées et défendues par la FTQ depuis plus de 20 ans.

Source: Extraits du discours inaugural, *Question nationale, réponse syndicale,* 2ᵉ congrès extraordinaire, 19 avril 1980, p. 4-6.

fiscales de l'État fédéral sont une faillite et que les dédoublements de juridiction sont une source de gaspillage. Au plan linguistique, explique le président Laberge, «l'oppression nationale s'est manifes-tée de la façon la plus scandaleuse: pour le travailleur québécois francophone, ne pas être capable de travailler dans sa langue ou être réduit à des postes subalternes à cause de son unilinguisme, c'est être étranger dans son propre pays[88]». La FTQ en conclut qu'une nouvelle entente constitutionnelle s'impose et que la stratégie de la négociation proposée par le Parti québécois est valable. La centrale évite cependant de se prononcer sur l'indépendance elle-même. On évalue à près de 70% la proportion de ses membres qui ont voté «oui» lors du référendum de mai 1980[89].

La condition féminine: une préoccupation tardive

L'intérêt porté au travail féminin se manifeste très tard à la FTQ et avec moins de vigueur qu'à la CSN[90]. La FPTQ et la FUIQ étaient déjà moins attentives à cette question que la CTCC qui, impreignée de l'idéologie clérico-conservatrice, se souciait des répercussions du travail féminin sur l'institution familiale. Cette indifférence se maintient à la FTQ qui se limite, dans les années soixante, à des résolutions sur la parité salariale et la dénonciation du travail à domicile.

Ce n'est véritablement qu'en 1972, avec la formation d'un comité d'étude sur la condition féminine, qu'elle s'attarde aux problèmes particuliers des travailleuses. Soumis au congrès de 1973, le rapport du comité dénonce la division traditionnelle des rôles sociaux dont relève finalement la discrimination subie par les femmes sur le marché du travail et dont le système économique profite pour consolider son pouvoir[91]. Le rapport propose donc aux syndicats une politique de négociation visant à abolir les disparités salariales entre hommes et femmes et à éliminer les ghettos d'emploi réservés aux femmes. Les congrès ultérieurs préciseront ces réclamations et élargiront le débat à des préoccupations nouvelles. En 1977, la FTQ se donne une politique familiale axée sur le rôle de premier plan que doit jouer l'État pour aider les parents à éduquer et à prendre soin de leurs enfants (garderies, congé de maternité, contraception, etc.). En 1979, elle ajoute des réclamations nouvelles comme des programmes d'action positive visant à favoriser l'engagement et la promotion de la main-d'œuvre féminine, et l'interdiction des pratiques de harcèlement sexuel.

Pour pallier la sous-représentation des femmes dans les instances syndicales, le Comité de la condition féminine suggère, en 1981, que les programmes d'action positive s'appliquent également aux syndicats affiliés et à la centrale même. Bien qu'elles représentent 30% des membres, les femmes sont en effet largement sous-représentées dans les fonctions de direction. Désireuse de voir progresser plus rapidement le dossier de la condition féminine, la centrale nomme finalement, en 1982, une permanente à temps complet chargée de cette tâche.

LA CSN: VERS UN NOUVEAU PROJET DE SOCIÉTÉ

Pour la période qui nous occupe, l'événement marquant est, à la CSN, l'arrivée massive, dans les années soixante, des employés des secteurs public et parapublic. Grâce à cet afflux, la part de syndiqués québécois que la centrale regroupe augmente substantiellement passant de 25,7 à 30,5 % de 1961 à 1966 (tableau 5.6). Pour des raisons que nous analyserons plus bas, la CSN profite donc plus que les autres centrales de la syndicalisation des services publics.

Au cours de ces années, elle attire aussi des membres de syndicats concurrents. Elle parvient, par exemple, à en arracher un peu moins de 10 000 aux syndicats affiliés au CTC de 1964 à 1967. Ce sont ces changements d'allégeance qui poussent la FTQ, comme nous l'avons dit, à réévaluer sa stratégie au Québec.

Il va de soi que la syndicalisation des employés des services publics modifie profondément la composition des membres de la CSN. Alors qu'en 1960 les syndicats de métiers et d'industries constituent les trois quarts des effectifs, ils n'en représentent plus que le tiers en 1973[92]. En revanche, les fédérations qui regroupent

Tableau 5.6

**Unités syndicales et effectifs syndicaux affiliés à la CSN,
1961-1986**

	Nombre de syndicats	Effectifs	% des syndiqués québécois
1961	469	90 733	25,7
1966	799	190 454	30,5
1971	1 100	184 925	25,3
1976	1 082	151 951	19,2
1981	1 483	189 295	21,5
1985	1 665	209 000	21,5

Sources: Ministère du Travail et de la Main-d'œuvre, *Taux du syndicalisme au Québec,* 1971, p. 13; BFS, Loi sur les déclarations des corporations et des syndicats ouvriers (CALURA), 71-202, 1971, 1976, 1981, 1985.

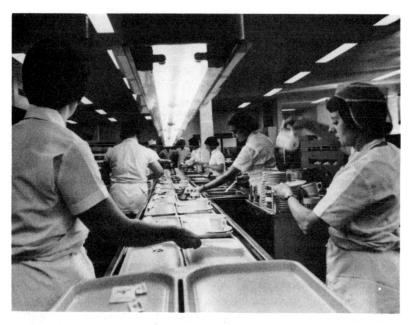

Employées aux cuisines dans un hôpital. En 1980, la Fédération des affaires sociales compte plus du quart des effectifs de la CSN. (Archives de la CSN)

les employés des services publics connaissent une expansion formidable; c'est par six et sept que la Fédération des employés des services publics et la Fédération des affaires sociales multiplient leurs effectifs de 1960 à 1975 (tableau 5.7).

De leur côté, la plupart des fédérations nées au temps de la CTCC voient leurs effectifs stagner ou régresser. Plusieurs doivent fusionner pour offrir un niveau de services acceptable. Ainsi, celles du cuir et du vêtement se regroupent en 1964, puis intègrent celle du textile en 1973. La Fédération du bois ouvré rallie celle du bâtiment en 1964 et la Fédération de la métallurgie fusionne avec celle des mines quatre ans plus tard. Dans le secteur de l'imprimerie, la Fédération est dissoute en 1970 et la Fédération nationale des communications, qui lui succède en 1972, réunit surtout des employés des médias de communication. Comme à la FTQ, les fédérations de cols bleus souffrent de la très faible croissance du volume de la main-d'œuvre dans la consturction et le secteur manufacturier. En outre, la scission de 1972 s'est faite largement au détriment des fédérations du secteur privé.

Tableau 5.7

Effectifs des fédérations affiliées à la CSN, 1960-1986

	1960	1970	1980	1986
Barbiers-coiffeurs	541			
Bâtiment	18 697	20 510	15 500	21 000
Bois ouvré	2 158			
Cuir-chaussure	4 248			
Vêtement	4 720	7 688		
Textile	8 362	8 299	4 000	
Imprimerie-information	4 646	3 248	4 500	4 000
Métallurgie	15 436	30 589	22 000	20 000
Mines	4 721			
Industrie chimique	3 047			
Pâtes et papier	7 351	9 608	18 000	14 000
Commerce-bureau	3 260	13 482	13 650	22 000
Affaires sociales	9 104	49 263	70 000	93 000
Services publics	4 520	23 224	25 000	27 500
Ingénieurs et cadres		3 591	2 006	2 800
Enseignants		3 311	12 000	14 000
Syndicat des fonction-naires provinciaux		29 662		
Non fédérés	3 303	1 226	530	565

Source: CSN, Procès-verbal du congrès, 1960, p. 62; 1970, p. 181; *Répertoire des organisations de travailleurs au Canada*, 1980, 1986. Dans le tableau, les espaces vides indiquent que la fédération n'a pas encore été créée, qu'elle est disparue ou qu'elle s'est fusionnée.

Après l'euphorie des années soixante, la décennie suivante est particulièrement affligeante pour la CSN. La création de la Centrale des syndicats démocratiques (CSD) en 1972 l'ampute d'environ 30 000 membres, auxquels s'ajoutent les 30 000 fonctionnaires provinciaux, les 6000 travailleurs de l'Alcan et les 3000 chauffeurs d'autobus de la CTCUM.

Une seconde vague de défection, à la fin de 1975, se solde par le retrait d'environ 20 000 travailleurs et travailleuses regroupés dans des syndicats numériquement importants (infirmières, profes-sionnels du gouvernement, employés de la SAQ). C'est de suspen-sion qu'il faudrait d'ailleurs parler puisque, ici, on refuse de se rallier à la décision de la centrale de hausser la cotisation du fonds de grève. Ces syndicats, qui appartiennent au secteur public et parapublic, sont peu intéressés à renflouer le fonds de grève dans la mesure où leurs arrêts de travail sont trop courts pour que leurs membres profitent de ce fonds.

Ces pertes d'effectifs réduisent l'importance de la CSN qui ne compte plus que pour 19,2 % du total des syndiqués au Québec en 1976[93]. Ses efforts d'organisation ultérieurs lui permettent de combler les pertes, mais ce n'est que dix ans plus tard qu'elle dépasse le niveau de 1971.

Le schisme de 1972

Les événements entourant la création de la CSD constituent l'épreuve la plus douloureuse subie par la CSN depuis sa fondation[94]. En l'espace d'une année, elle perd un peu plus du tiers de ses effectifs, soit environ 70 000 membres, dont un peu moins de la moitié forment la Centrale des syndicats démocratiques (CSD). Quant aux autres, ils préfèrent demeurer indépendants. Ainsi, les fonctionnaires provinciaux estiment pouvoir offrir eux-mêmes et à meilleur prix les services qu'ils reçoivent de la centrale[95]. Pour le syndicat de l'Alcan et celui des chauffeurs d'autobus, les motifs de désaffiliation s'apparentent à ceux des syndicats CSD[96]. La création de la nouvelle centrale, comme nous le verrons, est l'aboutissement d'un malaise né avec l'arrivée massive des employés du secteur public et parapublic, et avec le changement d'orientation idéologique qui s'en est ensuivi.

La crise, qui germe depuis plusieurs années, atteint son point culminant en 1972 lors de la grève du front commun qui dresse 210 000 travailleurs du secteur public et parapublic contre le gouvernement du Québec. Lorsque, le 22 avril, le gouvernement fait adopter une loi spéciale (loi 19) pour briser la grève du front commun, le comité exécutif de la CSN sort divisé: faut-il obtempérer à la loi ou lui désobéir? Les «trois D» (Paul-Émile Dalpé, vice-président; Jacques Dion, trésorier; Amédée Daigle, directeur des services) entendent respecter la loi, alors que le président Marcel Pepin et le secrétaire Raymond Parent suggèrent aux grévistes de demeurer en grève par solidarité avec le conseil de coordination du front commun. Le comité exécutif, où les

Les «trois D» à l'origine du schisme à la CSN: Jacques Dion, trésorier de la CSN, Paul-Émile Dalpé, vice-président, et Amédée Daigle, directeur des services. (Service des communications, CSD)

«trois D» sont majoritaires, met également en garde que la CSN ne pourrait assumer les frais que la désobéissance civile entraînerait. La décision du président et du secrétaire est appuyée par le Bureau confédéral, quelques jours plus tard, et les «trois D» sont indirectement blâmés pour leur prise de position. La division de l'exécutif crée beaucoup de remous au sein de la centrale: ainsi, le Conseil central de Montréal réclame la démission des «trois D», et le vice-président Dalpé est hué par plusieurs manifestants lors de l'emprisonnement à Québec des présidents des trois centrales qu'on venait de condamner à un an de prison pour avoir conseillé la désobéissance aux injonctions durant la grève du front commun.

L'élément décisif qui consacre la division de la CSN se produit le 17 mai, lors de la réunion à Québec du Conseil confédéral, l'instance suprême entre les congrès. Dès le début de la réunion, le président du Conseil central de Montréal propose une motion de blâme à l'endroit des «trois D». Une période de chahut s'ensuit qui donne l'occasion au président d'assemblée, P.-É. Dalpé, d'ajourner la réunion. Dès le lendemain, un télex parvient à tous les conseils centraux disant que 150 responsables syndicaux, dont les «trois D», ont décidé de convoquer une assemblée pour étudier deux hypothèses: ou bien «reprendre le contrôle de la CSN et faire un profond nettoyage», ou bien «former une nouvelle centrale syndicale[97]». La dépêche invite également tous les syndicats de la CSN à suspendre pour une période indéterminée les versements de leurs cotisations. Les dissidents se placent ainsi en marge des instances de la centrale et amorcent le processus de scission. L'assemblée du 22 mai, à laquelle assistent environ 1000 partici-pants, décide de la formation d'une nouvelle centrale. Le Conseil confédéral de la CSN suspend alors les «trois D» du comité exécutif, décision entérinée par les délégués au congrès, tenu le mois suivant.

Le président de la CSD, P.-É. Dalpé, prévoit que la nouvelle centrale comptera 75 000 membres en quelques mois[98], mais ils seront plutôt de l'ordre de 30 000, même si le gouvernement se presse pour modifier la loi des syndicats professionnels et la loi de la construction afin de reconnaître la CSD. Dès juillet, la CSN lance une contre-offensive qui prend la forme d'une tournée d'infor-mation dans les syndicats. On veille à ce que la volonté majoritaire et démocratique des membres soit respectée. Ce ressaisissement enraie le mouvement d'érosion; il n'évite pas toutefois de doulou-reux déchirements.

Peu de syndicats du secteur des services abandonnent la CSN; la grande majorité des syndiqués qui adhèrent à la CSD viennent plutôt des secteurs de l'industrie et des métiers (91% des adhérents en 1973). Les syndicats membres de la Fédération du vêtement et du cuir et ceux de la Fédération du textile passent presque en bloc à la nouvelle centrale, qui arrache aussi plusieurs syndicats à la Fédération du bâtiment et du bois et à la Fédération de la métallurgie et des mines[99]. Les dissidents proviennent surtout des régions rurales et des villes de taille moyenne, particulièrement de l'Estrie et des Bois-Francs, où ils représentent respectivement 46 et 34% des syndiqués de la CSN; dans les grands centres urbains de Montréal et Québec en revanche, les succès sont marginaux: 11 et 16% des syndiqués de la CSN[100]. La provenance régionale des syndiqués a moins d'importance que leur activité profession-nelle; c'est parce qu'elle recrute beaucoup de travailleurs du textile, du vêtement et des mines, surtout concentrés dans les Bois-Francs et l'Estrie, que la CSD y connaît du succès. Entraînant dans la scission surtout des cols bleus, la CSD ne réduit pas la présence de la CSN dans le commerce, les services hospitaliers et les services publics en général.

Si des milliers de travailleurs préfèrent quitter la CSN plutôt que d'utiliser les moyens démocratiques mis à leur disposition pour la réformer, c'est que le mécontentement est grand. Les dissidents reprochent à la direction de ne pas refléter l'opinion de ses membres, d'être contrôlée par un groupe d'intellectuels activistes, de négliger proprement l'action syndicale et de proposer une idéologie marxiste[101]. L'action politique partisane à laquelle se livrerait la CSN depuis le congrès de 1968 est fortement critiquée.

C'est lors du front commun de 1972 que la décision du président d'inviter les grévistes à ne pas respecter la loi de retour au travail fait déborder le vase. Selon les dissidents, il s'agit là d'un autre exemple de politisation des conflits de travail à laquelle se livrent les dirigeants. Cet événement suit de peu deux autres sources de frustration: l'affaire des «gars de Lapalme» et la publication du document d'étude *Ne comptons que sur nos propres moyens*. La longue grève des travailleurs de Lapalme, qui a débuté en mars

Les «gars de Lapalme» défilant devant le Parlement. Leur longue grève, où la CSN a investi beaucoup d'argent et d'énergie, se terminera par un échec. (*La Gazette du Travail*, juin 1974, p. 285)

1970, oppose le gouvernement fédéral aux travailleurs chargés de transporter le courrier dans la région de Montréal. Après avoir retiré le contrat de transport postal à une entreprise privée, le gouvernement refuse aux 450 camionneurs leur intégration collective à la fonction publique avec leur syndicat distinct et leur droit d'ancienneté. Pour les dissidents, la centrale a trop mis d'énergie et d'argent dans une cause perdue.

La diffusion en 1971 de *Ne comptons que sur nos propres moyens* suscite, d'autre part, beaucoup de remous parmi les membres conservateurs de la centrale. Le document, qui va beaucoup plus loin que les textes d'orientation publiés antérieurement, analyse l'évolution sociale en termes de lutte de classes; il rejette globalement le système socio-économique et propose le socialisme. Loin de partager ces points de vue, les «trois D», comme ceux qui rejoignent la nouvelle centrale, pensent au contraire qu'il est possible de réformer graduellement le système et qu'on a tort de vouloir tout chambarder.

Au fond, une partie substantielle de syndiqués n'accepte pas le virage idéologique qu'effectue la centrale au milieu des années soixante; elle se satisfait de l'humanisme libéral que la centrale a propagé jusque-là. Aussi, les attaques contre le présumé noyautage de la CSN par des intellectuels ou contre la politisation du syndicalisme sont plutôt secondaires; fondamentalement, c'est le contenu même du nouveau projet de société proposé par la centrale qu'on rejette.

Le mécontentement rallie de larges couches de syndiqués, surtout des cols bleus qui ne partagent pas la conception de l'action syndicale que se font des milliers d'employés du secteur public et parapublic. Ces travailleurs et travailleuses qui ont l'État comme employeur se politisent plus facilement; ils négocient avec l'État et subissent directement ses injonctions et ses lois spéciales. Par contre, les travailleurs du secteur privé n'établissent pas aussi facilement un lien entre l'entreprise privée et l'État. Pour eux, l'énergie dépensée à l'action politique est secondaire; leurs conditions de travail sont déterminées avant tout par des négociations à l'échelle de l'entreprise. L'action syndicale, disent-ils, doit d'abord se dérouler dans l'entreprise, puis, en second lieu, dans ses rapports avec les pouvoirs publics. En attachant moins d'importance au questionnement du rôle de l'État, une large portion de cols bleus refusent de suivre l'orientation que les employés du secteur public veulent donner à la centrale. Ils l'interprètent comme une politisation outrancière de l'action syndicale.

Socialisme et démocratie

Après être passée du corporatisme à un humanisme libéral, la CSN entreprend, à partir de 1966, un autre virage idéologique. Le cheminement ne s'explique pas seulement par l'arrivée de nouveaux membres et par le renouvellement de son leadership, mais aussi par l'émergence au Québec d'un mouvement socialiste influent dans les milieux intellectuels (*Parti pris*, *Socialisme*, *Révolution québécoise*) et par la pression qu'exercent les groupes populaires qui débordent les centrales syndicales sur la gauche.

La redéfinition des objectifs de société se manifeste à travers les rapports moraux du président, les documents émis par la centrale et les résolutions adoptées en congrès. Elle se traduit dans l'action par des attitudes nouvelles à l'égard des employeurs et de l'État qu'on a caractérisées en termes de radicalisation de la CSN et de politisation des relations de travail. La centrale définit, en effet, son nouveau projet de société par le socialisme; elle caractérise son action dans les entreprises comme un syndicalisme de combat et elle s'identifie fortement au nationalisme québécois.

La CSN a toujours rejeté le libéralisme économique; le refus qu'elle lui oppose maintenant ne constitue donc pas une nouveauté. Là où elle s'écarte de ses positions antérieures, c'est dans la vigueur avec laquelle elle dénonce le système en se fondant sur la théorie de la lutte de classes. Pour elle, les puissances d'argent constituent un super-pouvoir économique qui contrôle à la fois l'économie et l'État[102].

«La propriété privée des moyens de production, dit un rapport de la centrale, a conduit à une structure économique dont la seule règle est le profit maximum poursuivi au détriment des besoins sociaux de la population[103].» Selon la CSN, les capitalistes organisent la production selon les seuls critères de la rentabilité et du profit sans se soucier des conséquences sociales désastreuses que la poursuite de ces objectifs entraînent dans la population; le pouvoir économique est d'ailleurs concentré entre les mains d'un groupe de plus en plus restreint de capitalistes qui détient véritablement le pouvoir. Au Québec, ce groupe se compose très majoritairement de capitalistes américains, de capitalistes canadiens-anglais et d'une petite bourgeoisie locale. Les investisseurs américains consolident l'emprise des États-Unis sur le Québec, et empêchent la naissance d'entreprises québécoises; ils exploitent nos matières premières, profitent d'une main-d'œuvre à bon marché et réduisent notre rythme de croissance. Trop faible pour concurrencer le capitalisme américain, la bourgeoisie anglo-canadienne contribue à son expansion et sa consolidation. L'establishment francophone, enfin, sert de courroie de transmission pour des décisions prises ailleurs[104].

Ce super-pouvoir économique domine les gouvernements provincial et fédéral, qui lui servent de valets. Il dicte à l'État les grandes lignes de la conduite des affaires économiques et politiques. Le cabinet, le Parlement, les juges et la police sont des instruments de ce super-pouvoir économico-politique qui subordonne le bien commun à ses intérêts privilégiés et empêche l'émergence d'une véritable démocratie[105].

L'expansion du capitalisme, précise la centrale, s'accompagne d'un développement chaotique et anarchique de la société. C'est ainsi que la pauvreté naît dans l'abondance, le désordre marque la consommation, et l'instabilité économique provoque la hausse effrénée des prix, le chômage chronique et la fermeture d'usines[106]. «Les problèmes vécus par les travailleurs, diagnostique le rapport du comité exécutif au congrès de 1980, sont demeurés les mêmes: perte constante du pouvoir d'achat, maintien d'un haut niveau d'inflation, absence du droit à l'indexation des salaires et des prestations, chômage constant et élevé, multiplication des fermetures d'usines, longueur des conflits de travail, dureté de la répression gouvernementale, judiciaire, policière et patronale[107].» Le pouvoir économico-politique ne tolère pas que les travailleurs participent à la définition de l'organisation économique et politique de la société. Il réprime le mouvement syndical par les injonctions, les lois spéciales et la police; il emprisonne les chefs syndicaux et essaie d'écraser les forces progressistes qui se manifestent dans la société. L'approfondissement de la crise depuis 1982 et les attaques dont la centrale est l'objet de la part du patronat et du gouvernement confirment le diagnostic posé en 1971: il n'y a plus d'avenir possible dans le système actuel, il est impossible de le réformer, il faut donc le changer radicalement.

Depuis 1970, les centrales célèbrent la fête des travailleurs le premier mai au lieu du premier lundi de septembre comme dans le reste de l'Amérique du Nord. Le geste est symbolique de la radicalisation du syndicalisme québécois. (Archives de la CSN)

Le socialisme s'impose graduellement comme modèle de rechange dans la mesure où il permet une plus grande démocratie économique et politique. Sur la forme et le contenu de ce socialisme, la CSN poursuit encore sa réflexion. À la lecture des rapports et des mémoires de la centrale, on discerne cependant un certain nombre de points qui font consensus. Nous écartons de notre analyse le document *Ne comptons que sur nos propres moyens* souvent cité comme représentatif de son orientation radicale, car il ne constitue qu'un document d'étude qui n'a reçu l'approbation d'aucune instance de la centrale[108]. Par contre, nous retenons le rapport du «comité des 12», fruit d'une large consultation des membres pour évaluer leur opinion sur ce document. Approuvé au congrès de 1972, il retient la condamnation du capitalisme, mais demeure vague en ce qui concerne la forme et le contenu du socialisme préconisé.

Il n'est pas question de proposer un socialisme bureaucratique de type soviétique; la déviation totalitaire répugne à la centrale, qui désire placer son projet de société sous le signe de la liberté et de la démocratie: «Le socialisme doit élargir le champ de la

Ne comptons que sur nos propres moyens n'a jamais été adopté par une instance de la centrale. Par contre, *Il n'y a plus d'avenir...*, virulente critique du capitalisme, est endossé par le Bureau confédéral en septembre 1971.

liberté et non le restreindre[109].» Malgré les critiques qu'elle adresse au fonctionnement des institutions politiques (plus sévères après la crise d'Octobre), la CSN ne remet pas en question le régime de démocratie politique.

Selon la consultation menée parmi les membres de la centrale en 1972, le socialisme dont il s'agit signifie un rôle accru de l'État dans l'économie et une promotion vigoureuse du secteur coopératif. La société socialiste procéderait ainsi à une planification économique globale et ferait place à la participation des travailleurs et travailleuses à l'orientation et à l'administration des entreprises[110]. Quant à l'appropriation collective des moyens de production, le rapport du comité exécutif au congrès de 1978 parle de la nationalisation des grands moyens de production et de l'épargne à long terme (fonds de retraite, fonds d'assurance)[111], mais le congrès spécial sur la question nationale, en juin 1979, élargit beaucoup l'ampleur des nationalisations: «Le socialisme implique pour nous la socialisation, c'est-à-dire l'appropriation collective des moyens de production et d'échange; la redistribution de la richesse produite par le travail; la planification démocratique en fonction des besoins individuels et collectifs; le contrôle par les masses populaires, à tous les niveaux des institutions et activités économiques, politiques et culturelles[112].»

C'est là, en particulier, que le projet de société de la CSN se distingue de celui de la FTQ, qui restreint les nationalisations à certains secteurs clés de l'économie.

Pour contrebalancer le trop grand pouvoir que risquerait de prendre l'État, la CSN mise sur l'autogestion. Elle voit dans la possibilité pour les travailleurs et travailleuses de gérer leur lieu de travail une façon de démocratiser l'entreprise[113]. Au congrès de 1985, un accent tout spécial est mis sur la nécessité pour les syndiqués de mieux maîtriser les moyens de production et d'échange[114]. Le projet autogestionnaire demeure cependant vague. Là encore, la centrale prend soin de préciser qu'elle rejette tout modèle importé de socialisme et que la construction de la société nouvelle doit s'adapter aux besoins et à la mentalité des Québécois.

Sur les moyens préconisés pour parvenir à l'établissement du socialisme, le travail de réflexion au sein de la CSN reste encore plus largement à faire. En 1968, Marcel Pepin, dans son rapport moral, lance l'idée d'un «deuxième front» qui consisterait à déborder le cadre de la négociation collective pour mener les luttes au plan sociétal. Depuis cette époque, la centrale encourage la formation de comités d'action politique dans les villes et sur les lieux de travail pour mettre en place son projet de société. Et, en effet, en collaboration avec les autres centrales syndicales, de tels comités apparaissent; ils débouchent notamment à Montréal, en collaboration avec les groupes populaires, sur la formation d'un parti politique municipal, le FRAP. Mais la centrale se garde bien de faire de la politique partisane. On ne croit pas que ce soit le rôle d'une centrale syndicale de soutenir un parti qui risque de la paralyser et de lui faire perdre sa fonction de contestation et de revendication. Son action politique doit donc être plus large que l'action électorale.

La CSN voit dans les groupes populaires qui se développent depuis 1963 une façon pour les travailleurs de participer au pouvoir. Quelle que soit la forme que puissent prendre les organisations sociales et politiques (associations de quartier ou de locataires, groupes de consommateurs, coopératives d'habitation, etc.), la centrale encourage leur prise en charge par les travailleurs. C'est ainsi, soutient-elle, que s'instaurera la démocratie de participation et qu'on éliminera toute forme de domination. Ce raisonnement s'applique aussi aux entreprises, où le syndicalisme doit lutter pour donner aux travailleurs un véritable pouvoir de décision. «Le pouvoir des travailleurs, écrit Marcel Pepin, doit passer par une plus grande autonomie sur les lieux de travail, par des responsabilités accrues dans l'usine ou dans l'institution[115].» La CSN cherche à dépasser l'amélioration des conditions de travail de ses membres pour «gruger les pouvoirs exorbitants de l'entreprise et exercer un contrôle sur les conditions de travail[116]». Ce «syndicalisme de combat» vise donc à court terme à limiter l'exploitation des travailleurs et travailleuses et, à long terme, à changer le régime capitaliste, source de leur exploitation.

La question nationale

Le débat sur la question nationale n'épargne pas la CSN, qui, comme la FTQ, met un certain temps avant d'approuver le nationalisme québécois. Le nationalisme véhiculé par la centrale depuis sa fondation est en effet, nous l'avons dit, pancanadien. En 1964, par exemple, le congrès décide d'ouvrir un bureau à Toronto dans le but de répandre le mouvement à l'extérieur du Québec. Encore en 1966, dans le mémoire soumis conjointement avec la FTQ et l'UCC au comité de la constitution, on retrouve les positions traditionnelles de la centrale à l'égard de la langue française et de la question constitutionnelle[117]. Après avoir écarté la centralisation fédérale, le statu quo, les États associés et l'indépendance, le mémoire propose un «fédéralisme adapté» qui va dans le sens de l'autonomie provinciale, du bilinguisme et du biculturalisme. Les réformes proposées comportent une déclaration des droits et des libertés «enchâssée» dans la constitution et des retouches aux institutions fédérales. Dans le domaine linguistique, on réclame l'égalité absolue des deux langues, et au fédéral et dans les provinces ayant une minorité linguistique supérieure à 15%. Rappelons aussi qu'en 1967 la centrale refuse de participer aux États généraux du Canada français. En bref, elle se méfie du nouveau nationalisme québécois, dont on craint qu'il ne subordonne le social au national.

Des événements tels que l'entrée en scène du Parti québécois, la bataille contre la loi 63, la loi des mesures de guerre et le refus du gouvernement fédéral de remettre en cause les unités pancanadiennes de négociation conduisent la CSN, non sans tiraillements, à s'orienter vers l'unilinguisme français et à remettre en question fondamentalement le régime fédéral. En octobre 1969, le Conseil confédéral se prononce sans plus de détails en faveur de l'unilinguisme français au Québec, et le congrès de 1970 réclame du

Dans les années 1960, la CSN se méfie du nationalisme québécois. Le débat autour de la loi 63 provoque un revirement de ses positions. (*La Gazette du Travail*, novembre 1973, p. 674)

gouvernement que le français devienne la seule langue du travail et la langue officielle du Québec[118]. La CSN participe au Mouvement Québec français en 1969, et trouve la loi 22 trop timide (1974). Lorsque le gouvernement du Parti québécois présente, en 1977, la Charte de la langue française (loi 101), la centrale s'y rallie dans ses grandes lignes; «la langue anglaise, peut-on lire dans son mémoire sur la charte, doit être considérée comme une langue de fait, non de droit[119]».

Dans les années soixante-dix, la CSN lie l'indépendance du Québec à son projet de société socialiste. L'oppression nationale dont souffre le Québec devient une manifestation de l'exploitation capitaliste. Au congrès spécial de 1979, le rapport adopté par les délégués, sans se prononcer pour l'indépendance, conclut néanmoins que, pour lutter contre l'oppression nationale, la CSN appuie une «démarche d'appropriation par le peuple québécois des pouvoirs et institutions politiques, économiques et culturels[120]». Toutefois, elle prend bien soin de distinguer sa position de celle du Parti québécois, qui ne propose pas un changement fondamental de l'organisation sociale. «Un changement politique, peut-on lire dans l'analyse du livre blanc sur la souveraineté-association, n'a que très peu de sens

Document 5.2

Souveraineté et socialisme démocratique (1979)

(Le débat référendaire est l'occasion pour la CSN de prendre position sur la souveraineté-association et de préciser son projet de société. Nous tirons des extraits de la résolution générale adoptée au congrès spécial de juin 1979 sur la question nationale.)

La CSN ne s'engage pas dans cette démarche d'une manière politique partisane, mais d'une manière syndicale, en fournissant régulièrement, à partir de sa plate-forme de revendications, les éléments d'analyse et de critique nécessaires aux travailleurs pour leur permettre de s'assurer que leurs intérêts seront sauvegardés tout au long du processus d'appropriation des institutions, de façon aussi à influencer le débat et les choix politiques qui seront proposés au peuple par les partis politiques.

C'est essentiellement à ces conditions que, pour la CSN, la lutte contre l'oppression nationale s'inscrit dans la construction d'une société nouvelle, bâtie par la très grande majorité du peuple, en fonction des besoins et aspirations des travailleurs, des travailleuses et des couches populaires, ce que nous appelons une société socialiste et démocratique.

Cette société nouvelle, nous voulons la construire dans le respect des intérêts des autres peuples et en harmonie avec eux, contre toutes les formes de la domination impérialiste.

s'il ne vise en premier lieu la transformation des conditions de vie de ceux qui subissent les effets de l'oppression nationale[121].» Appelé à prendre position lors du référendum de mai 1980, le Conseil confédéral estime qu'il est dans l'intérêt des travailleurs de voter «oui» puisque la souveraineté-association signifierait l'atténuation de l'oppression nationale et qu'elle «créerait de meilleures conditions pour la construction d'une société nouvelle[122]». Sur la question nationale comme sur le projet de société socialiste, la réflexion de la centrale se poursuit, quoique, depuis l'échec référendaire, les débats n'aient guère fait de progrès. La crise économique porte davantage la CSN à s'intéresser à des questions plus concrètes: création d'emplois, changements technologiques, réduction du temps de travail, etc.

La façon pour la CSN d'affirmer son caractère représentatif des intérêts du peuple dans la réalisation de ces objectifs, c'est d'engager la réflexion et les débats sur les luttes à mener pour favoriser l'appropriation et la démocratisation des pouvoirs et institutions politiques nécessaires à la solution de la question nationale en fonction de l'avènement de notre projet de société.

Dans l'appropriation par le peuple québécois des pouvoirs et institutions politiques, économiques et culturels nécessaires à la solution de la question nationale, et dans le processus de démocratisation par l'accroissement de l'emprise des classes populaires sur ces pouvoirs et institutions, la nécessité d'une organisation politique autonome qui leur soit propre apparaît à mesure que notre démarche syndicale apporte une contribution à l'élévation de la conscience politique.

Tout en réaffirmant l'autonomie de la démarche syndicale, ce qui implique qu'elle ne saurait participer elle-même à la création d'une organisation politique, la CSN croit nécessaire que les travailleurs québécois se donnent une organisation politique qui leur soit propre afin de favoriser une plus grande convergence des luttes ouvrières et populaires et d'assurer une véritable transformation des pouvoirs et institutions politiques, économiques et culturels.

Source: *Procès-verbal du congrès spécial de la CSN*, juin 1979, p. 145-146.

La lutte des femmes

La situation des femmes dans la société est un des domaines où l'analyse de la CSN évolue considérablement au cours des vingt dernières années. Au début des années soixante, le travail des femmes est analysé en relation avec les charges familiales. Le comité féminin de la centrale, créé en 1952 pour élaborer un programme d'éducation et de revendications et pour susciter une participation accrue des femmes au syndicalisme, estime que la femme veut être reconnue comme travailleuse à part entière, mais en tenant compte de sa «condition particulière féminine[123]». Parmi les recommandations du comité, en 1962, on note l'institution par l'État de congés de maternité et la création de garderies[124].

Geste pour le moins surprenant, le comité recommande, en 1966, sa propre dissolution. L'état d'infériorité des femmes dans le syndicalisme relève, selon lui, de l'ancienne mentalité qui veut que la participation des femmes soit différente de celle des hommes.

Le comité refuse de perpétuer cette mentalité protectionniste de participation différente et limitée des femmes.

Mais ce choix ne se révèle pas très heureux: il a comme conséquence l'absence de débat aux congrès sur les problèmes particuliers aux femmes, au moment où le nombre de celles-ci augmente sensiblement au sein de la centrale. Remis sur pied en 1974, le comité de la condition féminine produit un premier document en 1976, *La lutte des femmes, combat de tous les travailleurs*, et un autre en 1978, *La lutte des femmes pour le droit au travail social*. Ces documents, approuvés en congrès, reconnaissent que la lutte des travailleuses est indissociable de la lutte des femmes et lient l'émancipation des femmes à l'abolition du régime capitaliste. Revendiquant le droit au travail social, on réclame en particulier un salaire égal pour un travail de valeur égale, un congé de maternité payé, un réseau public et gratuit de garderies, le droit à l'avortement libre et gratuit, la désexualisation des emplois. Les rapports de 1980, de 1982 et de 1984 analysent particulièrement la place des femmes sur le marché du travail. On met en lumière la division sexuelle du travail, la prolifération du travail à temps partiel, les conditions de travail et salariales discriminatoires, le harcèlement sexuel au travail et l'impact des changements technologiques sur les secteurs féminins d'emploi.

Depuis sa création, le comité organise des sessions d'information et s'efforce de mettre sur pied des comités de la condition féminine dans les syndicats, les régions et les fédérations. Il suscite la réflexion sur l'oppression des femmes, élabore des dossiers spéciaux sur des questions particulières et maintient des liens avec les autres centrales et groupes qui luttent pour les droits des femmes (organisation, notamment depuis 1974, de la Journée internationale des femmes). Dix ans après sa fondation, le comité trace, en 1984, un bilan positif de son action: organisation de 317 comités de condition féminine à la CSN, développement d'une véritable action sur les problèmes féminins et raffinement des sujets de revendication des femmes[125].

À la recherche de l'unité syndicale

Après l'échec des pourparlers sur l'unité organique entre la CSN et le CTC à la fin des années cinquante, la rivalité entre les deux centrales syndicales s'accentue pendant la Révolution tranquille.

Manifestation du 1er mai 1977. Dans les années 1970, la CSN lie la lutte des femmes à l'abolition du régime capitaliste. (Archives de la CSN)

L'affirmation du nationalisme québécois permet à la CSN de mettre en relief son enracinement au Québec et de présenter les unions internationales comme l'expression du colonialisme américain. Bien qu'elle croie en la nécessité de la solidarité des travailleurs, la CSN reconnaît aussi leur liberté fondamentale d'adhérer au syndicat de leur choix et de changer d'allégeance lorsqu'il le faut[126].

Le maraudage qu'elle entreprend contre les syndicats CTC-FTQ à compter de 1960 lui rapporte des dividendes. Pour la période de pointe de maraudage, soit d'avril 1964 à mars 1967, le changement d'allégeance favorise nettement la CSN: 86,7% des travailleurs concernés passent du CTC à la CSN, ce qui constitue un gain net de 9356 membres[127]. «Aucune centrale syndicale, clame Jean Marchand, n'a un droit éternel à l'adhésion des travailleurs[128].» C'est cette érosion de ses effectifs qui poussera la FTQ à rechercher une meilleure visibilité au Québec. La victoire qu'elle remporte en juin 1966 lors du vote d'allégeance syndicale pour représenter les travailleurs d'Hydro-Québec marque la fin de l'hémorragie pour les syndicats CTC-FTQ.

Selon la CSN, la solution aux conflits intersyndicaux passe non pas par des ententes de non-agression, mais par l'acceptation d'un code syndical qui «civiliserait» les changements d'allégeance.

Jean Marchand en fait la proposition en 1964, et l'idée est reprise l'année suivante dans une lettre de Marcel Pepin au président du CTC[129]. La FTQ se montre favorable aux pourparlers, mais, selon la constitution de la centrale, il appartient au CTC d'engager les discussions.

En août 1967, après l'adoption de la loi 25, qui suspend le droit de grève des enseignants, le président Pepin invite cette fois-ci directement la FTQ et la CIC à former un front commun des centrales en vue des négociations dans la fonction publique. Des rencontres ont lieu sur cette question et sur la réglementation des luttes intersyndicales. Du côté de la FTQ, la situation est, au début, compliquée, car le CTC exige de mener seul les négociations, mais on parvient finalement au compromis de mener conjointement les discussions[130]. En juillet 1968, lors de rencontres où la CEQ joue un rôle capital, les centrales s'entendent sur un protocole visant à prévenir le maraudage et à réglementer les luttes intersyndicales. Un projet d'accord est mis au point que les négociateurs prévoient soumettre à l'approbation des instances de chaque centrale. Mais il échoue finalement lorsque le maraudage dans la

Les présidents Louis Laberge, Raymond Laliberté et Marcel Pepin. La radicalisation favorise le rapprochement entre les centrales. (Archives de la CSN)

construction reprend à la faveur de la loi 290 qui prévoit des compagnes de recrutement simultanées[131].

Cet échec n'empêche toutefois pas l'unité d'action des centrales et des prises de position commune: tenue de colloques conjoints CEQ-CSN-FTQ dans une quinzaine de régions (1969-1970) et action concertée dans plusieurs dossiers (assurance-maladie, création de l'IRAT, crise d'Octobre, etc.). Mais surtout, pour la première fois, les trois centrales engagent en front commun les négociations dans le secteur public et parapublic en 1972. Parmi les gestes significatifs posés pour renforcer l'unité, il est bon aussi de signaler que, pour la première fois, les trois centrales invitent les présidents des organisations rivales à venir s'adresser à leurs délégués respectifs réunis en congrès.

La radicalisation des centrales n'est pas étrangère à leur rapprochement: l'accent mis sur l'opposition irréductible entre travailleurs, d'une part, patronat et gouvernement, d'autre part, les conduit tout naturellement à vouloir renforcer l'unité des travailleurs. «Dans le développement de la conscience de classe, fait valoir le secrétaire général de la CSN, la recherche de l'unité syndicale va de pair avec la contestation du capitalisme[132].»

Au cours des années soixante-dix, la CSN tente des efforts de rapprochement avec les deux autres centrales. En novembre 1975, le Conseil confédéral donne son accord de principe à l'idée d'un regroupement, organique ou non, des centrales québécoises et forme un comité de travail à cette fin[133]. La FTQ se montre peu empressée. Finalement, les relations avec la CSN se détériorent à l'occasion de conflits dans la construction (commission Cliche), la métallurgie et les services publics. L'élection du Parti québécois en 1976 avive les tensions entre les deux centrales: la CSN accuse la FTQ de collusion avec le gouvernement tandis que celle-ci lui reproche la présence de groupes extrémistes en son sein et son «charriage idéologique continuel et systématique[134]». «Les relations intersyndicales, constate le président de la FTQ en 1979, ont rarement été aussi tendues que présentement[135].» Même si des actions conjointes ont lieu en certaines occasions, l'humeur de la FTQ n'est pas à la concertation avec la CSN: elle se dissocie en 1978 des deux autres centrales pour la célébration de la fête des Travailleurs, le 1er mai, et ses délégués au congrès de 1981 repoussent une résolution qui invite à «une politique de collaboration avec les autres centrales chaque fois que l'intérêt des travailleurs ou une question à portée sociale le justifie[136]».

Les occasions d'affrontement étant moins fréquentes avec les syndicats d'enseignants, les relations entre la CSN et la CEQ évoluent sous de meilleurs auspices. Dans les années soixante-dix, la CEQ recherche aussi, comme la CSN, l'unité la plus large possible entre les travailleurs. C'est dans cet esprit que les deux centrales mettent sur pied, en 1977, un comité d'unité syndicale ayant pour tâche de préparer un échéancier et de susciter un débat parmi les syndiqués sur la nécessité de travailler à l'unité organique du mouvement syndical.

Cependant, lors de la réunion conjointe du Conseil général de la CEQ et du Conseil confédéral de la CSN en avril 1978, il devient évident qu'une fusion est prématurée et qu'il vaut mieux d'abord favoriser le rapprochement à la base en multipliant les occasions de réunions communes. À la CSN, les principales résistances viennent des syndicats du secteur privé, qui craignent d'être noyés dans une centrale très majoritairement constituée d'employés de l'État. À la CEQ, certains syndicats redoutent le peu d'influence qu'ils auraient dans une centrale plus vaste[137]. Les réserves les plus fortes viennent de la CEQ qui, comme nous le verrons plus loin, remet en cause plusieurs de ses orientations en 1977 et 1978. Même s'il ne sera plus question par la suite de fusion ou d'unité organique, les rapports demeurent cependant cordiaux et de nombreuses actions seront menées conjointement dans les années subséquentes, ce qui n'exclut pas qu'à l'occasion des divergences de point de vue surgissent.

LA CSD: UN SYNDICALISME DE CONCERTATION

Lorsqu'il est question d'unité syndicale, la FTQ, la CSN et la CEQ ne mentionnent jamais la Centrale des syndicats démocratiques, la plus petite et la plus jeune des organisations syndicales au Québec. Mise au ban du mouvement syndical, qui ne lui pardonne pas les circonstances de sa fondation, elle évolue en parallèle avec les autres organisations.

Lors de sa fondation, plusieurs observateurs prédisent une existence courte à la nouvelle centrale, qui n'est parvenue à arracher à la CSN qu'un nombre limité de syndiqués. Mais, en 1982, elle

Congrès de fondation de la CSD, 8-10 juin 1972. Environ 30 000 membres quittent la CSN pour se joindre à la nouvelle centrale. (Service des communications, CSD)

fête son dixième anniversaire avec, clame-t-elle, près de 60 000 membres, dont les trois quarts n'ont jamais appartenu à la CSN[138]. Cette donnée est probablement exagérée, quoique l'année 1982 marque un sommet en termes d'effectifs; le nombre d'adhérents diminuera par la suite (tableau 5.8).

Les difficultés de la CSD tiennent à ce qu'elle se concentre dans les secteurs traditionnels de l'économie québécoise, le textile et le vêtement, dont la main-d'œuvre chute radicalement. Composée à sa fondation presque entièrement de cols bleus, elle souffre également de la régression générale de l'emploi que connaît le secteur secondaire. En 1973, par exemple, 91,2% de ses membres proviennent de l'industrie manufacturière et des métiers du bâtiment[139]. Elle recrute ses adhérents surtout dans les petites et moyennes entreprises en dehors des grands centres urbains; les régions des Bois-Francs, de l'Estrie et du Lac-Saint-Jean fournissent 42% des membres en 1973[140].

La composition de la centrale change par la suite: la perte de cols bleus est compensée par l'arrivée de nouveaux adhérents dans le commerce et les services publics et parapublics. En doublant leur nombre au cours des dix dernières années, ils représentent le

Tableau 5.8

Effectifs de la CSD et des fédérations affiliées, 1973-1986

	Fédération du textile	Fédération de la métallurgie et des mines	Fédération du vêtement	CSD Total
1973	8 872	7 207	7 597	41 000
1976	8 917	11 124	5 552	39 988
1981	8 969	10 686	6 900	44 463
1986	6 067	7 000	5 200	35 967

Source: *Répertoire des organisations de travailleurs au Canada*, 1973, 1976-1977, 1981, 1986. Les données pour 1976 et 1981 sont légèrement différentes au tableau 5.3 puisque la source d'informations n'est pas la même.

quart des effectifs en 1982[141]. La CSD n'échappe donc pas, elle non plus, à la transformation de la structure occupationnelle de la main-d'œuvre. Toutefois, comme à l'origine, sa présence demeure surtout concentrée en province, à l'extérieur de Montréal et Québec.

Pendant ses premières années d'existence, la CSD se définit largement par opposition à la CSN. Les valeurs qu'elle met en relief sont celles précisément qu'elle reproche à la CSN d'avoir oubliées: la démocratie syndicale, l'indépendance politique et la méfiance à l'égard des modèles idéologiques[142].

Les dissidents qui quittent la CSN en 1972 reprochent principalement à celle-ci d'être manipulée par une poignée d'activistes peu scrupuleux des principes démocratiques. Ils vont donc s'efforcer de mettre en place un modèle organisationnel qui favorise la participation directe «des travailleurs de la base». Ainsi, les membres de l'exécutif sont élus au suffrage universel et non pas, comme c'est l'usage dans les autres centrales, au suffrage indirect des délégués au congrès; toute question importante doit être mise aux voix au moyen du référendum; et l'accent est mis sur la représentation directe des syndicats aux congrès de la CSD plutôt que sur la délégation provenant de structures intermédiaires (conseils régionaux, fédérations, etc.)[143]. Avec ces garanties de démocratie, font valoir ses dirigeants, la CSD reflète le plus parfaitement possible les véritables aspirations de ses adhérents. Ce n'est qu'à cette condition que les travailleurs peuvent devenir des «agents dynamiques de transformation sociale[144]».

Même si la CSD dit n'appartenir à aucun courant idéologique, on peut néanmoins dégager de son discours une conception de l'organisation sociale et du rôle que le syndicalisme est appelé à y jouer. Comme les autres centrales, elle pense que «la société industrielle provoque toutes sortes d'inégalités entre les hommes: inégalités de richesses, de connaissances, de liberté et de pouvoir, et que ces inégalités s'accroissent au rythme de la croissance du progrès technologique et de la société de consommation[145]». La tâche est donc, pour elle aussi, d'assurer la promotion collective des travailleurs et travailleuses et d'opérer un «changement profond de la société[146]». Mais la CSD n'apporte pas de précisions sur le modèle de société recherchée; elle fait valoir que ce sont les syndiquées eux-mêmes, selon leurs propres besoins et à leur propre rythme, qui devront en définir le contenu[147]. Son expérience douleureuse à la CSN a appris à la direction à se méfier du «messianisme» des intellectuels et des projets de société qu'ils formulent.

D'ailleurs, elle croit qu'il appartient aux partis politiques de proposer des choix de société. La lutte que mènent la CSN et la FTQ pour l'avènement d'une société socialiste est donc assimilée à un engagement politique partisan. Et comme la CSD se fait un point d'honneur de ne pas faire de politique, elle se refuse à préciser son projet de société. Les choix politiques, pense-t-elle, demeurent la responsabilité individuelle des membres; la centrale doit respecter la pluralité des engagements politiques des syndiqués. Établissant une distinction très nette entre l'action syndicale et l'action politique, la centrale en déduit que «la vocation du syndicalisme est incompatible avec celle des partis politiques[148]».

Fidèle à cette position, la CSD demeure neutre lors des élections provinciales de 1973 et de 1976 alors que les autres centrales exhortent leurs membres à défaire le gouvernement libéral. Même en 1980, pendant le débat référendaire, qui suscite une intense activité chez les autres centrales, elle reste silencieuse, toujours pour respecter la liberté individuelle de ses membres[149].

L'apolitisme de la CSD concerne l'action électorale, mais non les pressions auprès des pouvoirs publics. Régulièrement la centrale présente aux gouvernements des mémoires en vue d'améliorer la condition ouvrière. Ainsi, en 1975, elle remet au premier ministre un manifeste où elle définit ses positions sur la situation du Québec. Elle plaide en particulier pour un rôle dynamique de l'État dans l'économie, pour un meilleur accès à la syndicalisation et pour le maintien du droit de grève dans les services publics[150]. Au fédéral, elle s'inquiète notamment de la réduction des barrières tarifaires, mesure qui met en danger les milliers d'emplois dans les industries du textile, du vêtement et de la chaussure. À plusieurs reprises, elle fait front commun avec les associations patronales pour protéger ces industries. Pendant les années soixante-dix, ses revendications laissent entrevoir un projet de société qui, dans ses grands traits, s'apparente à celui des autres centrales syndicales: un rôle accru de l'État dans l'économie, l'appui aux institutions démocratiques, un meilleur accès à la syndicalisation, la sécurité du revenu et la francisation du Québec. La modestie des réformes et les moyens utilisés pour les faire valoir la distinguent encore toutefois de ses rivales.

Il est cependant une revendication, mise en avant depuis 1979, qui tranche avec le discours des trois autres centrales. Elle a trait à une nouvelle définition du rôle du travailleur dans l'entreprise qui vise à démocratiser la gestion de celle-ci. Pour faire face aux nouveaux défis créés par la crise économique et l'implantation de nouvelles technologies, la CSD croit en effet dépassée la stratégie de l'affrontement encore suivie par les autres centrales; elle propose plutôt la concertation dans l'entreprise en favorisant la participation des travailleurs à la propriété et à l'organisation de leur milieu de travail[151]. Dans le but de maintenir des emplois, elle encourage les travailleurs à investir et à contribuer à la relance de leur entreprise. Elle les invite également à s'associer paritairement avec l'employeur aux décisions visant à améliorer la qualité de vie au travail: des formes plus humaines d'organisation du travail permettent en même temps d'accroître la productivité. Pour la CSD, les travailleurs ont une responsabilité directe dans la gestion efficace des entreprises, car la hausse du niveau de vie est intimement liée aux gains de productivité[152]. Pour leur part, les employeurs doivent abandonner leurs méthodes d'organisation aristocratiques pour privilégier la gestion démocratique de leurs entreprises; ils y trouveront eux aussi leur profit.

La CSD propose également d'étendre sa volonté de coopération sur le terrain politique afin, dit-elle, que les travailleurs puissent faire connaître leurs revendications. La concertation avec le gouvernement et les autres agents socio-économiques reçoit un appui total de la centrale. Sans aucune hésitation, elle participe activement à tous les sommets économiques et aux tables sectorielles de concerta-

En 1975, le président de la CSD, Paul-Émile Dalpé, remet au premier ministre Robert Bourassa son premier manifeste intitulé *Pour un changement radical des structures sociales au Québec.* (Service des communications, CSD)

tion organisées par le gouvernement du Parti québécois. Elle invite même des représentants du patronat et du gouvernement à participer à ses congrès, ce que ne font plus les autres centrales depuis 1970. «Ce n'est pas dans l'affrontement, écrit son président, mais plutôt dans la convergence des efforts que la société progressera[153].»

Comme on peut le constater, le «nouveau syndicalisme» dont se réclame la CSD, met l'accent sur la collaboration avec le patronat et le gouvernement. Même si elle est mêlée, comme nous le verrons, à un nombre relativement important de conflits de travail compte tenu de sa taille, le discours de la centrale s'oriente davantage, depuis les années quatre-vingt, vers la recherche de l'harmonie sociale, ce qui s'explique notamment par le faible pouvoir de négociation de ses syndiqués, qui œuvrent surtout dans de petites entreprises frappées durement par la crise et menacées même de disparition. La CSD juge alors que la stratégie d'affrontement est dépassée et qu'il vaut mieux se concerter avec les employeurs pour assurer la viabilité des entreprises.

DE LA CIC À LA CEQ

Ce n'est qu'en 1974 que la CEQ adopte son appellation actuelle de Centrale de l'enseignement du Québec et qu'elle devient une véritable centrale syndicale, cherchant à représenter un éventail complet des travailleurs de l'enseignement. Déjà en 1967, elle abandonne son nom d'origine, la Corporation des instituteurs et institutrices catholiques, pour celui de Corporation des enseignants du Québec. Même si elle se définit alors comme une centrale non confessionnelle, elle ne rompt pas complètement, comme le nom l'indique, avec son caractère corporatiste.

Au début des années soixante, elle combine toujours l'action syndicale à ses visées corporatistes. Mais avec l'arrivée de Raymond Laliberté à la présidence, en 1965, elle accentue son action syndicale et ajoute à ses objectifs l'action socio-politique. Elle entend intervenir sur la place publique à propos de questions qui dépassent les stricts problèmes de l'enseignement. Cette dimension de l'action syndicale prendra encore davantage d'importance dans les années soixante-dix quand, à l'exemple de la CSN, la CEQ remettra en cause le système capitaliste.

Du corporatisme à l'action politique

À la mort de Duplessis, la CIC obtient du gouvernement Sauvé, en décembre 1959, l'adoption d'une loi importante, la loi 154, qui corrige les affronts que le gouvernement précédent avait faits aux enseignants. Le traitement minimal est porté de 600$ à 1500$ par année pour toutes les commissions scolaires, le droit à l'arbitrage est restauré pour les enseignants en milieu rural, des améliorations sont apportées au fonds de pension et l'adhésion à la centrale, avec cotisation à la source, devient automatique pour tous les enseignants catholiques.

L'adhésion obligatoire se traduit par une augmentation significative des adhérents dont le nombre vient bien près de doubler en 1960-1961 (tableau 5.9). Le recrutement individuel des membres drainait antérieurement une somme importante d'énergie, surtout en milieu rural. Selon son président, la Corporation regroupait moins de la moitié des enseignants laïcs en 1956-1957 (39,1%)[154].

Tableau 5.9

Effectifs des syndicats d'enseignants, 1959-1986

	CIC/CEQ	Provincial Association of Catholic Teachers	Provincial Association of Protestant Teachers
1959	16 200		
1960	28 483		
1966	54 258		
1971	70 000		
1976	82 548		
1981	81 033	3 766	6 200
1986	91 251	3 081	6 000

Sources: Pierre Dionne, *Une analyse historique*, p. 162; *Répertoire des organisations de travailleurs au Canada*, 1976, p. 53; 1981, p. 109; 1986, p. 19. On ne connaît pas les effectifs des associations anglophones de 1959 à 1977.

Au cours des années soixante, la croissance des effectifs de la CIC se poursuit dans la foulée de la réforme scolaire qui amène des milliers de nouveaux venus à la profession enseignante. Les religieux et religieuses adhèrent également de plus en plus nombreux à la CIC — la loi de 1959 les excluait de l'adhésion obligatoire. La centrale lorgne aussi du côté des enseignants du secteur privé (collèges classiques), des écoles techniques et du secteur anglo-protestant. C'est pourquoi elle songe dès 1964 à modifier son nom pour celui de Corporation des enseignants catholiques, puisque le mot instituteur l'identifie trop aux enseignants des niveaux primaire et secondaire[155]. Voyant la CSN affilier certains groupes d'enseignants, elle fait diligence aussi pour réaliser «l'unité de la profession».

Le début des années soixante est marqué par des réformes profondes du système d'éducation, dans le sens d'une démocratisation du réseau scolaire et d'une intervention accrue de l'État provincial. «La Grande Charte de l'Éducation» de 1961 institue notamment la gratuité absolue de l'école publique et oblige les commissions scolaires à dispenser l'enseignement secondaire jusqu'à la onzième année. Le gouvernement met sur pied à la même occasion une commission royale d'enquête sur l'enseignement (commission Parent) qui recommande, en 1963, la nomination d'un ministre de

Présentation au conseil des ministres par Léopold Garant, président de la CIC, du projet de loi 154, en 1959, qui rétablit l'adhésion obligatoire et le droit à l'arbitrage pour les enseignants ruraux. (Archives de la CEQ, 314-6)

l'Éducation. Peu de temps après, le ministère est créé, non sans avoir soulevé une violente controverse. C'est le moment aussi où le ministre Paul Gérin-Lajoie lance «l'Opération 55» destinée à instaurer cinquante-cinq commissions scolaires régionales.

On ne peut pas dire que la CIC joue un rôle très actif dans l'adoption de ces mesures. À l'exception de la fréquentation scolaire obligatoire, les revendications de la CSN et de la FTQ concernant la gratuité scolaire et la démocratisation de l'enseignement ne faisaient pas partie des réclamations de la CIC pendant les années cinquante. Ce n'est qu'en 1960 que la centrale s'éveille à ces questions, et encore en se montrant plus conservatrice que le reste du mouvement syndical. Devant la commission Parent, elle défend la confessionnalité du système scolaire et réserve des pouvoirs bien limités au ministère de l'Éducation qu'on propose d'instaurer[156]. Lors de la présentation du projet de loi créant ce ministère, elle fait front commun avec la Fédération des commissions scolaires catholiques et la Fédération des collèges classiques pour que le

Conseil supérieur de l'éducation, chargé de conseiller le ministre, ait un droit de veto sur toutes les questions d'ordre académique. Mais lorsque ce problème revient sur le tapis, au congrès d'août 1963, c'est pour voir les délégués désavouer par une forte majorité la position de leur exécutif[157]. Le ministre de l'Éducation, peut-on lire dans la résolution, doit jouir «d'une autorité véritable» sur tous les aspects du système d'éducation. Cette décision représente le premier coup de barre par rapport au type de syndicalisme pratiqué depuis le schisme de 1952.

Un autre revirement significatif se produit au même congrès et a trait au nouveau code du travail que propose le projet de loi 54. Les enseignants ne veulent pas être régis par une loi d'exception, mais par les mêmes dispositions que tous les autres salariés, avec le droit de faire la grève[158]. Pour la première fois, la CIC fait front commun avec la CSN et la FTQ pour que le gouvernement reconnaisse le droit de grève aux employés des services publics. Déjà en décembre 1963 et en février 1964, des grèves illégales éclatent chez les enseignants de la commission scolaire de Sainte-Foy et du diocèse de Sherbrooke. Finalement, en décembre 1965, par un amendement au Code du travail, le gouvernement reconnaît le droit de grève aux enseignants. Il se réserve toutefois le droit de l'interdire pendant quatre-vingts jours lorsque l'arrêt de travail «compromet l'éducation d'un groupe d'élèves». Les changements d'orientation de la centrale se feront encore plus décisifs sous la présidence de Raymond Laliberté qui remplace, en 1965, Léopold Garant, à la tête de la CIC depuis 1951.

Une enseignante et ses élèves, début des années 1960. (Office du film du Québec)

Depuis sa fondation, la CIC se définit à la fois comme une corporation et comme une centrale syndicale. Sous la direction de Léo Guindon, on insiste sur l'action syndicale, sous celle de Léopold Garant, sur la dimension corporative. On cherchait à présenter l'enseignant comme un véritable professionnel guidé par le bien commun de la société et soucieux de son perfectionnement académique. La CIC se présentait comme une centrale catholique partageant une conception chrétienne de l'enseignement et cherchant à faire régner l'harmonie et la collaboration entre les groupes intéressés à l'éducation. L'action syndicale était subordonnée au bien-être de la profession et les revendications «légitimes» ne devaient pas troubler la paix et la concorde avec les commissions scolaires. Cet esprit se retrouve, par exemple, dans une résolution adoptée en congrès en 1960: la CIC réclame des commissions scolaires la signature de conventions collectives en faisant valoir qu'un contrat de travail est un facteur de paix dans les relations entre employeurs et employés et qu'il est recommandé par la doctrine sociale de l'Église[159].

Cette conception du syndicalisme enseignant commence à être remise en question au début des années soixante. Une équipe de huit candidats aux élections du conseil d'administration, en 1961, veut faire passer l'action syndicale avant les questions professionnelles. Et même si le président Garant est réélu, par une faible majorité d'ailleurs, le groupe d'opposants réussit néanmoins à faire élire quatre de ses candidats[160], qui parviennent graduellement à s'assurer une influence prépondérante au sein de la direction.

Pendant les cinq années où Raymond Laliberté la dirige, la CIC se transforme radicalement. Au congrès de 1966, les délégués, à deux contre un, proposent la suppression de l'épithète catholique (Corporation des enseignants du Québec) du nom de la centrale. Comme à la CSN en 1960, on fait valoir que la CEQ doit pouvoir regrouper tous les enseignants du Québec, quelles que soient leur langue et leur foi. Après un long débat, la proposition est finalement adoptée (191 contre 102)[161]. Dernière étape de la déconfessionnalisation: le congrès de 1969 remplace le règlement de la constitution où la CEQ dit se conformer à la doctrine sociale chrétienne par un autre qui se réfère aux principes énoncés dans la Charte des droits de l'homme[162]. Dans le mouvement de «décléricalisation» de la société québécoise, la centrale prend ainsi ses distances à l'égard de l'Église catholique.

Manifestation contre la loi 25, en 1967, qui impose aux enseignants une convention collective et instaure pour l'avenir un régime provincial de négociation collective. (Archives de la CEQ, 138-16)

Autre changement majeur d'orientation décidé au congrès de 1966, la CEQ ajoute à ses objectifs professionnels et syndicaux son intention de s'engager dans l'action socio-politique. Important «corps intermédiaire», elle souhaite intervenir sur la place publique, non plus seulement sur des questions intéressant l'enseignement, mais aussi sur des problèmes plus larges touchant l'évolution de la société. Déjà l'année précédente, elle soumettait un mémoire à la commission Laurendeau-Dunton où elle réclamait la reconnaissance dans la constitution canadienne de deux nations et d'un statut particulier pour le Québec[163]. Dans son discours aux délégués en 1966, le président Laliberté invite les membres à se sensibiliser aux problèmes de pauvreté dans la société[164]. Deux ans plus tard, à la suite de l'adoption de la loi 25, qui suspend le droit de grève des enseignants, la centrale va encore plus loin en mettant sur pied des comités d'éducation et d'action politique[165]. En élargissant ses horizons au-delà de questions professionnelles, la CEQ aspire à jouer le rôle d'une véritable centrale syndicale.

Dans cette optique, ses objectifs corporatistes apparaissent de plus en plus dépassés. Ils sont interprétés à la fin des années soixante comme un souci de la qualité pédagogique de l'enseignement. L'accent est mis sur l'action revendicatrice. La centrale se porte ainsi à la défense d'enseignants en grève en janvier 1966 et elle organise l'année suivante la riposte à la loi 25. Première loi d'exception qui suspend le droit à la libre négociation dans les secteurs public et parapublic, cette loi bouleverse complètement les règles du jeu de la négociation collective en éducation: le gouvernement se substitue aux commissions scolaires, fixe d'autorité les conditions salariales des enseignants, suspend le droit de grève jusqu'en juin 1968 et instaure pour l'avenir un régime de négociation collective à l'échelle provinciale.

La CEQ réagit vigoureusement contre le projet de loi. Elle lance un appel à la solidarité des autres centrales syndicales, qui participent à une manifestation de protestation à Québec, le 12 février 1967. Et lorsque, le 17 février, la loi est adoptée, les enseignants observent massivement une journée symbolique de grève. Certains dirigeants laissent planer la menace d'une démission massive des enseignants, mais les délégués au congrès spécial écartent ce moyen de pression et se rallient à l'idée de négocier avec le gouvernement. La centrale devient ainsi le principal maître d'œuvre de la négociation, ce qui accentue l'importance de son action proprement syndicale.

La lutte contre la loi 25 fait sentir aux enseignants la nécessité de sortir de leur isolement et de s'allier à la CSN et à la FTQ, qui ressentent aussi le besoin de serrer les rangs de peur que le gouvernement n'enlève également le droit à la négociation à leurs syndicats des secteurs public et parapublic. Acquise aux objectifs de rapprochement intersyndical, la CEQ participe activement aux pourparlers avec les deux autres centrales pour réglementer le maraudage; elle collabore aussi aux colloques régionaux conjoints de 1969-1970; et son congrès de 1969 lui recommande de passer graduellement à un véritable front commun destiné à remettre en question les politiques économiques du gouvernement[166].

Entre 1965 et 1970, la CEQ abandonne ainsi l'idée qu'elle regroupe des «professionnels» pour se concevoir comme une centrale de travailleurs et travailleuses, au même titre que la CSN et la FTQ. À son congrès de 1970, elle met en branle le processus de réforme de ses structures pour les ajuster à ses nouvelles orientations. Le nouveau président qui y est élu, Yvon Charbonneau, accentue encore davantage les préoccupations sociales et politiques.

Le durcissement des positions

La transformation des structures de la CEQ, de corporation profes-sionnelle en centrale syndicale, s'accomplit à travers plusieurs congrès. Après avoir adopté le principe d'une réforme de la consti-tution en 1970, les congrès de 1971 et de 1972 établissent le processus de cette opération. La nouvelle organisation, à qui on donne le nom de Centrale de l'enseignement du Québec, naît en 1972 avec des statuts provisoires qui seront ratifiés par les syndicats d'enseignants au cours des deux années suivantes. Au terme de ce long processus, la centrale s'incorpore en 1974 en vertu de la loi des syndicats professionnels et invite le gouvernement à supprimer sa loi corporative de 1946.

Le choix du nom de la centrale, où le mot enseignant n'appa-raît pas, entend souligner que la CEQ réunit des travailleurs d'autres secteurs de l'enseignement. En effet, depuis 1971, des employés de soutien et des professionnels non enseignants de commissions scolaires, de cégeps et d'universités rejoignent ses rangs. Ils sont suivis à partir de 1975 de travailleurs spécialisés œuvrant dans le domaine des loisirs. Cependant, ils ne forment encore qu'une minorité, 3,8 % des effectifs en 1976, 8,6 % en 1981[167]. Les gains de ce côté l'amènent quand même à ambitionner, en 1985, de devenir une vaste centrale des secteurs public et parapublic.

L'orientation vers l'action politique qu'on décèle à la fin des années soixante débouche, quelques années plus tard, sur la défini-tion d'un projet de société. La CEQ emboîte alors le pas à la CSN et à la FTQ et radicalise son discours. Dans des documents d'orien-tation soumis aux délégués de 1971 à 1975 et dont la pensée se reflète dans l'ensemble du discours de la centrale, la CEQ emprunte à l'idéologie marxiste sa critique de la société québécoise[168]. Comme partie intégrante du système capitaliste, l'économie du Québec, rappelle-t-on, repose sur la propriété privée des moyens de produc-tion. Le capital s'étant concentré entre les mains d'une minorité de possédants qui exploitent les travailleurs, la société s'est divisée en deux grandes classes, la classe bourgeoise très minoritaire, qui détient les principaux moyens de production, et la classe majoritaire, formée de travailleurs et de travailleuses qui sont obligés de vendre leur force de travail pour subsister. Dans ce conflit de classes irréductible, la CEQ invite les enseignants à se rallier aux travail-leurs pour éliminer les rapports d'exploitation[169].

Toujours selon l'analyse de la CEQ, les gouvernements du Québec et celui d'Ottawa ne sont pas, comme ils veulent le laisser croire, des arbitres impartiaux: ils assurent la défense de l'ordre établi au profit de la classe dominante. Pour protéger le système capitaliste, l'État a recours à des appareils répressifs (Parlement, tribunaux, armée, police, etc.) et à des appareils idéologiques qui visent à légitimer le système actuel. L'école est une des institutions idéologiques destinées à transmettre l'idéologie dominante et à reproduire les rapports sociaux d'exploitation.

À partir de cette analyse de la société et du rôle de l'école, la CEQ prend parti pour la classe ouvrière et se propose de transformer l'école afin de faire échec à l'idéologie bourgeoise. Dans le document *École et luttes de classes au Québec* (1974), elle développe ce qu'elle appelle une «pédagogie de conscientisation», visant à créer des noyaux de résistance à l'idéologie dominante. Selon cette démarche, les enseignants doivent faire prendre conscience aux étudiants des intérêts de classe des travailleurs et de la nécessité de s'organiser pour lutter[170]. Cette pédagogie, que certains qualifieront de propagande, sera l'objet d'attaques sévères à l'extérieur de la centrale. Il n'en sera plus explicitement question par la suite; le projet d'école publique adopté au congrès de 1980 demeure beaucoup plus modéré sur les objectifs et les moyens recommandés pour éveiller les étudiants «au vécu et aux intérêts des travailleurs[171]».

Autant les documents d'orientation peuvent être précis sur la critique du fonctionnement du système capitaliste, autant ils demeurent vagues sur le projet de société appelée à le remplacer. L'analyse de la société à partir d'une problématique marxiste devrait normalement conduire la CEQ à proposer un type de société socialiste. Mais ce terme n'est jamais employé et on ne va guère plus loin que de parler d'éliminer le régime capitaliste, d'extirper l'exploitation des travailleurs, de bâtir une société véritablement démocratique, sans classes sociales, égalitaire et juste. On reporte à plus tard, en consultation avec les membres, l'élaboration d'orientations socio-politiques plus précises. Sur ce point, le discours de la CEQ demeure encore plus évasif que celui de la CSN, dont elle partage cependant l'essentiel de la critique sociale.

La redéfinition idéologique de la centrale au cours des années soixante-dix la conduit également à s'interroger sur le statut de l'enseignant. On explique qu'avec le passage de la société québé-

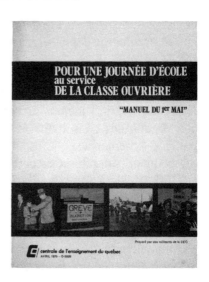

Documents adoptés en 1972 et 1975 illustrant la radicalisation de la CEQ. Le «manuel du 1er mai» destiné à être utilisé en classe suscitera la controverse.

coise du monde rural et artisanal au monde urbain et industriel, l'enseignant est devenu un salarié comme les autres, «à qui l'on achète sa capacité de produire au niveau idéologique, en lui indiquant quoi dire et comment le dire, quoi faire et comment le faire[172]». Le «professionnalisme» est donc un leurre, et l'action syndicale et la solidarité avec le reste du mouvement ouvrier des nécessités. Cette conclusion explique pourquoi la CEQ favorise l'unité d'action et envisage même, en 1976, une fusion avec la CSN.

Selon la CEQ, la lutte contre le capitalisme commande l'unité des travailleurs et du mouvement syndical. Les négociations avec le gouvernement en front commun vont aussi faire sentir la nécessité d'un rapprochement avec les autres centrales. C'est au congrès de 1972, après les douloureuses négociations du front commun et l'emprisonnement des chefs syndicaux, que les délégués donnent mandat à leurs dirigeants d'étudier la possibilité d'une intégration des forces syndicales[173]. La recherche de l'unité est relancée lors des négociations de 1975-1976; cette fois, les délégués se déclarent en faveur de l'unité organique du mouvement syndical et ils chargent leurs dirigeants de promouvoir la fusion des centrales québécoises[174]. Des négociations sont aussitôt entreprises avec la CSN (la FTQ reste à l'écart) et le Conseil général de la CEQ, en juin 1977, envisage sérieusement l'unité organique des deux centrales. Mais, après consultation des enseignants, on juge cette démarche prématurée et on préfère en rester à l'unité d'action[175].

Les mêmes raisons qui poussent la CEQ à favoriser l'unité intersyndicale, la radicalisation idéologique et la négociation dans le secteur public l'incitent à répudier sa politique de participation aux organismes consultatifs et administratifs gouvernementaux et paragouvernementaux. Refusant de «cautionner», ne serait-ce qu'indirectement, «un régime essentiellement répressif et réactionnaire», la CEQ décide à son congrès de 1972 de retirer ses représentants des organismes consultatifs du gouvernement, du ministère de l'Éducation, des commissions scolaires et des écoles. C'est, dit la résolution, «une collaboration inopportune et contraire à l'intérêt des travailleurs[176]».

La radicalisation de la CEQ, à partir de 1972, s'apparente à celle de la CSN, et elle survient à un moment où la FTQ devient également plus critique à l'égard du système capitaliste. L'orientation de ces deux centrales a un effet d'entraînement sur la CEQ

Yvon Charbonneau, président de la CEQ, en compagnie de Louis Laberge et Marcel Pepin lors d'une manifestation à l'appui des grévistes de la Canadian Gypsum à Joliette en 1973. La CEQ tient à montrer qu'elle est une autenthique centrale syndicale. (Archives de la CSN)

qui veut prouver qu'elle est une véritable centrale syndicale. Les négociations de 1972 et l'emprisonnement du président de la CEQ se révèlent également des catalyseurs formidables pour éliminer les réticences des enseignants[177]. L'image que projette le gouvernement Bourassa, associée au grand capital, contribue à raffermir le militantisme des enseignants. Le journal *Le Devoir* titre lors du congrès de 1973: *Les dirigeants de la Centrale des enseignants sont débordés par le radicalisme des délégués*[178]. Il faut ajouter que le contexte politique au Québec, au tournant des années soixante-dix, est propice à la contestation sociale: le processus électoral apparaît bloqué par la faiblesse de l'opposition aux élections de 1970 et 1973, la question nationale demeure entière, les manifestations de protestation à Montréal sont nombreuses et tournent souvent à la violence, des centaines de syndiqués sont arrêtés lors de la crise d'Octobre, etc. Sur la scène internationale, c'est l'époque des mouvements de contestation étudiante, de la guerre du Vietnam, de la lutte contre l'impérialisme, du développement de la contre-culture, etc. Tous ces éléments avivent les forces de contestation et créent un climat propice au désir de changement social.

Le ressac après l'élection du PQ

Particulièrement pour les enseignants, le contexte change du tout au tout à la fin de 1976, avec l'arrivée au pouvoir du Parti québécois. Le caractère réformiste du programme du PQ plaît à de nombreux enseignants — une trentaine sont d'ailleurs élus députés de ce parti en novembre 1976. La coexistence de l'aile péquiste et de l'aile radicale de la CEQ n'a pas rencontré de problème tant que l'adversaire commun était le gouvernement libéral de Robert Bourassa. Mais l'arrivée du PQ au pouvoir change les données du problème: il devient difficile d'identifier le gouvernement du Québec à la classe dominante et de mener contre lui une lutte à outrance. Plusieurs des orientations de la centrale sont donc remises en question à partir du congrès de 1978.

Signe du changement qui tiraille la centrale, un nouveau président, Robert Gaulin, défait Yvon Charbonneau en 1978. Il plaide pour un plus grand pluralisme à la direction de la centrale et pour un rapprochement entre la direction et ses membres[179]. Au même congrès, l'adoption de la *Proposition d'école*, projet d'école qui vise à diffuser de nouvelles valeurs dans la société, est reportée au congrès suivant: on exige qu'il fasse l'objet d'une vaste opération de consultation auprès des membres. Et pourtant, le document est beaucoup plus modéré que ne le laissait prévoir la pédagogie de conscientisation. Ses propositions sont adoptées au congrès de 1980 sans changement majeur par rapport à la version initiale.

Sur la question de l'unité intersyndicale, les enseignants font marche arrière. Devant la réticence des syndiqués à endosser le projet de fusion avec la CSN, le Conseil général de la CEQ réévalue ses positions au début de 1978. Il juge l'unité organique prématurée, sans renoncer pour autant à poursuivre le débat sur l'unité syndicale[180]. Cette controverse a des répercussions sur l'adhésion à la négociation en front commun en 1978. Après consultation, le tiers des syndicats, dont l'Alliance des professeurs de Montréal, se prononcent contre cette participation[181]. Beaucoup d'enseignants ont l'impression qu'ils font les frais des luttes en front commun, où l'on met en avant des objectifs sociaux comme le relèvement du salaire minimum ou une réduction des écarts des échelles salariales qui ne les concernent pas directement ou même qui les pénalisent[182]. C'est la solidarité avec le reste du mouvement ouvrier qui est remise en cause par ces réactions. Cependant, la direction de la CEQ restera acquise à la nécessité de faire front commun avec les autres centrales et de poursuivre l'unité d'action. C'est ce qu'elle fera en 1982 devant l'intention du gouvernement de rouvrir les conventions collectives, et pour résister aux décrets, l'année suivante.

En ce qui a trait à la question de la participation de la centrale aux organismes consultatifs et administratifs du gouvernement, la CEQ revoit la pratique d'abstention suivie depuis 1972. Ses nouveaux dirigeants veulent doter la centrale de principes plus souples afin de mieux réagir selon la conjoncture. Très majoritairement, les délégués au congrès de 1980 souscrivent à «une stratégie adéquate de représentation syndicale», lorsque le Conseil général le jugera à propos[183]. Même si la résolution précise que la centrale rejette la concertation sociale et toute forme de tripartisme, cette décision constitue un renversement significatif de ses rapports avec l'État. Dans cette veine, le Conseil général autorise, en 1984, la participation de la CEQ aux conférences socio-économiques et à

différentes commissions et organismes consultatifs du gouvernement[184].

Le débat sur la question nationale représente un autre moment
où les divisions entre l'aile radicale et l'aile péquiste se font sentir.
L'évolution des positions de la CEQ est parallèle à celle de la
CSN. Dans les années soixante, la centrale partage les objectifs
nationalistes traditionnels du Canada français: reconnaissance de
l'existence et de l'égalité des deux nations au Canada, promotion
du bilinguisme et souci de protéger l'autonomie législative du
Québec[185]. La prise de conscience de l'érosion progressive de la
langue française au Québec, à l'occasion des luttes contre les «bills»
63 et 22, va faire basculer la centrale vers l'unilinguisme français[186].
L'idée de l'indépendance du Québec gagne également de plus en
plus de sympathisants parmi les enseignants. Un premier sondage
réalisé en 1968 montre que déjà 37 % des membres de la CEQ y
sont favorables; ce pourcentage augmente à 54 % en 1973[187]. L'année précédente, les délégués du congrès adoptaient sans grands
tiraillements une résolution d'appui à l'indépendance[188].

L'élection du Parti québécois et sa décision de soumettre
l'option souverainiste à un référendum ravivent la question en 1978.
Comme à la CSN, les documents d'orientation de la CEQ[189], après
avoir diagnostiqué l'oppression nationale du peuple québécois,
concluent à la nécessité de l'indépendance du Québec, mais en liant
cet objectif à la construction d'une société nouvelle. L'oppression
nationale étant le résultat du développement du système capitaliste,
on en déduit que seul un changement de système peut servir les
intérêts des travailleurs québécois. Proposé par la classe petite-
bourgeoise, le projet du Parti québécois est rejeté: on juge qu'il
ne répond pas aux attentes véritables des travailleurs. Seule une
analyse de la question nationale en termes de rapports de classes
et de luttes pour l'établissement d'une société pour les travailleurs
peut justifier la recherche de l'indépendance du Québec.

Mais cette problématique de la question nationale, qui emprunte beaucoup à l'analyse marxiste, se heurte à une forte opposition des membres lors d'une consultation organisée parmi les enseignants en avril 1979. C'est à plus de 70 % que les répondants
rejettent la position de lier l'indépendance à un projet de société
«bâtie en fonction des travailleurs[190]». Pour exprimer leur désappro-
bation, les deux tiers d'entre eux refusent même que la centrale

participe au débat public sur la question nationale. Au congrès spécial de juin 1979 tenu sur ce sujet, c'est l'abstention que choisissent majoritairement les délégués; tout au plus réaffirme-t-on le droit du peuple québécois à l'auto-détermination[191]. C'est pourquoi, contrairement aux deux autres centrales, la CEQ restera à l'écart du débat référendaire. Son abstention sur une question aussi importante témoigne du ressac créé par l'orientation idéologique de la centrale et du sentiment, chez beaucoup d'enseignants, que la CEQ veut contrecarrer le projet péquiste.

La division sur la question nationale convainc alors les dirigeants qu'un congrès d'orientation s'impose pour réévaluer les positions idéologiques de la centrale. Il se tiendra en juin 1982 après consultation des membres. On assiste alors à une révision des positions de la centrale. Il n'est plus question d'abolition du système capitaliste, de luttes de classes ni d'opposition irréductible entre l'État et les travailleurs. On maintient toutefois que les intérêts des enseignants sont liés à ceux des autres travailleurs et travailleuses. Mais la CEQ refuse de se définir en fonction d'un système économico-politique; elle conçoit son action dans le sens de «l'obtention de *réformes* sociales, économiques et politiques», tout en ajoutant qu'elle poursuit «la transformation des rapports sociaux dans le sens des intérêts des travailleurs[192]». Elle se veut donc à la fois réformiste tout en recherchant à transformer à plus long terme la société. Ce double objectif reflète deux courants de pensée d'égale force à l'intérieur de la centrale: l'un veut un changement fondamental du système économique, l'autre plaide pour des réformes sans remettre en question le système capitaliste[193]. La centrale recherche un compromis entre ces deux tendances afin de préserver une unité fragile.

Les enseignants anglophones

Fondée en 1959, la Provincial Association of Catholic Teachers (PACT) réussit graduellement à déborder la région montréalaise et à recruter les enseignants catholiques anglophones en province. Un de ses objectifs est d'obtenir du gouvernement une reconnaissance légale et le fractionnement des certificats d'accréditation de syndicats de la CIC selon des critères linguistiques[194]. Cette démarche ne plaît évidemment pas à la CIC, qui propose aux enseignants anglophones d'adhérer à elle comme «section provinciale» ayant une large autonomie[195]. Mais l'association anglo-catholique persiste dans ses intentions et obtient finalement, en 1969, la reconnaissance légale réclamée. La centralisation des négociations à l'échelle provinciale va cependant obliger la PACT à négocier conjointement avec la CIC et les enseignants protestants (PAPT) au cours des rondes de négociation du secteur public. Les trois centrales devront harmoniser leurs revendications et suivre une stratégie commune.

Pour la Provincial Association of Protestant Teachers (PAPT), la négociation provinciale représente un défi de taille: ses syndicats, qui se contentent d'accords à l'amiable avec les commissions scolaires protestantes, n'ont jamais négocié sous l'empire du Code du travail, et leurs relations avec les syndicats francophones sont pour ainsi dire inexistantes. En 1967, lorsque le «bill» 25 instaure la négociation provinciale, le gouvernement permet à la PAPT de se soustraire à la loi et de conclure des ententes directement avec les commissions scolaires protestantes. Mais l'association s'y refuse, préférant la solidarité avec la CEQ à l'exclusivisme anglo-protestant. Elle négociera conjointement avec la CEQ cinq autres conventions collectives après 1967, et ce même si la question linguistique les divise profondément depuis l'adoption de la loi 63[196].

Les deux syndicats anglophones, la PACT et la PAPT, prêchent les vertus du bilinguisme et défendent la liberté de choix des parents d'envoyer leurs enfants au réseau scolaire francophone ou anglophone. Ils s'accordent pour appuyer certaines mesures de protection du français au Québec, mais à l'exclusion de toute mesure coercitive gouvernementale[197]. L'adoption de la loi 101, en obligeant les parents d'immigrants à envoyer leurs enfants à l'école française, se traduira par une baisse de la clientèle dans le réseau scolaire anglophone et une diminution des effectifs enseignants (tableau 5.9).

* * *

La Révolution tranquille transforme profondément le syndicalisme. À un gouvernement qui a peu de sympathie pour l'action syndicale succède, en 1960, l'administration libérale de Jean Lesage dont le projet social s'apparente à celui des centrales. Le gouvernement vote tout un ensemble de mesures qui permettent au Québec de rattraper le «retard» sur les autres sociétés nord-américaines. L'ampleur des réformes et le dynamisme de la société québécoise aiguisent les attentes des travailleurs syndiqués qui aspirent à un changement social encore plus profond. Les centrales radicalisent leur critique sociale et le socialisme démocratique s'impose comme solution au capitalisme. La question nationale et un contexte international propice à la contestation (mai 1968 en France et opposition à la guerre du Vietnam) amplifient le mécontentement et favorisent la mobilisation.

Le ralentissement des réformes sous l'administration de l'Union nationale et le parti pris du gouvernement libéral de Robert Bourassa pour le fédéralisme, la libre entreprise et un rôle discret de l'État déçoivent les syndiqués qui misent au contraire sur son intervention accrue. Le climat social s'alourdit après la crise d'Octobre, le front commun de 1972 et la réélection du Parti libéral en 1973. Les relations s'améliorent avec l'élection du Parti québécois en 1976, à tout le moins du côté de la FTQ et de la CEQ; son programme social et l'idée de souveraineté-association attirent la faveur des syndiqués.

Bien qu'il soit difficile d'en évaluer l'impact réel, la récession de 1981-1982 va sérieusement affecter le discours et les pratiques syndicales. Affaibli par la perte d'effectifs, pris à parti dans l'opinion publique et confronté au retour en force du conservatisme, le syndicalisme doit faire face à forte opposition au moment où les syndiqués se démobilisent et la contestation s'affaiblit. Les prévisions des années soixante et soixante-dix sont grandement émoussées et, chez beaucoup de syndiqués, l'individualisme remplace l'esprit de solidarité et le souci égalitaire. Bien qu'il ne soit pas encore question de remettre en cause leurs objectifs et leur projet social, les centrales commencent néanmoins à réviser leurs priorités et leurs stratégies.

CHAPITRE 6

L'ÉTAT, PATRON ET LÉGISLATEUR

Les relations avec l'État provincial jouent un rôle capital dans la vie des centrales syndicales depuis la Révolution tranquille. Le gouvernement fédéral, malgré l'importance de ses juridictions en matière économique et sociale, vient au second plan des préoccupations. La fonction dynamique que l'État québécois assume dans le processus de changement social de 1960 à 1966 alimente le désir d'un changement plus fondamental du système capitaliste. Le syndicalisme ne se satisfait plus du rattrapage, il aspire, selon l'expression de Marcel Rioux, au dépassement vers le socialisme démocratique[1]. L'État est évidemment appelé à jouer un rôle déterminant dans l'implantation de ce modèle de société.

Ce changement d'orientation idéologique pousse les centrales à se mêler plus activement de politique électorale. À la fin des années soixante, on forme des comités d'action politique, premier pas vers un parti des travailleurs dont le projet finalement échoue, principalement parce que le Parti québécois vient brouiller les cartes: la FTQ l'endosse officiellement en 1976 et en 1981, et à la CSN et à la CEQ les syndiqués le supportent majoritairement.

Pourtant, même si le projet d'un parti des travailleurs suscite peu d'enthousiasme, le militantisme syndical force les autres formations politiques à intégrer à leur programme ou à adopter plusieurs lois qui reprennent les aspirations syndicales. La sensibilité particulière que développe le gouvernement aux questions sociales est ainsi largement attribuable aux pressions syndicales. C'est l'époque où le Parti québécois aime bien qu'on l'affuble de l'étiquette sociale-démocrate.

Les relations avec le gouvernement revêtent une importance cruciale également parce que l'État décide des conditions de travail d'un nombre de plus en plus considérable de syndiqués à mesure que la centralisation des négociations se fait à Québec. À ses employés directs viennent s'ajouter ceux du secteur parapublic à la fin des années soixante, puis ceux du péripublic (sociétés d'État, universités, etc.), à qui on applique les salaires fixés lors des rondes provinciales de négociation. Ces ententes déterminent donc les conditions de travail d'une partie importante de la main-d'œuvre salariée du Québec et elles ont aussi un effet d'entraînement sur les conditions de travail des salariés du secteur privé et même sur celles des employés du gouvernement fédéral qui cherchent à obtenir les mêmes avantages.

Conscients de la force que leur confère la négociation en front commun, les syndicats des secteurs public et parapublic espèrent arracher des gains qui profiteront à l'ensemble des travailleurs et travailleuses. Leur objectif lointain est de parvenir à un nouvel équilibre, plus favorable aux salariés, dans les relations entre le capital et le travail. Pour sa part, cependant, le gouvernement entend bien aligner les conditions de travail de ses salariés sur celles du secteur privé. Il serait injuste, fait-il valoir, que les employés de l'État obtiennent des avantages financés précisément par l'impôt des salariés du secteur privé. La résistance du gouvernement provoque de sérieux affrontements ponctués d'injonctions et de lois spéciales que les syndicats présenteront comme des armes au service du capital. Ces conflits, qui impliquent directement l'État, contribuent à politiser et à radicaliser encore davantage les centrales.

LES NÉGOCIATIONS DANS LE SECTEUR PUBLIC ET PARAPUBLIC

Les négociations avec le gouvernement québécois occupent une place centrale dans l'histoire du mouvement syndical de la période qu'on étudie[2]. Tant par le nombre de syndiqués touchés et la violence des affrontements que par les objectifs socio-économiques visés, les rondes de négociation du secteur public et parapublic ont un impact énorme sur les centrales elles-mêmes, sur leurs rapports avec le gouvernement et sur la perception du syndicalisme dans

Congrès des fonctionnaires provinciaux en 1966. Ils seront affiliés à la CSN de 1965 à 1972. (Archives de la CSN)

l'opinion publique. Et comme les gains obtenus par ces syndiqués auront des effets bénéfiques sur les salaires et les conditions de travail des travailleurs et travailleuses du secteur privé[3], les associations patronales suivront de très près la marche des négociations.

Le nouveau code du travail qui régit les employés du secteur parapublic (enseignants, employés d'hôpitaux et de commissions scolaires, etc.) leur accorde le droit de grève. Mais ce droit, on l'a dit, peut être suspendu pendant 80 jours, par injonction d'un juge de la Cour supérieure, si le gouvernement estime que la sécurité et la santé publiques sont mises en cause. Après ce délai, les salariés retrouvent certes leur plein droit à la grève, mais il n'est pas rare qu'une loi spéciale vienne l'interdire à nouveau.

La loi de la fonction publique concerne les salariés directs de l'État, fonctionnaires et ouvriers, à qui le gouvernement ne reconnaissait jusque-là ni le droit de se syndiquer, ni celui de négocier collectivement, ni, à plus forte raison, celui de recourir à la grève. Selon la célèbre expression du permier ministre Lesage, «la Reine ne négociait pas avec ses sujets[4]». Depuis 1961 pourtant, les fonctionnaires et les ouvriers, aidés par la CSN, s'organisent. Ils se regroupent dans le Syndicat des fonctionnaires provinciaux, en novembre 1964, décidés à obtenir les mêmes droits que les autres catégories de travailleurs des services publics: le droit à la libre négociation et à la grève de même que le droit d'affiliation à une centrale syndicale. C'est finalement ce que leur accorde la loi 55 en 1965. À peu de choses près, les principes généraux du Code du travail s'appliquent aux salariés de l'État: le droit de grève est reconnu, mais avec la restriction que les services essentiels soient déterminés entre les parties ou par décision du tribunal du travail avant le déclenchement de la grève. L'affiliation à une centrale syndicale est permise pour autant que celle-ci soit politiquement neutre. Ce qui signifie, pratiquement, l'exclusion de la FTQ, qui supporte officiellement le NPD sur la scène fédérale. Le Syndicat des fonctionnaires et le Syndicat des professionnels du gouvernement s'affilient donc à la CSN en 1965 et en 1966.

Les deux premières rondes de négociation: le rattrapage

Pendant la première ronde de négociation avec le gouvernement (1964-1968), les syndiqués des secteurs public et parapublic font des gains importants. Il faut dire qu'ils ont un long chemin à rattraper tant leurs salaires et leurs conditions de travail viennent loin derrière ceux du secteur privé. En 1961, par exemple, alors que le salaire moyen au Québec se situe à 75$ par semaine dans l'industrie pour 40 heures de travail, il n'est que de 48$ pour le préposé aux malades à Montréal (salaire de base pour 48 heures de travail), de 57,65$ pour l'employé de la Régie des alcools (salaire moyen), de 48$ chez les institutrices (salaire moyen) et de 52$ pour le personnel féminin de la fonction publique[5]. Selon Roch Bolduc, conseiller gouvernemental intimement mêlé à la négociation, le salaire moyen de l'employé public en 1961 se situe environ aux trois quarts du salaire moyen dans le reste de l'économie[6].

La volonté du gouvernement d'élargir le rôle de l'État et de revaloriser la fonction publique va cependant créer un contexte favorable aux revendications syndicales. En quelques années, les travailleurs vont faire des gains substantiels. Après deux mois et demi de grève à la fin de 1964, les employés de la Régie des alcools obtiennent une hausse majeure (31%) et surtout la sécurité d'emploi pour les employés de bureau[7]. Dans le cas des fonctionnaires, la menace d'un arrêt de travail, en 1966, même si elle ne se traduit pas par une augmentation importante des salaires, permet tout de même l'obtention de la formule Rand et la sécurité d'emploi pour tous les employés[8]. Elle n'est cependant pas une garantie à vie d'emploi puisqu'elle ne vaut que pour la durée de la convention collective. Pour les employés d'hôpitaux, l'extension, à partir de 1964, à tous les hôpitaux de la province des avantages obtenus à Montréal (après un arrêt de travail de cinq heures) signifie une amélioration significative des salaires de l'ordre de 15 à 20% pour deux ans[9]. Les enseignants, enfin, qui négocient encore de façon décentralisée avec chaque commission scolaire, voient eux aussi leurs conditions de travail s'améliorer sensiblement.

À partir de 1966, les choses changent. Le gouvernement libéral puis celui de l'Union nationale, arrivée au pouvoir en juin, se font plus rigides. Les professionnels du gouvernement l'apprendront à la fin de 1966 lors de leur première convention collective: leur grève illégale de trois mois ne fait pas broncher le gouvernement sur les offres salariales. Un peu plus tard, en février 1967, pour mettre fin aux arrêts de travail dans plusieurs commissions scolaires, la loi 25 enlève le droit de grève aux enseignants et fixe une première convention collective provinciale. Le gouvernement se montre également ferme lors des négociations dans les hôpitaux qui, pour la première fois en 1966, se font de façon unifiée pour toute la province. Pourtant, même si les augmentations de salaire restent faibles, la Fédération des affaires sociales (CSN) se réjouit d'avoir signé une première convention collective provinciale et

Infirmières en grève à l'hôpital Pasteur de Montréal, 19 juillet 1966. (*Montreal Star*, APC, PA 162987)

d'obtenir une forme de sécurité d'emploi en tenant compte de l'ancienneté.

Le durcissement du gouvernement suit l'adoption de certains principes de négociation qui donneront lieu, en mars 1968, au moment où les travailleurs de l'État entreprennent une seconde ronde de négociation (1968-1971), à une véritable politique salariale. En plus de fixer l'augmentation de la masse salariale du secteur public à 15% sur une période de trois ans, on propose d'aligner les traitements des employés du secteur public sur ceux du secteur privé; d'accorder, à travail égal, un salaire égal; d'établir des écarts importants de rémunération entre les emplois non spécialisés et spécialisés, à l'avantage de ces derniers; de faire disparaître les disparités régionales; et d'organiser des plans de carrière professionnelle[10].

Au cours des négociations avec les différents syndicats, le gouvernement ne déroge à peu près pas à ces principes. Il s'entend rapidement et sans rencontrer de résistance avec les fonctionnaires et les professionnels, il a raison des syndiqués à la RAQ après une grève de cinq mois, puis des enseignants qui ont recours à des grèves rotatives. Quant aux employés d'hôpitaux, s'ils doivent se contenter d'une hausse modérée des salaires, ils obtiennent en revanche un gain important: la sécurité d'emploi après deux ans de service[11]. Pour appliquer sa politique salariale, le gouvernement, qui est devenu le principal bailleur de fonds des corporations hospitalières et des commissions scolaires, fait fi de leur autonomie en matière de relations de travail. En fait, l'État québécois est devenu le véritable employeur des enseignants et des employés d'hôpitaux.

Les directions syndicales ne sont pas longues à se rendre compte qu'elles sont divisées devant un employeur unique qui peut en outre leur enlever le droit à la négociation et à la grève. Pour faire contrepoids à la partie patronale, le président Pepin invite, en août 1967, la FTQ et la CEQ à former un front commun des centrales en vue des prochaines négociations dans le secteur public[12].

Le front commun de 1972

Après de longues et délicates négociations, le front commun est constitué en janvier 1972, au moment où viennent à échéance les conventions collectives des secteurs public et parapublic. Des 200 000 syndiqués qu'il regroupe, la moitié viennent de la CSN (fonctionnaires, employés d'hôpitaux, professionnels, enseignants, employés de soutien, etc.); les autres sont membres de la CEQ (70 000) et de la FTQ (30 000, employés d'Hydro-Québec, employés de soutien, etc.). Les objectifs de négociation sur lesquels le front commun s'est entendu comprennent les salaires (travail égal, salaire égal; 100$ minimum), la sécurité d'emploi complète et l'égalisation, à la hausse, du volume des avantages sociaux[13].

De son côté, le gouvernement libéral reprend dans ses grandes lignes la politique salariale déja avancée par l'Union nationale en 1968. Bien qu'il soit d'accord avec le principe à travail égal, salaire égal, indépendamment du sexe, du secteur et de la région, il rejette le revenu hebdomadaire minimal de 100$, une revendication largement soulignée par le front commun. La rémunération des employés de l'État devrait correspondre, à son avis, au salaire moyen des emplois analogues dans le secteur privé; il refuse en outre la négociation à une table centrale ainsi que le demandent les centrales syndicales[14]. Dans ce débat, il apparaît que le gouvernement tient absolument à aligner ses salaires sur ceux du secteur privé, alors que les centrales souhaitent qu'ils aient un effet d'entraînement pour l'ensemble des travailleurs et travailleuses. Le patronat, qui tient un raisonnement analogue, met en garde le gouvernement contre toute hausse de rémunération supérieure à celle du secteur privé. La CSN verra, dans cette rencontre de vues entre le gouvernement et le patronat, la preuve de la collusion entre l'État et la bourgeoisie qu'elle diagnostique depuis 1966.

Les négociations cependant piétinent. Le 9 mars 1972, la grande majorité des syndiqués (70%, taux de participation de 80%) se prononcent contre les offres gouvernementales et donnent à leurs dirigeants le mandat de déclencher une grève générale au moment jugé opportun[15]. Quatre jours plus tard, le gouvernement accorde la table centrale de négociation. Sur l'insistance de la CEQ, qui veut régler le conflit avant les vacances d'été de ses membres, le front commun décide d'un premier débrayage de 24 heures le 24 mars, qu'il remet au 28 en raison d'une tempête de neige. Mais, devant les concessions toujours très mineures du gouvernement, une nouvelle grève générale est déclenchée, le 6 avril, cette fois d'une durée illimitée. La réplique prendra la forme d'injonctions contre les employés d'Hydro-Québec et de certains hôpitaux, dont les syndiqués affirment pourtant assurer les services essentiels.

Le 21 avril, la loi 19 suspend le droit de grève, prévoit de fortes amendes pour ceux qui lui désobéissent et fixe par décret les

Marche de protestation à Québec contre l'emprisonnement des présidents des trois centrales pour avoir conseillé de ne pas respecter les injonctions lors de la grève du front commun en avril 1972. Ils écopent un an d'emprisonnement, jugement confirmé par la Cour d'appel; ils passent quatre mois sous les verrous, puis obtiennent une libération conditionnelle. (*Montreal Star*, APC, PA 162998)

conditions de travail pour les deux prochaines années, s'il n'y a pas entente entre les parties. La direction du front commun et les présidents des trois centrales recommandent alors aux syndiqués de ne pas respecter la loi, ce qui, on l'a vu, divise le comité exécutif de la CSN. Quant au résultat de la consultation des syndiqués organisée au même moment mais dans des délais trop courts, il se révèle décevant pour les stratèges syndicaux, car même si la majorité des syndiqués se prononcent pour le non-respect de la loi, le taux de participation est trop faible; on propose donc le retour au travail. Pour avoir conseillé de passer outre aux injonctions ordonnant le retour au travail dans les hôpitaux, les présidents des trois centrales seront condamnés à un an de prison, ce qui donnera lieu à une vague de débrayages spontanés dans tout le Québec du 11 au 15 mai.

Les injonctions et la loi 19 ébranlent le front commun: à la FTQ, les employés d'Hydro-Québec se dissocient du groupe au début de la grève générale; à la CSN, ce sont les fonctionnaires qui font bande à part retournant seuls à la table de négociation. Affaiblie par ces défections, la direction du front commun préfère parvenir à une entente plutôt que d'attendre le décret. Le résultat ne sera pas décevant. Les syndiqués obtiennent en effet beaucoup plus que ce qu'offrait le gouvernement avant la grève. Le minimum de 100$ pour les employés de l'État est atteint, même si on ajoute un an de plus à la convention; les taux d'augmentation annuelle des salaires sont relevés (on est plus généreux pour les bas salariés) et, surtout, on ajoute une clause d'indexation des salaires au coût de la vie qui se révélera très généreuse à long terme; les syndiqués bénéficient également de la priorité d'emploi intersectorielle et d'un nouveau régime d'assurance-salaire[16]. Les conventions collectives des différents syndicats se signent graduellement jusqu'en octobre, sauf pour les enseignants et les employés de la RAQ qui attendent le décret.

Le front commun de 1972 représente la réponse des syndiqués à la centralisation des négociations entreprise par le gouvernement depuis 1966: devant un interlocuteur unique, ils sentent la nécessité d'élargir leur solidarité. La table centrale de négociation sera finalement accordée en 1972.

Si, tout comme pour les négociations antérieures, le premier front commun entend surtout défendre les intérêts économico-professionnels des syndiqués, il vise aussi, et c'est tout à fait nouveau, des objectifs sociaux plus larges, destinés à infléchir les pratiques de détermination des salaires dans le secteur privé, car la négociation simultanée d'un groupe aussi important de travailleurs (11,4% des salariés du Québec) a des effets d'entraînement inévitables sur le reste des salariés. Certains objectifs, comme le salaire minimum de 100$, la réduction des écarts salariaux et la sécurité d'emploi, constituent des réclamations incompatibles avec les lois traditionnelles du marché capitaliste du travail. En renforçant le pouvoir des syndiqués, la négociation en front commun débouche sur une redéfinition des rapports de forces entre le capital et le travail. La négociation prend alors un caractère éminemment politique.

La ronde de négociation de 1975-1976, une victoire syndicale

Après l'expérience du précédent conflit, la reconstitution du front commun apparaît difficile. Les employés d'Hydro-Québec n'y participent pas et les fonctionnaires (SFPQ), qui ont fait bande à part après la passation de la loi 19 et se sont retirés de la CSN, concluent rapidement un accord avec le gouvernement en décembre 1975. Il devient alors beaucoup plus difficile pour les autres syndiqués de dépasser cette entente. Ils sont néanmoins 185 000, affiliés à trois centrales syndicales, à remettre sur pied le front commun en 1975.

La revendication principale porte sur un salaire minimal de 165$. Parmi les autres objectifs, on relève la diminution des écarts salariaux, l'amélioration de la sécurité d'emploi, l'augmentation des vacances et la suppression des clauses de discrimination salariale envers les femmes[17]. Pour faire valoir ses demandes, le front commun, qui prend la peine cette fois de bien informer le public préfère à la grève générale illimitée le «harcèlement» de grèves locales limitées dans le temps, de façon rotative. Le gouvernement s'est préparé aux conflits dans les hôpitaux en ajoutant une condition supplémentaire à l'exercice de la grève: la détermination des services essentiels, par accord entre les parties, ou par décision d'un commissaire, faute d'accord librement consenti (loi 253).

Après avoir déclenché des grèves sporadiques dans les hôpitaux sans beaucoup de résultats et une grève générale d'une journée (26 février 1976), les dirigeants CSN et FTQ voudraient obtenir un mandat de grève générale illimitée. Mais la CEQ, dont on retiendra la position, préfère poursuivre les arrêts de travail limités, du moins à court terme[18], quitte à reporter la véritable lutte à l'automne, après les vacances des enseignants.

Aux arrêts de travail sporadiques qui reprennent, la partie patronale répond par des injonctions, des lock-out et, le 9 avril, par un loi spéciale qui interdit jusqu'à la fin de l'année scolaire toute grève dans les établissements d'enseignement. Cette fois,

Ralliement à l'aréna Paul-Sauvé de Montréal lors du front commun de 1976. Yvon Charbonneau, Louis Laberge, Robert Gaulin, Michel Chartrand, Jacques Desmarais et Marcel Pepin. (*Montreal Star*, APC, PA 116454)

contrairement à ce qui s'était passé en 1972, les travailleurs et travailleuses désobéissent à la loi et aux injonctions, malgré les menaces d'amendes et d'emprisonnement. Selon un référendum organisé parmi les membres de la CEQ et de la FNEQ (CSN), on approuve à 70 % le défi de la loi[19]. Dans les institutions hospitalières, les syndiqués de la CSN passent aussi outre à la loi 253 qui définissait un mécanisme de détermination des services essentiels.

Alors que la CEQ préfère reporter sa lutte à l'automne, le cartel intersyndical du secteur de la santé, pressé d'en finir au printemps, déclenche une grève générale illimitée. Le gouvernement cède après 48 heures de grève générale dans les hôpitaux, les 18 et 19 juin; il consent aux travailleurs le salaire minimal de 165$ pour la dernière année de la convention et convient d'offres salariales supérieures à celles consenties aux fonctionnaires, restés à l'extérieur du front commun[20]. Les grévistes obtiennent aussi quatre semaines de congé payé après un an de service. Quant aux enseignants de la CEQ, qui ont reporté leur lutte en septembre, ils acceptent, de guerre lasse, de nouvelles offres patronales, en dépit de la recommandation de leurs dirigeants. Une brèche importante est tout de même créée du côté de la sécurité d'emploi (elle n'est pas complète) et de la limitation du nombre d'élèves par groupe[21].

La victoire la plus significative de cette ronde de négociation concerne les augmentations de salaires qui comprennent un rattrapage du pouvoir d'achat et l'intégration de clauses d'indexation aux échelles salariales[22]. Plus généreuse pour les bas salariés, l'entente dépasse les normes de la loi anti-inflation imposée par les gouvernements fédéral et provincial à l'automne 1975. Encore une fois, on croit que le règlement salarial aura un effet d'entraînement «sans précédent» sur le secteur privé[23].

La première négociation sous le gouvernement péquiste (1979-1980)

La négociation de 1979 se déroule avec le Parti québécois élu en novembre 1976. Désireux d'instaurer un nouveau climat de travail avec les employés de l'État, celui-ci retire, dès son entrée en fonction, les poursuites intentées contre les syndicats par l'ancien gouvernement lors de la précédente ronde de négociation.

Il détermine également un nouveau cadre législatif afin de réduire au minimum les heurts avec les syndicats. Adoptée en juin 1978, la loi 55 distingue trois niveaux de négociation (provincial, régional, local), et la loi 59 amende les chapitres du Code du travail concernant le secteur public. Les amendements créent, en particulier, deux conseils, l'un ayant un rôle d'information sur les négociations, l'autre recevant les ententes intervenues entre les parties sur les services essentiels. Concession importante: le gouvernement accepte qu'en cas d'impasse lors de la détermination de ces services, le syndicat décide lui-même des services à maintenir.

Le front commun compte cette fois-ci 190 000 syndiqués (86 000 de la CSN, 77 000 de la CEQ, 25 000 de la FTQ). Le Syndicat des fonctionnaires provinciaux, le Cartel des organismes professionnels de la santé, le Syndicat des professionnels du gouvernement du Québec et les syndicats d'Hydro-Québec négocient séparément. Les demandes sont celles-ci: établissement du salaire minimum à 265$ par semaine avec réduction des écarts entre hauts et bas salariés, clause d'indexation absolue et hausses salariales qui se situent autour de 10% par année. En matière de droits parentaux, on exige un congé de maternité payé de 20 semaines (trois semaines de plus que les prestations versées par la Commission d'assurance-chômage) et l'établissement de garderies près des lieux de travail[24].

Alors que le gouvernement veut toujours aligner la rémunération des employés de l'État sur le secteur privé, le front commun entend, comme en 1972 et en 1976, faire du secteur public le moteur d'améliorations pour les employés du secteur privé.

La présence d'un nouvel interlocuteur, qui dit avoir un «préjugé favorable» à l'égard des travailleurs et travailleuses et qui a gagné la sympathie d'un très grand nombre d'entre eux, rend beaucoup plus difficile la mobilisation des syndiqués et la cohésion du front commun: on ne peut pas présenter le PQ comme l'instrument de la grande bourgeoisie multinationale. Aussi, malgré des offres austères, les dirigeants syndicaux ont peine à obtenir des mandats de grève. Il faudra la menace d'une grève générale, en novembre 1979, pour décider le gouvernement à hausser ses offres, 36 heures avant le déclenchement de l'arrêt de travail[25]. Le ministre Parizeau les améliore encore après quatre jours de grève illégale déclenchée par les syndiqués de la FAS. Ces dernières offres mettent fin au conflit, du moins pour les employés d'hôpitaux. Fait à noter, cette grève illégale survient quelques jours après la passation de la loi 62 qui suspend pour quinze jours le droit de grève des syndiqués alors qu'ils ne l'avaient pas encore exercé. Plus encore, la loi force les syndicats à soumettre les offres à leurs membres. Cet affront décide les coordonnateurs du front commun à recommander le défi à la loi spéciale. Les syndiqués de la FAS débraient, ceux de la FTQ hésitent, les enseignants de la CEQ se refusent à transgresser la loi[26].

Le nouveau rapport de forces créé par la grève vaut aux syndiqués de la FAS d'atteindre le salaire minimum de 265$, mais à la fin de la convention (trois ans et demi); le principe de réduire l'écart des salaires au profit des bas salariés favorise les syndiqués de la fédération. Les fonctionnaires, qui attendaient le résultat de la négociation du front commun avant de se prononcer, acceptent, eux, les offres gouvernementales en décembre. Pour les enseignants, reste l'épineux problème de la tâche de travail et de la sécurité d'emploi; leur grève de onze jours, à la fin de janvier 1980, se termine par un accord négocié qui comprend des améliorations sur ces deux points.

Plus qu'au cours des négociations antérieures, le front commun de 1979 résiste mal aux tensions de la négociation. L'unité d'action est faible et les luttes se font séparément. Le gouvernement en tire

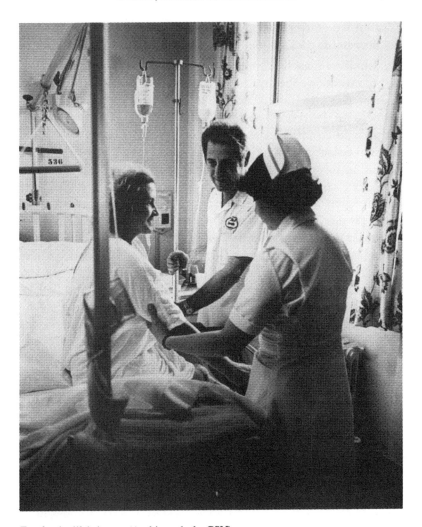

Employés d'hôpitaux. (Archives de la CSN)

profit; il concède des avantages normatifs, mais, sur les salaires, il ne consent que la protection du pouvoir d'achat, excluant la participation à l'enrichissement collectif, ce qui réduit de 16 à 11% l'écart de la rémunération globale du secteur public par rapport au secteur privé (échantillon d'entreprises à 30% syndiquées)[27]. Le gouvernement gagne ainsi une première manche dans sa volonté de réduire l'écart salarial favorisant les employés de l'État.

L'offensive gouvernementale:
les décrets de 1982 et de 1983

La deuxième manche commence en 1982, un an avant l'échéance de la convention collective : dans un geste sans précédent, le gouvernement fixe, par loi et décrets, sans qu'il n'y ait véritablement négociation, les conditions de travail de ses 320 000 employés pour les trois prochaines années (1983-1985). Cette décision survient au plus fort de la récession économique, au moment où le taux de chômage atteint un record depuis la grande dépression (15,9 %).

Pour se gagner l'appui de l'opinion publique, la publicité gouvernementale oppose les conditions avantageuses des employés de l'État aux nombreuses mises à pied dans le secteur privé. On insiste également sur la crise budgétaire de l'État, qui ne permet ni de hausser les impôts, ni d'augmenter son déficit, ni de réduire ses services[28]; il faut donc réduire la masse salariale de ses employés. La décision est ferme: ce sont les travailleurs et travailleuses de l'État qui devront porter le fardeau de la crise financière du gouvernement. Ce choix est d'ailleurs une question de justice sociale, puisque, fait-on valoir, les employés de l'État jouissent, pour des emplois équivalents, de conditions de travail supérieures à celles du secteur privé[29]. Pour atteindre la parité avec ce dernier, objectif que poursuit le gouvernement depuis 1968, la récession crée un contexte éminemment favorable. Elle érode le militantisme syndical et elle permet de rallier l'opinion publique à des mesures draconiennes[30]. Le gouvernement ne va pas laisser passer une pareille occasion.

Dans un premier temps, le 15 avril 1982, il convie les syndicats des secteurs public et parapublic à renoncer aux augmentations de salaire prévues pour les six derniers mois de la convention (521$ millions). En cas de refus, il menace de licencier 17 430 fonctionnaires et de geler complètement les salaires pour 1983. Les syndiqués se rendent compte que leur présumée sécurité d'emploi, qui ne vaut d'ailleurs que pour la durée de la convention collective, peut être remise en question par le gouvernement. Largement consultés, ils ne se laissent pas intimider par cet ultimatum; ils offrent en contre-proposition de rouvrir les conventions, mais à la condition de conclure une entente de trois ans. Le gouvernement refuse; il respectera les conventions collectives en vigueur jusqu'au

31 décembre, mais récupérera les hausses consenties entre janvier et mars 1983, soit une coupure salariale globale de 21%[31]. Une loi en ce sens est adoptée le 11 juin (elle suprime aussi le droit de grève), en même temps que deux autres lois qui frappent directement les employés du secteur public: la loi 68, qui modifie leur régime de retraite et fait économiser 700$ millions sur trois ans au gouvernement, et la loi 72, qui rétrécit l'exercice de leur droit de grève (nous reviendrons plus loin sur cette loi). Ces trois lois, adoptées unilatéralement, constituent la plus sévère attaque contre le droit à la négociation libre dans les secteurs public et parapublic depuis le début des années soixante. Comme on le verra, le gouvernement, une fois engagé dans cette voie, n'hésitera pas à recourir à d'autres lois spéciales.

En septembre, il dévoile ses offres salariales pour les trois prochaines années: il gèle les salaires pour 1983 et prévoit de très légères majorations pour les deux années suivantes afin de réduire à zéro l'écart de rémunération avec le secteur privé[32]. Quant aux conditions de travail, des reculs sont demandés en échange du maintien de la sécurité d'emploi. Pour les enseignants en particulier, l'augmentation de leur charge de travail se traduirait par des milliers de mises à pied. De leur côté, les trois centrales réunies dans un front commun de 210 000 membres réclament toujours le respect des conventions collectives pour 1982 et l'indexation des salaires au coût de la vie pour les trois années suivantes, avec enrichissement réel si le produit intérieur brut augmente[33]. À la mi-novembre, ces demandes sont ramenées au gel salarial pour 1983 et au statu quo sur le plan normatif.

Malgré l'illégalité de la grève, un premier débrayage de 24 heures du front commun a lieu le 10 novembre. Des négociations reprennent avec le gouvernement qui consent, à la veille du déclenchement de la grève des employés d'hôpitaux, à une récupération modulée des salaires, épargnant ainsi les plus bas salariés. Puis, quand il devient évident que ces dernières offres sont très majoritairement refusées par les syndiqués, la loi 105 vient déterminer pour les trois prochaines années les conditions de travail et les salaires de l'ensemble des 320 000 employés de l'État. Le gouvernement ne réussit pas non plus à s'entendre avec les groupes de salariés qui négocient à l'extérieur du front commun: le Syndicat des fonctionnaires provinciaux, les trois fédérations d'infirmières et le Syndicat des professionnels du gouvernement.

Les cent neuf décrets imposés par la loi 105 reprennent les offres salariales du gouvernement, augmentent la tâche de la plupart des employés, élargissent les droits de gérance des employeurs et interdisent le droit de grève pour les trois prochaines années. La récupération salariale et les très faibles augmentations consenties réduiront à zéro l'écart salarial entre le secteur public et privé[34].

Devant une action aussi brutale, qui sabre dans les conditions de travail péniblement acquises au cours des vingt dernières années, les syndiqués n'ont guère d'autre choix que de recourir au seul moyen de dire non: la grève, fût-elle illégale. Les enseignants de la CEQ votent à 74% pour la grève, les professionnels à 69%, les fonctionnaires à 52,8%, les syndicats FTQ du réseau des affaires sociales à 60% et les syndicats FAS-CSN dans le secteur hospitalier à 53%[35]. Si les mandats de grève sont plus forts chez les enseignants et les professionnels du gouvernement, c'est qu'ils sont davantage touchés par les coupures salariales et la réduction du personnel; les bas salariés, les cols bleus et les fonctionnaires sont, eux, moins

Manifestation lors des grèves du front commun en janvier 1983. (P. Gauvin-Evrard, APC, PA 142719)

atteints par la récupération modulée des salaires. Selon la stratégie décidée par le front commun, et suivie aussi par les fonctionnaires, les infirmières et les professionnels, la grève démarre graduellement du 26 au 31 janvier en commençant par les enseignants pour se terminer par les employés d'hôpitaux, de nouveaux groupes de syndiqués se joignant chaque jour au débrayage.

La faiblesse du mandat de grève chez plusieurs groupes de syndiqués va cependant permettre au gouvernement de diviser les forces syndicales. La veille de débrayage dans les hôpitaux, il adoucit en effet légèrement les décrets pour les infirmières et les fonctionnaires, qui suspendent immédiatement leur mot d'ordre de grève. Après seulement 24 heures de débrayage, la FAS enjoint elle aussi ses membres de retourner au travail. Ce geste va se révéler fatal: les syndiqués refusent quelques jours plus tard (58%) de retourner sur les piquets de grève ainsi que le recommande la direction syndicale. Les professionnels reprennent eux aussi le travail devant la menace de suspension et de condamnation faite par le premier ministre.

Les enseignants, pourtant, tiennent bon: le 11 février, ils repoussent à 87% le réaménagement final proposé par le ministre de l'Éducation. C'est alors que s'abat sur eux la loi 111, la loi la plus rigoureuse dans l'histoire du syndicalisme québécois; elle force le retour au travail sous peine de congédiements collectifs discrétionnaires, de perte d'ancienneté et de suspension de droits syndicaux. Plus encore, pour assurer l'application de cette loi, le gouvernement suspend dans ce cas la Charte des droits et libertés. Selon le Barreau du Québec et la Commission des droits de la personne, cette loi d'une «sévérité excessive», contrevient «aux droits les plus fondamentaux» des citoyens[36]. Pendant deux jours encore, la grande majorité des enseignants défient la loi. Puis, la CEQ accepte une trêve de trois semaines, le temps d'exposer son point de vue en commission parlementaire. Par la suite, la négociation reprend en présence de conciliateurs qui soumettent un rapport proposant certains adoucissements sur la tâche et la rémunération du personnel mis en disponibilité. Peu enclins à renouer avec la grève illégale, les enseignants de la CEQ acceptent finalement ces améliorations plutôt que de voir le décret lui-même s'appliquer dans toute sa rigueur[37].

Cette ronde de décrets marque donc un recul important pour les employés de l'État. La crise économique affaiblit leur pouvoir de négociation et permet au gouvernement de se rallier l'opinion publique et de diviser les syndiqués. Il faut comprendre que les multiples conflits qui ont touché les secteurs public et parapublic suscitent du mécontentement dans la population. C'est elle surtout, et non pas le gouvernement ni les administrateurs, qui souffre des inconvénients des arrêts de travail. Les syndiqués ont de plus en plus de difficultés à convaincre les citoyens que leur lutte peut se traduire par des retombées positives pour l'ensemble des salariés. Aussi, de plus en plus de gens voient dans l'abolition du droit de grève la solution aux relations de travail tendues dans les services publics. Un sondage réalisé en mars 1982 montre que 89 et 85 % des personnes interviewées s'opposent à l'exercice du droit de grève dans le domaine hospitalier et l'enseignement[38]. Un rejet aussi massif invite évidemment à une révision de la stratégie syndicale.

Le but avoué du gouvernement, lors de ces dernières «négocia- tions», était de réduire ses dépenses pour faire face à la crise budgétaire consécutive à la récession économique. Mais l'objectif plus fondamental qu'il cherche à atteindre depuis 1972, c'est celui de réduire l'écart de rémunération avec les salariés du secteur privé. Il craint que les gains économiques des fronts communs et les objectifs sociaux poursuivis (salaire minimum, réduction des écarts de salaires, congés de maternité, etc.) aient un effet d'entraî- nement sur les autres salariés, ce qui, croit-il, menace la capacité concurrentielle des entreprises québécoises. Selon la logique gouver- nementale, il appartient aux entreprises et aux forces du marché de déterminer les niveaux de rémunération des salariés; l'État, pour sa part, doit se contenter de demeurer un acteur neutre. Les décrets de 1982 permettent, à échéance, de niveler l'écart de rémunération entre les secteurs privé et public. L'Institut de re- cherche sur la rémunération montrera que, pour des emplois compa- rables, la rémunération des employés de l'État en 1985 accuse un retard de 10 à 14 % sur celle des autres salariés, quoiqu'ils jouissent de meilleurs avantages sociaux et d'une relative sécurité d'emploi[39]. La révision du régime de négociation en 1984-1985, qui supprime le droit de grève sur les salaires les deuxième et troisième années de la convention, vise à placer définitivement la rémunération des employés de l'État à la remorque de celle des entreprises privées.

Pour avoir imposé unilatéralement les salaires et les conditions de travail à des dizaines de milliers de travailleurs, le gouvernement du Parti québécois doit cependant payer un prix politique élevé. Nombreux sont ses partisans qui perdent leurs illusions sur son caractère social-démocrate. La désaffection des syndiqués se manifeste clairement lors des élections de décembre 1985. Traditionnellement péquistes, les employés du secteur public, selon un sondage effectué peu avant les élections, seraient responsables d'un recul de l'ordre de 3 % du Parti québécois dans l'intention de vote entre 1981 et 1985, et les syndiqués en général ne lui donneraient plus un appui significatif[40]. Plusieurs députés de la région de Québec doivent même leur défaite au mécontentement des employés de l'État. La décision de sabrer dans les conditions de travail de ces derniers marque sans doute un tournant dans la courte histoire du Parti québécois.

L'ACTION ÉLECTORALE: DES OCCASIONS RATÉES

Le contexte politique et social des années soixante et soixante-dix se révèle particulièrement favorable à la naissance d'un parti des travailleurs. L'effervescence de la société québécoise, le dynamisme du mouvement syndical et la critique virulente du système capitaliste poussent de nombreux militants à s'intéresser à la politique électorale. Les pressions sont plus fortes que jamais pour que les centrales donnent une voix politique aux travailleurs.

À la fin du régime Duplessis, les forces de changement qui travaillent la société québécoise depuis la guerre militent dans le sens d'une ouverture à la démocratie sociale. Les revendications du mouvement ouvrier trouvent un écho favorable chez les intellectuels et les élites politiques. Par ailleurs, la hausse marquée du chômage (1958-1962) accroît le mécontentement dans la population[41]. Le contexte économique et politique se prête donc mieux que jamais à l'émergence d'un parti voué à la cause des travailleurs et soutenu par les deux grandes formations syndicales.

Dans le sillage du socialisme canadien

Le projet du Congrès du travail du Canada, en 1958, de fonder un nouveau parti canadien d'inspiration sociale-démocrate reçoit un accueil très favorable chez les dirigeants de la FTQ qui y voient l'occasion rêvée d'implanter au Québec une formation politique «représentant les intérêts des classes laborieuses». Des discussions s'engagent avec d'autres groupes progressistes en vue de la création d'une aile québécoise du parti canadien mais il n'est pas exclus non plus que ce dernier œuvre sur la scène provinciale. L'opposition officielle, le Parti libéral, n'éveille en effet guère de sympathie chez les dirigeants de la FTQ qui lui reprochent ses structures antidémocratiques et son incapacité de présenter des politiques progressistes. C'est pourquoi, lors de l'élection provinciale de juin 1960, la FTQ se contente de suggérer à ses membres de voter selon leur conscience, dans l'attente du nouveau parti qui devrait naître bientôt.

Sur le plan canadien, le Nouveau parti démocratique (NPD) voit le jour assez tard, à l'été 1961, trois ans après que le CTC ait donné le feu vert à son organisation. La CCF s'associe à la formation du nouveau parti qui espère rejoindre un éventail plus vaste d'électeurs, particulièrement parmi les syndiqués et la petite bourgeoisie progressiste. Soucieux de présenter une image de modération, le NPD ne parle ni de «socialisme» ni de «social-démocratie» dans sa constitution ou dans son programme. Il n'en demeure pas moins que ses objectifs le rangent parmi les partis sociaux-démocrates; il plaide pour la planification économique et la nationalisation de certains secteurs de l'économie (services publics, ressources naturelles, monopoles), tout en défendant les avantages de la démocratie parlementaire. Il se propose d'unir tous les Canadiens qui placent les «droits de l'homme et la dignité humaine au-dessus de la poursuite effrénée de richesses». Au plan des relations entre francophones et anglophones, le programme innove en reconnaissant l'existence de deux nations au Canada et en proposant la mise en place d'un «fédéralisme coopératif» qui respecterait l'autonomie des provinces.

Le NPD étant né de la volonté du CTC de faire de la politique, le mouvement syndical jouera un rôle très actif dans l'organisation et le financement du parti. Au congrès de fondation en 1961, 35% des délégués proviennent de syndicats (9% des syndiqués venant du Québec)[42]. L'affiliation de syndicats garantit également au NPD une stabilité financière absolument essentielle à son développement. Et, ce qui n'est pas à négliger, les candidats du parti dans chaque

circonscription pourront jouir de l'appui de la structure organisation-
nelle du CTC (fédérations provinciales et conseils du travail) et de
l'aide de permanents de syndicats canadiens et internationaux. Dans
l'esprit des dirigeants syndicaux, il n'y a pas de doute que le
NPD, grâce à l'aide qu'il reçoit du CTC (plus d'un million de
membres), est appelé à devenir rapidement un parti d'envergure
canadienne.

Dès la fondation du NPD, la FTQ l'appuie et invite tous ses
syndicats locaux à s'y affilier sans délai. À son congrès de 1961,
elle amende même sa constitution pour préciser que le NPD «représente le plus fidèlement les intérêts et les aspirations des travailleurs[43]». À la veille des élections fédérales de juin 1962, première
occasion d'évaluer la force réelle du NPD, la FTQ recommande à
tous ses syndiqués de voter pour lui, «le seul parti favorable à la
classe ouvrière[44]». La moitié des quarante candidats que le NPD
présente au Québec sortent de ses rangs. Le résultat est décevant
(4,4% des suffrages au Québec), d'autant plus que le Ralliement

Assemblée du NPD organisée par la FTQ et le Conseil du travail de Montréal
en 1965. On reconnaîtra Louis Laberge et Thérèse Casgrain. En 1971, la FTQ
retire de ses statuts l'appui automatique qu'elle donne au NPD aux élections
fédérales. (Archives de la FTQ)

des créditistes fait, lui, élire 26 députés dans la province. On se réjouit tout de même d'avoir doublé l'appui électoral obtenu par le CCF au Québec et on se promet de mieux s'organiser lors de la prochaine élection[45] pour laquelle la FTQ lance déjà, à la mi-octobre 1962, une vaste campagne de recrutement afin d'amener 10 000 membres au NPD du Québec. Mais, ni la campagne ni les appels lancés aux syndicats pour qu'ils s'affilient au NPD n'ont de succès. En 1966, seulement 46 syndicats locaux sur 669 ont effectué cette démarche[46].

L'appui au NPD augmente pourtant aux élections de 1963 et de 1965 (7,1 et 12% des suffrages au Québec), mais pour peu de temps. En 1968, il recule de nouveau (7,5% du vote) ce qui provoque un sérieux examen de conscience à la FTQ. Se demandant pourquoi les membres votent encore massivement pour les partis traditionnels, le comité d'action politique de la FTQ estime que la centrale a mis «la charrue devant les bœufs» en accordant son appui au NPD en 1961, les membres étant encore beaucoup trop impreignés de la philosophie des partis traditionnels[47]. Pour changer la mentalité politique des travailleurs, le comité recommande donc un programme d'éducation destiné à intégrer l'action politique à la vie quotidienne du syndiqué[48].

À partir de 1968, l'attention est retenue par la scène provinciale où l'on songe à fonder un parti ouvrier ou encore à appuyer le Parti québécois. Avec le développement du nationalisme québécois, l'indifférence à l'égard de la politique fédérale gagne de plus en plus les éléments militants de la FTQ, d'autant plus que le NPD recule sur l'idée d'accorder un statut particulier au Québec. Aussi, c'est presque sans débat, en 1971, que les délégués retirent des statuts de la centrale l'appui automatique au NPD. Le geste n'est pas un rejet du parti, mais la centrale se réserve la possibilité d'évaluer par vote majoritaire à chaque élection s'il est opportun d'appuyer les candidats NPD. Et effectivement, aux élections fédérales subséquentes, elle suggérera aux syndiqués de voter NPD, «le seul parti qui montre son intérêt pour les problèmes où se débattent les travailleurs[49]». Cet appui, il est vrai, est surtout moral; il ne se traduit pas par un engagement actif aux côtés du NPD, qui devient d'ailleurs une formation de plus en plus marginale au Québec.

La FTQ rate donc, dans les années soixante, un moment propice à l'enracinement au Québec d'un parti voué aux intérêts des travailleurs. La base n'a pas suivi l'appel des dirigeants. La tâche était d'ailleurs immense car, contrairement au Canada anglais, la pensée sociale-démocrate n'a presque pas de tradition en milieu francophone. L'implantation du nouveau parti ne peut être qu'une œuvre de longue haleine. Dans l'enthousiasme de la fondation du NPD, les dirigeants de la FTQ surestiment le pouvoir d'attraction de la nouvelle formation politique. Leur déception est à la mesure de leur attente[50].

C'est le peu de perspective de succès de la nouvelle formation politique qui laisse la CSN insensible aux demandes d'appui du NPD. Même si, en 1961, elle se réjouit de l'avènement du parti et qu'elle se dit d'accord avec ses objectifs[51], la centrale respecte toujours sa neutralité lors des élections de 1962 et de 1963. Les Chartrand, Vadeboncœur, Picard et L'Heureux, très actifs à l'intérieur du NPD, ne réussissent pas à vaincre les résistances à l'égard de l'action politique partisane.

L'épisode créditiste

Au moment où le NPD cherche à s'implanter au Québec, un autre parti fédéral, le Ralliement des créditistes, lui aussi de formation récente, connaît beaucoup plus de succès: il recueille 26% des suffrages québécois en 1962 et 27,3% en 1963, et fait élire 26 et 20 députés au Parlement fédéral. Il obtient parmi les travailleurs un appui surprenant: 28% selon un sondage effectué en 1962[52]. Les créditistes savent, mieux que le NPD, canaliser le mécontentement populaire engendré par la détérioration de la situation économique au début des années soixante. Il faut dire que le parti fondé en 1957 recueille le fruit d'un travail d'éducation politique mené par l'Union des électeurs depuis 1936. En outre, son chef, Réal Caouette, est un orateur populiste hors pair, qui sait bien utiliser la télévision comme média d'information politique.

Son programme, qui se situe nettement à droite de l'échiquier politique, n'aura pas l'heur de plaire aux centrales syndicales. En plus de proposer une solution simpliste aux problèmes économiques (augmentation de la masse monétaire en distribuant un dividende à chaque citoyen), le parti défend des politiques sociales conservatrices. Fervent partisan de la propriété privée et de la liberté individuelle, il s'oppose à l'interventionnisme de l'État, met en doute les programmes sociaux et pourfend le socialisme sous toutes ses formes. Bien qu'il ne remette pas en cause le syndicalisme en tant que tel, le chef du parti au Québec a peu de sympathie pour les dirigeants syndicaux qu'il accuse de fomenter des grèves et de conduire au «socialisme communiste[53]».

La CSN est la première centrale à se rendre compte que la «doctrine créditiste» gagne du terrain parmi les syndiqués. À la veille des élections de 1962, le président Jean Marchand s'élève contre le parti (il s'abstient cependant de le nommer) dont certaines positions sont «diamétralement opposées aux politiques syndicales et (...) menacent de ramener la classe ouvrière à l'esclavage et à l'exploitation systématique[54]». Faite en pleine campagne électorale, ce que la constitution de la centrale interdit depuis 1959, cette déclaration cause des remous à l'intérieur de la centrale. Trois mois plus tard, au congrès de la CSN, le président explique que le Crédit social constitue une menace pour le syndicalisme et la classe ouvrière. Même s'il approuve unanimement la position du président, le congrès exige cependant que les déclarations de cet ordre reçoivent à l'avenir l'aval du Bureau confédéral[55].

Aux l'élections de 1963, la CSN se limite à une simple analyse des programmes de chacun des partis politiques en lice et c'est la FTQ qui passe à l'attaque en publiant, dans *Le Monde Ouvrier*, un long article intitulé *Le Crédit social: ennemi mortel du syndicalisme*[56]. Avec la baisse marquée de popularité que connaîtra le Crédit social, ces mises en garde ne sont bientôt plus nécessaires.

Les déboires du NPD-Québec

L'idée de fonder un parti des travailleurs sur la scène provinciale est débattue dans les années cinquante parmi les militants CCF (PSD) et les éléments les plus politisés de la FUIQ et de la CTCC. À chaque manifestation d'antisyndicalisme de Duplessis, la question refait surface parmi les dirigeants syndicaux. À la mort de Duplessis, le contexte se prête d'autant plus à la création d'un nouveau parti que le CTC se propose d'en faire autant au plan fédéral. À la FTQ, on est conscient de la nécessité de fonder un parti provincial; cependant, selon la stratégie définie à l'échelle pancanadienne, la mise sur pied des partis provinciaux doit succéder à celle du parti fédéral.

Le congrès de fondation du NPD n'a lieu qu'en août 1961. L'énergie du Conseil provisoire du Québec est aussitôt absorbée par la campagne électorale fédérale de juin 1962, si bien qu'il doit reporter le congrès de fondation du parti à l'automne 1962. Mais, là aussi, le Parti libéral provincial déclenche une élection surprise, en novembre 1962, pour laquelle le NPD-Québec n'est absolument pas prêt.

C'est donc le Parti libéral qui va incarner les forces du renouveau au Québec. Déjà son programme de 1960 comportait plusieurs revendications du mouvement ouvrier: l'instruction gratuite et obligatoire jusqu'à 16 ans, l'établissement d'un conseil d'orientation économique, l'assurance-hospitalisation, et l'abolition des lois 19 et 20. Mais la FTQ se méfie toujours de ce parti «traditionnel» qu'on juge incapable de réformes profondes. Ne voyant «aucune différence fondamentale» entre l'Union nationale et le Parti libéral, elle suggère aux travailleurs, dans l'attente du nouveau parti, de voter selon leur conscience[57]. Une fois au pouvoir, le Parti libéral adopte pourtant plusieurs mesures progressistes qui lui attirent la sympathie des syndiqués. La CSN, très réservée encore à l'élection de 1960, affiche de plus en plus de satisfaction à mesure que le bilan législatif du gouvernement s'enrichit.

La nationalisation de l'électricité, qui sert de thème aux élections anticipées de 1962, fait partie du programme législatif des centrales, qui recommandent donc à leurs membres de voter pour le Parti libéral. Pour la FTQ, la situation est délicate puisque, en même temps, elle appelle à la fondation du NPD. Or, pendant son deuxième mandat, le Parti libéral multiplie les réformes qui auraient dû constituer une partie substantielle du programme du NPD-Québec.

Comble de malchance, la question nationale vient diviser les militants socialistes au Québec. Deux tendances d'égale force s'affrontent au congrès d'orientation du NPD-Québec en 1963: pour les uns, plus fédéralistes, le parti provincial, tout en étant autonome, doit garder des liens étroits avec le NPD pancanadien; pour les autres, davantage nationalistes, le parti devrait être indépendant, entièrement et exclusivement québécois, ne conservant qu'un lien de sympathie avec le NPD. Au-delà du statut à accorder au nouveau parti se profilent deux conceptions de la place du Québec dans la fédération canadienne: les premiers croient possible l'élargissement des pouvoirs du Québec dans le cadre du fédéralisme canadien tandis que les seconds préconisent une confédération au sein de laquelle le Québec détiendrait le statut d'État associé[58]. Pour ces derniers, le socialisme québécois doit incarner en totalité les intérêts de la nation québécoise, ce qui est perçu par l'aile fédéraliste comme une orientation nettement séparatiste. La scission est consacrée en novembre 1963 quand le groupe nationaliste fonde un parti provincial, le Parti socialiste du Québec (PSQ), distinct du NPD-Québec.

Dans ce débat, la direction de la FTQ prend parti très tôt pour la tendance fédéraliste; son président dénonce d'ailleurs les «activistes» à la tête du PSQ[59]. Lors de l'élection de 1966, la centrale se dissocie de tous les partis en lice, y compris le PSQ; elle ne voit pas en lui un parti «vraiment populaire» qui corresponde aux aspirations des travailleurs[60]. En proie à des déchirements internes, le PSQ disparaît en 1967.

La Révolution tranquille aurait pu être l'œuvre d'un parti social-démocrate; si elle est celle d'un parti traditionnel, c'est principalement que la tradition socialiste est trop jeune en milieu francophone. En 1958, à la veille de la formation du NPD, les intellectuels québécois débattent de la meilleure stratégie pour mettre fin au régime Duplessis et engager le Québec dans la voie de la social-démocratie. Les uns proposent la création d'un parti politique distinct, les autres appellent à la coalition des forces démocratiques autour d'un programme politique réformiste. C'est cette deuxième voie qui triomphera; le Parti libéral incarnera la volonté de changement avec, comme conséquence, qu'un parti social-démocrate ne pourra vraiment prendre son envol.

Le «deuxième front»

Une seconde tentative vers l'action politique, davantage enracinée dans le milieu québécois, émerge au moment où la Révolution tranquille s'essouffle. La virulente critique du capitalisme dans laquelle s'engage la CSN à partir de 1966 débouche tout naturellement sur l'action politique. Le rapport moral du président, au congrès de 1968, appelle à l'ouverture d'un «deuxième front», la négociation collective se révélant insuffisante pour corriger l'injustice sociale.

Le type d'action politique suggérée déborde l'action purement électorale: elle comprend toutes les formes d'organisation qui permettraient que les travailleurs prennent en main leur destin (comités de citoyens, associations de locataires, groupes de consommateurs, etc.). En faisant surgir à la base les éléments d'un «pouvoir populaire», l'objectif est de faire naître graduellement chez les salariés une conscience politique de leurs problèmes sociaux. Cette stratégie s'inspire des groupes populaires apparus à Montréal depuis 1963 et dont le foisonnement apparaît comme l'expression tangible de la démocratie populaire. La CSN encourage le mouvement, en espérant que les travailleurs puissent faire le lien entre les problèmes concrets qu'ils affrontent et les décisions des pouvoirs publics. À plus long terme, la centrale prévoit que ces groupes déboucheront sur l'action électorale, municipale et provinciale.

À deux reprises, en 1967 et en 1972, la CSN espère donner corps à la conscience politique en formant des comités d'action politique. Dans les deux cas, la décision suit des rebuffades du gouvernement provincial qui révèlent les limites de l'action purement syndicale. En 1967 d'abord, au lendemain de la loi 25, le Bureau confédéral décide de former des comités d'action politique dans les 108 circonscriptions électorales[61]. Les conseils centraux stimuleront leur fondation dans les régions et les municipalités; à la centrale même, on met sur pied un comité d'action politique (la CSN n'a pas donné suite à la décision prise déjà en 1962 de créer ce comité).

On prévoit aussi que l'intervention en politique active devra se faire de concert avec les autres centrales syndicales. La chose semble d'autant plus plausible que la bonne entente règne alors entre les centrales. Et puis la FTQ songe aussi, au même moment, à regrouper «les forces politiques de gauche» dans la province, et la CEQ s'apprête à mettre sur pied des comités d'éducation et d'action politique[62]. La collaboration entre syndiqués de centrales différentes et membres de groupes populaires s'instaure d'ailleurs à Montréal et dans certaines régions; dans la métropole, le Front d'action politique des salariés de Montréal (FRAP) s'engage dans la lutte électorale municipale en octobre 1970. Malheureusement, l'hystérie créée à la faveur de la crise d'Octobre est fatale au nouveau parti.

À la CSN, la seconde tentative de former des «comités populaires» suit l'action du front commun de 1972 et l'emprisonnement des trois chefs des centrales. Indigné par l'affront du gouvernement libéral, le président Pepin souhaite que les comités combattent avec acharnement tout candidat du Parti libéral[63]. Le congrès élimine cependant toute allusion directe au Parti libéral et donne aux comités le rôle de combattre tout parti politique qui «cherche à étouffer les mouvements syndicaux et les travailleurs en général[64]». La main est tendue aux membres des deux autres centrales et aux non-syndiqués pour que soient créés, dans chaque district électoral, des comités qui devraient constituer le noyau de ce qui pourrait devenir éventuellement un parti des travailleurs.

Cependant, et la CSN est très claire à ce propos, même si ces comités sont mis sur pied sous son impulsion, ils doivent fonctionner de manière autonome, ce n'est pas le rôle de la centrale, répète-t-on, de soutenir un parti politique. La formule d'affiliation, comme celle qui existe entre le NPD et le CTC, n'apparaît pas souhaitable parce que, dit-on, «nullement adaptée à la mentalité québécoise[65]». On croit que l'action syndicale s'inscrit dans un contexte plus large que l'action purement électorale et que l'affiliation à un parti risque de placer la centrale à sa remorque.

Des comités populaires formés conjointement par des militants venant des trois centrales sont mis sur pied dans certaines régions du Québec (Sorel, Baie-Comeau, Nord-Ouest québécois). À Montréal, avec des groupes populaires et progressistes, tant francophones qu'anglophones, des militants des trois centrales participent à la création du Rassemblement des citoyens et citoyennes de Montréal (RCM), qui succède au FRAP pour faire la lutte électorale sur la scène municipale[66]. Un parti semblable voit le jour aussi dans la ville de Québec sous le nom de Rassemblement populaire. En général, toutefois, les comités populaires connaîtront peu de succès. Voilà pourquoi, en 1977, l'exécutif de la CSN décide de revenir à l'éducation politique et au soutien des syndicats en négociation ou en grève[67].

Encore une fois donc, la tentative d'organiser un parti des travailleurs se solde par un échec. Même à la CSN, où la conscience de la nécessité d'un tel parti semble la plus vive, les syndiqués

À l'invitation du comité d'action politique de la CSN, le chef du Parti québécois expose son programme à des militants de Victoriaville. Avant d'être porté au pouvoir, le PQ fait souvent front commun avec les centrales syndicales. (Archives de la CSN)

demeurent partagés. Selon les uns, l'action politique partisane est absolument étrangère à la nature même du syndicalisme; lors du schisme de 1972, c'est là un argument avancé par les dissidents. Les autres, minoritaires mais néanmoins actifs à l'intérieur de la centrale, font valoir, dans la lignée de la pensée anarcho-syndicaliste, que les changements sociaux résultent non pas de l'action électorale, mais de luttes menées dans l'entreprise et du travail de sensibilisation des travailleurs à la base.

Enfin, une dernière tendance répugne à l'action électorale. Elle s'en remet entièrement au Parti québécois pour renverser le gouvernement libéral, régler la question nationale et implanter les mesures sociales-démocrates de son programme. Et en effet, à mesure que le PQ s'impose comme l'opposition officielle au Parlement, de nombreux syndiqués voient en lui la solution de rechange au Parti libéral. Son programme contient plusieurs mesures réclamées par le mouvement syndical et plusieurs syndicalistes jouent un rôle actif dans ses rangs. Plutôt que d'attendre un problématique parti des travailleurs, on préfère faire du PQ l'agent d'un changement politique et social. C'est probablement la principale raison du peu de succès de la CSN à implanter ses «comités populaires» auxquels, d'ailleurs, les syndiqués des deux autres centrales collaborent peu; dans leurs rangs, la sympathie pour le PQ est encore plus évidente.

Si, aux congrès de 1965 et de 1967, la FTQ envisageait de créer un parti des travailleurs, il n'en est plus question en 1969, les thèses péquistes ayant fait du progrès chez les militants. À la veille des élections de 1970, le congrès, devant la division des membres, s'abstient d'appuyer l'un ou l'autre parti. Par la suite, le rapprochement avec le PQ s'intensifie, les déclarations contre l'indépendance cessent et le discours devient de plus en plus nationaliste; les dirigeants présentent le PQ comme la seule solution au régime Bourassa et le parti le plus ouvert aux aspirations des travailleurs.

Cette orientation est confirmée au congrès de 1973 lorsque les délégués rejettent l'idée d'un congrès d'orientation politique rassemblant tous les mouvements progressistes du Québec. Les délégués péquistes s'y opposent craignant que ce projet ne débouche sur la formation d'un parti des travailleurs[68]. Ce rejet consacre la victoire de la stratégie de l'appui au PQ sur les forces militant pour la création d'un parti ouvrier.

La tendance à se ranger derrière le PQ s'accentue à l'approche des élections de 1976. Non contente de dénoncer le Parti libéral, comme elle le faisait en 1970 et en 1973, la FTQ recommande cette fois-ci clairement à ses membres d'élire les candidats du Parti québécois. Certes, le PQ n'est pas un parti des travailleurs, mais dans les circonstances, la centrale conseille de donner un appui «tactique» à «la formation la plus sympathique aux revendications des travailleurs[69]». Le même raisonnement est servi lors des élections de 1981: le Parti libéral est lié à des intérêts réactionnaires, le PQ par contre a des orientations proches de celles de la FTQ[70]. Et effectivement, quoique plusieurs facteurs influent sur le comportement électoral, un sondage montre que les syndiqués en général ont tendance à voter en majorité pour le PQ aux élections de 1981[71].

Cette stratégie de la FTQ ne commence véritablement à être remise en question qu'après les décrets imposés dans le secteur public en 1983. Le désenchantement qui s'empare des syndiqués conduit les délégués, au congrès spécial de 1985, à ne pas renouveler leur appui au PQ lors des élections de décembre de cette année-là et à opter, malgré l'avis de leurs dirigeants, pour la neutralité pendant la campagne électorale. L'exécutif de la centrale essaie bien de rappeler à la mémoire des syndiqués les années pénibles du régime Bourassa de 1970 à 1976 et la nature éminemment conservatrice du programme du Parti libéral, rien n'y fait: les délégués rejettent à 58 % la recommandation d'appui au Parti québécois. Ils ne sont pas près d'oublier la médecine servie par le gouvernement du Parti québécois aux employés des secteurs public et parapublic deux ans plus tôt. Pour plusieurs, comme nous le verrons plus bas, la volte-face du Parti québécois sur son projet de société et sur la question nationale n'en fait plus un parti réformiste[72]. Comme les autres centrales, la FTQ sera donc neutre lors des élections de décembre 1985. Silencieuses et impuissantes, elles assistent toutes à l'élection du Parti libéral dont le programme prévoit un coup de barre à droite.

En bref, depuis 1960, le mouvement syndical rate à deux reprises l'occasion de créer un parti ouvrier; ce sont des forces extérieures aux centrales syndicales, le Parti libéral puis le Parti québécois, qui canalisent la volonté de changement dans la population. Dans les deux cas, il contribue directement ou indirectement à l'élection de ces formations politiques qui, favorables en début de mandat aux revendications syndicales, ne tardent pas à décevoir les syndiqués.

Chaque fois, les dirigeants de la CSN et de la FTQ jugent insuffisante la conscience politique des syndiqués pour permettre la création d'un parti des travailleurs. Les centrales s'en remettent alors à l'éducation syndicale en espérant faire prendre conscience à ces derniers des liens entre les décisions des pouvoirs publics et leurs problèmes concrets comme salariés. Mais il s'agit là d'un long processus que l'appui au Parti libéral et au Parti québécois est venu interrompre, retardant peut-être du même coup le développement de la conscience politique des syndiqués.

DE LESAGE À LÉVESQUE ET TRUDEAU

À partir de la Révolution tranquille, l'évolution politique du Québec est plus perturbée qu'auparavant. Le pouvoir reste peu de temps entre les mains de la même formation politique et un nouveau parti, le Parti québécois, déloge l'Union nationale comme formation politique majeure. Cette relative instabilité politique est le reflet d'une fermentation sociale sans précédent dans l'histoire du Québec. Le mouvement syndical y joue un rôle de premier plan et devient un interlocuteur beaucoup plus influent auprès du gouvernement.

L'État provincial prend une place de plus en plus importante dans la vie des citoyens: il suscite la création d'entreprises d'État, finance avec le fédéral les soins de santé, prend en charge le système d'éducation et met en place un régime de rentes pour les retraités, etc. Son rôle s'accroît au point que la part des dépenses du gouvernement du Québec dans le PNB double de 1950 à 1976, passant de 11,6 à 25%[73]. Le dynamisme de l'État québécois a pour effet d'orienter une part beaucoup plus importante des énergies des syndicats vers la politique provinciale. C'est pourquoi, par exemple, la FTQ, qui jouait un rôle effacé dans les structures du syndicalisme international, en viendra à acquérir une autorité morale non négligeable sur ses membres.

L'intérêt pour la politique fédérale, en revanche, faiblit même si les leviers économiques importants et les principales ressources financières se trouvent à Ottawa. Les centrales se rangent du côté du gouvernement du Québec lors de ses querelles avec le fédéral, et elles partagent sa volonté de faire de l'État québécois le levier de promotion des Canadiens français. C'est donc Québec et non Ottawa qui occupe une place prépondérante dans leurs préoccupations. Les choses changeront légèrement avec la récession économique et la mise en place d'un contrôle fédéral des prix et des salaires en 1975.

Sur le plan provincial

Les centrales syndicales accueillent avec satisfaction, on l'a dit, les réformes politiques entreprises par le gouvernement Lesage. Dans leur analyse, elles ne remettent pas tellement en cause l'orientation des lois que la retenue que met le gouvernement à sa volonté réformiste. Si la FTQ est ici plus critique, la direction de la CSN entretient, en revanche, des relations cordiales avec les dirigeants libéraux.

En quittant la présidence de la CSN, Jean Marchand reconnaît qu'il compte, au gouvernement, «des amis et des relations qui prêtaient une oreille attentive à ses suggestions, en matière syndicale». Mais, ajoute-t-il, le rapport de forces que les syndiqués peuvent établir avec le gouvernement est plus important que les relations personnelles, car c'est de cela que dépend l'avancement ou le recul des travailleurs syndiqués[74]. Ainsi, la conquête du droit à la négociation collective et à la grève en 1964 et en 1965 dans le secteur public et parapublic résulte avant tout de la détermination des travailleurs et travailleuses. D'ailleurs, c'est la CSN qui prend la tête de la campagne de protestation contre les premières versions du projet de loi 54. Il ne faudrait donc pas exagérer l'influence de relations personnelles dans les rapports de la CSN avec le gouvernement québécois.

Le retour de l'Union nationale

À l'étonnement de tous, le Parti libéral est défait aux élections de juin 1966, malgré un nombre de voix supérieur à celui de l'Union nationale. La CSN demeure neutre pendant la campagne électorale, et la FTQ se dissocie de tous les partis en lice dans l'attente de la fondation d'un parti «vraiment populaire[75]». Dans les milieux syndicaux et chez les intellectuels, on craint que la victoire de l'Union nationale ne signifie le retour au duplessisme, mais le nouveau gouvernement ne remet pas en cause les acquis de la Révolution tranquille et, en général, il poursuit les réformes déjà amorcées, à un rythme, il est vrai, beaucoup trop lent selon les centrales.

Dans la foulée du gouvernement libéral, il élargit le rôle de l'État dans l'économie en établissant trois nouvelles sociétés d'État (SOQUIP, REXFOR, SIDBEC) et en créant l'Office de planification du Québec. Il étend la réforme du système d'éducation aux niveaux collégial et universitaire par la mise en place des cégeps et du réseau de l'Université du Québec; il institue la Commission d'enquête sur la santé et le bien-être social (commission Castonguay-Nepveu) qui jette les bases d'un régime universel et complet d'assurance-maladie; et il réussit des réformes politiques sur lesquelles s'était buté le gouvernement précédent: l'abolition du Conseil législatif et la révision de la carte électorale pour éliminer l'écart de représentation entre les comtés urbains et ruraux.

Dans les années soixante, les centrales pressent les deux paliers de gouvernement d'agir dans le domaine de la sécurité sociale: assurance-maladie, assistance sociale, régime de retraite et réforme de l'assurance-chômage. Elles élargissent considérablement le cadre dans lequel elles définissent les politiques sociales. La CSN plaide pour que celles-ci assurent à tout le moins le maintien relatif de la position sociale des individus pendant toute leur vie. La FTQ va plus loin: elle propose, en 1968, que la sécurité sociale fasse partie d'une politique délibérée d'amélioration du niveau de vie et d'égalisation progressive des revenus[76]. La commission Castonguay-Nepveu retiendra, en 1970, que la garantie d'un revenu minimal devrait être reconnue comme objectif général des régimes de sécurité de revenu au Québec. Pour les centrales, il est entendu que le gouvernement du Québec devrait être le maître d'œuvre de l'ensemble des politiques de sécurité sociale.

Ce n'est pas le bilan législatif de l'Union nationale qui durcit les relations entre le gouvernement et le mouvement syndical, mais les lois spéciales adoptées pour forcer le retour au travail d'employés du secteur parapublic. La loi 25 dont nous avons déjà parlé en est un exemple et la loi 1, qui ordonne le retour au travail des travailleurs des autobus et du métro de Montréal en 1967, en est un autre. Il faut dire, sur ce dernier cas, que la grève dure depuis un mois, au moment même où se déroule à Montréal l'Exposition universelle. Mais ces lois spéciales démontrent aux syndiqués des secteurs public et parapublic que leur droit de grève est parfois illusoire et que l'État employeur peut, à tout moment, revêtir le manteau du législateur pour imposer ses conditions. Dans ces circonstances, les relations de travail débouchent sur une remise en cause du rôle de l'État dans la société libérale. Les syndicats en viennent à souhaiter un changement sociétal plus profond, contribuant ainsi à radicaliser l'orientation des centrales.

Cette évolution s'inscrit dans un climat social particulièrement perturbé à la fin des années soixante. L'enthousiasme suscité par la Révolution tranquille avive, dans certaines couches de la population, l'espoir d'une société plus juste et plus égalitaire. On croit possible de pousser beaucoup plus loin les réformes entreprises

Pour cet enseignant, la loi 25 du gouvernement de l'Union nationale est un retour au duplessisme, 13 février 1967. (Lagacé, *Montreal Star*, APC, PA 162993)

dans le sens d'une meilleure redistribution des richesses. Comme le taux de chômage amorce une courbe ascendante à partir de 1967, la pauvreté et les injustices sociales sont davantage ressenties dans les quartiers populaires. Un courant marxiste surtout répandu parmi les intellectuels influe sur l'analyse des problèmes sociaux. C'est l'époque aussi où la contestation se développe dans les pays occidentaux (mai 1968 en France, manifestations contre la guerre du Vietnam, par exemple).

Le climat général d'insatisfaction est alimenté au Québec par la prise de conscience chez les francophones de leur infériorité économique et du peu de prestige de leur langue. C'est le moment où la question nationale se pose de façon aiguë: un groupe de dissidents du Parti libéral fonde le Mouvement souveraineté-association en 1967 et la défense des droits linguistiques des francophones donne lieu à des manifestations violentes. L'adoption en 1969 de la loi 63, qui garantit le libre choix de la langue d'enseignement dans les écoles, jette de l'huile sur le feu et fait douter de la volonté du gouvernement de protéger la langue française.

Les tensions sociales se répercutent sur les relations de travail dans le secteur privé. Le nombre et l'intensité des grèves s'élèvent considérablement de 1966 à 1970: les jours-personne perdus en raison de conflits de travail sont trois fois plus nombreux que pour les cinq années précédentes. De durs conflits surviennent, par exemple, dans le bâtiment, à Dominion Textile, aux papeteries Domtar de Windsor et East Angus, dans les mines de fer de la Côte-Nord. La combativité des travailleurs et travailleuses se manifestent donc autant dans le secteur privé que public.

C'est dans ce climat d'effervescence sociale que le gouvernement de l'Union nationale doit naviguer; ses lois, même si elles se situent dans l'esprit de la Révolution tranquille, apparaissent timides et superficielles. Les attentes à l'endroit de l'État se font plus intenses alors que le gouvernement ralentit le rythme de ses réformes. De là, la frustation et le mécontentement[77].

L'administration Bourassa

L'écart qui sépare le mouvement syndical du gouvernement de l'Union nationale va devenir un large fossé sous l'administration libérale de Robert Bourassa dont les conceptions sociales et économiques sont aux antipodes des positions syndicales. Contrairement aux artisans de la Révolution tranquille, qui misaient sur le rôle de l'État pour moderniser le Québec, le Parti libéral de 1970 rejette l'idée d'un rôle accru de l'État dans l'économie et se fait plutôt le défenseur de la libre entreprise et du libre jeu des forces économiques. Le développement économique passe de préférence par les investissements étrangers, particulièrement américains.

À 38 ans, Robert Bourassa devient chef du Parti libéral en janvier 1970 et est élu premier ministre trois mois plus tard. (R. Nadon, Photothèque *La Presse*)

Cette stratégie, promet Robert Bourassa aux élections de 1970, permettra de créer «100 000 nouveaux emplois» et de redonner une vitalité nouvelle à l'économie. Sensibles à cette rhétorique, les électeurs portent les libéraux au pouvoir avec 72 députés et 45,4% du suffrage. Les autres partis viennent loin derrière: l'Union nationale voit son appui électoral s'effriter (19,7%) et le Parti québécois gagne un appui surprenant (22,9%) sans toutefois que ces gains ne se traduisent en sièges (7 seulement). La FTQ et la CSN s'abstiennent de formuler des préférences.

La politique de gouvernement libéral vise avant tout à créer un climat favorable aux investissements privés. Peu après son arrivée au pouvoir, il commande une étude à une société américaine pour établir les facteurs favorables et défavorables à la venue d'investissements étrangers (rapport Fantus). Aucune nouvelle société d'État (sauf la Société de développement de la baie James) ne voit le jour sous l'administration Bourassa et le premier ministre croit peu aux vertus de la planification économique. C'est sous l'aspect strictement économique qu'il envisage la situation constitutionnelle du Québec: l'indépendance est rejetée parce qu'elle risque d'entraîner un déclin des investissements et l'adhésion au Canada est présentée sans grand idéal, comme un «arrangement pratique, économiquement rationnel, un fédéralisme rentable[78]». Ce n'est que tardivement (1974) et à contrecœur que le gouvernement intervient pour protéger la langue française au Québec. La loi 22, même si elle retire à l'anglais le statut d'égalité avec le français, demeure timide quant aux moyens de limiter l'accès des enfants d'immigrants aux écoles anglaises et de faire du français la langue de travail dans les entreprises. Toujours soucieux de maintenir un climat favorable à l'investissement privé, on craint de heurter le monde des affaires[79]. Dans le domaine social, peu de mesures nouvelles, si ce n'est la création de centres locaux de services communautaires, l'implantation de la Cour des petites créances et de l'aide juridique. Le régime d'assurance-maladie et la nouvelle loi sur l'assistance sociale, qui entrent en vigueur en novembre 1970, sont plutôt l'œuvre du gouvernement précédent (sans parler de la législation fédérale correspondante). Comme on peut le constater, la philosophie et les politiques de l'administration libérale rompent, à quelques exceptions près, avec les objectifs de la Révolution tranquille, de

Pour protester contre l'adoption de la loi 19 et l'emprisonnement des présidents des centrales, des grévistes bloquent les sorties de Sept-Îles pendant deux jours, en mai 1972. (Robson, *Montreal Star*, APC, PA 129536)

façon beaucoup plus évidente que le gouvernement de l'Union nationale.

Le mouvement syndical, en revanche, veut pousser encore plus loin les réformes entreprises pendant la Révolution tranquille. L'État est au centre de toutes les mesures qu'il propose au gouvernement: planification économique, nationalisation d'entreprises, élargissement des programmes sociaux, démocratisation de l'éducation, francisation du Québec, accès à la syndicalisation, etc. Le retour au libéralisme affiché par le gouvernement indigne les centrales qui élaborent un projet de société socialiste. La critique se fait plus virulente; on présente le régime Bourassa comme un agent de la haute finance soumis aux intérêts du capitalisme américain. «Les investisseurs américains, clame le président de la CSN, sont les véritables maîtres du régime Bourassa, nous devons prendre les moyens pour 'abattre' ce régime[80].»

Plusieurs autres gestes exaspèrent le monde syndical. C'est d'abord la crise d'Octobre et la loi des mesures de guerre (réclamée par le gouvernement québécois), qui a signifié l'emprisonnement de nombreux militants syndicaux et des perquisitions chez des centaines d'autres. Deux ans plus tard, la négociation du secteur public et parapublic en front commun se termine par l'adoption d'une loi spéciale et l'emprisonnement pour un an des présidents des trois centrales. Le gouvernement fait suivre cette «négociation» du projet de loi 89 qui limite le droit de grève dans le secteur public et institutionnalise l'intervention de l'État dans les négociations du secteur privé[81]. Et même si le projet de loi est retiré, il donne l'impression de faire partie d'une vaste conspiration visant à mater le syndicalisme.

Les relations sont si tendues que la FTQ adopte une résolution menaçant le gouvernement d'une grève générale et de désobéissance civile si les tribunaux s'avisent de brimer «les revendications légitimes des travailleurs[82]». La tentation de se lancer en politique électorale est plus forte que jamais; la CSN met sur pied des comités populaires, et l'appui tactique au PQ l'emporte à la FTQ.

Aux élections d'octobre 1973, les trois centrales s'entendent pour «abattre le régime Bourassa», «le gouvernement le plus acharné, dans l'histoire du Québec, à vouloir détruire le mouvement ouvrier», selon le président Laberge[83]. Mais la population ne l'entend pas ainsi: le gouvernement libéral est reporté au pouvoir avec une majorité accrue et un nombre plus grand de sièges (102 sur 110). En fait, la campagne a porté sur la question de l'indépendance, objectif qui suscite encore beaucoup de crainte dans l'électorat. L'agitation sociale déclenche aussi un réflexe de ralliement autour du parti qui incarne la loi et l'ordre.

Le deuxième mandat du gouvernement Bourassa est aussi perturbé que le premier. Les éléments qui divisent la société québécoise depuis la fin de la Révolution tranquille la polarisent encore davantage de 1973 à 1976. Le libéralisme classique défendu par le premier ministre heurte un large éventail de groupes qui souhaitent un interventionnisme accru de l'État (centrales syndicales, groupes populaires, intellectuels, etc.). Au plan international, l'humeur est encore à la contestation sociale (idéologie de la contre-culture, guerre au Vietnam, mouvement féministe). La question nationale au Québec alimente toujours le mécontentement: le gouvernement fédéral se montre intransigeant, les demi-mesures du gouvernement libéral dans le domaine linguistique (loi 22) ne satisfont personne et l'idée d'indépendance gagne du terrain.

En ce qui concerne les relations de travail, les rapports se détériorent également. Les conflits sont encore plus fréquents que pendant les années antérieures: le nombre de jours ouvrables perdus s'accroît de 48% de 1966-1970 à 1971-1975[84]. Les quatre cinquièmes de ces pertes sont attribuables aux travailleurs et travailleuses du secteur privé, qui déclenchent, en 1974, un mouvement de rouverture des conventions collectives pour rattraper la hausse du coût de la vie. La forte inflation enregistrée depuis l'année précédente risque, en effet, d'éroder leur pouvoir d'achat. La lutte pour l'indexation se traduit par des arrêts de travail nombreux, parfois illégaux, et par un durcissement des conflits (CTCUM, Québec-Téléphone, Firestone, etc.). Et voilà qu'à l'automne 1975, le gouvernement fédéral impose un contrôle afin d'empêcher un rattrapage salarial. Le gouvernement provincial emboîte le pas avec la loi 64 qui limite les augmentations salariales dans les secteurs sous sa compétence. Ces deux mesures suscitent un tollé de protestations dans le monde syndical.

D'autres lois viennent exaspérer les centrales syndicales: la FTQ est touchée, en 1975, dans la construction, par les lois 29, 30 et 47, qui font suite au rapport de la commission Cliche, sans parler du conflit à United Aircraft; la CEQ et la Fédération des infirmiers et infirmières se voient servir, en avril et juillet 1976, dans le cadre de la négociation du front commun, les lois 23 et 61 qui forcent le retour au travail des enseignants et des infirmières; à la CSN, les dirigeants de la FAS sont traduits devant les tribunaux pour avoir enfreint la loi 253 qui définit un mécanisme de détermination des services essentiels. Pour les trois centrales, il n'y a plus de doute: le gouvernement Bourassa est l'instrument du grand capital pour réprimer les travailleurs. Les ponts sont à toutes fins pratiques rompus.

L'élection annoncée pour le 15 novembre 1976, un an avant l'expiration normale du mandat du gouvernement libéral, apparaît comme une bénédiction pour les syndicats. Cette fois, la FTQ ne se contente pas de dénoncer le Parti libéral, elle recommande clairement à ses membres d'élire les candidats du Parti québécois. C'est, disent ses dirigeants, la formation la plus sympathique aux revendications des travailleurs et la seule qui puisse battre les libéraux[85]. La CSN et la CEQ sont aussi déterminées à écarter le Parti libéral, mais leur confiance à l'égard du Parti québécois est plus retenue. La CSN recommande de «donner une leçon» aux libéraux sans plus; le Parti québécois est encore, pour elle, une formation «bourgeoise» qui échappe au contrôle des travailleurs[86].

Au lendemain de la victoire péquiste, les centrales (sauf la CSD, qui reste neutre) se réjouissent de la «défaite retentissante du régime libéral» (71 sièges au PQ, 26 aux libéraux) et s'attribuent une partie du mérite de cette déroute. La FTQ offre sa collaboration au nouveau gouvernement pour «toutes les initiatives qu'il prendra en faveur des intérêts de la classe ouvrière». La CSN se montre plus réservée: son président, Norbert Rodrigue, invite à considérer «froidement» l'élection du PQ afin d'éviter au mouvement syndical de «revivre les illusions de 1960[87]».

L'État moteur et protecteur

À l'arrivée du gouvernement péquiste, les centrales ont une longue liste de revendications législatives d'autant plus nombreuses, plus radicales aussi, qu'elles ont eu peu d'écho sous l'administration libérale.

Depuis la fin des années soixante, et sauf en de rares occasions, elles ne soumettent plus annuellement de mémoire législatif au gouvernement, préférant plutôt constituer un document bien étoffé sur une question particulière lorsqu'elles désirent faire adopter une mesure ou qu'elles réagissent à un projet de loi gouvernemental. Les quatre centrales (y compris la CSD donc) acheminent des revendications assez similaires au gouvernement dans les années soixante-dix; c'est le ton adopté, l'ampleur des réformes suggérées ou encore les moyens utilisés qui varient d'une centrale à l'autre. Nous soulignerons, à l'occasion, les divergences de vue qui les séparent. Notons aussi que la CEQ, depuis qu'elle se définit comme une centrale de travailleurs de l'enseignement, soumet plusieurs mémoires conjointement avec la CSN; elle se joint plus fréquemment aussi au concert des centrales.

La solution de la crise économique qui frappe les pays capitalistes depuis 1973 est au centre des préoccupations des centrales dans les années soixante-dix. Même si le gouvernement fédéral détient les principaux leviers économiques, c'est le gouvernement provincial qu'elles pressent d'agir. Interprétant la forte inflation et l'augmentation continuelle du chômage comme les résultats du libre

" L'ÉTAU " D'INTÉRÊT ET LES TRAVAILLEURS

Dans les années 1970, l'accélération de l'inflation propulse les taux d'intérêt à des niveaux records. (Roger Paré, *Le Métallo*)

fonctionnement des lois du marché, elles exigent une intervention étendue de l'État. Il doit devenir «le principal responsable de notre développement économique et social», fait valoir la FTQ, qui réclame une économie planifiée et la nationalisation des «secteurs essentiels» à la croissance économique. Pour la CSN, «l'État doit maîtriser l'économie» en nationalisant les secteurs clés et en créant des entreprises pour exploiter les richesses naturelles et développer les industries de transformation. L'entreprise privée est incapable de relancer l'économie, soutient la CSD, l'État doit donc jouer un «rôle moteur dans l'économie québécoise[88]». Les premières entreprises visées sont les multinationales, qui pillent les richesses et fixent de l'étranger les priorités de développement du Québec. En plus de la nationalisation et de la planification, une nouvelle avenue est suggérée pour accroître l'emprise de l'État sur l'économie: il s'agit du contrôle de l'épargne qui permettrait de générer des fonds suffisants pour développer l'industrie et enrayer le chômage.

La crise économique ayant eu pour effet d'accentuer la misère et la pauvreté, les centrales réclament l'amélioration des mesures de protection sociale et de redistribution du revenu: meilleure équité du système fiscal, protection de revenu assuré en cas de retraite, salaire minimum augmenté et ajusté au coût de la vie, hausse des barèmes d'aide sociale, prime de séparation en cas de fermeture d'usine, etc. Leur objectif à plus long terme est de parvenir à ce que l'État assure à chaque citoyen un revenu annuel minimum garanti.

Parmi les autres questions sociales qui retiennent l'attention dans les années soixante-dix, retenons le logement et l'assurance-automobile. Devant la rareté et le coût croissant des logements, on réclame une politique globale de l'habitation prévoyant la construction de logements familiaux à prix modiques, un contrôle plus serré de l'augmentation des loyers et, pour la CSN, la nationalisation du sol urbain, ce qui éliminerait la spéculation, responsable de la hausse du prix des terrains[89]. Le coût élevé des primes de l'assurance-automobile retient l'attention en particulier de la CSN, qui mène une campagne depuis 1970 pour obtenir un régime étatique complet et obligatoire dans ce domaine. Une loi en ce

Chômeurs attendant la soupe à l'Accueil Bonneau de Montréal. (P. Taillefer, *Montreal Star*, APC, PA 162995)

sens sera adoptée par le gouvernement du Parti québécois en 1977, qui se limite cependant à la protection des seuls dommages corporels.

Au plan linguistique, les quatre centrales rejettent le bilinguisme et souhaitent la reconnaissance du français comme seule langue officielle du Québec. Aussi, comme nous l'avons dit, ils jugent la loi 22 (1974) insuffisante pour renforcer le caractère français du Québec; la charte du français (la loi 101) adoptée en 1977 par le gouvernement péquiste est, par contre, accueillie dans l'ensemble favorablement et on invite le gouvernement à résister aux pressions du monde patronal qui tente d'affaiblir la portée de la loi.

La condition féminine devient un nouveau champ de préoccupation des centrales au cours des années soixante-dix. La CSN, la FTQ et la CEQ se dotent de comités de la condition féminine qui acheminent devant les délégués aux congrès les revendications des femmes. Les principales résolutions destinées à être présentées au gouvernement ont trait à l'établissement d'un réseau public et gratuit de garderies, au droit à l'avortement libre et gratuit et à l'obligation pour les employeurs de payer des congés de maternité de vingt semaines aux travailleuses enceintes. Les gouvernements fédéral et provincial, note le manifeste des états généraux des travailleuses salariées (1979), «tentent de faire croire qu'ils se préoccupent de la condition féminine», mais «on ne peut que constater l'absence de mesures assurant aux travailleuses un véritable droit au travail social[90]».

Du côté des relations de travail, la question qui a fait beaucoup de bruit au cours de ces années, c'est celle de la protection contre les accidents du travail, objet constant des revendications syndicales. Mais si, jusqu'aux années soixante, on demandait surtout l'élargissement du champ de couverture de la loi et l'augmentation des indemnités payées aux accidentés[91], on insiste maintenant sur la prévention et sur la participation des travailleurs et travailleuses au régime mis en place pour assurer leur sécurité.

La CSN s'engage à fond dans ce dossier, intégrant les luttes pour la santé et la sécurité au travail au combat mené contre le système capitaliste. Les accidents de travail sont fréquents, soutient-elle, car les entreprises fonctionnent selon les impératifs de la production et du profit maximum. Ainsi, 227 travailleurs ont trouvé la mort au travail en 1972 et 224 138 autres ont présenté des réclamations auprès de la Commission des accidents de travail. Les conclusions de l'enquête menée à Thetford sur les effets de l'exposition aux poussières d'amiante, enquête que le service de recherche de la CSN effectue en collaboration avec le Mount Sinai School of Medecine de l'Université de New York, cause beaucoup d'émoi dans l'opinion publique. Elles révèlent un taux beaucoup plus élevé de mortalité chez les mineurs, causé par les maladies pulmonaires et le cancer du poumon; plus de 40% des travailleurs examinés ont perdu 25% de leur capacité respiratoire[92]. La commission Beaudry, formée à la suite de ces révélations, confirme les résultats de l'enquête et blâme sévèrement les compagnies et le gouvernement pour leur inaction. La réduction des poussières fait partie des revendications des mineurs en grève pendant sept mois en 1975. Forcé par les événements, le gouvernement intervient alors pour fixer un degré maximal de concentration de fibres d'amiante dans l'air et permettre une compensation aux victimes de l'amiantose (loi 52).

Mais la gravité des problèmes de santé et de sécurité dans l'industrie conduit les centrales à réclamer une refonte des lois de sécurité au travail et une réorganisation de la Commission des accidents du travail (CAT): la législation est confuse (plusieurs lois et ministères réglementent l'hygiène et la sécurité), et elle laisse aux entrepreneurs le soin de décider arbitrairement des mesures de prévention; le travailleur ne peut arrêter de travailler dans des conditions pourtant dangereuses; la CAT ne s'occupe pas de l'amélioration et de la protection de la santé; l'indemnisation de l'accidenté est incomplète, etc.[93].

Le programme du Parti québécois en 1976 promet une refonte des lois de sécurité du travail. Une fois porté au pouvoir, il fait de la santé et de la sécurité des travailleurs une de ses priorités. Nous analyserons plus loin l'accueil fait par le mouvement syndical au projet de loi 17 qui porte précisément sur la santé-sécurité.

En 1976, le PQ se fait fort aussi d'adopter une mesure qui intéresse au plus haut point les organisations syndicales: l'accès à la syndicalisation par accréditation multipatronale[94]. L'opération consiste à amender le Code du travail de façon à permettre l'accréditation simultanée d'entreprises ou de commerces appartenant à des employeurs différents dans un secteur donné (par industrie,

Les centrales réclament l'accréditation multipatronale pour enrayer le recul de la syndicalisation. (Roger Paré, *Le Métallo*)

profession ou région). Le mode d'accréditation courant (un seul patron) ne permet pas réellement d'organiser les travailleurs et travailleuses dans les services, le commerce et la petite entreprise. La multiplicité des entreprises, leur petite taille et leur dispersion, dans le commerce de détail, la restauration ou le secteur des institutions financières, par exemple, rendent illusoire la liberté d'association.

Or, le faible niveau de syndicalisation dans les entreprises du secteur tertiaire privé est vivement ressenti par les centrales car c'est là que se créent les nouveaux emplois. Si la syndicalisation régresse au Québec depuis 1975, c'est, pour une bonne part, que les syndicats n'arrivent pas à organiser ces nouveaux venus sur le marché du travail. On demande donc de réviser les lois du travail et de laisser aux syndiqués le soin de décider de l'unité de négociation la plus appropriée. La FTQ s'est faite, depuis 1967, le principal avocat de cette mesure, appuyée par les autres centrales dans les années subséquentes. Mais tout comme le gouvernement libéral, qui se montre réfractaire à légiférer sur cette question, le PQ, comme nous le verrons, affichera tout autant de réserve à promouvoir ce mode de syndicalisation.

Le Parti québécois:
«un préjugé favorable à l'égard des travailleurs»

Fondé en 1967 par des libéraux en désaccord avec la position constitutionnelle de leur parti, le Mouvement souveraineté-association, qui devient le Parti québécois l'année suivante, se situe dans la mouvance de la Révolution tranquille. Ses partisans et en particulier son chef René Lévesque, qui a été l'instigateur de la nationalisation de l'électricité dans le cabinet Lesage, croient au rôle primordial de l'État comme levier de promotion économique et sociale des Franco-Québécois. La structure fédérale canadienne est vite apparue à ces ex-libéraux comme un obstacle à l'élargissement des pouvoirs de l'État du Québec et à l'émancipation des francophones. Seule l'indépendance politique du Québec, concluent-ils, peut permettre de vaincre l'infériorité des francophones en Amérique du Nord. Le Parti libéral alors dans l'opposition refuse de tirer cette conclusion, ce qui provoque le départ de René Lévesque et de l'aile nationaliste du parti.

Le programme dont ils dotent le Parti québécois au cours des huit années qui précèdent son accession au pouvoir propose bien sûr l'indépendance du Québec, mais aussi une extension substantielle du rôle de l'État[95]. En économie particulièrement, celui-ci est appelé à jouer un rôle déterminant pour moderniser la structure industrielle du Québec. Même s'il n'est pas question de remettre en cause le système capitaliste lui-même, on prévoit confier à l'État des tâches considérables comme le contrôle de l'épargne, la planification économique, la nationalisation de secteurs clés de l'économie et la réglementation de l'entreprise étrangère. Ces mesures rejoignent évidemment largement les revendications du mouvement syndical, bien qu'elles relèvent de motivations plus nationalistes.

Les éléments du programme consacrés aux réformes sociales s'apparentent aussi aux réclamations syndicales: relèvement du salaire minimum, revenu minimum garanti, fiscalité plus juste, accessibilité au logement, etc. Sur la question des relations de travail, on se montre tout aussi progressiste: le syndicalisme, peut-on lire dans une brochure du parti, est un «élément normal et indispensable à la vitalité économique, sociale et politique» du Québec[96]. C'est pourquoi un gouvernement péquiste encouragera la négociation par secteurs, rendra obligatoire la retenue syndicale (formule Rand) et s'assurera qu'une entreprise ne puisse utiliser de briseurs de grève lors d'un arrêt de travail légal (loi anti-scab). Influencé par les groupes progressistes du début des années soixante-dix, le PQ fait sien leur objectif de rechercher «la justice sociale basée sur une juste répartition de la richesse et sur l'élimination complète de la pauvreté[97]». La teneur de ces engagements fait dire à bien des militants et à plusieurs observateurs que le Parti québécois présente le programme d'un parti social-démocrate. Pour René Lévesque, le PQ «se situe dans la mouvance d'une social-démocratie à la scandinave, ce qui est le maximum de progressisme pour une gauche sérieuse dans le contexte nord-américain[98]».

Pourtant, contrairement à la plupart des partis sociaux-démocrates, le Parti québécois refuse d'entretenir des liens organiques avec le mouvement syndical. En s'associant trop intimement aux syndicats, il craint de ternir son image de parti responsable, à une époque où les manifestations d'appui aux luttes ouvrières tournent souvent à la violence. Mais plus fondamentalement, il rejette l'idée d'un parti identifié à une classe sociale particulière, fût-elle celle des travailleurs, pour se présenter comme le parti de toutes les classes de la société québécoise[99]. Il ne partage pas la conviction que les conflits de classes constituent la dynamique de l'évolution sociale; le parti se conçoit plutôt comme un agent de conciliation entre partenaires sociaux ayant des intérêts divergents, mais qui peuvent trouver un terrain d'entente entre eux grâce à la participation et à la concertation. L'organisation de sommets économiques (une fois le PQ au pouvoir), qui réuniront des représentants du monde patronal et syndical, s'inscrira dans cette démarche conciliatrice.

Au cours de son premier mandat, le gouvernement du Parti québécois réalise plusieurs des attentes du mouvement syndical, portant ainsi les législations sociales et syndicales du Québec à l'avant-garde en Amérique du Nord. Peu après son élection, il abroge la loi 64 du gouvernement libéral sur le contrôle des salaires au plan provincial et retire toutes les poursuites intentées lors des négociations du front commun de 1975-1976. Selon le ministre de la Justice, il s'agit là d'un geste nécessaire pour le rétablissement d'un climat de confiance dans les relations de travail[100]. Puis le bilan législatif du gouvernement s'enrichit de tout un ensemble de mesures qui constituent un véritable déblocage dans le domaine social: l'indexation du salaire minimum (mesure suspendue en 1978), le programme de supplément au revenu de travail (premier pas modeste vers la sécurité du revenu), la réforme de l'assurance-automobile, l'adoption de la Charte de la langue française, de nouvelles règles de financement des partis politiques, l'établissement de conditions minimales de travail et la nationalisation d'une compagnie d'amiante, l'Asbestos Corporation. Ces lois n'ont pas toujours satisfait complètement le mouvement syndical, mais elles intègrent une bonne partie de ses revendications.

Sur le front des relations de travail, les importants amendements apportés en décembre 1977 au Code du travail (loi 45) renforcent la position syndicale: ils interdisent notamment l'embauche de briseurs de grève, prévoient l'obligation pour l'employeur de percevoir à la source la cotisation syndicale, permettent un vote d'accréditation si plus de 35% des employés (et non plus 50%) ont signifié leur adhésion à un syndicat et obligent l'employeur à reprendre à son emploi un gréviste, de préférence à toute autre personne, à la fin d'une grève. Lors du dépôt du projet de loi, les centrales s'accordent pour dire qu'il s'agit d'améliorations notables au Code du travail malgré certaines réserves, par exemple sur les dispositions touchant la tenue de vote au scrutin secret. Mais la CSN et la CEQ haussent le ton et mobilisent contre le gouvernement lorsque celui-ci introduit des amendements qui permettent aux employeurs touchés par une grève d'engager des personnes pour maintenir les services essentiels et protéger leurs biens[101]. On craint que cette porte ouverte serve à contourner les dispositions anti-briseurs de grève (effectivement, elles seront resserrées en 1983)[102]. Pour le Conseil du patronat du Québec, la loi 45 rompt l'équilibre des rapports collectifs en faveur des syndiqués[103].

Ce n'est qu'assez tardivement, à l'automne 1978, que le gouvernement soumet à la consultation un livre blanc sur la santé et la sécurité au travail, suivi d'un projet de loi (loi 17) au cours de l'été 1979[104]. Celui-ci marque une amélioration substantielle en ce domaine: il unifie en une seule loi toutes les dispositions ayant

Les questions de santé et la sécurité au travail sont au centre des luttes syndicales. (Roger Paré, *Le Métallo*)

trait à la santé et à la sécurité; il en confie l'administration à un seul organisme, la Commission de la santé et de la sécurité du travail, qui obtient un rôle non seulement de réparation, mais aussi de prévention des accidents; l'administration de la commission fait place à des représentants des syndicats. Le projet comporte aussi le droit de refus d'un travailleur d'exécuter une tâche dangereuse (droit très limité), et il institue des comités paritaires dans l'entreprise pour veiller à la prévention des accidents. Selon l'ex-président de la commission formée pour enquêter sur la salubrité dans l'industrie de l'amiante, le juge René Beaudry, ce projet «place le Québec au rang des pays les plus avancés dans la protection des travailleurs[105]».

La FTQ et la CSD reconnaissent effectivement que le projet de loi constitue un progrès réel, tout en suggérant des amendements importants pour l'améliorer[106]. La CSN se montre beaucoup plus sévère, reprochant au projet de loi de ne pas reconnaître le droit d'arrêter de travailler dans des conditions que le travailleur ou le syndicat jugent dangereuses. Il n'accorde pas, non plus, le droit à la pleine sécurité d'emploi et de salaire en cas d'accident ou de maladie, et ne permet pas le choix du médecin par le travailleur[107].

Ces critiques de la CSN donnent l'impression que le projet constitue un recul et qu'il doit être rejeté entièrement, mais la FTQ, tout en partageant les mêmes réserves, adopte un ton plus conciliant et se fait fort d'obtenir les amendements requis. Avant l'adoption finale de la loi, en décembre 1979, le gouvernement apporte quelques réaménagements que la CSN juge encore insuffisants. En guise de protestation, elle recommande à ses syndicats de refuser de participer aux comités paritaires dans les entreprises et elle ne délègue pas de représentants au Conseil d'administration de la CSST. Cette dernière décision crée des tensions entre syndicats des secteurs public et privé; la CSN révisera finalement sa position à son congrès de 1984[108].

Si la CSN s'oppose à la loi 17, c'est qu'elle décèle notamment dans la formation des comités paritaires chargés d'assurer la santé et la sécurité dans chaque entreprise l'embryon d'un partage de responsabilités qui risque de conduire à la collaboration entre travailleurs et patronat[109]. On craint donc que ces comités n'évincent les syndicats du dossier de la santé-sécurité et qu'ils ne constituent un mécanisme de concertation et de consensus social illusoires. Pour la même raison, la centrale (la CEQ également) prend ses distances à l'égard des sommets économiques nationaux organisés par le nouveau gouvernement en 1977, en 1979 et en 1982. Bien qu'elle assiste aux réunions, elle dénonce le «nouveau contrat social» auquel le gouvernement convie le patronat et le mouvement syndical. «Un consensus social sur les grands objectifs, fait valoir la CSN, n'est pas possible dans le cadre de la société capitaliste, puisqu'il implique des intérêts de classes qui sont contradictoires[110].» La FTQ rejette aussi l'idée de concertation mais, en pratique, elle participe activement aux discussions.

Sur le front toujours «chaud» des négociations du secteur public et parapublic, les relations des centrales avec le gouvernement se sont tendues, mais sans que le dialogue ne soit rompu. La révision du régime de négociations entreprise à la suite des recommandations de la commission Martin-Bouchard ne débouche pas sur des changements majeurs, mais sur un certain nombre d'aménagements destinés à améliorer la mécanique des négociations. La loi 55, adoptée en juin 1978, ne touche que les structures de la négociation (plus grande centralisation), et les amendements apportés au Code du travail (loi 59) visent à mieux informer la population des enjeux de la négociation dans l'espoir que les tensions s'en trouvent atténuées. Sans le claironner trop fort, les centrales ne sont pas mécontentes de ces décisions, elles qui craignaient, après les durs affrontements antérieurs et le mécontentement du public, des restrictions du côté du droit de grève. Elles font donc valoir que les salariés de l'État sont des travailleurs comme les autres, et qu'ils devraient jouir d'un plein droit à la syndicalisation, à la libre négociation et à la grève, sous les seules contraintes du Code du travail[111].

Les négociations de 1979-1980 ne se font pas sans heurts, mais la confrontation n'a pas l'ampleur des conflits précédents. Largement sympathiques aux objectifs péquistes (indépendance, social-démocratie), les salariés du front commun ne se mobilisent pas facilement; ils sont même sensibles au discours du gouvernement arguant qu'ils sont surpayés et que le ralentissement de l'économie exige de la retenue. De son côté, le gouvernement évite de jeter de l'huile sur le feu, même après le déclenchement de la grève générale et la violation de la loi spéciale par les salariés de la FAS. Finalement, un accord est signé avec tous les syndicats concernés. Même si le gouvernement atteint son objectif de réduire l'écart de rémunération avec le secteur privé, cette ronde de négociation laisse tout compte fait peu de rancœur chez les syndiqués.

Si la négociation constitue une source toujours vive de tension entre les syndiqués et le gouvernement, la question constitutionnelle par contre rapproche les deux parties. Dans les années soixante, les centrales, tout en soutenant la volonté d'élargissement des pouvoirs du gouvernement du Québec, restent acquises au fédéralisme canadien. Mais, avec la montée de l'idée d'indépendance, elles deviennent de plus en plus favorables, sans le dire très explicitement, à la recherche d'une nouvelle entente constitutionnelle qui donnerait au Québec les pouvoirs d'un État souverain. Dès le début des années soixante-dix, les textes qui illustrent la radicalisation des trois centrales (CSN, *Ne comptons que sur nos propres moyens*; FTQ, *Un seul front*; CEQ, *École et luttes de classes*) laissent entrevoir que c'est l'État québécois qui devrait être l'artisan unique de l'instauration d'une société socialiste.

Les syndiqués sont attirés rapidement par l'idée de souveraineté-association qu'élabore le Parti québécois pour résoudre l'impasse constitutionnelle. Selon cette hypothèse, le Québec acquerrait son indépendance politique tout en maintenant une association économique étroite avec le reste du Canada. La stratégie adoptée au lendemain de la défaite électorale de 1973, dissociant l'élection du PQ de l'accession du Québec à la souveraineté, permet de vaincre les réticences et les hésitations de nombreux syndiqués.

Cette distinction facilite grandement la tâche de la FTQ lorsqu'elle donne un appui «tactique» au Parti québécois en 1976. Car, même si une large portion de ses membres sont acquis à l'idée d'indépendance, la centrale n'aurait probablement pas appuyé le parti si l'élection de 1976 avait porté sur la souveraineté du Québec. Le délai de près de quatre ans avant le référendum de 1980 permet aux syndiqués de se familiariser avec la thèse péquiste. Les textes de la FTQ sur la question nationale, remis aux délégués aux congrès de 1979 et de 1980, reprennent les arguments avancés contre le système fédéral par les documents du Parti québécois. Il ressort cependant que la FTQ s'engage dans le camp référendaire du «oui» davantage pour provoquer un déblocage constitutionnel que pour promouvoir l'indépendance du Québec[112]. La stratégie du Parti québécois de faire porter le référendum uniquement sur l'amorce de négociation facilite, il va sans dire, l'adhésion de la centrale. Au congrès spécial d'avril 1980, plus de 90% des délégués approuvent la recommandation d'appuyer le «oui» au référendum.

La CSN se range également du côté des forces du «oui», mais en insistant que le référendum ne constitue qu'une étape dans la lutte pour l'implantation d'une société socialiste et démocratique. Un changement constitutionnel, soutient-elle, n'a de sens que s'il s'inscrit dans une «transformation radicale de la société[113]». Après s'être démarquée de la souveraineté-association défendue par le Parti québécois, elle suggère néanmoins à ses membres un «oui critique», dans la mesure où la solution de la question nationale «créerait de meilleures conditions pour la construction d'une société nouvelle[114]». La CSN se démarque ainsi de la FTQ pour qui les revendications constitutionnelles et sociopolitiques, même si elles se nourrissent les unes les autres, ne doivent pas être confondues car elles constituent deux ordres de revendications différents[115].

La CEQ, qui propose à ses membres une problématique similaire à celle de la CSN, sort passablement divisée du débat. Comme nous l'avons vu, les enseignants refusent majoritairement de lier leur appui à la souveraineté-association à l'avènement d'une

«société bâtie par les travailleurs». Beaucoup de membres voient
là une inspiration marxiste et ils craignent de nuire au Parti québécois. Finalement, pour éviter toute division, la centrale restera à
l'écart du débat référendaire. Sa neutralité témoigne du large appui
dont jouit le Parti québécois parmi les enseignants.

Au cours du premier mandat du PQ, les critiques dont il est
l'objet se recoupent d'une centrale à l'autre: les lois dites progressistes sont souvent des demi-réformes qui se ressentent des pressions
exercées par les associations patronales; quelques lois d'exception
sont venues mettre fin à des conflits de travail (cols bleus de
Montréal, travailleurs d'Hydro-Québec, enseignants à Trois-
Rivières et à Sorel-Tracy); et des coupures budgétaires sont effectuées dans les affaires sociales et en éducation. Néanmoins, la
FTQ, à la veille des élections, dresse un bilan positif de l'administra-
tration gouvernementale; elle donne à nouveau l'appui au PQ,
craignant que les libéraux ne remettent en question les réformes
entreprises au cours des quatre dernières années[116]. La CSN et la
CEQ restent neutres, se contentant de mettre en avant une plate-
forme non partisane de revendications. Et contre toute attente,
surtout après l'échec référendaire, le PQ est reporté au pouvoir,
avec un nombre accru de députés, en avril 1981.

Le virage du Parti québécois

Le deuxième mandat du Parti québécois donne lieu à un revirement
du discours et des politiques gouvernementales. Les objectifs sociaux-démocrates qui ont caractérisé le parti depuis sa fondation
cèdent la place à plusieurs thèses néo-libérales. À la faveur de la
crise économique de 1982 qui place les finances de l'État en
sérieuses difficultés, le gouvernement révise son projet politique;
il délaisse ses objectifs sociaux pour accorder la priorité à la relance
de l'économie, non plus guidée par l'État, mais laissée à l'entreprise
privée. La récession, fait-il valoir, ne lui laisse pas le choix: il
faut d'abord stimuler la création de richesses avant de songer à en
redistribuer les fruits[117]. De ce choix découle toute une série de
mesures visant à favoriser les entreprises et les entrepreneurs:
réduction de la taille de l'État; rôle plus modeste du gouvernement
dans l'économie; coupures substantielles dans les dépenses
consacrées à l'éducation, à la santé et aux services sociaux; diminu-

tion du taux d'imposition sur les profits des corporations et pour les contribuables à haut revenu; élargissement des abris fiscaux; aide financière aux entreprises; accent mis sur la productivité et la compétitivité, etc. En fait, on invite à tourner la page en ce qui concerne le rôle moteur que l'État québécois a joué dans l'économie depuis la Révolution tranquille. L'appareil étatique devra plutôt chercher à créer un environnement propice au fonctionnement de l'entreprise privée.

Ce changement de cap a des conséquences sérieuses sur tout un éventail de politiques chères au mouvement syndical. Si le gouvernement n'élimine pas de programmes sociaux, il réduit sévèrement la qualité des services à la population. En ce qui concerne les relations de travail, contrairement à ce que certaines signes semblaient annoncer[118], il renonce à légiférer pour introduire la négociation multipatronale; il se contente d'instituer une commission d'enquête chargée de revoir la législation du travail dans le secteur privé (commission Châtillon devenue la commission Beaudry). Dans un contexte où l'on attend du secteur privé la relance de l'économie, il n'est pas de bon ton d'effaroucher le monde patronal par une législation qui lui déplaît souverainement.

Évidemment, tout n'est pas négatif dans les relations entre le monde syndical et le gouvernement du Parti québécois. Du sommet économique de Québec en 1982, où la FTQ lance l'idée de créer un fonds de relance de l'emploi dans la construction domiciliaire, est issu le programme de Corvée-Habitation qui permet de prêter, aux nouveaux acheteurs de maison, à un taux d'intérêt plus bas que celui du marché. Financé par les travailleurs et les employeurs de la construction de même que par le gouvernement et les institutions financières, le programme se serait traduit par la construction supplémentaire de plusieurs milliers de logements. Cependant, quelque peu déçue de changements apportés par le gouvernement à son projet initial, la FTQ lance à la fin de 1982, l'idée d'un fonds de solidarité destiné à investir dans des entreprises afin de maintenir ou de créer des emplois. Bien accueilli par le gouvernement, qui crée un nouvel abri fiscal pour le fonds et accorde un prêt et une subvention de démarrage, le projet est adopté par les délégués au congrès de 1983 et, rapidement, une équipe de direction est formée. Présenté comme un nouvel outil de démocratisation de l'économie, le fonds s'ennorgueillit en 1987 d'avoir créé et maintenu 5000 emplois dans une vingtaine d'entreprises. Enfin, l'adoption de la loi 42, en 1985, qui modifie le régime de protection des travailleurs accidentés, mérite d'être signalée car elle oppose la CSN à la FTQ. Présentée pour moderniser le régime d'indemnisation et faire réaliser aux employeurs des économies, elle a l'appui de la FTQ moyennant certaines amendements, mais rencontre l'opposition farouche de la CSN et d'autres syndicats surtout parce qu'elle remplace le système de rentes viagères d'indemnisation par des montants forfaitaires.

Mais c'est sans contredit les relations de travail dans le secteur public qui empoisonnent les rapports entre le gouvernement et les syndicats. Plusieurs lois viennent restreindre le droit à la négociation et à la grève. La loi 72, adoptée en juin 1982, crée un conseil des services essentiels qui évalue si les services prévus en cas de grève sont suffisants; une entente doit en outre intervenir avec ce conseil avant l'obtention du droit de grève dans les services publics. Mais c'est surtout, comme on l'a vu, l'imposition des lois 70 et 105 à tous les salariés des secteurs public et parapublic, lors des «négociations» de 1982, qui marque un changement de cap du gouvernement. Pour récupérer une portion des salaires déjà consentis en 1981, il abolit la libre négociation et fixe d'autorité les salaires et les conditions de travail jusqu'à la fin de 1985. Ce «coup de force» lui permettra de réduire presque à néant l'écart de la rémunération entre les secteurs public et privé, et de résoudre sur le dos des salariés de l'État la crise budgétaire auquel il fait face. Déjà en avril 1982, au sommet économique de Québec, le gouvernement a fait son lit: pas question d'accroître le fardeau fiscal, d'ajouter au déficit ou de réduire des programmes, la solution toute désignée consiste à sabrer dans la rémunération des employés de l'État.

À plus long terme, à mesure que la reprise économique se fait sentir, la réduction de la masse salariale dans le budget de l'État autorise une contraction de la place occupée par ce dernier dans l'économie; elle permet également de dégager des ressources pour soutenir les entreprises et alléger le fardeau fiscal des contribuables à haut revenu[119]. Les graves décisions prises à l'égard des salariés de l'État, en 1982, s'inscrivent donc dans un contexte plus vaste, et elles reposent sur l'adhésion du PQ à un nouveau projet de société de nature fort différente de celui qu'il articulait depuis sa fondation.

Dans sa logique d'un désengagement de l'État au profit du secteur privé, il devient nécessaire pour le gouvernement de contenir la rémunération de ses salariés. Celle-ci ne doit surtout pas avoir un effet d'entraînement sur les travailleurs du secteur privé, car, dit-on, elle mine la compétitivité des entreprises et empêche la création d'emplois. «La politique de rémunération de l'État, peut-on lire dans l'*Énoncé de politique économique*, doit tenter d'être la plus neutre possible quant aux prix et à l'emploi[120].» À la population, le gouvernement explique que ce n'est qu'une question de justice que les employés directs et indirects de l'État aient une rémunération et des conditions de travail similaires à celles du secteur privé.

C'est avec de tels objectifs qu'il entreprend de réformer le régime de négociation dans les secteurs public et parapublic avant que ne viennent à échéance les décrets de 1982. À la recherche d'un «nouvel équilibre» dans ses relations avec ses employés, il dépose en décembre 1984 un avant-projet de loi 37 qui modifie profondément le cadre des négociations. Il ramène au plan local, sans droit de grève, une très grande partie du champ de négociation (organisation du travail, droits syndicaux, mouvements de main-d'œuvre); il donne au Conseil des services essentiels le pouvoir d'ordonnance pour garantir le respect d'une entente lors d'une grève légale; et il retire le droit de grève sur les questions de rémunération, qui seront déterminées à l'aide des données fournies par l'Institut de recherches sur la rémunération en se basant sur l'évolution des salaires versés dans le secteur privé. À toutes fins pratiques, cette refonte du régime, en limitant le droit de grève sur certaines questions normatives, ramène la négociation à des discussions entre le gouvernement et les syndicats.

Pour combattre le projet de loi, une quinzaine de groupements syndicaux (CSN, CEQ, FTQ, CSD, SFPQ, etc.) forment, en janvier 1985, une vaste coalition intersyndicale représentant 360 000 syndiqués des services publics. Ils boycottent les travaux de la commission parlementaire chargée d'étudier le projet de loi (sauf la CSN) et entreprennent une tournée d'information à travers le Québec. Les démarches de la coalition auprès du premier ministre se traduisent par certaines concessions du gouvernement, dont en particulier le droit de grève sur la rémunération la première année de la convention uniquement, avec la restriction que, dans le réseau des affaires sociales, 55 à 90% des postes (selon les institutions) fassent partie de la liste des services essentiels. Pour le président du Conseil du trésor, le nouveau mode de négociation demeure encore très libéral et équitable pour les salariés de l'État; la coalition syndicale prédit, elle, des affrontements encore plus nombreux lorsque viendra le temps de décréter les salaires deux ans sur trois[121]. Ayant du mal à mobiliser ses membres, la coalition ne réussit cependant pas à faire reculer davantage le gouvernement sur cette loi qui représente un affaiblissement important du pouvoir de négociation des syndiqués. On se promet d'en «faire payer le prix» au gouvernement lors des prochaines élections.

En fin de mandat, le gouvernement du Parti québécois effectue un virage tout aussi spectaculaire sur la question nationale. Devant la baisse d'intérêt dans la population pour l'idée de souveraineté et désireux de sa réélection, il décide de mettre en veilleuse son option souverainiste et de donner, selon les mots de René Lévesque, «une dernière des dernières chances» au régime fédéral[122]; il ne sera pas question, de quelque façon que ce soit, d'indépendance lors de la campagne électorale. Ce changement de cap sur une question aussi fondamentale pour le PQ provoque une crise grave au gouvernement en novembre et en décembre 1984: sept ministres et plusieurs députés démissionnent. En janvier, le parti endosse le virage fédéraliste de son chef, ce qui provoque une saignée de militants.

Quelques mois plus tard, René Lévesque démissionne comme premier ministre. Son successeur, Pierre Marc Johnson, fixe le scrutin au 2 décembre 1985. La campagne électorale atteste que le Parti québécois s'est considérablement rapproché des thèses du capitalisme libéral et du programme du Parti libéral. On s'entend pour faire de l'entreprise privée le moteur du développement économique, l'État devra se contenter de créer un environnement favorable à l'entreprise, les dépenses du gouvernement devront être réduites et la fiscalité des entreprises et des particuliers allégée. Sur les conséquences sociales de ces choix, les deux partis demeurent peu loquaces. Pierre Marc Johnson avoue «qu'il prend acte, une fois pour toutes, que la révolution tranquille est finie[123]».

Comme d'habitude, les directions de la CSN et de la CEQ n'indiquent pas à leurs membres de préférence pour un parti. Réunis en congrès extraordinaire, les délégués à la FTQ refusent d'endosser une résolution du Conseil général renouvelant leur appui au Parti québécois (58,3% contre). La crainte d'un retour au pouvoir du Parti libéral, Robert Bourassa à sa tête, ne réussit pas à faire broncher les délégués. Ils ne pardonnent pas au PQ les décrets de 1982 et le virage idéologique amorcé au cours de son deuxième mandat[124]. Le Parti libéral remporte une victoire éclatante (99 sièges et 56% du suffrage), mais le PQ reste à flot (23 sièges et 38,6% du suffrage). Le programme du Parti libéral qui joue la «carte de l'entreprise privée» n'augure rien de bon pour le mouvement syndical.

Sur le plan fédéral

L'intérêt des syndicats québécois à l'égard de la politique fédérale demeure bien limité. C'est vers Québec, comme on l'a dit, que se tourne l'attention et c'est de là qu'on attend les changements.

Un intérêt bien mitigé

À Ottawa, c'est le Parti progressiste conservateur qui dirige les destinées de la politique fédérale depuis 1958. Sans appui profond au Québec, le cabinet compte très peu de ministres francophones d'envergure et certaines de ses décisions démontrent une incompréhension totale du Québec. C'est pourquoi, au début des années soixante, le sens d'identification des Québécois au gouvernement fédéral est pour ainsi dire à son plus bas niveau.

Lors des querelles fédérales-provinciales, Québec n'a pas de mal à obtenir l'appui des centrales syndicales. Celles-ci souhaitent le renforcement de tous les pouvoirs provinciaux, particulièrement dans les domaines social et fiscal; leur conception du fédéralisme canadien fait une large autonomie aux provinces; à la CSN comme à la FTQ, on se laisse facilement gagner par le nationalisme qui accompagne la Révolution tranquille.

D'autres éléments encore éloignent les centrales de la politique fédérale. Conformément à sa constitution, la FTQ doit limiter ses interventions au terrain provincial et laisser au CTC les rapports avec les instances canadiennes. La CSN, à quelques rares exceptions près, la CEQ et la CSD ne recrutent, pour leur part, d'adhérents

Arrivée en politique fédérale en 1965 des «trois colombes»: Pierre Elliott Trudeau, Jean Marchand et Gérard Pelletier. Défenseurs du syndicalisme dans les années 1950, ils dénoncent la radicalisation des centrales une fois au pouvoir.

que dans la seule province de Québec, ce qui évidemment réduit leurs contacts avec Ottawa.

À la CSN, cet éloignement s'accentue quand la centrale se rend compte qu'elle ne peut syndiquer des travailleurs relevant de la juridiction fédérale. Le Conseil canadien des relations ouvrières refuse, en effet, en 1966, d'accorder des accréditations à des syndicats d'employés de Radio-Canada et des usines Angus à Montréal sous prétexte que ces employés doivent faire partie «d'unités nationales» de négociation (pancanadiennes). Pour signifier son

désaccord, la CSN retire alors ses représentants de tous les organismes fédéraux dont elle faisait partie[125]. Un projet de loi qui
permet aussi la reconnaissance d'unités dites naturelles de négociation est présenté par le gouvernement en décembre 1967; il ne
franchira cependant pas l'étape de la troisième lecture, le CTC
lançant une vigoureuse contre-offensive contre ce qu'il qualifie «de
projet de loi le plus menaçant pour la paix sociale dans ce pays[126]».
La logique fédérale de ne reconnaître que des unités pancanadiennes
de négociation, fait remarquer le président de la CSN, «pousse en
définitive les travailleurs québécois à souhaiter la séparation du
Québec pour obtenir leurs unités de négociation[127]».

La FTQ, qui s'était réjouie de la fondation du NPD en 1961,
se tourne également vers la scène politique québécoise après le
recul du NPD aux élections de 1968. Il faut dire que, à ce
moment-là, Pierre Elliott Trudeau, un Canadien français, vient
d'être élu chef du Parti libéral et la «trudeaumanie» bat son plein.
L'appui aux libéraux augmente substantiellement au Québec compa-
rativement à l'élection antérieure (de 45,6 à 53,6% du suffrage).

La crise d'Octobre, en 1970, vient briser les ponts entre le
gouvernement Trudeau et le mouvement syndical au Québec et
accélère le processus de radicalisation des centrales en leur révélant
«la nature oppressive de l'État, prêt à tout pour maintenir le
système[128]». Rappelons rapidement les faits. Un petit groupe de
nationalistes, animés par des idéaux socialistes, fonde le Front de
libération du Québec (FLQ) en 1962. Convaincus que la voie
démocratique constitue une avenue sans issue, ils s'adonnent au
terrorisme et font exploser une centaine de bombes dans les endroits
publics afin de sensibiliser la population à leur cause. En octobre
1970, le FLQ enlève à Montréal le diplomate britannique James
R. Cross et, quelques jours plus tard, le ministre québécois du
Travail, Pierre Laporte. Le gouvernement fédéral recourt à la loi
des mesures de guerre et suspend les libertés civiles. La police
procède alors à l'arrestation de près de 500 personnes et perquisi-
tionne sans mandat chez des milliers d'autres. Les personnes arrêtées appartiennent à la gauche nationaliste, à ceux qui prônent
l'indépendance du Québec tout «en remettant en cause plus ou
moins radicalement l'organisation capitaliste de notre société[129]».
Les militants syndicaux sont particulièrement touchés par les arrestations.

Militaire devant le bureau de Claude Charron,
député péquiste, pendant la crise d'Octobre
1970. Ces événements contribuent à radicaliser le mouvement syndical et à renforcer son
nationalisme. (Archives de la CSN)

Le mouvement syndical n'est pas long à réagir: les trois
centrales, lors d'une réunion conjointe de 500 délégués, exigent le
retrait des mesures de guerre et le rétablissement des libertés civiles,
tout en condamnant les actions du FLQ. Dans le climat d'hystérie
qui règne pendant ces jours sombres, surtout après l'assassinat de
Pierre Laporte, la position des centrales est particulièrement coura-
geuse. Les événements ultérieurs viendront prouver la justesse de
leur analyse; le gouvernement ne peut prouver qu'il existait un
danger réel «d'insurrection appréhendée» et la quasi-totalité des
personnes arrêtées sont relâchées sans qu'on porte d'accusation
contre elles. Il n'y a environ que trente-cinq felquistes en octobre
1970, selon les estimations du rapport Duchaîne[130]. Jean Marchand,
un des membres du cabinet fédéral qui s'est signalé par ses déclarations fracassantes en octobre 1970, avouera, onze ans plus tard,
qu'on «a mobilisé un canon pour tirer une mouche[131]».

Les centrales interprètent l'application de la loi des mesures
de guerre comme un moyen destiné à créer un climat de panique
dans la population en vue de discréditer l'opposition nationaliste et
socialiste. Le gouvernement fédéral, selon elles, est le grand respon-

sable de ce «viol des libertés», selon les mots de Louis Laberge[132]. Cette démonstration de force contribue à ternir l'image du gouvernement fédéral et à rapprocher les centrales du nationalisme québécois. Le mouvement de sympathie pour le Parti québécois s'accentue chez les militants syndicaux, particulièrement à la FTQ et à la CEQ. C'est à cette époque que la CSN cesse de présenter son mémoire annuel au gouvernement fédéral.

Le contrôle des prix et des salaires

Les revendications de la CSN et du CTC auprès du gouvernement fédéral, de 1960 à 1975, touchent un large éventail de questions. Parmi celles-ci relevons une réforme en profondeur de tout le régime fiscal pour le rendre plus équitable; une politique de logement afin de faciliter l'accessibilité à des loyers à prix modique; l'instauration d'un régime universel et complet d'assurance-maladie; un revenu annuel garanti qui remplacerait tous les programmes de sécurité sociale. Mais la question qui retient le plus l'attention c'est le chômage qui, après avoir diminué graduellement jusqu'en 1966, augmente rapidement par la suite. Il apparaît aux syndicats que c'est à l'État de corriger ce mal chronique du système capitaliste, en pratiquant une politique économique expansionniste.

Mais le gouvernement s'inquiète davantage de la hausse des prix qui se fait sentir à partir de 1965. Il amorce donc, dès l'année suivante, la mise en œuvre de politiques anti-inflationnistes qui se traduisent par des surplus budgétaires jusqu'en 1974 (sauf de légers déficits en 1971 et en 1972). Pour les centrales, combattre l'inflation plutôt que le chômage freine la croissance économique et aboutit inévitablement à une hausse du chômage. Elles enjoignent plutôt le gouvernement de stimuler la demande en augmentant ses dépenses et en redonnant aux citoyens un meilleur pouvoir d'achat[133]. Ces divergences de vue déterminent les centrales à refuser de participer à la Commission des prix et des revenus mise sur pied par le gouvernement, en 1969, pour juguler l'inflation.

Les relations entre le mouvement syndical et le gouvernement canadien atteignent leur plus bas niveau lorsque celui-ci décide, en octobre 1975, d'appliquer un sévère programme de contrôle des prix et des revenus, comprenant des limitations aux augmentations de salaires. La Commission de lutte contre l'inflation, chargée

Manifestation contre la loi C-73 limitant les hausses salariales, 25 novembre 1975. (Archives de la CSN)

d'appliquer la loi (C-73), fixe le taux de croissance des rémunérations à 10, 8 et 6% pour les trois années suivantes[134]. La signature de conventions collectives ne peut dépasser ces normes sous peine d'amendes et même d'emprisonnement. Le programme s'applique aux entreprises de plus de 500 employés, aux membres des professions libérales et à la fonction publique fédérale. Le gouvernement du Québec s'aligne aussi sur le programme fédéral (loi 64) pour tous les secteurs qui relèvent de sa juridiction (ouvriers de la construction, employés des municipalités et des secteurs public et parapublic).

La réaction du mouvement syndical est virulente: «Votre gouvernement, déclare le document du CTC remis aux membres du cabinet fédéral, a décrété un programme anti-inflation qui n'a pas de parallèle dans l'histoire du Canada pour le cynisme et la brutalité dont il fait preuve à l'égard de tous ceux qui doivent gagner leur vie à la sueur de leur front[135].» La principale critique des centrales est que ce programme limite considérablement le droit des salariés à la libre négociation collective; c'est l'État qui fixe d'autorité le coût de la main-d'œuvre et il se sert de son pouvoir législatif pour en assurer l'application. Son geste est contraire aux libertés démocratiques, fait-on valoir, car il viole le droit de négocier librement les conditions de travail. Sans droit de négocier, c'est la raison d'être même du syndicalisme qui est remise en cause[136].

En outre, les syndicats jugent qu'ils feront les frais de la lutte anti-inflationniste, puisqu'on ne peut restreindre efficacement les prix et les revenus autres que salariaux (honoraires professionnels, dividendes, bénéfices). La réglementation très vague des augmentations des honoraires et des profits, par exemple, fait en sorte que seuls les salaires sont véritablement visés par les contrôles.

Les critiques syndicales semblent d'autant plus justifiées que le gouvernement réagit à l'inflation uniquement lorsque les travailleurs commencent à reprendre le terrain perdu pendant la forte poussée inflationniste de 1973 à 1975 (hausse des prix à la consommation: 7,6, 10,8 et 10,0%). Pendant ces années, les profits des entreprises enregistrent des bonds spectaculaires (la part des bénéfices dans le PNB n'a jamais été aussi élevée depuis 1951[137]) alors que la part des salariés diminue. Selon les syndicats, le gouvernement veut faire porter sur le dos des travailleurs le prix de l'inflation alors que ce sont les gouvernements et les entreprises qui en ont tiré profit jusque-là[138].

L'opposition des centrales aux contrôles des salaires consiste d'abord à recommander aux syndicats de négocier avec les entreprises comme si les lois C-73 et 64 n'existaient pas[139]. Des manifestations de protestations organisées à l'appel de la FTQ, de la CSN et de la CEQ ont lieu un peu partout au Québec dans les principales villes. Le 22 mars 1976, plus de 25 000 travailleurs et travailleuses venant de toutes les provinces font connaître leur désaccord devant le Parlement canadien. La menace d'une grève générale est évoquée, puis organisée par le CTC le 14 octobre 1976, date anniversaire de l'annonce du programme des contrôles. Lors de cet arrêt de travail, première véritable grève générale au Canada, c'est plus d'un million de syndiqués qui débraient; au Québec, ils sont près de 225 000 à quitter leur lieu de travail.

Mais le gouvernement reste ferme. Au printemps 1977, il engage des négociations avec le CTC et propose d'effectuer un «décontrôle» progressif, pour autant que les syndicats se soumettent à un contrôle volontaire. Au CTC comme à la CSN, on rejette la proposition et on réclame le retrait pur et simple de la loi. Ce n'est finalement qu'après les trois années prévues que le décontrôle sera progressivement appliqué, d'avril à décembre 1978.

Malgré les protestations du mouvement syndical, il semble que la grande majorité des syndicats se conforment aux indicateurs de la Commission de lutte contre l'inflation. Les quelques grèves déclenchées pour passer outre aux normes fédérales demeurent des cas assez isolés[140]. L'une de ces grèves, cependant, fait beaucoup de bruit: il s'agit du débrayage de 500 meuniers de quatre compagnies de farine à Montréal. Le 22 juillet 1977, des gardes de sécurité ouvrent le feu sur des grévistes et blessent huit d'entre eux. Ces événements poussent le gouvernement québécois à accélérer la présentation, en décembre, de sa fameuse loi antibriseurs de grève destinée à prévenir la violence sur les piquets de grève.

Au terme de trois années de contrôle, le gouvernement fédéral se félicite d'avoir ralenti l'inflation: l'indice des prix est ramené de 10,8 en 1974 et en 1975 à 7,5, à 8,0 et à 8,9% pour les trois années subséquentes. Mais l'amélioration en 1976 est largement

Manifestation contre la compagnie Robin Hood lors du conflit des meuniers en juillet 1977. (Archives de la CSN)

due à une réduction des prix des produits alimentaires qui n'étaient pas soumis au contrôle gouvernemental. L'effet de la lutte anti-inflation s'est fait sentir sur les salaires bien au-delà de 1978: la rémunération réelle n'atteint pas encore en 1981 son niveau de 1976, alors que la proportion des profits dans le revenu national, qui est restée stable pendant les années de contrôle, s'élève substantiellement en 1979 et en 1980[141]. Aux yeux des centrales, ces indices économiques confirment que ce sont les travailleurs qui ont porté le fardeau de la crise inflationniste.

Le mot d'ordre de la CSN et de la FTQ, lors des élections fédérales du 22 mai 1979, est de se débarrasser du gouvernement Trudeau. On rappelle aux électeurs la hausse du chômage, la loi des mesures de guerre et la collusion entre le gouvernement et les grandes corporations pour imposer le contrôle des salaires[142]. La FTQ appuie timidement le NPD, «le seul parti, dit-elle, qui propose des solutions réelles aux principaux problèmes économiques et sociaux qui assaillent les travailleurs[143]». La défaite du Parti libéral est accueillie avec satisfaction; le parti est cependant reporté au pouvoir quelques mois plus tard après que les conservateurs aient été défaits en Chambre.

Les événements qui vont survenir au cours du dernier mandat du gouvernement Trudeau (de mai 1980 à septembre 1984) élargissent encore plus le fossé qui sépare le gouvernement fédéral du mouvement syndical au Québec. Deux questions les divisent profondément: le rapatriement unilatéral de la Constitution en 1981 et les politiques économiques adoptées pour combattre l'inflation.

L'échec référendaire permet au gouvernement fédéral de mettre en avant son propre projet de réforme constitutionnelle qui comprend le rapatriement de la Constitution, une formule d'amendement et l'inclusion d'une charte des droits et libertés. Lors d'une nuit mémorable, le 4 novembre 1981, les neuf premiers ministres des provinces anglophones et le gouvernement fédéral, en l'absence du Québec, en viennent à une entente qui a pour effet d'amoindrir les pouvoirs du Québec. La nouvelle constitution réduit la souveraineté du Québec en matière linguistique, elle lui enlève le droit de veto sur les modifications constitutionnelles et elle limite la compétence législative de la province car l'interprétation de la Charte des droits relève, en dernier ressort, de la Cour suprême composée en majorité de juges non francophones nommés par le gouvernement fédéral. Pour le mouvement syndical qui, dans le sillage de la

Assemblée du comité des Québécois pour le «non», 15 mai 1980. Le premier ministre Trudeau promet de «renouveler le fédéralisme». À sa gauche, Claude Ryan, chef du Parti libéral, et Jean Chrétien, ministre fédéral (Photothèque *La Presse*)

Révolution tranquille, aspire à un élargissement des pouvoirs du Québec, la douche est particulièrement froide. Dans une déclaration conjointe, les trois présidents des centrales (FTQ, CSN, CEQ) appellent tous les Québécois et Québécoises à rejeter «la constitution du Canada anglais», «qui, de toute évidence, n'est pas, ne peut pas être et ne sera pas notre constitution[144]». Ils encouragent le gouvernement du Québec à persister à ne pas signer le «Canada Bill».

«La crise, ça se combat»

Depuis 1973, la situation économique des pays industrialisés se détériore: le taux d'inflation s'accroît sensiblement, le taux de chômage augmente et la productivité s'affaisse. À la source du ralentissement économique, il y a la montée rapide des prix de l'énergie (multiplication par quatre des prix du pétrole à la fin de 1973), des aliments et des matières premières industrielles[145]. Malgré le contrôle des prix et des revenus, à l'automne 1975, l'inflation ne régresse que très légèrement dans les années subséquentes de sorte que la croissance réelle de l'économie reste très faible.

Puis survient le deuxième choc inflationniste en 1979 quand, encore une fois, les prix des produits alimentaires et du pétrole font un bond spectaculaire. Cette fois, le gouvernement canadien, à la remorque de celui des États-Unis, applique un autre remède: une politique monétaire hautement restrictive qui a pour conséquence de pousser les taux d'intérêt à un niveau record (plus de 21% en août 1981). Il en résulte la paralysie des investissements, une réduction considérable des achats de biens de consommation durables et une augmentation prodigieuse du chômage (près de 14% des travailleurs sont sans emploi en 1982 et en 1983, selon les données officielles). Cette stratégie se traduit par une réduction de l'inflation, mais à un coût social énorme pour les travailleurs et travailleuses: fermeture d'entreprises, licenciements massifs, chômage très élevé chez les jeunes, pauvreté, marginalisation, découragement, etc. Le Canada traverse alors sa pire crise économique depuis les années trente.

Le mouvement syndical refuse de croire que les gouvernements provincial et fédéral soient impuissants devant la crise. Alors que ceux-ci ont tendance à vouloir réduire leur déficit et à atténuer leurs interventions dans le domaine économique, les centrales les pressent de jouer un rôle contracyclique en accroissant leurs dépenses. Le programme syndical adressé au gouvernement fédéral (CTC, FTQ, CSN, CEQ) comprend des mesures comme la réduction sélective des taux d'intérêt, l'établissement d'une stratégie industrielle pour combattre le chômage, la création de programmes d'emplois dans les secteurs du transport, du logement et des travaux publics, le maintien des programmes de services sociaux[146]. L'objectif est de redonner aux travailleurs et travailleuses un meilleur pouvoir d'achat afin de relancer l'économie.

Des propositions de même nature sont acheminées au gouvernement du Québec. La création d'emplois passe, selon les syndicats, par la création d'un fonds d'urgence pour aider au financement des PME, par la mise en place dans les entreprises d'une caisse de stabilisation de l'emploi, par un programme massif de construction de logements, et par la canalisation et le contrôle des épargnes collectives. Afin de soutenir la demande de biens et services, on met en plus l'accent sur des mesures comme l'accès à la syndicalisation, la hausse du salaire minimum et le maintien des programmes sociaux[147]. Par la suite, les syndicats y ajoutent la réduction du temps de travail destinée à créer des emplois supplémentaires.

Chaque centrale développe également des revendications qui lui sont plus spécifiques. La CSN insiste pour que l'épargne collective détenue par la Caisse de dépôt et de placement, les caisses de retraite privées et les régimes enregistrés d'épargne-retraite soit orientée vers le développement économique du Québec et que priorité soit donnée à des investissements créateurs d'emplois[148]. La FTQ est particulièrement fière de deux de ses réalisations avec l'aide du gouvernement du Québec: le programme Corvée-Habitation et le Fonds de solidarité des travailleurs du Québec. À la CEQ, on est surtout sensible à ce que l'État maintienne et augmente même ses budgets sociaux de santé et d'éducation; la CSD met beaucoup d'espoir dans la concertation entre les partenaires sociaux[149].

Caricature faisant la promotion du Fonds de solidarité des travailleurs du Québec. (*Bulletin d'information du Fonds de solidarité*, juin 1987, p. 12)

Pour se faire entendre des gouvernements et exprimer leur mécontentement, les centrales organisent en 1981 et en 1982 plusieurs manifestations de masse. Ils sont 100 000 syndiqués devant le Parlement canadien le 21 novembre 1981, et 30 000 à Montréal le 3 avril suivant à dénoncer les politiques économiques gouvernementales. Une tournée de mobilisation dans les régions du Québec est entreprise par les trois présidents des centrales en mars et avril 1982, suivie d'une grande marche pour l'emploi à travers plusieurs villes du Québec à la fin de 1982. Dans ce dernier cas, ce sont des chômeurs et des chômeuses qui viennent dire aux gouvernements l'urgence de donner priorité à l'emploi.

Pour enrayer le chômage, le gouvernement fédéral adopte une stratégie différente de celle suggérée par le mouvement syndical. Sa priorité va à la lutte contre l'inflation car, dit-il, la baisse des prix est un prérequis indispensable pour relancer l'économie et créer des emplois. Les moyens choisis pour combattre l'inflation comprennent deux volets: l'un consiste à s'aligner sur la politique monétariste instaurée aux États-Unis, ce qui provoque, du moins à court terme, une flambée des taux d'intérêt et une paralysie du développement économique; l'autre a trait à une compression des dépenses budgétaires afin de réduire la dette publique[150].

Le mouvement syndical ne partage pas les craintes du gouvernement fédéral devant l'accroissement de l'endettement public. Toujours keynésien, il l'invite à compenser la réduction des investissements privés par des politiques budgétaires expansionnistes. Alors que le gouvernement a tendance à vouloir se désengager pour revenir aux mécanismes du marché libre, les syndicats défendent encore le rôle moteur de l'État dans l'économie.

Convaincue que les politiques suivies par le gouvernement fédéral ont accentué la crise, la direction de la FTQ lance un appel à ses membres, à l'approche du scrutin de septembre 1984, pour «se débarrasser de toute urgence des libéraux[151]». Comme à son habitude, elle appuie le NPD, dont elle partage l'analyse économique et sociale. Reflet du peu d'influence du mouvement ouvrier canadien sur les choix politiques des électeurs, c'est le Parti conservateur qui est élu avec un programme encore plus restrictif que celui du Parti libéral.

Tableau 6.1

Grèves et lock-out au Québec, 1961-1985

	Nombre de grèves et lock-out (moyenne annuelle)	Jours-personne perdus (moyenne annuelle)	Nombre moyen de jours-personne perdus annuellement par 100 salariés
1961-1965	67,6	484 248	34,0
1966-1970	135,0	1 473 574	86,6
1971-1975	246,8	2 180 620	113,3
1976-1980	339,4	3 350 440	153,6
1981-1985	281,8	1 460 588	60,4

Sources: Pour des commentaires sur la méthode et les sources, voir l'annexe II. Les données excluent les grèves et lock-out relevant de la compétence fédérale (fonction publique et industries fédérales). *Grèves et lock-out au Canada*, 1961-1985; BFS, *Estimations du nombre de salariés par province et par industrie*, 1961-1982: *La population active* (71-001), 1982-1985.

RECRUDESCENCE DES GRÈVES

Parallèlement à la montée du syndicalisme, on assiste, au cours de la période, à une augmentation spectaculaire du nombre et de l'intensité des conflits de travail. La combativité des travilleurs et travailleuses se manifeste avec une vigueur supérieure à toute autre période. De 1961 à 1985, il y a en moyenne par année, six fois plus de grèves et lock-out et trois fois plus de jours-personne perdus par 100 salariés qu'au cours des quinze années antérieures (tableau 6.1). La radicalisation du syndicalisme ne se limite pas au plan du discours, elle s'exprime également sur les lieux de travail.

L'augmentation des grèves est sensible dès 1965 et elle s'accentue encore davantage au cours des autres soixante-dix, atteignant un niveau plus élevé que celui des centres provinces canadiennes. Le militantisme des travailleurs et travailleuses repose sur des attentes élevées envers le système économique qu'ils estiment toujours capable d'améliorer leurs conditions de travail et leur niveau de vie. Confrontés à la forte inflation du milieu de la décennie, ils refusent d'en faire les frais par une baisse de leur salaire réel, d'autant plus que les entreprises et les gouvernements en tirent, eux, des profits. Rappelons que les hausses de salaire ne précèdent pas l'augmentation des prix, elles ne font qu'en compenser l'effet.

Tableau 6.2

Moyenne annuelle des arrêts de travail de compétence provinciale dans les secteurs public et parapublic en jours-personne perdus, 1966-1985

	Jours-personne perdus public et parapublic	Total de jours-personne perdus au Québec	% du secteur public par rapport au total
1966-1970	283 070	1 432 112	19,7
1971-1975	438 722	2 170 620	20,2
1976-1980	832 858	3 318 561	25,0
1981-1985	323 541	1 463 300	22,1

Sources: Les données incluent aussi les conflits du secteur péripublic. *Le marché du travail*, avril 1983, p. 55; mai 1986, p. 85.

Il ne faudrait pas croire que les employés des secteurs public et parapublic qui ont acquis le droit à la négociation et à la grève, soient uniquement responsables de la croissance des conflits de travail. Compte tenu de la quantité de la main-d'œuvre qu'ils représentent, ils sont impliqués dans un nombre assez réduit de grèves qui ont tendance aussi à être réglées rapidement. En revanche, ils représentent une proportion importante du nombre de travailleurs touchés et leurs débrayages comptent pour près du quart des jours-personne perdus depuis le milieu des années soixante (tableau 6.2). Les années en particulier où se déroulent les négociations en front commun font gonfler les indicateurs du secteur public.

Dans le secteur privé, les salariés montrent aussi une forte propension à la grève. Les entreprises manufacturières et le secteur de la construction sont particulièrement touchés avec, respectivement, 47,6 et 14,8% des jours ouvrables perdus de 1966 à 1978[152]. La forte inflation qui touche l'économie canadienne depuis 1973 est principalement responsable de la fréquence des conflits de travail. Les salariés qui craignent l'érosion de leur pouvoir d'achat réclament des hausses de salaires qui tiennent compte de la montée des prix. L'imposition du contrôle des prix et des salaires ralentit, en 1977, le mouvement de grève, qui reprend de plus belle l'année suivante quand on met fin au contrôle et que l'inflation se remet à grimper à la suite du second choc pétrolier.

Policiers provinciaux protégeant les installations de l'Iron Ore à Sept-Îles lors d'un débrayage illégal en juillet 1971. (APC, PA 120653)

Pendant cette décennie, la progression des conflits de travail est tout aussi spectaculaire dans les autres provinces canadiennes et dans la plupart des pays occidentaux. Le Canada reste néanmoins l'un des pays les plus touchés par les grèves. Les études consacrées à cette question l'expliquent par la forte croissance de la syndicalisation au Canada depuis le milieu des années soixante, par la décentralisation en petites unités de négociation et par la structure industrielle du Canada axée sur l'exportation de matières premières (ces industries sont soumises à de fortes fluctuations des prix)[153]. Pour le Québec, il faut ajouter le droit de grève obtenu très tôt dans le secteur public et parapublic et les fortes attentes des syndiqués québécois dans le prolongement de la Révolution tranquille. Le contexte sociopolitique favorise la mobilisation dans l'entreprise et la politisation des revendications sociales.

La récession de 1982 vient briser cet élan, même si les conflits de travail demeurent encore relativement nombreux. Les fermetures d'entreprises et le haut niveau de chômage affaiblissent la position des travailleurs dans l'entreprise et les employeurs sont mieux à même de résister aux demandes syndicales. On assiste d'ailleurs à une remontée significative de la proportion de lock-out par rapport aux grèves (26% de 1982 à 1985)[154]. Nombreux sont les employeurs qui tentent de revenir sur des concessions faites au cours des années antérieures. Plus globalement, la récession émousse la confiance des syndiqués et réduit leur militantisme. Les conventions collectives signées de 1983 à 1986 montrent qu'en général ils se satisfont du statu quo au plan normatif et d'augmentations de salaires qui ne compensent pas l'augmentation des prix[155]. Il n'est plus question de participer à l'enrichissement collectif même si le produit intérieur brut augmente d'environ quatre pour cent par année (dollars constants) pendant cette période. La situation s'apparente à celle de la crise économique de 1921 qui a refroidi le militantisme et mis fin à la vague de grèves provoquées par l'inflation d'après la Première Guerre mondiale.

Enfin, il peut être intéressant d'établir une corrélation entre la fréquence des arrêts de travail et l'affiliation syndicale. La CSN, qui tient le discours le plus radical et qui donne l'impression d'être la plus militante, n'est pas la centrale dont les syndicats débraient le plus souvent, du moins pour les années où nous disposons de données. L'incidence des grèves et des lock-out (36,9% de 1959 à 1970 et 32,6% de 1976 à 1986) y est néanmoins supérieure à sa proportion des syndiqués québécois (21,5% en 1981)[156]. Pour leur part, les syndicats CTC-FTQ, qui regroupent environ la moitié des effectifs syndicaux, comptent à peu près un pourcentage similaire d'arrêts de travail (46,8% et 45,3%). La relation est plus surprenante dans le cas de la CSD qui prévilégie la concertation et favorise la bonne entente dans les relations de travail. Le nombre de ses membres en conflit (9,6%) est bien supérieur à son importance comme centrale syndicale (5,6% des syndiqués en 1981). Il y a tout lieu de croire que la composition de ses effectifs et la récession économique soient responsables de la forte incidence des conflits. Moins bien en mesure de faire face à la récession, les petites et les moyennes entreprises où œuvrent bon nombre des syndiqués CSD tentent de réduire les coûts de main-d'œuvre en sabrant dans les conventions collectives ou en décrétant des lock-out. Bien qu'il concerne une grande entreprise, le lock-out à Dominion Textile, que nous analyserons, est un bon exemple de la stratégie patronale.

Depuis 1960, nombreuses sont les grèves qui mériteraient un traitement détaillé. L'analyse des rondes de négociation des secteurs public et parapublic nous a permis de faire ressortir les conflits qui ont opposé le gouvernement du Québec à ses employés. Nous n'y revenons pas. Touchant d'autres catégories de travailleurs et travailleuses, trois conflits retiennent notre attention dans les pages qui suivent: la grève des employés des Postes (1965), celle de United Aircraft (1974-1975) et le lock-out de Dominion Textile (1985); ils illustrent, chacun à sa façon, le climat des relations de travail des trois décennies qui nous occupent. Les grèves de la construction en 1966, en 1969 et en 1970; la grève des «gars de Lapalme» (1970); celle du quotidien *La Presse* (1971) et celle de la CTCUM (1974); le conflit de l'amiante de Thetford (1975) et celui chez Marine Industrie (1984-1985), sont tout aussi significatifs. Certaines de ces grèves permettent d'arracher des gains importants, d'autres constituent une défaite pour les syndiqués. Parfois, tel débrayage influe sur l'adoption de nouvelles lois du travail, et tel autre marque l'évolution d'une centrale.

Grève aux Postes (1965)

Au milieu des années soixante, le militantisme des travailleurs québécois se manifeste également du côté des employés du gouvernement fédéral, où ils jouent un rôle déterminant dans l'obtention du droit à la négociation et à la grève dans les services publics fédéraux. L'arrêt de travail illégal des facteurs et des postiers montréalais en 1965, le premier aux Postes depuis 1924, force le gouvernement fédéral à réviser la loi de la fonction publique. Les salaires et les conditions de travail sont jusque-là déterminés unilatéralement par l'employeur après consultation des associations d'employés. Ces derniers sont assurés d'une relative sécurité d'emploi, mais leurs salaires sont faibles et leurs conditions de travail rétrogrades[157]. Depuis le milieu des années cinquante, les associations de fonctionnaires réclament le droit à la négociation sans aller toutefois jusqu'à exiger le droit de grève.

Lorsque les 4000 postiers et facteurs montréalais débraient, le 22 juillet 1965, c'est contre l'avis de leurs dirigeants nationaux qui préféreraient que les différends soient réglés par arbitrage obligatoire[158]. À Montréal, les travailleurs n'ont pas les mêmes réserves, et c'est massivement, lors d'assemblées où le mécontentement est à son comble, qu'ils donnent des mandats de grève à leurs dirigeants locaux. Ils viennent d'apprendre que leur augmentation de salaire, attendue depuis dix mois, ne passera que de 300 à 400$ au lieu d'atteindre les 660$ recommandés par le bureau d'études de la Commission du service civil. Touchant tout juste un peu plus de 4000$ par année, ils ont un revenu inférieur à la moyenne industrielle canadienne (4732$) et ils se plaignent de leurs piètres conditions de travail.

D'abord déclenchée à Montréal et à Vancouver, la grève s'étend le lendemain à d'autres villes canadiennes. Le gouvernement nomme alors un commissaire spécial chargé de faire enquête sur les griefs des employés. Sur les recommandations de leurs dirigeants nationaux qui obtiennent la garantie qu'aucune sanction ne sera prise contre les grévistes, les postiers des autres villes canadiennes retournent au travail en attendant le rapport du commissaire. Seuls sur les piquets de grève, les postiers et les facteurs de Montréal veulent des offres concrètes. La FTQ, qui s'engage directement dans le conflit, appuie les grévistes alors que le CTC endosse la stratégie des dirigeants nationaux.

Le conflit qui se poursuit à Montréal précipite les événements: le commissaire enquêteur présente un rapport préliminaire, ratifié aussitôt par le gouvernement, qui porte les augmentations de salaire à 510-550$; en outre, le premier ministre Pearson annonce l'instauration d'un régime de négociation collective pour la fonction publique fédérale. Mais les grévistes montréalais, contre toute attente, refusent le retour au travail lors d'une assemblée où le vote s'est tenu à main levée; ils attendent du gouvernement une proposition plus intéressante. Venus à Ottawa rencontrer les ministres chargés du dossier, les dirigeants montréalais tentent d'obtenir de nouveaux avantages. Au même moment, le ministère des Postes commence à recruter des briseurs de grève. Le lendemain, deux semaines après le début du conflit, les facteurs et les postiers reprennent leur travail, non sans avoir obtenu une augmentation de l'allocation annuelle pour l'achat de chaussures, ce qui réduit encore l'écart avec leur demande salariale initiale. Estimant le résultat de la grève satisfaisant, les dirigeants montréalais se réjouissent d'avoir forcé le gouvernement fédéral, pour la première fois, à négocier avec des représentants de ses employés.

Le soir même, dans une allocution spéciale sur les ondes de Radio-Canada, le premier ministre, tout en précisant qu'il ne se

Vote des postiers et des facteurs montréalais approuvant le déclenchement de la grève, 13 juillet 1965. À l'époque, le vote de grève se prend à main levée. (Doggett, *Montreal Star*, APC, PA 162997)

laisse jamais intimider par des grèves, avoue que le débrayage des postiers a certainement fait ressortir la nécessité de réformer le régime de rémunération dans la fonction publique fédérale. Qualifiant la formule antérieure de «démodée et désuète», il plaide pour la négociation collective avec l'ensemble des fonctionnaires[159]. Avant le déclenchement de la grève, un comité chargé d'enquêter sur le mode de détermination des salaires recommandait également ce changement au gouvernement.

Un projet de loi est soumis au Parlement en avril 1966 et adopté en février de l'année suivante. Il établit un régime de négociation collective pour 260 000 employés du gouvernement fédéral et permet, en cas de différend, le choix entre la grève ou le règlement par arbitrage obligatoire. Les associations d'employés se sont convertis, entre-temps, à la nécessité du droit de grève comme viennent de l'obtenir les fonctionnaires québécois. L'arrêt

de travail des postiers leur fait comprendre qu'en certaines circonstances seule la grève peut faire bouger le gouvernement.

En 1966, les associations de fonctionnaires fédéraux se regroupent dans l'Alliance de la fonction publique qui se joint au CTC
l'année suivante. Le Syndicat des postiers et l'Union des facteurs
du Canada sont affiliés au CMTC depuis la fin de la Seconde
Guerre. Les relations de travail seront calmes du côté de l'Alliance
et passablement perturbées chez les postiers, ce qui suscite beaucoup
de mécontentement dans la population canadienne.

Grève à United Aircraft (1974-1975)

Le conflit à United Aircraft dure vingt mois et représente l'une
des grèves les plus violentes et les plus longues dans l'histoire du
syndicalisme québécois[160]. Il oppose la compagnie United Aircraft
(devenue Pratt & Whitney), multinationale de l'avionnerie établie
à Longueuil, aux 2000 employés de la production membres de la
section locale 510 des Travailleurs unis de l'automobile. La grève
survient à un moment de grande effervescence ouvrière: conflits
dans la construction, mouvement d'ouverture des conventions pour
indexer les salaires à la hausse du coût de la vie et réélection du
gouvernement Bourassa que les centrales présentent comme soumis
aux intérêts du capitalisme américain. La ténacité des grévistes
s'inscrit dans un contexte où le militantisme syndical est porté à
son paroxysme.

La compagnie a une réputation d'intransigeance dans ses
relations de travail, et les conventions signées par le syndicat, qui
a déjà perdu une grève de sept semaines en 1967, ne comportent
qu'une protection minimale. Amorcées en août 1973, les négociations pour le renouvellement de la convention piétinent jusqu'en
décembre, moment où la compagnie fait parvenir des offres dites
finales aux syndiqués. Elle propose des augmentations moyennes
de 31% sur une période de trois ans, y inclus une clause d'indexation pour la troisième année plafonnée à 0,12$ l'heure. Le syndicat
réclame une hausse uniforme de 1,45$ pour tous les salariés peu
importe leur grade (38%), auquel s'ajoute une clause d'indexation
dès la première année de la convention. Son objectif, également
poursuivi dans les négociations des secteurs public et parapublic,
vise à réduire l'écart de rémunération entre les hauts et bas salariés,

ce que la compagnie refuse fermement. Selon le syndicat, le niveau de rémunération à Longueuil est inférieur aux salaires versés à l'usine de United Aircraft à Hartford (Connecticut) et dans des industries similaires au Canada.

En outre, les employés se plaignent du temps supplémentaire trop fréquent qu'ils doivent effectuer et de la semaine de travail de sept jours continus, ce qui leur laisse peu de congés. L'employeur est prêt à certains adoucissements sur les horaires de travail et le surtemps, concessions que le syndicat trouve insuffisantes. Autre pomme de discorde, la formule Rand (déduction obligatoire à la source de la cotisation syndicale); la compagnie la rejette catégoriquement au nom du «principe sacré» de la liberté de ses employés, même si 93% des employés sont déjà membres du syndicat et que la très grande majorité des grandes entreprises s'y conforment.

Au début de décembre 1973, les offres de la compagnie sont rejetées à 85% et la grève officiellement déclenchée le 9 janvier après l'occupation de la cafétéria, la suspension d'une vingtaine de syndiqués et le congédiement d'un dirigeant syndical. Le conflit est aussitôt marqué par des actes de violence qui s'accentuent à mesure que la compagnie s'efforce de convaincre individuellement les grévistes de retourner au travail et que des «scabs» sont engagés. Le 18 janvier, la compagnie dresse ainsi le bilan des derniers dix jours de grève: 124 attaques contre des voitures de non-syndiqués, 98 appels téléphoniques de menaces, 33 actes de vandalisme aux maisons des dirigeants de la compagnie et 12 cas de voies de fait sur la personne de non-syndiqués.

Au début de février, la compagnie améliore ses offres qui sont rejetées à plus de 80%. Grâce à l'appui financier des Travailleurs unis de l'automobile, à qui le conflit coûtera plus de deux millions de dollars, les grévistes touchent une aide de 30$ par semaine s'ils sont célibataires, 35$ s'ils sont mariés et 40$ s'ils ont des enfants. Le comité de grève obtient l'appui du député fédéral de Longueuil, du maire de Longueuil et du chef du Parti québécois, René Lévesque, pour qui la formule Rand devrait faire partie depuis longtemps des lois du travail. Le Parti québécois intègre alors cette proposition à son programme tout comme celle qui interdit l'emploi de «scabs» lors d'une grève légale.

Assemblée organisée par la FTQ à l'appui des grévistes de United Aircraft, 21 mai 1975. (Syndicat national des travailleurs et travailleuses de l'Automobile, Bureau de Montréal).

Au printemps et à l'été 1975, la violence s'amplifie: bris de nombreuses voitures, arrestations de grévistes, condamnations du syndicat à l'amende, poursuite de plusieurs millions de dollars de la compagnie contre les TUA, six explosions sur les terrains de la compagnie, etc. Selon l'enquêteur spécial nommé par le gouvernement en septembre, la position des parties est «irréconciliable» par la voie de la négociation ou de la médiation. Sentant le conflit sans issue, plusieurs grévistes retournent au travail à l'été, la compagnie les menaçant de les congédier définitivement. La solidarité syndicale est également émoussée lorsque le secrétaire-trésorier américain des TUA accuse, dans une lettre aux grévistes, la direction du local 510 de détourner des fonds de grève. En novembre, la moitié des grévistes environ ont repris le travail, auxquels s'ajoutent 700 nouveaux employés embauchés depuis le début de la grève.

Le syndicat se met alors à espérer une intervention directe des gouvernements fédéral et provincial qui subventionnent généreusement la compagnie. Le fédéral se limite à demander des explications au sujet du transfert de production aux États-Unis, et le ministre provincial du Travail, Jean Cournoyer, invite les parties, en novembre, à venir s'expliquer publiquement devant une commission parlementaire. Le syndicat y réclame une loi spéciale pour régler le conflit.

En décembre, de nouvelles offres de la compagnie, légèrement supérieures, sont rejetées à 90% par vote secret. Le ministre tente alors personnellement une ultime médiation qui échoue sur la formule d'indexation des salaires et sur les modalités de retour au travail. Lorsque la compagnie fait savoir, en mai, qu'elle n'est prête à reprendre que 250 grévistes, ce qui signifierait le congédiement de 500 d'entre eux, un groupe d'une trentaine de grévistes, en désespoir de cause, occupe l'usine afin de hâter un règlement. Mais ni la direction de la compagnie ni le premier ministre ne veulent négocier dans ces conditions. L'escouade spéciale de la Sûreté du Québec vide les lieux pendant la nuit. Parmi les trente-quatre occupants arrêtés, seize sont blessés, tabassés par la police.

Une semaine plus tard, le 20 mai, le médiateur, Gilles Laporte, remet son rapport qui prévoit un montant forfaitaire comme indexation, l'arbitrage de 40 grévistes suspendus et la réintégration de tous les employés qui veulent retourner au travail. L'employeur accepte les propositions, sauf la dernière où il propose plutôt la formation d'un comité bipartite, gouvernemental-patronal, pour discuter de la réintégration de certains employés. Malgré ces faibles concessions, les grévistes, épuisés, acceptent le rapport à 86,7%. La négociation du protocole de retour au travail est plus longue que prévue et ce n'est finalement que le 25 août qu'il est accepté (72%). Les grévistes peuvent reprendre graduellement le travail sur une période de 19 semaines. C'est une mince consolation, vingt mois après le début du conflit.

Les dividendes vont venir plus tard avec l'élection du Parti québécois qui fait adopter, en 1977, la loi 45 pour rendre obligatoire la perception à la source des cotisations syndicales et interdire l'emploi de briseurs de grève. L'adoption de la loi est la conséquence directe de la sévérité du conflit à Longueuil.

Lock-out à Dominion Textile (1985)

Les relations de travail sont souvent perturbées à Dominion Textile. Depuis la dernière guerre, les syndicats de Montréal et de Valleyfield affiliés aux Ouvriers unis des textiles d'Amérique débraient en 1946 et ceux de la CSN ailleurs en province font grève pendant un mois en 1956 et pendant six mois en 1966. C'est une industrie à haute intensité de main-d'œuvre, employant bon nombre de femmes et payant des salaires inférieurs à la moyenne de l'industrie manufacturière. Les mises à pied temporaires sont fréquentes et on assiste à plusieurs fermetures d'usine particulièrement depuis les années soixante. Principal manufacturier de textiles au Canada, Dominion Textile emploie 6000 personnes au Québec en 1985. Les employés à la production travaillent 40 heures par semaine et le salaire moyen se situe à environ 9,50$ l'heure, incluant les bonis et le temps supplémentaire.

Frappée par la récession de 1982, l'industrie textile doit également faire face à la concurrence accrue des pays du Sud-Est asiatique où les salaires sont nettement inférieurs à ceux payés au Canada. La décision du gouvernement fédéral depuis le milieu des années soixante de libéraliser les échanges commerciaux et de réduire progressivement la protection tarifaire affaiblit la position des industries canadiennes du textile. Il y a perte de 21 300 emplois au Canada dans le textile primaire de 1979 à 1984 alors que les importations de vêtement augmentent de 37% de 1982 à 1984[161]. Plusieurs usines doivent fermer leurs portes, dont celles de la Wabasso Cotton (Trois-Rivières, Shawinigan, Welland (Ont.)), compagnie qui cesse complètement ses opérations au début de 1985. Dominion Textile fait savoir également, en 1984, qu'elle compte mettre un terme à ses activités à son usine de Montmorency. C'est dans ces circonstances qui leur sont peu favorables que les syndiqués engagent des négociations.

La Fédération canadienne des travailleurs du textile affiliée à la CSD en représente à peu près la moitié avec des syndicats aux usines de Valleyfield, Saint-Timothée, Magog, Saint-Jean, Montmorency et Sherbrooke. Sous l'égide de la Fédération, ils négocient le renouvellement de leurs conventions en front commun. Ce sont de vieux syndicats qui ont quitté la CSN lors du schisme de 1972 et qui tentent de maintenir de bonnes relations avec l'employeur. Depuis 1967, la Fédération fait partie d'un comité patronal-syndical destiné à améliorer les communications dans l'entreprise.

Commencées en novembre 1984, les négociations permettent de régler les clauses normatives, où un compromis est trouvé, qui marque cependant un recul des syndicats sur les clauses d'ancienneté et de sous-traitance. En ce qui touche les salaires, la compagnie soumet à la fin d'avril 1985 une offre finale non négociable pour une convention de trois ans: aucune augmentation la première année, mais un montant forfaitaire de 200$ et une hausse de 0,25$ et 0,31$ l'heure pour les deuxième et troisième années, sans intégration aux échelles de salaire. Et, enjeu important pour les deux parties, on exige que soit formée une équipe de travail, la fin de semaine, rémunérée au taux normal, ce qui aurait pour effet de réduire la possibilité de temps supplémentaire payé double. La plupart des employés arrondissent leur rémunération en travaillant la fin de semaine. Pour le négociateur syndical, ces offres sont ridicules puisqu'elles signifient que, dans trois ans, les syndicats devront négocier à partir du salaire de 1985. Avant que le vote ne soit pris, le président fait parvenir une lettre à tous les employés «leur demandant de faire leur part pour permettre à l'entreprise de se maintenir à flot[162]». Il soutient que les généreuses augmentations des deux dernières années en font les employés les mieux payés de toute l'industrie textile canadienne. En se basant sur le taux réel et non sur le taux objectif moyen, les syndicats contestent cette dernière affirmation et jugent que les offres sont inférieures à ce que Dominion Textile soumet à ses travailleurs ontariens.

Trois jours avant la tenue du vote, la compagnie met en lock-out 1100 employés à ses usines de Saint-Jean, de Valleyfield et de Saint-Timothée, alléguant qu'ils perturbent la production. Le négociateur syndical réfute les accusations de vandalisme et de dommages à la propriété[163]. Le 5 mai, les syndiqués rejettent les offres et donnent un mandat de grève à 82%. Quatre jours plus tard, la compagnie présente une légère amélioration à ses «offres finales» portant de 200 à 550$ le forfaitaire et proposant la rouverture de la négociation sur les salaires, la troisième année. C'est suffisant pour que les syndiqués de Magog et de Sherbrooke acceptent tandis que ceux des usines de Saint-Jean, de Valleyfield et de Saint-Timothée en lock-out les repoussent à 82%. Encore une fois, le président de la compagnie, dans une lettre personnelle, tente de convaincre les employés de revenir au travail. La Fédération, qui juge erronées et provocatrices les informations fournies, se retire du comité patronal-syndical formé en 1967 tant que le président de Dominion Textile en fera partie[164].

Au milieu de juin, les offres sont acceptées par les syndiqués de l'usine Mont-Royal de Montréal (affiliés aux Ouvriers unis des textiles d'Amérique) et par ceux de l'usine de Drummondville, membres d'un syndicat indépendant. La compagnie accentue la pression sur les lock-outés en refusant de verser les paies de vacances, en raison, dit-elle, «d'une situation financière précaire». La CSD intente une poursuite de deux millions de dollars pour l'obliger à remettre aux employés ce qui leur revient de plein droit. Leur paie de vacances ne leur sera finalement remise qu'à la fin du conflit. Au début d'août, trois mois après le début du lock-out, les négociations sont au point mort, la compagnie restant sur ses positions.

Puis, coup de théâtre, après avoir dévoilé à la presse des pertes financières de 14,4 millions, Dominion Textile annonce la fermeture de deux usines où les employés sont en lock-out: Saint-Jean (550) et Saint-Timothée (350), en invoquant l'augmentation des importations de vêtement de pays à faible coût de main-d'œuvre. On avoue que la décision de fermer ces usines ultra-modernes plutôt que d'autres est due au militantisme syndical[165]. La compagnie offre le «choix» aux employés de perdre immédiatement leur emploi ou de poursuivre pendant quelques mois, le temps de se qualifier pour la prime de séparation et l'assurance-chômage. Placés au pied du mur, ils votent, à contrecœur, le 20 août, le retour au travail, aux conditions de la compagnie.

La CSD intervient auprès du gouvernement fédéral pour éviter les fermetures définitives en faisant valoir que Dominion Textile a déjà touché 2,6 millions de dollars pour moderniser ces deux usines. Le gouvernement du Québec est aussi concerné car la Caisse de dépôt et placement est le principal actionnaire de la compagnie. Formés de représentants des milieux d'affaires, politiques et religieux, des comités de maintien des emplois sont formés à Saint-Jean et à Valleyfield. Peine perdue. Après avoir repoussé de deux mois la fermeture, les usines de Saint-Jean et de Saint-Timothée cessent leurs opérations le 30 juin 1986. La machinerie est redéployée dans les autres usines de la compagnie au Québec et en Ontario.

Un an après la fin du conflit, Dominion Textile compte toujours à peu près le même nombre d'employés au Canada (7800)[166]. De nouveaux emplois sont créés dans les usines où elle a transféré la machinerie et elle peut maintenant opérer en fin de semaine avec de nouvelles équipes payées à temps et demi au lieu du double. La conjugaison de ces deux facteurs l'autorise à mainte-

Opérateur de machines à bobinage et renvidage à l'usine de Dominion Textile à Saint-Jean, 1984. Même si elle est l'une des plus modernes au Canada, la compagnie n'hésite pas à fermer les portes de l'usine parce que les employés sont trop militants. (Service des communications, CSD)

nir un niveau de production aussi important qu'auparavant (ses ventes augmentent de 14% en 1986)[167]. Les fermetures de 1985 lui permettent de réduire ses coûts de main-d'œuvre et de se débarrasser d'employés trop revendicateurs. Les bilans financiers de 1986 et 1987 montrent qu'elle a rapidement retrouvé le chemin de la rentabilité antérieure avec des bénéfices nets de 18 et 32 millions de dollars, le troisième meilleur exercice financier de l'histoire de Dominion Textile[168]. Les pertes de 14,4 millions enregistrées en 1985, que la compagnie a mis sur le compte du haut niveau d'importations, s'expliquent en bonne partie par l'arrêt de travail à quatre usines (Hawkesbury, Ont., également) et l'achat des installations de la compagnie Wabasso Cotton (17,5 millions).

Pour les actionnaires de Dominion Textile, les fermetures de 1985 sont profitables à plusieurs points de vue: elles refroidissent pour longtemps les attentes des employés, permettent d'en jeter le blâme sur les lock-outés eux-mêmes et accentuent les pressions sur le gouvernement fédéral pour imposer des contingentements sur les importations. À l'exception des 150 employés environ que la compagnie reprendra dans ses autres usines, les perspectives sont plus sombres pour ceux qui sont mis à pied: difficultés de trouver un emploi au moment où le chômage est élevé, repli sur l'assurance-chômage ou sur le bien-être social.

* * *

Depuis les années soixante, on assiste à la syndicalisation massive des employés des secteurs public, parapublic et péripublic, tant aux paliers municipal et provincial que fédéral. Commencée depuis la dernière guerre, leur organisation s'accentue à la faveur de la Révolution tranquille. On y trouve un nombre de plus en plus important de syndiqués dont le militantisme force le gouvernement provincial en 1964 et en 1965, et le gouvernement fédéral, deux ans plus tard, à leur reconnaître le droit à la négociation et à la grève. Le même dynamisme anime les employés municipaux (y compris policiers, pompiers et employés du transport en commun) quoiqu'on connaisse moins bien l'évolution de leurs relations de travail. On sait cependant qu'ils partagent les aspirations des employés des deux autres paliers de gouvernement et que les négociations du front commun les marquent fortement.

La syndicalisation rapide et presque complète des services publics change la physionomie du syndicalisme. En 1976, les employés publics représentent plus du tiers des syndiqués québécois (37,2%) avec une distribution inégale selon les centrales: la totalité des effectifs de la CEQ, plus de la moitié de ceux de la CSN (54,3%) et le septième des syndicats affiliés au CTC-FTQ (15,1%)[169]. Dès la fin des années soixante, ils sont majoritaires à la CSN et continuent de l'être même après le départ des fonctionnaires provinciaux en 1972 car le secteur privé est touché par les défections à la CSD. À mesure que le Syndicat canadien de la fonction publique et l'Alliance de la fonction publique du Canada grossissent, leur présence devient plus significative au CTC et à la FTQ. Après le retrait des syndicats de la construction en 1979 et la récession de 1982, qui touche davantage l'emploi dans les entreprises, il y a tout lieu de croire qu'ils forment plus du tiers du membership de la FTQ.

L'intégration des nouveaux syndiqués, aux besoins et aux aspirations différents des cols bleus, va mofidier l'orientation des centrales. Dès 1964, l'aumônier général, Henri Pichette, met en garde les syndiqués de la CSN: l'arrivée de cols blancs dans une centrale animée jusque-là par des ouvriers de métiers et d'usines requiert de nouveaux comportements, sinon des malaises risquent de se développer[170]. En effet, des tensions vont naître à mesure que les cols blancs impreignent la vie syndicale de leurs attentes. Pour caractériser leur influence en quelques mots, disons qu'ils ont contribué à radicaliser et à politiser le mouvement syndical tout en renforçant son caractère national. Abordons chacun de ces thèmes.

Jusqu'à leur syndicalisation, les employés de services publics, souvent embauchés par favoritisme, touchent de maigres salaires et ont de piètres conditions de travail. Au début des années soixante, l'extension du rôle des gouvernements crée une forte demande de main-d'œuvre comblée par de jeunes travailleurs et travailleuses, mieux formés que leurs prédécesseurs et bien décidés à améliorer leur sort. Au même moment, les gouvernements tiennent à revaloriser l'administration publique et ils disposent de meilleures sources de revenu. Enfin, n'oublions pas que la Révolution tranquille crée un climat propice au militantisme et au changement social.

Pour les besoins de notre exposé, rappelons brièvement le cheminement des négociations au seul plan provincial. Après avoir concédé des améliorations substantielles, le gouvernement du Québec se raidit avec la mise en place d'une politique salariale en 1966. Pour éviter des dépassements, il impose des normes aux commissions scolaires et aux corporations hospitalières, devenant ainsi le véritable décideur des conditions de travail des employés de ce secteur. Les syndiqués répliquent en souhaitant négocier directement avec le gouvernement du Québec, ce qu'ils obtiennent en 1972. Leurs demandes, en termes de salaires et de conditions de travail, sont élevées; ils ne veulent pas simplement rattraper le secteur privé, ils veulent jouer un rôle de locomotive pour les autres salariés.

Leur insatisfaction débouche sur plusieurs grèves, qui se terminent souvent par des lois spéciales ou des injonctions, qu'elles touchent ou non des services dits essentiels. Frustrés par un patron qui se sert de son pouvoir législatif pour contenir leurs revendications, les syndicats, et les centrales à leur suite, amorcent une critique virulente de l'État capitaliste. Même si ce n'est pas le seul élément explicatif, il nous apparaît que les syndicats des secteurs public et parapublic jouent un rôle déterminant dans la radicalisation des centrales. La CSN et la CEQ, qui en comptent davantage, sont les plus virulentes dans leurs attaques; la FTQ ne se livre à une critique sévère du système capitaliste que pendant l'administration libérale (1970-1976).

Comme leurs pendants québécois, mais à un degré moindre, les syndicats des services publics fédéraux (postiers, SCFP) sont parmi les plus critiques et les plus militants au Canada. Leur «radicalisme» inquiète les unions internationales de la construction qui invoquent ce motif pour suspendre leurs cotisations au CTC en 1979. Le même reproche est adressé à la CSN par les syndicats de cols bleus qui forment la CSD en 1972. Dans les deux cas, les syndicats d'ouvriers de métiers et d'usines ne se sentent pas à l'aise avec l'orientation que les travailleurs du secteur public veulent imprimer aux centrales.

La virulence de la critique sociale de ces derniers les amène tout naturellement à vouloir passer à la politique partisane. Les syndicats du secteur public, à qui il plairait que le gouvernement soit sensible à leurs réclamations, ajoutent leur influence à celle des syndicats industriels pour amener les centrales sur le terrain politique. Au fédéral, ils appuient le NPD, et au Québec, ils militent nombreux pour la formation d'un parti des travailleurs. Si le projet n'aboutit pas dans ce dernier cas, c'est que le Parti québécois réussit à canaliser leur volonté de changement social et politique. Il est significatif que les deux premiers groupes syndicaux à donner explicitement leur appui au PQ soient les sections québécoises des Métallos et du SCFP. Ayant, comme on le sait, des assises profondes parmi les travailleurs et travailleuses du secteur public et parapublic, le PQ exprime lui aussi à sa façon leurs aspirations.

La montée du syndicalisme dans les services publics a également pour effet d'accentuer la canadianisation et la «québécitude» du mouvement syndical. N'ayant pas d'affiliation américaine, ce que les gouvernements auraient mal toléré, les nouveaux syndicats font contrepoids aux unions internationales. De plus en plus nombreux à se joindre au CTC et à la FTQ, ils les poussent à s'affranchir de la tutelle internationale. Pour la CSN, l'arrivée des syndiqués du secteur public lui assure une meilleure proportion de syndiqués québécois. Sans cet apport important, elle serait probablement devenue une centrale marginale même si elle avait conservé les syndicats passés à la CSD. En général, les effectifs de ses syndicats dans le bâtiment et le secteur manufacturier stagnent depuis le début des années soixante.

Enfin, la combativité des syndiqués du secteur public et leurs nombreuses grèves ont aussi pour conséquence, ce qui n'est pas négligeable, de leur aliéner la sympathie d'une portion importante de la population. Les sondages montrent qu'ils ont échoué dans leur volonté de persuader l'opinion publique que leurs luttes ont des retombées positives pour l'ensemble des salariés. Les services à la population étant directement perturbés par leurs arrêts de travail, on a plus largement tendance à avoir une image négative du syndicalisme. Tout cela alimente le courant antisyndical, particulièrement vigoureux depuis le début des années quatre-vingt, et pousse les gouvernements à se montrer plus réticents à élargir les droits syndicaux.

CONCLUSION

Avec près d'un million de membres, le syndicalisme est devenu une force sociale et économique importante dans le Québec moderne. Son influence s'est élaborée lentement depuis plus d'un siècle dans le sillage de la société industrielle. Comme beaucoup de mouvements sociaux, son histoire est faite de rebondissements inattendus où l'enthousiasme et les progrès spectaculaires alternent avec des phases de recul et de stagnation. La montée des Chevaliers du travail dans les années 1880, l'expansion syndicale lors des deux guerres mondiales et l'effervescence des années 1960 et 1970 représentent des moments forts du syndicalisme québécois. Disposant d'une plus grande force dans l'entreprise et dans la société, les syndiqués tirent alors un meilleur parti de la négociation collective et se font mieux écouter par les gouvernements.

Puis le vent tourne: le taux de syndicalisation régresse, l'État se fait moins attentif, la vigueur du syndicalisme s'atténue. C'est souvent à l'occasion d'une crise économique que les tendances changent de direction. Les difficultés des années 1890 donnent un coup fatal aux Chevaliers du travail, et celles de 1921 et de 1929 affaiblissent les unions internationales et détruisent presque les syndicats catholiques. Le chômage s'étend, les salaires s'affaissent; la misère frappe plus fort les quartiers ouvriers. Bien qu'il n'ait pas la même ampleur, le recul économique de 1981-1982 laisse des traces similaires. L'offre d'emploi se faisant plus rare, les travailleurs deviennent moins exigeants et les employeurs rognent les acquis des syndiqués. Aux prises avec des déficits budgétaires importants, les gouvernements tendent à soustraire aux programmes sociaux ce qu'ils ajoutent en aide aux entreprises. Les préoccupations sociales du mouvement syndical sont écartées et un antisyndicalisme plus virulent refait surface.

Au cours du 20e siècle, les cycles de syndicalisation correspondent grosso modo à l'organisation de groupes particuliers de travailleurs et travailleuses. Dans un premier temps, jusqu'en 1930, ce sont surtout des ouvriers de métier, dans la construction, le transport ferroviaire et l'industrie manufacturière, qui forment des syndicats. Assujettis à l'organisation capitaliste du travail, ils refusent la négociation individuelle qui les soumet à l'arbitraire patronal et ne permet pas une participation effective à la croissance de la richesse. En revanche, la négociation collective leur assure une force capable d'infléchir le pouvoir patronal. Leur qualification facilite évidemment leur solidarité et leur confère une assurance qui fait défaut aux autres salariés. C'est pourquoi pendant longtemps, le syndicalisme reste largement confiné aux ouvriers de métiers.

À partir de 1935, s'amorce une deuxième phase de syndicalisation qui touche surtout les ouvriers et ouvrières, semi-qualifiés et non qualifiés, de l'industrie manufacturière. Mal payés et sans protection, ils se joignent nombreux aux syndicats industriels dans les années quarante et cinquante. L'État ayant favorisé leur syndicalisation, ils voient en lui plus un allié qu'un adversaire. Contrairement aux syndicats de métiers, ils attachent d'ailleurs beaucoup plus d'importance aux revendications politiques et à l'action électorale. Leur syndicalisation permet évidemment une amélioration substantielle de leurs conditions de travail.

Depuis les années soixante, le mouvement syndical entre dans une troisième étape marquée par l'extension du syndicalisme aux employés des secteurs public, parapublic et péripublic. Dans la tourmente de la Révolution tranquille, le militantisme de ces derniers leur vaut le droit à la libre négociation et à la grève. Leur syndicalisation signifie également l'arrivée de dizaine de milliers de nouveaux syndiqués, surtout des cols blancs, dans un mouvement jusque-là composé de travailleurs de métiers et d'usines. Leur influence contribue à radicaliser et à politiser les centrales syndicales tout en accentuant le caractère canadien et québécois du syndicalisme. Ces «serviteurs du public», jadis parmi les salariés les plus mal payés, obtiennent graduellement des salaires et des conditions de travail qui se rapprochent de ceux des autres syndiqués.

Il nous apparaît nécessaire ici de mettre en relief l'importance des lois du travail dans le mouvement de syndicalisation des deux premières phases dont nous venons de parler. L'appui des législateurs canadiens et québécois joue un rôle essentiel dans l'expansion du syndicalisme parmi les ouvriers moins qualifiés de l'industrie manufacturière et les employés des services publics. Sans l'aide de l'État pour protéger le droit à la syndicalisation, il est peu probable que les syndicats aient pu les regrouper aussi massivement. Facilement remplaçables parce que peu qualifiés, la plupart ne disposent pas d'une force suffisante pour contraindre les employeurs à la négociation.

Après la crise de 1929, les gouvernements se rendent compte que le syndicalisme nord-américain, confiné à une minorité de travailleurs de métiers, est incapable, par ses propres moyens, d'assurer aux travailleurs une juste part de la croissance industrielle. En plus d'instaurer des politiques sociales et de fixer des normes minimales de travail, ils adoptent des mesures pour faciliter la syndicalisation. Malgré les lacunes des premières lois encadrant le processus de négociation, elles ont un effet psychologique déterminant pour enclencher une dynamique d'organisation. Loin de nous l'idée de sous-estimer le militantisme syndical comme facteur de croissance du syndicalisme: nous avons montré que ces lois sont adoptées à la suite de pressions syndicales et dans des moments d'agitation ouvrière. Mais nous pensons qu'elles accentuent le mouvement de syndicalisation et qu'elles assurent une protection très précieuse lorsque la conjoncture devient moins favorable à l'action syndicale.

Depuis le milieu des années soixante-dix, le nombre de syndiqués augmente à un rythme inférieur à celui de la main-d'œuvre, principalement en raison de la saturation de l'emploi dans deux secteurs fortement syndiqués, l'industrie manufacturière et les services publics. Le mouvement syndical a beaucoup de mal à organiser les nouveaux secteurs d'embauche, notamment les employés de bureau et de commerce, qui, il faut le dire, auraient bien besoin de la protection du syndicalisme pour relever leurs piètres conditions de travail. Leur organisation, qui pourrait certainement donner lieu à une quatrième phase de syndicalisation, n'a pas donné jusqu'ici de résultats probants, mais il n'est pas exclu qu'on découvre, là aussi, la nécessité de la solidarité syndicale. Certes, peu de signes laissent présager pareille tournure des événements, à court terme, mais qui, dans les années vingt et cinquante, aurait pu prédire les vagues de syndicalisation des décennies suivantes? Si la syndicalisation suit bien le mouvement cyclique que nous lui avons reconnu jusqu'ici, la prochaine décennie devrait sans doute être marquée par une poussée de syndicalisation.

Cependant, il y a tout lieu de croire que le syndicalisme ne pénétrera le secteur privé des services que si les lois du travail sont amendées pour faciliter l'accès à la syndicalisation. Tout comme les travailleurs industriels et les employés du secteur public, les employés de services également pourront difficilement se passer de l'appui du législateur. Depuis les années soixante-dix, les centrales proposent d'amender le Code du travail pour permettre la négociation multipatronale. Le rapport de la commission Beaudry chargée de réviser le code actuel recommandait, en 1985, des mesures pour élargir l'accès à la syndicalisation. La négociation collective et libre, fait-il valoir, est une valeur importante de notre société et on devrait donc permettre aux travailleurs de jouir, s'ils le désirent, de conditions de travail négociées de façon collective. La négociation individuelle avec une entreprise, même petite, ont fait entendre plusieurs groupes devant la commission, crée des rapports inégaux qui engendrent fréquemment des injustices. Seule la négociation collective permet d'assurer une meilleure égalité des parties dans les relations de travail et une distribution équitable des fruits du progrès industriel.

ANNEXES

ANNEXE I

Précisions sur les sources et la méthodologie des tableaux portant sur les effectifs syndicaux

Les données sur le nombre de syndicats et les effectifs syndicaux de 1901 à 1961 sont recueillies par le ministère fédéral du Travail et publiées dans *Organisations de travailleurs au Canada*. Elles proviennent de déclarations faites par les syndicats eux-mêmes sans vérification plus approfondie[1].

On exclut de la compilation les syndicats indépendants ayant moins de 50 membres et ceux qui ne précisent pas la province où ils sont présents. Cette dernière omission, qui touche 6 % du total des syndicats en 1921, diminue en importance par la suite, pour disparaître après 1948. Ces exclusions ont néanmoins pour effet de sous-évaluer les effectifs syndicaux, quoiqu'on ait plusieurs raisons de croire en revanche que les syndicats ont tendance, dans leurs déclarations, à surestimer le nombre réel de leurs membres. Ils englobent des adhérents retraités, en chômage ou qui ne sont pas en règle afin d'afficher une force supérieure à la réalité. Il est difficile, dans l'état actuel de la recherche, de déterminer dans quelle mesure leurs rapports sont gonflés. Aux États-Unis, où la compilation est semblable à celle du Canada, Leo Troy a établi à 10 % l'écart moyen entre les données fournies au Bureau of Labor Statistics et les rapports financiers des principaux syndicats[2]. On peut penser qu'une marge d'erreur semblable existe aussi au Canada. Elle serait plus importante dans les premières décennies, mais diminuerait par la suite, à mesure que les méthodes de collecte des données se sont affinées.

D'autre part, les enquêtes excluent certains groupes de syndiqués parce qu'ils ne correspondent pas à la définition officielle du ministère du Travail. Ainsi, pour le Québec, les syndicats catholiques sont écartés des compilations globales jusqu'en 1927, probablement parce qu'on les assimile à des associations religieuses. Nous avons fait les corrections nécessaires aux tableaux 2.1 et 2.5.

De même, jusqu'en 1970, les statistiques n'englobent pas les organisations de policiers, d'enseignants, d'infirmières et d'ingénieurs, à moins qu'elles ne soient affiliées à une centrale syndicale. Les recenseurs jugent que ces emplois ne comptent pas une proportion assez importante de leurs effectifs assujettis à la loi sur les relations de travail. Cette définition nous est apparue trop restrictive; c'est pourquoi nous reprenons pour l'année 1966 les statistiques compilées par J.K. Eaton, qui incluent toutes les associations de fonctionnaires, d'infirmiers et d'enseignants[3].

Autre problème relatif aux sources: certains syndicats ne déclarent pas leurs effectifs au ministère du Travail. Ce sont de 30 à 40% d'entre eux qui négligent de le faire de 1911 à 1926; 20% environ au cours des deux décennies suivantes, et 10% dans les années cinquante et soixante. Pour pallier cette lacune importante, nous appliquons la règle de trois aux effectifs des années 1911 à 1961. Notre estimation est établie en multipliant la moyenne des adhérents ayant fait rapport par le total des syndicats. Cette méthode comporte des faiblesses et surestime probablement les effectifs syndicaux, car on peut présumer que les grosses unités syndicales fournissent plus facilement des renseignements sur leurs effectifs que les unités plus faibles. Pour les premières décennies, la marge d'erreur est plus forte car plusieurs syndicats ne font pas rapport de leurs effectifs.

Nos données sur les effectifs syndicaux de 1970 à 1981 (tableaux 5.1 et 5.3) sont tirées des informations produites au gouvernement fédéral selon la loi sur les déclarations des corporations et des syndicats ouvriers (CALURA). Chaque syndicat ayant plus de 100 membres doit fournir annuellement ces renseignements qui, au moment d'écrire ces lignes, sont disponibles jusqu'en 1983. Des études du ministère provincial du Travail et de la Main-d'œuvre montrent des effectifs syndicaux supérieurs aux nôtres en 1971 et en 1976 car elles corrigent les compilations fédérales en ajoutant les effectifs de quelques autres syndicats[4]. Pour maintenir l'uniformité de nos données, nous conservons les données fédérales d'origine. Pour la période étudiée, les effectifs syndicaux et la répartition des syndiqués selon l'affiliation syndicale au Québec, qu'on retrouve depuis quelques années dans *Le marché du travail*, sont peu utiles à notre étude, car ils ne tiennent pas compte des syndicats de la construction et de ceux de juridiction fédérale.

En général, nos séries statistiques sur les effectifs syndicaux demeurent des approximations qui se situent cependant à l'intérieur d'une marge d'erreur raisonnable. Même avec leurs lacunes, elles constituent un ingrédient essentiel pour mesurer le poids du syndicalisme dans la société québécoise.

ANNEXE II

Précisions sur les sources et la méthodologie des tableaux portant sur les grèves et lock-out

Dans la brochure annuelle *Grèves et lock-out au Canada*, le ministère fédéral du Travail compile les grèves et lock-out au Canada depuis 1901. On ne distingue pas les grèves des lock-out parce que ces derniers, fait-on valoir, sont assez rares et qu'ils sont souvent difficiles à différencier des grèves.

La compilation du ministère inclut toute cessation de travail touchant six travailleurs ou plus pendant une journée de travail ou plus; tout conflit qui cause la perte de dix jours ouvrables ou plus est automatiquement ajouté. Les recenseurs s'efforcent de faire un inventaire aussi complet que possible de toutes les grèves; il est donc peu probable qu'une grève importante leur ait échappé. L'estimation du nombre de travailleurs touchés et la durée du conflit est le résultat, nous dit la publication, de recherches minutieuses[5]. Seuls les travailleurs directement concernés par un conflit sont recensés comme grévistes.

La publication ventile ses données par province, à l'exception des conflits interprovinciaux de 1901 à 1956. Toutefois, comme ces conflits représentent en moyenne moins de un pour cent de jours ouvrables perdus, leur exclusion a peu de conséquences sur les données globales, sauf pour les années 1901-1915 et 1945-1951 où la proportion est plus élevée. Pour les années d'après-guerre, nous avons pu faire l'addition des conflits interprovinciaux au total québécois car, heureusement, la publication fédérale rend compte de leur impact par province. Mais ce n'est pas le cas de 1901 à 1915 de sorte que les données fédérales sous-estiment l'intensité des grèves au Québec pour ces années.

Il en est de même de 1957 à 1985: les conflits de juridiction fédérale (relevant du Code canadien du travail et de la fonction publique fédérale) sont classés sous une rubrique spéciale sans être distribués par province. Selon notre estimation basée sur les rapports annuels du Centre de recherche et de statistiques sur le marché du travail (Québec), ces conflits représentent 8,6% des jours-personne perdus au Québec (1966-1980).

Depuis 1976, le ministère provincial du Travail et de la Main-d'œuvre, dans *Grèves et lock-out au Québec*, puis dans *Le marché du travail*, dénombre également les arrêts de travail au Québec et présente plusieurs compilations statistiques. Nous avons utilisé avec profit certaines de ces données dans la section consacrée aux grèves au chapitre 6.

ORIENTATIONS BIBLIOGRAPHIQUES

Pour le lecteur qui voudrait approfondir sa connaissance du syndicalisme québécois, nous signalons les ouvrages les plus importants. On se reportera aux notes à la fin du volume pour les références à des travaux plus spécialisés.

Ouvrages de synthèse

Parue en 1972 puis révisée substantiellement en 1984, l'*Histoire du mouvement ouvrier au Québec* constitue la première synthèse véritable de l'histoire du mouvement ouvrier québécois. Rédigé en collaboration et édité par la CSN et la CEQ, le volume est une source importante d'informations sur le syndicalisme et le mouvement ouvrier. Mais le traitement accordé spécifiquement au syndicalisme est plutôt mince et l'accent est mis sur la narration plutôt que sur l'analyse. Quoique assez bien documenté, le volume doit être utilisé cependant avec prudence car les renvois ne sont pas indiqués. La deuxième édition, revue, corrigée et augmentée, est de beaucoup supérieure à la première.

Parmi les ouvrages généraux, il peut être utile aussi de consulter le recueil de textes de Fernand Harvey, *Le mouvement ouvrier au Québec* (Boréal Express, 1980), où on retrouve un choix de bons articles et un excellent bilan historiographique des travaux sur le mouvement ouvrier. Notre ouvrage de synthèse sur la CSN, *Histoire de la CSN (1921-1981)* (Boréal Express / CSN 1981) permettra au lecteur d'approfondir davantage les thèmes traités dans le présent volume. La FTQ a patronné l'*Histoire de la FTQ* (FTQ, 1988), ouvrage rédigé par Émile Boudreau et Léo Roback. Utile à certains égards pour comprendre la fondation et les premières années de fonctionnement de la FTQ, l'historique se termine malheureusement en 1965.

Sur l'histoire du syndicalisme canadien, il faut retenir la synthèse de Desmond Morton (avec Terry Copp), *Working People* (Deneau, 1980) et celle de Charles Lipton, disponible en français, *Histoire du syndicalisme au Canada et au Québec (1827-1959)* (Parti pris, 1976), où l'histoire est abordée dans une perspective nationaliste et marxiste. Bien que vieillie et se terminant avec la Deuxième Guerre, la synthèse de Harold Logan, *Trade Unions in Canada* (Macmillan, 1948), demeure toujours utile aux chercheurs, tout comme l'histoire des conflits de travail au Canada de Stuart M. Jamieson, *Times of Trouble: Labour Unrest and Industrial Conflict in Canada, 1900-1966* (étude n° 22 pour la Commission royale d'enquête sur les relations industrielles, 1968). Abordant l'histoire des travailleurs sous un angle nouveau, Bryan D. Palmer a publié *Working-Class Experience* (Butterworth, 1983), premier effort de synthèse sur l'histoire de la classe ouvrière au Canada. Portant surtout sur le 19e siècle, le volume est plus faible sur le 20e compte tenu de l'état de la recherche. On y trouve une excellente bibliographie commentée.

Le syndicalisme au 19e siècle

Même s'ils commencent à dater, on se référera aux volumes de Richard Desrosiers et Denis Héroux, *Le Travailleur québécois et le syndicalisme* (Cahiers de Sainte-Marie, 1933) et de Noël Bélanger *et al.*, *Les travailleurs québécois, 1851-1896* (PUQ, 1973). Le travail de bénédictin de Eugene Forsey, *Trade Unions in Canada, 1812-1902* (UTP, 1982), offre une mine de renseignements sur le syndicalisme au 19e siècle. Sur les Chevaliers du travail, le texte de Fernand Harvey dans son volume *Le mouvement ouvrier au Québec* (Boréal Express, 1980) demeure l'analyse la plus complète. Dans une perspective nouvelle et selon une interprétation discutable sur les Chevaliers en Ontario, on consultera Gregory S. Kealey et Bryan D. Palmer, *Dreaming of What Might Be: The Knights of Labor in Ontario* (Cambridge University Press, 1982); leurs conclusions peuvent également éclairer l'évolution des Chevaliers au Québec.

La condition ouvrière a fait l'objet de plusieurs travaux dont ceux de Jean de Bonville, *Jean-Baptiste Gagnepetit. Les travailleurs montréalais à la fin du XIXe siècle* (l'Aurore, 1975) et Fernand Harvey, *Révolution industrielle et travailleurs* (Boréal Express, 1978). Signalons aussi l'article de Joanne Burgess sur le passage de l'artisanat à la fabrique dans l'industrie de la chaussure (*RHAF*, juin 1977, p. 39-50) et celui de Bettina Bradbury sur l'économie familiale à Montréal dans les années 1970 (dans Nadia Fahmy-Eid et Micheline Dumont, *Maîtresses de maison et maîtresses d'école*, Boréal Express, 1983, p. 287-318).

Expansion et conflits (1897-1929)

L'expansion du syndicalisme international au Canada a fait l'objet d'une étude détaillée de Robert H. Babcock dans *Gompers in Canada: A Study in American Continentalism before the First World War* (UTP, 1974), et est analysée dans J. Rouillard, *Les syndicats nationaux au Québec de 1900 et 1930* (PUL, 1979). Ce dernier ouvrage aborde aussi la naissance des syndicats nationaux avant la guerre et le développement du syndicalisme catholique.

Terry Copp présente une solide étude des conditions de vie des travailleurs montréalais de 1897 à 1929 dans *Classe ouvrière et pauvreté* (Boréal Express, 1978).

La crise économique (1930-1940)

Les conséquences de la crise sur le syndicalisme n'ayant pas fait l'objet d'études, on doit consulter des volumes généraux, notamment *Les Mémoires d'Alfred Charpentier* (PUL, 1971) pour le syndicalisme catholique et *Nationalism, Communism, and Canadian Labor. The CIO, the Communist Party and the Canadian Congress of Labour 1935-1956* (UTP, 1971), d'Irving Abella, en ce qui a trait à l'expansion du COI au Canada. *Dans le sommeil de nos os* (Leméac, 1971) de Evelyn Dumas trace un historique de quelques grèves conduites par des syndicats internationaux de 1934 à 1944.

Les effets socio-économiques de la crise sont mieux documentés dans des ouvrages comme ceux de Michel Pelletier et Yves Vaillancourt, *Les politiques sociales et les travailleurs* (cahier II: les années 30) (l'auteur, 1975), et de Claude Larivière, *Crise*

économique et contrôle social: le cas de Montréal, 1929-1937
(Albert Saint-Martin, 1977).

L'échec de la gauche à profiter du mécontentement populaire
est analysé par Andrée Lévesque dans *Virage à gauche interdit*
(Boréal Express, 1984) qu'on peut compléter avec l'étude de Marcel
Fournier, *Communisme et anticommunisme au Québec, 1920-1950*
(Albert Saint-Martin, 1979). On comprend mieux les succès de la
droite à tirer profit de la conjoncture politique en lisant l'ouvrage
de M. Pelletier et Y. Vaillancourt cité plus haut et en consultant
le tome I de l'*Histoire du catholicisme québécois. Le XXe siècle*,
de Jean Hamelin et Nicole Gagnon (Boréal Express, 1984).

L'institutionnalisation du syndicalisme (1941-1959)

Pour cette période, les ouvrages de qualité sont plus nombreux.
Sur l'idéologie, l'étude de Louis-Marie Tremblay, *Le syndicalisme
québécois: Idéologies de la CSN et de la FTQ 1940-1970* (PUM,
1972), reste toujours éclairante, tout comme l'analyse politique de
Roch Denis sur les forces de changement à l'œuvre dans le Québec
d'après-guerre, *Luttes de classes et question nationale au Québec,
1948-1968* (Presses socialistes internationales, 1979). On peut compléter ces deux ouvrages par les pages consacrées au syndicalisme
dans Jean-Louis Roy, *La marche des Québécois. Le temps des
ruptures (1945-1960)* (Leméac, 1976) et par l'article de Hélène
David, «L'état des rapports de classe au Québec de 1945 à 1967»,
dans F. Harvey, *Le mouvement...* (p. 229-261). *Les Métallos,
1936-1981* (Boréal Express, 1982) de Jean-Gérin Lajoie et *Histoire
de la Fédération des travailleurs du papier et de la forêt (1907-
1958)* (Albert Saint-Martin, 1986) de Gilbert Vanasse constituent
deux rares volumes traitant de l'action économique de syndicats
sur une longue période. Le volume édité par Pierre Elliott Trudeau,
La grève de l'amiante (Cité libre, 1956), est important à la fois
comme analyse d'une grève et comme ouvrage ayant orienté l'interprétation de l'histoire du syndicalisme québécois.

Ajoutons quelques études significatives: *L'Église d'ici et le
social 1940-1960* (Bellarmin, 1982) de Jacques Cousineau, sur les
préoccupations sociales du clergé; *Duplessis* de Conrad Black (tome
II, *Le pouvoir*, Éd. de l'Homme, 1977) sur les rapports entre
Duplessis et le mouvement syndical; et de Marc-Adélard Tremblay

et Gérald Fortin, *Les comportements économiques de la famille salariée au Québec* (PUL, 1964), riche d'informations sur la situation économique et les aspirations des salariés en 1959.

La radicalisation (1960-1985)

Pour les années 1960, les études de Louis-Marie Tremblay et Roch Denis citées plus haut restent toujours valables. L'évolution idéologique des centrales, notamment la radicalisation des années 1970, est traitée par Bernard Solasse dans *Idéologies au Canada français 1940-1976* (tome II, PUL, 1981), volume publié sous la direction de F. Dumont, J. Hamelin et J.-P. Montminy, et dans le recueil de textes publié sous la direction de Gérard Dion, *La politisation des relations du travail* (XXVIIIe congrès des relations industrielles de l'Université Laval, 1973).

Chaque centrale ayant fait l'objet d'études spécialisées, il faut retenir sur la FTQ deux intéressants volumes, celui de Paul Bernard, *Structures et pouvoirs de la FTQ* (étude n° 13 pour la Commission royale d'enquête sur les relations industrielles, 1968) et celui de François Cyr et Rémi Roy, *Éléments d'histoire de la FTQ* (Albert Saint-Martin, 1981). Louis Favreau et Pierre L'Heureux ont proposé une analyse plutôt chronologique de la pensée de la CSN dans *Le projet de société de la CSN de 1966 à aujourd'hui* (Centre de formation populaire/Vie ouvrière, 1984). Louise Clermont-Laliberté présente une étude théorique de la CEQ dans *Dix ans de pratiques syndicales, CEQ 1970-1980* (CEQ, 1981). Sur la CSD, on consultera l'article de Gabriel Gaudette «La culture politique de la CSD» (*Recherches sociographiques*, 1, 1977, p. 35-72) et le mémoire de maîtrise de Paulo Picard, *Idéologie et pratique politique de la CSD* (notes de recherche n° 18, département de science politique, Université de Montréal, 1986).

Les négociations perturbées du secteur public et parapublic ont retenu l'attention de Maurice Lemelin dans *Les négociations collectives dans les secteurs public et parapublic* (Éd. Agence d'Arc, 1984). L'auteur trace un tableau des négociations au Québec jusqu'en 1982-1983 avec un aperçu de la situation au Canada et ailleurs. Dans une perspective différente, notons aussi une étude du front commun de 1972 dans *Les travailleurs contre l'État bourgeois, avril et mai 1972* (l'Aurore, 1975) par Diane Éthier, Jean-Marc Piotte et Jean Reynolds.

La récession de 1982 a modifié le climat des relations de travail, ce dont rendent compte les textes d'une étude préparée pour la commission Macdonald: W. Craig Riddell (coordonnateur), *Les relations de travail au Canada* (1986). On consultera aussi le rapport final de la Commission consultative sur le travail (commission Beaudry), *Le travail, responsabilité collective* (Québec, 1985).

NOTES

Chapitre 1 — Naissance du syndicalisme au Québec (1818-1896)

1. *Recensement du Canada*, 1851, vol. 2, p. 390-393.
2. Jean Hamelin et Yves Roby, *Histoire économique du Québec 1851-1896*, Montréal, Fides, 1971, p. 18.
3. Gérald Tulchinsky, *The River Barons. Montreal Businessmen and the Growth of Industry and Transportation 1837-1853*, Toronto, UTP, 1977, p. 220-231; P.-A. Linteau et J.-C. Robert, «Montréal au 19ᵉ siècle: bilan d'une recherche», *Revue d'histoire urbaine*, XIII, 3 (février 1985), p. 208-212.
4. J. Hamelin et Y. Roby, *op. cit.*, p. 261-277.
5. *Ibid.*, p. 292.
6. À ce sujet, voir l'excellent article de Johanne Burgess, «L'industrie de la chaussure à Montréal: 1840-1870; le passage de l'artisanat à la fabrique», *RHAF*, 31, 2 (septembre 1977), p. 187-210.
7. H. Clare Pentland, «The Development of a Capitalistic Labour Market in Canada», *Canadian Journal of Economics and Political Sciences*, novembre 1959, p. 450-461; Bryan D. Palmer, *Working-Class Experience. The Rise and Reconstitution of Canadian Labour, 1800-1980*, Toronto, Butterworth, 1983, p. 12-59; Craig Heron et Robert Storey, *On the job. Confronting the Labour Process in Canada*, Montréal, McGill-Queen's University Press, 1986, p. 3-11.
8. *Le Canadien Courant*, 16 mai 1818. Ce renseignement est tiré du fichier du Groupe de recherche sur la société montréalaise au 19ᵉ siècle (UQAM) constitué à partir du dépouillement de journaux. Je remercie Jean-Claude Robert et Margaret Heaps pour m'avoir laissé consulter le fichier.
9. *The Montreal Herald*, 11 janvier 1823, p. 2; *The Montreal Gazette*, 28 juillet 1824, p. 2
10. *100ᵉ Anniversaire de l'Union typographique de Québec n° 302*, Québec, 1936, p. 13.
11. *The Morning Chronicle*, 2 février 1877.
12. *The Morning Chronicle*, 7 avril 1869, p. 2; J.I. Cooper, «The Quebec Ship Laborers' Benevolent Society», *CHR*, décembre 1949, p. 341.
13. *The Montreal Herald*, 4 mai 1901, p. 13.
14. Sur les raisons de l'implantation d'unions internationales au Canada, voir William C. Brian, «Development of Relations between Canadian and American National Trade Union Centers 1886-1925», *Relations industrielles*, avril

1965, p. 340-371; John Crispo, *International Unionism a Study in Canadian American Relations*, Toronto, McGraw Hill, 1967, p. 11-29.

15. Eugene Forsey, *Trade Unions in Canada, 1812-1902*, Toronto, UTP, 1982, p. 16.

16. *Ibid.*, p. 37; Peter Bishoff trace un excellent tableau de la situation des mouleurs à Montréal dans «La formation des traditions de solidarité ouvrière chez les mouleurs montréalais: la longue marche vers le syndicalisme (1859-1881)», *Labour/Le travail*, 21, printemps 1988, p. 9-42.

17. *Ibid.*, p. 52-53; G.A. Tracy, *History of the Typographical Union*, Indianapolis, ITU, 1913, p. 292-294 et 359.

18. *La Minerve*, 10 septembre 1869, dans D. Héroux, R. Desrosiers et A. Grou, *Le Travailleur québécois et le syndicalisme*, Montréal, Éd. de Ste-Marie, 1966, p. 7.

19. Voir divers mandements de Mgr Bourget et de Mgr Taschereau dans Noël Bélanger et Jean-Guy Lalande, «Les réactions devant la montée ouvrière», dans J. Hamelin, *Les travailleurs québécois, 1851-1896*, Montréal, 1975, p. 159.

20. *The Vindicator*, 14 mars 1834, cité par C. Vance, «Early Trade Unionism in Quebec, 1833-1834», *The Marxist Quarterly*, 3, 1962, p. 30.

21. Les membres de l'association ont pu sympathiser avec les Patriotes quoiqu'il n'y ait pas eu de résolution d'appui adoptée (*Ibid.*, p. 40).

22. Médéric Lanctôt, *L'Association du capital et du travail*, Montréal, Wilson, 1872, 46 p.; Gaétan Gervais, *Médéric Lanctôt et l'Union nationale*, M.A. (Université Laurentienne), 1968, p. 146.

23. John Battye, «The Nine Hour Pioneers: The Genesis of the Canadian Labour Movement», *Labour/Le Travailleur*, 4, 1979, p. 25-26; Peter Bishoff, *op. cit.*, p. 203-208.

24. *The Daily Globe*, 14 mars 1872, p. 2; *Le Nouveau Monde*, 15 mars 1872, p. 4.

25. Les *Combinations Acts* adoptés par le Parlement britannique en 1799 et 1800 ne s'appliquent pas au Canada car, depuis l'Acte de Québec (1774), la colonie adopte ses propres lois. Cependant, les lois britanniques antérieures à 1774 demeurent toujours en vigueur (Paul Craven, «Workers' Conspiracies in Toronto, 1854-1872», *Labour/Le Travailleur*, 14, automne 1984, p. 49-70).

26. À ce sujet, voir Jean-Réal Cardin, «La philosophie du Code du travail», dans G. Dion, *La politisation des relations du travail*, XXVIIIᵉ congrès des relations industrielles de l'Université Laval, Québec, PUL, 1973, p. 79-97.

27. David T. Ruddel, *Quebec City, 1765-1832. Evolution of a Colonial Town*, Ottawa, Musée canadien des civilisations, 1988, p. 111. (À paraître.).

28. Johanne Burgess, article cité, p. 199-202; *The Montreal Gazette*, 29 octobre 1849, p. 2.

29. Robert Tremblay, «Un aspect de la consolidation du pouvoir d'État de la bourgeoisie coloniale: la législation «anti-ouvrière» dans le Bas-Canada 1800-1850», *Labour/Le Travailleur*, 8/9, automne/printemps 1981-1982, p. 243-252.

30. Bryan D. Palmer, «Labour Protest and Organization in Nineteenth Century Canada, 1820-1890», *Labour/Le Travail*, 20, automne 1987, p. 68 et 71. Voir aussi Paul Larocque, «Les grèves», dans J. Hamelin (dir.), *Les travailleurs québécois*, p. 117.

31. Raymond Boily, *Les Irlandais et le canal Lachine*, Montréal, Leméac, 1980, p. 184. Sur la grève, voir aussi H.C. Pentland, «The Lachine Strike of 1843», *CHR*, septembre 1948, p. 255-277.

32. S.B. Ryerson, *Le Capitalisme et la Confédération*, Montréal, Parti pris, 1972, p. 248.

33. *Les Mélanges religieux*, 15 septembre 1843, dans R. Boily, *op. cit.*, p. 70-72.

34. J. Hamelin, P. Larocque et J. Rouillard, *Répertoire des grèves dans la province de Québec au XIXᵉ siècle*, Montréal, Les Presses des HEC, 1970, p. 18.

35. Jean Bernier, «La condition des travailleurs, 1851-1896», dans J. Hamelin (dir.), *Les travailleurs québécois*, p. 37.

36. Desmond Morton, «Taking on the Grand Trunk: The Locomotive Engineers Strike of 1876-1877, *Labour/Le Travailleur*, 2, 1977, p. 5-34; Shirley Anne Ayer, *The Locomotive Engineers' Strike on the Grand Trunk Railway in 1876-1877*, M.A. (histoire), McGill University, 1961, 276 p.; Eugene Forsey, *op. cit.*, p. 46-47.

37. *The Montreal Gazette*, 3 janvier 1877, 9 janvier 1877.

38. William F. Ryan, *The Clergy and Economic Growth in Quebec (1896-1914)*, Québec, PUL, 1966, p. 320; Robert Comeau, *Économie québécoise*, Montréal, PUQ, 1969, p. 161-162.

39. Robert Comeau, *op. cit.*, p. 163.

40. J. Hamelin et Y. Roby, *op. cit.*, p. 298.

41. *Ibid.*, p. 204.

42. P.-A. Linteau, R. Durocher et J.-C. Robert, *Histoire du Québec contemporain. De la Confédération à la crise (1867-1929)*, Montréal, Boréal Express, 1979, p. 151-153.

43. *Recensement du Canada*, 1891, II, p. 176.

44. Notre historique est empruntée à Fernand Harvey, «Les Chevaliers du Travail, les États-Unis et la société québécoise, 1882-1902», dans *Le mouvement ouvrier au Québec*, Montréal, Boréal Express, 1980, p. 69-130; Jacques Martin, *Les Chevaliers du travail et le syndicalisme international à Montréal*, M.A. (relations industrielles), 1965, p. 26; Norman J. Ware, *The Labor Movement in the United States 1860-1895. A Study in Democracy*, New York, Vintage Books, 1964; Gerald Grob, *Workers and Utopia: A Study of Ideological Conflict in the American Labor Movement, 1865-1900*, Chicago, Northwestern University, 1961.

45. E. Forsey, *op. cit.*, p. 144-145.

46. B.R. Kennedy, *The Knights of Labor in Canada*, London, The University of Western, 1956; E. Forsey, *op. cit.*, p. 146. Nous avons établi les effectifs québécois en 1887, en divisant par quatre le membership total canadien (12 553); le quart des assemblées canadiennes sont organisées au Québec.

47. Lettre de A. Marois à A. Charpentier, avril 1917, Archives de l'Université Laval, Fonds A. Charpentier, 212/1/1.

48. *The Laster*, IV, 15 novembre 1893, dans G.N. Grob, *op. cit.*, p. 38.

49. F. Harvey, *op. cit.*, p. 120.

50. Lettre pastorale des Pères du Quatrième Concile provincial de Québec (14 mai 1868), dans *Mandements, lettres pastorales et circulaires des évêques de Québec*, vol. 4, Québec, Imprimerie Côté, 1888, p. 634.

51. Noël Bélanger et J.-G. Lalande, «Les réactions devant la montée ouvrière», dans Jean Hamelin, *Les travailleurs québécois*, p. 157-168.

52. Lettre de A. Marois à A. Charpentier, mars 1917, *Archives de l'Université Laval*, Fonds Charpentier, 212/1/1.

53. *La Presse*, 14 mai 1898, p. 12.

54. E. Forsey, *op. cit.*, p. 508.

55. Historique tiré de *La Patrie*, 20 décembre 1919, p. 18.

56. J. Hamelin, P. Larocque et J. Rouillard, *Répertoire des grèves*, p. 119-120.

57. Historique provenant de *La Presse*, 6 décembre 1919, p. 12; E. Forsey, *op. cit.*, p. 233-235.

58. *La Presse*, 5 décembre 1885, p. 2.

59. *Ibid.*, 15 mars 1986, p. 2. Un conseil des métiers et du travail de Montréal semble avoir brièvement existé en 1884 (*Montreal Star,* 18 juillet 1884, p. 4; 14 août 1884 p. 3). Voir au sujet du Conseil, S. Murray et E. Tremblay, *Cent ans de solidarité, Histoire du CTM, 1886-1986*, Montréal, VLB, 1986, 150 p.

60. *Ibid.*, 14 mai 1898, p. 12; *Le Bulletin mensuel du Travail*, 1er septembre 1900, p. 2.

61. Jean de Bonville, *Jean-Baptiste Gagnepetit: les travailleurs montréalais à la fin du XIXe siècle*, Montréal, l'Aurore, 1975, p. 183-187.

62. *La Presse*, 31 octobre 1885, dans *Ibid.*, p. 186.

63. *Ibid.*, p. 206; F. Harvey, *Révolution industrielle et travailleurs. Une enquête sur les rapports entre le capital et le travail au Québec à la fin du 19e siècle*, Montréal, Boréal Express, 1978, p. 161-164.

64. Ruby Heap, «Un chapitre dans l'histoire de l'éducation des adultes au Québec: les écoles du soir, 1889-1892», *RHAF*, 34, 4 (mars 1981), p. 597-625.

65. *La Presse*, 21 février 1903, p. 12; 2 mai 1903, p. 12.

66. *Ibid.*, 6 septembre 1904, p. 1.

67. E. Forsey, *op. cit.*, p. 120.

68. Voir *Ibid.*, p. 435-470; *Proceedings of the Trades and Labor Congress*, 1886-1900.

69. Robert Boily, «Les hommes politiques du Québec, 1867-1967», *RHAF*, 21, 3 (mars 1967), p. 613.

70. D. Laforte et A. Bernard, *La législation électorale au Québec, 1790-1967*, Montréal, Éd. Sainte-Marie, 1969, p. 93-95.

71. *Ibid.*, p. 118; *Annuaire statistique du Québec*, 1914, p. 62.

72. CMTC, *Délibérations de la 6e session du CMTC*, 1890, p. 33; Norman Ward, *The Canadian House of Commons: Representation*, Toronto, UTP, 1950, p. 219.

73. E. Forsey, *op. cit.*, p. 440.
74. D. Laforte et A. Bernard, *op. cit.*, p. 181.
75. *Proceedings of the TLC*, 1886-1910.
76. CMTC, *Délibérations du CMTC*, 1890, p. 31; *Proceedings*, 1894, p. 8; *Le Monde*, 15 mars 1892, p. 4.
77. *La Presse*, 21 mars 1885, dans Jean de Bonville, *op. cit.*, p. 57-58.
78. *Proceedings of the TLC*, 1992, p. 6; 1893; p. 7; 1894, p. 8.
79. *La Presse*, 21 février 1900, p. 3.
80. V.O. Chan, *The Canadian Knights of Labour with Special Reference to the 1880's*, M.A. (histoire), McGill University, 1949, p. 111-149.
81. *La Presse*, 12 octobre 1886, p. 2.
82. R. Desrosiers, A. Grou et D. Héroux, *op. cit.*, p. 71.
83. J. Hamelin, P. Larocque et J. Rouillard, *op. cit.*, p. 60-136.
84. Réjean Charbonneau *et al.*, *De fil en aiguille. Chronique ouvrière d'une filature de coton à Hochelaga en 1880*, Montréal, Société Saint-Jean-Baptiste/Atelier d'Histoire Hochelaga-Maisonneuve, 1985, p. 11-19.
85. J. Hamelin, P. Larocque et J. Rouillard, *op. cit.*, p. 73-75.
86. Edward McKenna, «Unorganized Labour versus Management: the Strike at the Chaudière Lumber Mills, 1891», *Histoire sociale*, 10, 2 (novembre 1972), p. 186-211.
87. *La Presse*, 5 décembre 1885, p. 2.

Chapitre 2 — Expansion et conflits (1897-1929)

1. W.F. Ryan, *op. cit.*, p. 320.
2. P.-A. Linteau, R. Durocher et J.-C. Robert, *op. cit.*, p. 353.
3. O.J. Firestone, *Canada's Economic Development 1867-1953*, London, Bowes and Bowes, 1958, p. 276.
4. P.-A. Linteau, R. Durocher et J.-C. Robert, *op. cit.*, p. 381-385.
5. *Ibid.*, p. 416. Il s'agit de la population urbaine de l'île de Montréal.
6. Le produit national brut per capita (dollars constants) augmente de 52,5% de 1895-1899 à 1926-1930 (O.J. Firestone, *op. cit.*, 280).
7. Gordon W. Bertram et M.C. Percy, «Real Wage Trends in Canada 1900-1926: Some Provisional Estimates», *Canadian Journal of Economics*, XII, 2 (mai 1979), p. 299-312.
8. Terry Copp, *Classe ouvrière et pauvreté*, Montréal, Boréal Express, 1978, p. 40.
9. Le ministère fédéral du Travail ne fournit pas de données sur les effectifs syndicaux en 1901. Notre estimation est basée sur celle de J.-A. Rodier qui évalue à 7000 le nombre de syndiqués uniquement à Montréal en 1900 (*La Presse*, 6 avril 1900, p. 5). Les seuls syndicats de la chaussure comptaient 2000 membres au Québec en 1901.
10. J. Rouillard, *Les syndicats nationaux au Québec de 1900 à 1930*, Québec, PUL, 1979, p. 37-41; R.H. Babcock, *Gompers in Canada: A Study in American Continentalism before the First World War*, Toronto, UTP, 1974, 216 p.

11. Jacques Rouillard, *op. cit.*, p. 33-37.
12. *Ibid.*, p. 45-46.
13. Lettre de S. Gompers à J. Cantwell, 31 juillet 1897, dans *ibid.*, p. 53.
14. *La Presse*, 19 septembre 1900, p. 1.
15. J. Rouillard, *op. cit.*, p. 22-25; J. Rouillard, «Implantation et expansion de l'Union internationale des travailleurs en chaussures au Québec de 1900 à 1940», *RHAF*, 36, 1 (juin 1982), p. 75-105.
16. *Ibid.*, p. 56-66.
17. *La Patrie*, 22 septembre 1899, p. 7.
18. J. Rouillard, *op. cit.*, p. 74-83; R.H. Babcock, *op. cit.*, p. 85-97.
19. Nous avons dressé un historique de ces syndicats dans *Les syndicats nationaux*, p. 85-136.
20. Harold A. Logan, *op. cit.*, p. 81 et 136.
21. *Ibid.*, p. 262; Robert Babcock, «Samuel Gompers et les travailleurs québécois 1900-1914», dans F. Harvey, *Le mouvement ouvrier au Québec*, Montréal, Boréal Express, 1980, p. 131-149.
22. «Conference with Labour Leaders of Toronto», 16 août 1921, *Archives de la FAT*, dossier Samuel Gompers, bobine 4, n° 52.
23. *Le Monde Ouvrier*, 17 mai 1919, p. 1; 2 octobre 1920, p. 1; 20 novembre 1920, p. 1.
24. J. Rouillard, *op. cit.*, p. 158-160.
25. Voir nos deux ouvrages: *Les syndicats nationaux*, p. 158-203, et *Histoire de la CSN, 1921-1981*, Montréal, Boréal Express/CSN, 1981, p. 27-36. Sur les origines du syndicalisme catholique, on consultera avec profit Michel Têtu, *Les premiers syndicats catholiques canadiens (1900-1921)*, thèse de doctorat (lettres), Université Laval, 1961, 562 p.
26. Diocèse de Montréal, *Mandements, lettres pastorales, circulaires et autres documents*, vol. 13, p. 329.
27. Sentence arbitrale de Mgr l'Archevêque de Québec, 10 janvier 1901, *La Semaine Religieuse de Québec*, 26 janvier 1901, p. 356.
28. *Le Canadien*, 11 novembre 1915.
29. *La Semaine religieuse de Québec*, 22 juin 1916, p. 653-655; *Le Soleil*, 14 février 1916, p. 1.
30. Voir notre article «L'action politique ouvrière au début du 20e siècle», dans Fernand Harvey, *Le mouvement ouvrier*, p. 185-213. Voir aussi *L'action politique des ouvriers québécois (fin du XIXe siècle à 1919). Recueil de documents*, Montréal, PUQ, 1976, 176 p.
31. *La Presse*, 26 octobre 1898, p. 5.
32. Congrès national des métiers et du travail du Canada, *Procès-verbal du congrès*, 1904, p. 12, 1906, p. 15.
33. *Le Soleil*, 22 février 1911, p. 5; *L'Action Sociale*, 4 mars 1911, p. 12.
34. Voir, au sujet des socialistes, Claude Larivière, *Albert Saint-Martin, militant d'avant-garde (1865-1947)*, Montréal, Éditions Albert Saint-Martin, 1979, 290 p.
35. Voir à ce sujet l'intéressant article de Craig Heron, «Labourism and the Canadian Working Class», *Labour/Le Travail*, 13 (printemps 1984), p. 45-75.

36. Ministère du Travail du Canada, *Report on Strike and Lock-out in Canada, 1901-1916*; James Thwaites, «La grève au Québec: une analyse quantitative exploratoire portant sur la période 1896-1915», *Labour/Le Travail*, 14 (automne 1984), p. 183-204.

37. Stuart M. Jamieson, *Times of Trouble: Labour Unrest and Industrial Conflict in Canada 1900-1966*, Ottawa, Information Canada, 1971, p. 86.

38. J. Rouillard, *Les syndicats nationaux*, p. 160-170; Jean-Pierre Charland, «Le syndicalisme chez les cordonniers de Québec, 1900-1930», dans Jean-Claude Dupont et Jacques Mathieu, *Les métiers du cuir*, Québec, PUL, 1981, p. 337-367.

39. *La Semaine Religieuse de Québec*, 26 janvier 1901, p. 359.

40. *Le Soleil*, 2 juillet 1912, p. 10.

41. J. Rouillard, *Les travailleurs du coton au Québec 1900-1915*, Montréal, PUQ, 1974, p. 79-105.

42. *Proceedings of the Convention, Trades and Labour Congress of Canada*, 1915, p. 13-14. Voir aussi Martin Robin, «Registration, Conscription, and Independent Labour Politics, 1916-1917», *CHR*, vol. 47, 2 (juin 1966), p. 101-118, et Charles Lipton, *Histoire du syndicalisme au Canada et au Québec, 1827-1959*, Montréal, Parti pris, 1976, p. 249-282.

43. Ministère du Travail du Canada, *Labour Organizations in Canada*, 1916, p. 27.

44. *Le Monde Ouvrier*, 20 mai 1916, p. 2.

45. *Le Monde Ouvrier*, 6 janvier 1917, p. 2.

46. (Collectif), *Chronologie des mouvements politiques ouvriers au Québec, de la fin du XIXe siècle à 1919*, Montréal, RCHTQ, 1976, p. 192.

47. *Le Monde Ouvrier*, 23 juin 1917, p. 1; *La Presse*, 17 juillet 1917, p. 1.

48. Robert Rumilly, *Histoire de Montréal*, vol. III, Montréal, Fides, p. 492.

49. *Chronologie des mouvements*, p. 215.

50. *Le Monde Ouvrier*, 23 juin 1917, p. 3; *Le Soleil*, 16 juillet 1917, p. 1.

51. Ministère du Travail du Canada, *Report on Labour Organizations in Canada*, 1917, p. 12.

52. *Le Monde Ouvrier*, 16 février 1918, p. 1.

53. *La Gazette du Travail*, août 1918, p. 675.

54. Pour cette section consacrée au syndicalisme catholique, voir nos deux volumes *Histoire de la CSN 1921-1981*, p. 39-86, et *Les syndicats nationaux*, p. 205-250.

55. *La Confédération des travailleurs catholiques du Canada*, École sociale populaire, n°98, Montréal, ESP, 1921, p. 3.

56. *Ibid.*, p. 5.

57. Ministère du Travail du Canada, *Labour Organizations in Canada*, 1918-1928. p. 246-249.

58. *Ibid.*, p. 246-249.

59. Voir David J. Bercuson, *Fools and Wise Men. The Rise and Fall of the One Big Union*, Toronto, McGraw-Hill Ryerson, 1978, 300 p.

60. *Le Monde Ouvrier*, 3 mai 1919, p. 4.

61. *The Montreal Gazette*, 21 juillet 1919.

62. *Le Monde Ouvrier*, 21 juin 1919; C. Lipton, *op. cit.*, p. 317-322.

63. Geoffrey Ewen, «La contestation ouvrière à Montréal en 1919», *Bulletin du RCHTQ*, automne 1986, p. 41.

64. J. Rouillard, *Les syndicats nationaux*, p. 263-279.

65. *Le Monde Ouvrier*, 7 juillet 1926, p. 1.

66. H.A. Logan, *op. cit.*, p. 399-400. Au sujet des revendications syndicales, on consultera John A. Dickinson, «La législation et les travailleurs québécois 1894-1914», *Relations industrielles*, 41, 2, p. 357-380.

67. *Ibid.*, p. 66, 450-457; Paul Craven, «*An Impartial Empire*», *Industrial Relations and the Canadian State 1900-1911*, Toronto, UTP, 1980, p. 142-149, 271-317.

68. J. Rouillard, *Les syndicats nationaux*, p. 180-181 et 217; Thérèse Hamel, «L'Obligation scolaire au Québec: enjeu pour le mouvement syndical et agricole», *Labour/Le Travail*, 17 (printemps 1986), p. 83-102.

69. Roger Chartier, «La réparation des accidents du travail et la commission du salaire minimum des femmes (1925-1931)», *Relations industrielles*, 18, 1 (janvier 1963), p. 42-58; Trades and Labour Congress of Canada, *Proceedings*, 1922, p. 79.

70. Robert Rumilly, *Histoire de la Province de Québec*, vol. XXVII, Montréal, Fides. Voir Suzanne Lespérance-Morin, *Les débats concernant la loi des pensions de vieillesse au Québec de 1927 à 1936*, mémoire de maîtrise (histoire), Université de Montréal, 1981, 284 p.

71. *Le Monde Ouvrier*, 21 janvier 1928, p. 1.

72. *La Presse*, 16 avril 1917, p. 11; 25 mai 1917, p. 12; 26 juin 1917, p. 11; 26 juillet 1917, p. 12. Voir aussi *Chronologie des mouvements politiques ouvriers au Québec*, p. 199-225; et Geoffrey Ewen, *Labour Political Action in Quebec 1917-1929*, 72 p. (texte non publié); S. Murray et E. Tremblay, *Cent ans de solidarité: Histoire du CTM (1886-1986)*, p. 43-44.

73. *La Presse*, 12 octobre 1917, p. 16; *Le Monde Ouvrier*, 10 novembre 1917, p. 1.

74. *Le Monde Ouvrier*, 19 janvier 1918.

75. *Le Monde Ouvrier*, 2 mars 1918, p. 1; 9 mars 1918, p. 1; *La Presse*, 5 avril 1918, p. 7.

76. *Le Monde Ouvrier*, 21 décembre 1918, p. 1; 7 juin 1919; p. 1; 16 août 1919, p. 1.

77. *Ibid.*, 19 novembre 1919, p. 17; 17 novembre 1923, p. 1.

78. *La Presse*, 19 juin 1919, p. 11.

79. *Le Monde Ouvrier*, 10 avril 1920, p. 1.

80. *Ibid.*, 29 octobre 1921, p. 2.

81. *Ibid.*, 25 décembre 1920, p. 1.

82. *Ibid.*, 10 février 1923, p. 1; Ministère du Travail du Canada, *Labour Organizations in Canada*, 1925, p. 190; 1926, p. 204; 1931, p. 190.

83. *Le Monde Ouvrier*, 17 janvier 1933, p. 4.

84. En moyenne, 181 615 jours ouvrables perdus annuellement contre 88 929 entre 1901 et 1915 (Ministère du Travail du Canada, *Report on Strikes and Lock-out in Canada, 1916-1929*).

85. William Lyon Mackenzie King, *La Question sociale et le Canada: Industrie et Humanité*, Paris, Félix Alcan, 1925, p. 203-223.
86. Roger Chartier, «Les Lois du salaire minimum des femmes, des grèves et contre-grèves municipales, du département du travail et des syndicats professionnels (1919-1924)», *Relations industrielles*, 17, 4 (oct. 1962), p. 457-458; F.J.K. Griezic, *La grève des policiers et pompiers de Québec en 1921: le secteur public contre le gouvernement municipal*, communication non publiée au congrès de l'IHAF, octobre 1978, 25 p.; Geoffrey Ewen, «La contestation ouvrière à Montréal en 1919», *Bulletin du RCHTQ*, 36, vol. 12, 2 (automne 1986), p. 37-62.
87. Archives publiques du Canada, ministère du Travail, *Strike and Lock-out Records*, RG 27, vol. 294-346.
88. Historique tiré de J. Rouillard, *Histoire de la CSN*, p. 99-101; J. Rouillard, *Les syndicats nationaux*, p. 243-246; Jean-Pierre Charland, «La condition ouvrière», dans J.-C. Dupont et J. Mathieu, *op. cit.*, p. 364-366; CTCC, *Procès-verbal du congrès*, 1927, p. 27-30; *Le Soleil*, nov. 1925-juin 1926.
89. CTCC, *Procès-verbal du congrès*, 1926, p. 30.

Chapitre 3 — Crise économique et réalignement syndical (1930-1940)

1. J.K. Galbraith, *La crise économique de 1929*, Paris, Payot, 1961, p. 202.
2. Marc Vallières, *Les industries manufacturières du Québec 1900-1959. Essai de normalisation des données statistiques en dix-sept groupes industriels et étude sommaire de la croissance de ces groupes*, M.A. (histoire), Université Laval, 1973, tableau XXXVI.
3. Les salaires hebdomadaires diminuent en moyenne de 15% au Canada de 1930 à 1933; l'indice des prix accuse un recul de 22% (ministère du Travail du Canada, *Salaires et heures de travail au Canada*, 1929, 1936 et 1937, p. 4).
4. Leonard C. Marsh, *Employment Research*, McGill Social Research Series, n° 1, 1933, p. 261, cité dans Terry Copp, *Classe ouvrière et pauvreté*, Montréal, Boréal Express, 1978, p. 39.
5. Micheal Horn, *The Dirty Thirties*, Toronto, Copp Clark, 1972, p. 13-14.
6. James Struthers, *No Fault of Their Own: Unemployment and the Canadian Welfare State 1914-1941*, Toronto, UTP, 1983, p. 215.
7. Terry Copp, «Montreal Municipal Government and the Crisis of the 1930s», dans Alan F.J. Artibise et Gilbert A. Stelter, *The Usable Urban Past: Planning and Politics in the Modern Canadian City*, Toronto, Macmillan, 1979, p. 117.
8. Voir l'annexe pour la méthode utilisée. Ministère du Travail du Canada, *Labour Organizations in Canada*, 1931, p. 239 et 243; 1941, p. 9 et 16; BFS, *Tendances occupationnelles au Canada 1901-1941*, Bulletin n° 0-6, *Recensement du Canada*, 1941 (98-1941, m 33), p. 10 et 11.

9. Sur l'historique du schisme aux États-Unis, voir l'excellent ouvrage de Irving Bernstein, *A History of the American Worker 1933-1941. Turbulent Years*, Boston, Houghton Mifflin Company, 1970, 873 p.

10. W. Craig Riddell, *Les relations de travail au Canada*, Étude commanditée par la Commission royale sur l'union économique et les perspectives de développement du Canada (vol. 16), Ottawa, 1986, p. 77.

11. Ministère du Travail du Canada, *Labour Organizations in Canada*, 1936, p. 178-180; 1940, p. 179-181.

12. Marc Karson, *American Labor Unions and Politics 1900-1918*, Carbondale, Southern Illinois University Press, 1958, p. 134.

13. Voir à ce sujet l'article de Bruno C. Ramirez, «U.S. Responses to the Canadian Industrial Disputes Investigation Act», *Relations industrielles*, 29, 3 (1974), p. 541-559.

14. *The Labour Gazette*, oct. 1936, p. 896.

15. H.A. Logan, *op. cit.*, p. 415-416.

16. Ministère du Travail du Canada, *Labour Organizations in Canada*, 1911, p. 94; 1921, p. 249; 1931, p. 220. Pour un historique de la Fraternité canadienne des cheminots, voir W.E. Greening et M.M. Maclean, *It was never easy, 1908-1958*, Ottawa, Mutual Press Ltd, 1961, 414 p.

17. H.A. Logan, *op. cit.*, p. 381.

18. A. Charpentier, *Les Mémoires d'Alfred Charpentier. Cinquante ans d'action ouvrière*, Québec, PUL, 1971, p. 84-130.

19. *Ibid.*, p. 126.

20. *Ibid.*

21. *La Vie syndicale*, mai 1933.

22. C'est ce que note aussi Gilbert Vanasse, *Histoire de la Fédération des travailleurs du papier et de la forêt (CSN)*, tome I (1907-1958), Montréal, Éd. Albert Saint-Martin, 1986, p. 145.

23. Ministère du Travail du Canada, *Labour Organizations in Canada*, 1931, p. 239 et 243; 1936, p. 207; 1941, p. 9 et 16. Pour 1931 et 1936, les données fournies par la centrale sur ses effectifs sont exagérées. Nos estimations sont basées sur les rapports fournis au ministère du Travail et calculées selon la méthode décrite à l'annexe I.

24. CTCC, *Procès-verbal du congrès*, 1935, p. 16; *La Vie syndicale*, juillet 1946, p. 7. Des études sectorielles en viennent à des conclusions similaires: Gérard Hébert, *L'extension juridique des conventions collectives dans l'industrie de la construction de la province de Québec, 1934-1962*, thèse de doctorat (sciences économiques et politiques), McGill University, 1963, p. 618; Terry Copp, «The Rise of Industrial Unions in Montréal 1935-1945», *Relations industrielles*, vol. 37, 4, 1982, p. 849.

25. J.-R. Cardin, *L'influence du syndicalisme national catholique sur le droit syndical québécois*, Montréal, Institut Social Populaire, 1957, p. 20-28.

26. *Ibid.*, p. 29-39; C. Saint-Pierre, «Idéologie et pratiques syndicales au Québec dans les années '30: la loi de l'extension juridique des conventions collectives de travail», *Sociologie et sociétés*, vol. 7, 2 (nov. 1975), p. 5-31.

27. *La Vie syndicale*, mars 1934, p. 1.

28. Voir au sujet du corporatisme J. Rouillard, *Les syndicats nationaux*, p. 199, 200, 228, 229 et 310; *Semaines sociales du Canada. L'Organisation professionnelle*, Montréal, ESP, 1936, 392 p.; Guy Bélanger, *Le syndicalisme catholique et le corporatisme au Québec, 1931-1950*, M.A. (histoire), Université de Montréal, 1983, 161 p.

29. *La Vie syndicale*, décembre 1940, p. 5; CTCC, *Procès-verbal du congrès*, 1942, p. 136-138.

30. *Le Monde Ouvrier*, 19 mai 1934, p. 1; 9 juin 1934, p. 1; 24 août 1935, p. 1; J.-R. Cardin, *op. cit.*, p. 20-29.

31. CTCC, *Procès-verbal du congrès*, 1939, p. 24.

32. *Ibid.*, 1937, p. 41.

33. J.-R. Cardin, *op. cit.*, p. 35.

34. CTCC, *Procès-verbal du congrès*, 1939, p. 25.

35. A. Charpentier, *op. cit.*, p. 190.

36. *Le Monde Ouvrier*, 6 février 1937, p. 4; 20 février 1937, p. 1.

37. *Ibid.*, juin 1946, p. 1; 7 août 1937, p. 3.

38. *Ibid.*, 7 août 1937, p. 4.

39. Lettre de G. Francq à Frank Morrison, secrétaire de la FAT, 16 novembre 1937, Archives de l'UQAM, Fonds FTQ, série 84P4-1.

40. *Ibid.*, 22 janvier 1938, p. 3.

41. *Ibid.*, 30 juillet 1938, p. 4.

42. J. Rouillard, *op. cit.*, p. 256; H.A. Logan, *op. cit.*, p. 444.

43. *La Gazette du Travail*, octobre 1935, p. 965.

44. CTCC, *Procès-verbal du congrès*, 1938, p. 55.

45. *La Vie syndicale*, mars 1939, p. 1.

46. Sur cette période de l'histoire du Québec, voir particulièrement M. Pelletier et Y. Vaillancourt, *Les politiques sociales et les travailleurs*, cahier II: Les années 30, Montréal, 1975, 424 p.; et Andrée Lévesque, *Virage à gauche interdit*, Montréal, Boréal Express, 1984, 177 p.

47. Claude Larivière, *Crise économique et contrôle social: le cas de Montréal (1929-1937)*, Montréal, Éd. A. Saint-Martin, 1977, p. 195-201.

48. CTCC, *Procès-verbal du congrès*, 1938, p. 27.

49. Au bilan du gouvernement Duplessis, il faut ajouter la loi 88 (1938) qui rend les syndicats non incorporés passibles de poursuites judiciaires. Elle vise en particulier les unions internationales.

50. *Le Monde Ouvrier*, 28 mai 1938, p. 1; 12 oct. 1938, p. 1; 29 oct. 1938, p. 1; 3 juin 1939, p. 2; 21 oct. 1939, p. 1; 4 nov. 1939, p. 1.

51. A. Charpentier, *op. cit.*, p. 177.

52. Walter D. Young, *The Anatomy of a Party: the National CCF, 1932-1961*, Toronto, University of Toronto Press, 1969, p. 303-313.

53. Gad Horowitz, *Canadian Labour in Politics*, Toronto, University of Toronto Press, 1968, p. 62.

54. *Ibid.*, p. 64-66.

55. Andrée Lévesque, *op. cit.*, p. 87.

56. *Ibid.*, p. 46 et 69; Marcel Fournier, *Communisme et anticommunisme au Québec (1920-1950)*, Montréal, Éd. Albert Saint-Martin, 1979, p. 47.

57. M. Pelletier et Y. Vaillancourt, *op. cit.*, p. 62.
58. Ministère du Travail du Canada, *Grèves et lock-out au Canada*, 1930-1940.
59. Compilation à partir des dossiers de grève du ministère du Travail, *APC*, R627, Grèves et lock-out, 1931-1940.
60. Voir J. Rouillard, «Les travailleurs juifs de la confection à Montréal (1910-1930)», *Labour/Le Travailleur*, 8/9, 1981-1982, p. 253-259.
61. Pour un historique de cette union au Québec, voir Johanne Duranceau, *L'évolution du syndicalisme dans la confection masculine montréalaise. Analyse d'un cas: «L'Amalgamated Clothing Workers of America», 1915-1936*, M.A. (histoire), UQAM, 1985, 228 p.
62. Compilation personnelle à partir des dossiers du ministère du Travail, *APC*, RG 27, Grèves et lock-out, 1921-1930.
63. *The Labour Gazette*, août 1932, p. 858; sept. 1932, p. 692; oct. 1933, p. 985; janvier 1935, p. 3.
64. Historique tiré de A. Charpentier, «La grève du textile dans le Québec en 1937», *Relations industrielles*, janvier 1965, p. 86-127; Marcel Pepin, *Monographie syndicale de la Fédération nationale catholique du textile*, M.A. (sciences sociales), Université Laval, 1949, p. 11-20; A. Charpentier, *Les Mémoires*, p. 192-249.

Chapitre 4 — L'institutionnalisation du syndicalisme (1941-1960)

1. P. Fréchette, R. Jouardet-Bernadat et J.-P. Vézina, *L'économie du Québec*, Montréal, HRW, 1975, p. 85.
2. *Ibid.*, p. 135.
3. Marc-Adélard Tremblay et Gérald Fortin, *Les comportements économiques de la famille salariée du Québec*, Québec, PUL, 1964, p. 69 et 143-165.
4. P.-A. Linteau, R. Durocher, J.-C. Robert et F. Richard, *Histoire du Québec contemporain. Le Québec depuis 1930*, Montréal, Boréal Express, 1986, p. 187-188, 216-226.
5. Patrick Allen, «Tendances des professions au Canada», *Actualité économique*, avril-juin 1965, dans Robert Comeau, *Économie québécoise*, Montréal, PUQ, 1969, p. 222.
6. *La Gazette du Travail*, septembre 1939, p. 936-937.
7. *Le Monde Ouvrier*, 29 juin 1940, p. 5.
8. *The Labour Gazette*, septembre 1939, p. 1084-1085; CTCC, *Procès-verbal du congrès*, 1940, p. 18-19.
9. *Ibid.*
10. H.A. Logan, *Trade Unions in Canada, their Development and Functioning*, Toronto, MacMillan, 1948, p. 521-526.
11. Alfred Charpentier, *Les Mémoires d'Alfred Charpentier*, Québec, PUL, 1971, p. 55.
12. *The Labour Gazette*, mars 1941, p. 283; *Le Monde Ouvrier*, 29 juin 1940, p. 4.
13. *Le monde Ouvrier*, 5 décembre 1942, p. 1.

14. *Ibid.*, 5 décembre 1942, p. 1, 4 et 5; 14 novembre 1942, p. 5-6; 17 avril 1943, p. 1; 7 nov. 1942, p. 5; H. A. Logan, *op. cit.*,p. 529-542.

15. *Le Monde Ouvrier*, 1 avril 1944, p. 1.

16. *The Labour Gazette*, juin 1940, p. 530-531.

17. H. A. Logan, *op. cit.*, p. 543.

18. S. M. Jamieson, *Times of Trouble*, p. 280.

19. H. A. Logan, *op. cit.*, p. 548.

20. *Le Travail et la Vie Syndicale*, avril 1943, p. 5; mars 1944, p. 3; mai 1945, p. 2.

21. Les seules protestations que nous connaissons proviennent du Conseil central de Saint-Hyacinthe qui suggère de voter «non» au plébiscite, et de Philippe Girard, président du Conseil central de Montréal, qui appuie publiquement le camp du «non» (*Le Devoir*, 2 avril 1942, 22 avril 1942, p. 8).

22. *Le Monde Ouvrier*, 22 juin 1940, p. 4; 18 avril 1942, p. 1.

23. *Ibid.*, 28 mars 1942, p. 5.

24. J.L. Granatstein et J.M. Hitsman, *Broken Promises, A History of Conscription in Canada*, Toronto, Oxford University Press, 1977, p. 169.

25. Sur le syndicalisme industriel à Montréal, voir Terry Copp, «The Rise of Industrial Unions in Montréal 1935-1945», *Relations industrielles*, 37, 4 (1982), p. 843-875.

26. Pour une histoire des Métallos au Québec, voir Jean-Gérin Lajoie, *Les Métallos 1936-1981*, Montréal, Boréal Express, 1982, 260 p.

27. *Le Devoir*, 13 février 1946, p. 10; A. Charpentier, *Les Mémoires*, p. 180-181.

28. Ministère du Travail du Canada, *Organisations ouvrières au Canada*, 1953, p. 103; 1954, p. 101; 1955, p. 107.

29. *Les Nouvelles Ouvrières*, décembre 1952, p. 1.

30. Effectifs estimatifs de la FUIQ: 1953: 38 500; 1954: 28 200; 1955: 34 150; 1956: 30 350; 1957: 31 950 (Louis-Marie Tremblay, *Idéologies de la CSN et de la FTQ 1940-1970*, Montréal, PUM, 1972, p. 130).

31. Effectifs estimés de la FPTQ: 1943: 11761; 1949: 30 000; 1956: 33845 (M. Brossard, *L'idéologie de la FTQ*, M.A. (relations industrielles), Université de Montréal, 1969, p. 201, cité dans L.-M. Tremblay, *op. cit.*, p. 127).

32. Eugene Forsey, «Le Congrès canadien du travail», *Relations industrielles*, septembre 1948, p. 6.

33. Voir à ce sujet l'analyse bien documentée de Irving Abella, *Nationalism, Communism and Canadian Labour 1935-1956*, Toronto, UTP, 1973, chap. IX et X.

34. *Le Monde Ouvrier*, juin 1949, p. 2.

35. *La Gazette du Travail*, 1954, p. 867.

36. CTCC, *Procès-verbal du congrès*, 1943, p. 23.

37. A. Chapentier, *Les Mémoires*, p. 285-287.

38. Sur l'évolution idéologique et la déconfessionnalisation de la CTCC, nous reprenons le texte de notre article «Mutations de la CTCC (1940-1960)», *Revue d'histoire de l'Amérique française*, vol. 34, 3 (décembre 1980), p. 377-405, et de notre volume *Histoire de la CSN*, p. 174-180. Voir aussi

Jean Sexton, *La CTCC-CSN: du corporatisme à la réforme de l'entreprise*, mémoire de maîtrise (relations industrielles), Université Laval, 1969.

39. *La Vie Syndicale*, décembre 1940, p. 5.

40. CTCC, *Procès-verbal du congrès*, 1942, p. 136-138.

41. *Le Monde Ouvrier*, 7 août 1937, p. 4.

42. *La C.F.D.T.*, Paris, Seuil, 1971, p. 11 et 34.

43. Commission sacerdotale d'études sociales, *La Participation des travailleurs à la vie de l'entreprise*, Montréal, 1949, p. 13-45.

44. CTCC, *Procès-verbal du congrès*, 1948, p. 225.

45. *Ibid.*, 1951, p. 217.

46. *Ibid.*, p. 36. La Fédération nationale des travailleurs de la pulpe et du papier revendique, de 1947 à 1954, un programme de participation à la gestion et aux bénéfices de l'entreprise (G. Vanasse, *Histoire de la Fédération des travailleurs du papier et de la forêt (CSN)*, Tome I (1907-1958), Montréal, Éd. Albert Saint-Martin, 1986, p. 206).

47. *Le Devoir*, 6 septembre 1951, p. 1; 4 novembre 1947, p. 7.

48. L. H. Brown, *La grève d'Asbestos*, brochure distribuée par la compagnie Johns Manville, 1949, p. 9. Voir aussi Gérard Dion, «La grève de l'amiante: trente ans après», *Mémoires de la Société royale du Canada*, XVII, 1979, p. 31-40.

49. *Ibid.*, p. 8. Selon la version syndicale, on réclame uniquement de la direction qu'elle consulte le syndicat dans tous les cas de promotion, de transferts et de congédiement (P. E. Trudeau, *La grève de l'amiante*, Montréal, Éd. du Jour, 1971, p. 214).

50. A. Charpentier, *Les Mémoires*, p. 330-333; Jean Sexton, *La CTCC-CSN*, p. 112.

51. P. E. Trudeau, *op. cit.*, p. 230.

52. Jean Hamelin, *Histoire du catholicisme québécois. Le XXe siècle* (Tome II, De 1940 à nos jours), Montréal, Boréal Express, 1984, p. 102.

53. CTCC, *Procès-verbal du congrès*, 1951, p. 215.

54. J. Rouillard, *Les syndicats nationaux*, p. 231.

55. A. Charpentier, *op. cit.*, p. 401.

56. G. Vanasse, *op. cit.*, p. 124-131, 134.

57. Québec, *Commission Prévost chargée de faire enquête sur certains différends survenus aux usines de Price Brothers & Company, Limited, et de Lake St. John Power & Paper Company*, août 1943, p. 10-25.

58. A. Charpentier, *op. cit.*, p. 402.

59. CTCC, *Procès-verbal du congrès*, 1943, p. 26.

60. *Ibid.*, p. 155.

61. CTCC, *Procès-verbal du congrès*, 1951, p. 214; 1960, p. 131.

62. *Ibid.*, 1960, p. 103.

63. *Ibid.*, p. 110.

64. *Ibid.*, 1972, p. 186.

65. *L'Enseignement*, mars 1952, p. 2.

66. *Le Devoir*, 28 novembre 1919, p. 6; *Le Professeur*, septembre 1955, p. 6; *Le Monde Ouvrier*, 1er novembre 1919, p. 1.

67. *Le Professeur*, septembre 1955, p. 6.

68. *Le Devoir*, 23 décembre 1919, p. 6.

69. *Ibid.*, 26 juin 1920, p. 1.

70. *Le Monde Ouvrier*, 21 août 1920, p. 1; 9 octobre 1920, p. 1.

71. L'Alliance des professeurs catholiques de Montréal, *Vos professeurs catholiques et la Commission scolaire*, avril 1950, p. 3.

72. *La Petite Feuille*, novembre 1943, cité par Pierre Dionne, *Une analyse historique de la Corporation des Enseignants du Québec 1836-1968*, mémoire de maîtrise (relations industrielles), Université Laval, 1969, p. 87.

73. *Ibid.*, p. 70 et 89.

74. Pour un historique de la CIC, voir Paul Massicotte, *Histoire de la Corporation des Instituteurs et Institutrices catholiques de la province de Québec de 1943 à 1966*, mémoire de maîtrise (histoire), Université de Montréal, 1982, 161 p.

75. *L'Enseignement*, février 1949, p. 1.

76. *Ibid.*, mars 1954, p. 6.

77. *Ibid.*, juillet 1951, p. 3-4; août 1951, p. 3-4. Voir à ce sujet Micheline Lachance, *Le Prince de l'Église*, Montréal, Éd. de l'Homme, 1982, p. 316-323.

78. *Relations*, juin 1953, p. 153.

79. *L'Enseignement*, décembre 1951, p. 1.

80. *Ibid.*, décembre 1951, p. 1. Sur les inquiétudes de l'épiscopat à l'égard de l'évolution de la CIC, voir Jean Hamelin, *Histoire du catholicisme québécois. Le XXe siècle*, tome II (de 1940 à nos jours), Montréal, Boréal Express, 1984, p. 181.

81. *Ibid.*, mai 1952, p. 2.

82. *Ibid.*, juin 1956, p. 8.

83. *Ibid.*, janvier 1957, p. 6.

84. *Ibid.*, avril 1965, p. 13.

85. *L'Enseignement*, juin 1960, p. 12.

86. Michael O'Brien, *The Development and History of the Federation of English Speaking Catholic Teachers Incorporated of Montreal*, M.A. (Education), McGill University, 1973, 105 p.

87. Allan D. Talbot, *op. cit.*, 189 p.

88. Henry Pelling, *Le mouvement ouvrier aux États-Unis*, Paris, Seghers, 1960, p. 217.

89. Voir Irving Abella, *Nationalism, Communism, and Canadian Labour*, Toronto, UTP, 1973, p. 221.

90. *La Gazette du Travail*, novembre 1947, p. 1645.

91. *Ibid.*, novembre 1947, p. 1645.

92. *Ibid.*, novembre 1948. p. 1366.

93. *Ibid.*, novembre 1950, p. 1807.

94. Louis-Marie Tremblay, *Le syndicalisme québécois*, p. 130.

95. *La Gazette du Travail*, novembre 1947, p. 1639.

96. *Ibid.*, novembre 1947, p. 1378.

97. *Ibid.*, janvier 1949, p. 9.

98. *Ibid.*, février 1949, p. 256.
99. *Ibid.*, juillet 1949, p. 873.
100. *Ibid.*, novembre 1949, p. 1431.
101. *Ibid.*, novembre 1950, p. 1782.
102. *Ibid.*, novembre 1948, p. 1380, novembre 1949, p. 1429, 1435; novembre 1950, p. 1788.
103. Voir à ce sujet Claude Couture, *L'anti-communisme dans les syndicats «internationaux» au Canada et au Québec (1947-53)*, M.A. (histoire), Université de Montréal, 1981.
104. *Le Monde Ouvrier*, juin 1947, p. 2; 19 juin 1948, p. 1.
105. *Le Devoir*, 11 juin 1949, p. 1; 13 juin 1949, p. 16.
106. *Le Monde Ouvrier*, mai-juin 1950, p. 3.
107. *Le Devoir*, 16 juin 1952, p. 7.
108. *Le Monde Ouvrier*, 30 mars 1941, p. 1. Voir à ce sujet Robert Comeau et Bernard Dionne, *Les communistes au Québec 1936-1956*, Montréal, Presses de l'unité, 1980, 104 p.
109. *Trades and Labor Congress Journal*, octobre 1949, p. 46.
110. *La Gazette du Travail*, novembre 1948, p. 1361.
111. Voir à ce sujet Jel Seidman, *Efforts Toward Merger 1935-1955, Industrial and Labor Relations Review*, 9, 3 (avril 1956), p. 353-358, et Henry Pelling, *op. cit.*, p. 220-235.
112. Eugene Forsey, «The Movement Towards Labour Unity in Canada: History and Implication», *CJEPS*, 24, 1 (février 1958), p. 70-83.
113. *Ibid.*, p. 75.
114. L.-M. Tremblay, *Le syndicalisme québécois*, p. 139-141.
115. Lors de la fusion, la FUIQ compte 32 000 membres et la FTQ 60 000 (Michel Brossard, *L'idéologie économique de la FTQ*, mémoire de maîtrise (relations industrielles), Université de Montréal, 1969, p. 273.
116. L.-M. Tremblay, *op. cit.*, p. 141.
117. *Le Monde Ouvrier*, février 1957, p. 3.
118. CTCC, *Procès-verbal du congrès*, 1955, p. 163.
119. CTCC, *Procès-verbal du congrès*, 1956, p. 231.
120. *Le Devoir*, 27 septembre 1957, p. 2; *La Gazette du Travail*, décembre 1957, p. 1506.
121. CTCC, *Procès-verbal du congrès*, 1957, p. 182 et 195.
122. CLC, *Report of Proceedings*, 1958, p. 24 et 25.
123. William Dodge, *Le Devoir*, 6 octobre 1967, p. 6.
124. CTCC, *Procès-verbal du congrès*, 1959, p. 106-110; 1960, p. 324.
125. *Ibid.*, 1964, p. 16.
126. Le décret est remplacé en 1948 par la loi sur les relations industrielles et les enquêtes concernant les différends de travail.
127. Jean-Réal Cardin, *L'influence du syndicalisme national catholique*, p. 55.
128. Notons qu'une aile plus radicale de la centrale, les dirigeants du CMTM en tête, combat les deux projets de loi (*Le Monde Ouvrier*, 9 septembre 1944, p. 2).
129. *The Gazette*, 2 février 1944, p. 13; Jean Gérin-Lajoie, *Les Métallos,*

p. 53; Roger Chartier, «Modification de la Loi des relations ouvrières», *Relations industrielles*, 15, 1 (janvier 1960), p. 105.

130. *Le Devoir*, 26 janvier 1944, p. 3, et *Le Travail* février 1945, p. 2.

131. CTCC, *Procès-verbal du congrès*, 1944, p. 34.

132. *Le Travail et la Vie Syndicale*, octobre 1942, p. 1.

133. CTCC, *Procès-verbal du congrès*, 1943, p. 28.

134. Sur les réclamations des centrales, voir l'analyse fouillée de L.-M. Tremblay, *op. cit.* L'auteur met cependant un accent trop marqué sur les différences qui séparent les centrales. À notre sens, l'ouvrage comporte en outre les limites d'une étude portant uniquement sur les «centrales» québécoises alors que les revendications dans les domaines de juridiction fédérale sont adressées par le CMTC, le CCT et le CTC. Voir aussi Jean-Louis Roy, *La Marche des Québécois: le temps des ruptures (1945-1960)*, Montréal, Leméac, 1976, p. 111-161.

135. *Le Travail*, 10 juillet 1953, p. 5.

136. *Ibid.*, 12 février 1950, p. 4; *Le Monde Ouvrier*, mai-juin 1950, p. 3.

137. *La Gazette du Travail*, avril 1953, p. 513; avril 1949, p. 578; *Le Travail*, novembre 1947, p. 2.

138. *Le Travail*, 5 décembre 1952, p. 4; *La Gazette du Travail*, décembre 1954, p. 1564; *Mémoire au gouvernement provincial*, 7 janvier 1948, dans L.-M. Tremblay, *op. cit.*, p. 203.

139. *Le Devoir*, 4 décembre 1952, p. 15.

140. CTCC, *Procès-verbal du congrès*, 1942, p. 120-127.

141. *Le Travail*, avril 1950, p. 3.

142. *La Gazette du Travail*, juillet 1950, p. 1004 et 1005.

143. *Le Monde Ouvrier*, février 1958, p. 6.

144. *Le Travail*, 14 mars 1958, p. 5.

145. *La Gazette du Travail*, avril 1951, p. 457.

146. *Ibid.*, avril 1952, p. 382; décembre 1954, p. 1557; juillet 1958, p. 739 et 1347; mars 1959, p. 255.

147. *Le Travail*, 20 juin 1958, p. 1.

148. *Ibid.*, 14 février 1958, p. 2.

149. Dennis Guest, *The Emergence of Social Security in Canada*, Vancouver, University of British Columbia Press, 1980, p. 113; Leonard C. Marsh, *Report on Social Security for Canada*, Toronto, UTP, 1975.

150. *La Gazette du Travail*, décembre 1954, p. 1558; janvier 1956, p. 45; février 1958, p. 152.

151. *Le Monde Ouvrier*, juillet 1954, p. 8; *Le Travail*, 5 décembre 1952, p. 1.

152. CTCC, *Procès-verbal du congrès*, 1940, p. 27; *Le Monde Ouvrier*, 3 août 1940, p. 2.

153. Voir Léo Roback, «Les formes historiques de politisation de syndicalisme au Québec», dans Gérard Dion (dir.), *La politisation des relations du travail*, Québec, PUL, 1973, p. 26-35.

154. *Le Devoir*, 19 juillet 1937, dans *Le Travail*, 19 février 1954, p. 5.

155. *Le Monde Ouvrier*, 26 février 1949, p. 1; Jacques Cousineau, *L'Église d'ici et le social*, p. 84-88.

156. *Le Travail*, 15 janvier 1954, p. 1.

157. *Le Devoir*, 11 juin 1951, p. 3; 4 octobre 1951, p. 3; 29 septembre 1952, p. 3; 21 janvier 1954. La FPTQ se fait fort d'obtenir, par des démarches auprès du gouvernement, des modifications aux deux lois. Depuis 1950, elle est moins critique à l'égard de l'Union nationale que la CTCC et la FUIQ, mais on ne peut pas dire qu'elle appuie le parti. Évidemment, les dirigeants des centrales adverses prisent mal sa modération (*Le Monde Ouvrier*, janvier 1954, p. 2; juin 1954, p. 2).

158. Conrad Black, *Duplessis*, vol. II (Le pouvoir), Montréal, Éd. de l'Homme, 1977, p. 501.

159. CTCC, *Constitution et Règlements de la CTCC*, Québec, Imprimerie de l'Action Sociale, 1923, p. 25. Pour un historique de l'action politique à la CTCC, voir Guy Lortie, «Évolution de l'action politique de la CSN», *Relations industrielles*, 22, 4 (octobre 1967), p. 532-554.

160. Maxime Fortin, «Le Congrès des Trois-Rivières», *Almanach de l'Action Sociale Catholique*, 1920, p. 148.

161. CTCC, *Procès-verbal du congrès*, 1949, p. 95.

162. *Ibid.*, 1952, p. 80.

163. *Ibid.*, 1951, p. 81.

164. *Ibid.*, 1952, p. 172-178.

165. *Ibid.*, 1954, p. 178-180.

166. *The Labour Gazette*, octobre 1943, p. 1443; G. Horowitz, *Canadian Labour in Politics*, p. 68-80.

167. Walter D. Young, *The Anatomy of a Party: The National CCF (1932-1961)*, Toronto, UTP, p. 210-216; Andrée Lévesque, *Virage à gauche interdit*, Montréal, Boréal Express, 1984, p. 71-95.

168. W.D. Young, *op. cit.*, p. 319.

169. FUIQ, *Discours de Roméo Mathieu à la conférence politique*, 20 janvier 1957, p. 1, dans Louis-Marie Tremblay, *op. cit.*, p. 137.

170. *La Gazette du Travail*, juillet 1954, p. 867.

171. Voir Roch Denis, *Luttes de classes et question nationale au Québec 1948-1968*, Montréal, Presses socialistes internationales, 1979, p. 160-172.

172. Marc Karson, *American Labor Unions and Politics 1900-1918*, Southern Illinois University Press, 1958, p. 126.

173. Samuel Gompers, *Conference with Labor Leaders of Toronto*, 16 août 1921, Archives de la FAT, Gompers Files, bobine 4, 52.

174. Voir Gad Horowitz, *op. cit.*, p. 180-185.

175. *La Patrie*, 2 septembre 1899, p. 3; Louis-Marie Tremblay, *op. cit.*, p. 165.

176. *Le Monde Ouvrier*, 23 mars 1938, p. 1.

177. Il y a une exception à cette orientation: le congrès de 1942 approuve la formation d'un parti ouvrier, ce qui est vite rejeté l'année suivante par un vote écrasant (*Le Monde Ouvrier*, 15 août 1942, p. 1; Archives de la FTQ, Procès-verbal du congrès de la FPTQ, juillet 1943, p. 10).

178. *Le Monde Ouvrier*, mai 1958, p. 7.

179. Voir Gad Horowitz, *op. cit.*, p. 184.

180. *Le Monde Ouvrier*, mai 1958, p. 2-7.

181. Gad Horowitz, *op. cit.*, p. 207.
182. CTCC, *Procès-verbal du congrès*, 1959, p. 262; *Le Devoir*, 20 septembre 1958, p. 1. Voir André Lamoureux, *Le NPD et le Québec 1958-1985*, Montréal, Éd. du Parc, p. 78-83.
183. CTCC, *Procès-verbal du congrès*, 1959, p. 263.
184. Voir à ce sujet J. Rouillard, «Le militantisme des travailleurs au Québec et en Ontario: niveau de syndicalisation et mouvement de grèves (1900-1980)», *RHAF*, septembre 1983, p. 201-225.
185. Richard Ouellet, «Les grèves: une analyse quantitative», dans Jean Hamelin et F. Harvey, *Les Travailleurs québécois, 1941-1971*, Dossier, Cahier de l'ISSH, Université Laval, p. 432.
186. *Ibid.*, p. 435s.
187. Hélène David, *L'activité de grève au Québec de 1945 à 1967: une analyse sociologique*, thèse de doctorat, École pratique des hautes études, 1975, p. 307.
188. Pour un historique de la grève, voir APCM, *Vos professeurs catholiques et la Commission scolaire*, Montréal, 1950, 47 p., et les articles de Léo Guindon dans *Le Professeur*, avril 1956 — août 1957.
189. *Le Devoir*, 17 janvier 1949, p. 1.
190. *Ibid.*, 20 janvier 1949, p. 3.
191. *L'Enseignement*, décembre 1950, p. 1.
192. Parmi les plus importantes études sur la grève: P. E. Trudeau, *La grève de l'amiante*, Montréal, Cité libre, 1956; Jacques Cousineau, *Réflexions en marge de la grève de l'amiante*, Montréal, Cahiers de l'Institut social populaire, 1958; Hélène David, «La grève et le bon Dieu», *Sociologie et sociétés*, 1-2 (novembre 1969), p. 249-268; Gérard Dion, «La grève de l'amiante: trente ans après», *Mémoires de la Société royale du Canada*, tome XVII, 1979, p. 31-40; Alfred Charpentier, «La grève de l'amiante: version nouvelle», *Relations industrielles*, 19, 2 (avril 1964), p. 217-238; Jacques Cousineau, *L'Église d'ici et le social 1940-1960*, Montréal, Bellarmin, 1982, p. 92-110; Fraser Isbester, «Asbestos 1949», dans Irving Abella (dir.), *On Strike*, Toronto, James Lewis and Samuel Publishers, 1974, p. 163-196.
193. L'historique est tiré de notre ouvrage, *Histoire de la CSN*, p. 199-202.
194. P. E. Trudeau, *op. cit.*, p. 214.
195. *Ibid.*, p. 173.
196. *Le Devoir*, 29 août 1949, p. 8.
197. P. E. Trudeau, *op. cit.*, p. 255; Jacques Cousineau, *op. cit.*, p. 82-110, 255-271.
198. P. E. Trudeau, *op. cit.*, p. 326.
199. Pour un historique de ce conflit, voir Guy Bélanger, «La grève de Murdochville (1957)», *Labour/Le Travailleur*, automne-printemps 1982-1983, p. 103-135; Roger Chartier, «Murdochville: les faits», *Relations industrielles*, vol. 12, 4 (octobre 1957), p. 374-384.

Chapitre 5 — La radicalisation 1960-1985

1. P. Fréchette *et al.*, *L'économie du Québec*, Montréal, HRW, 1975, p. 85 et 135.

2. Au moment où nous écrivions ces lignes, nous manquions de recul pour bien apprécier les conséquences de la récession sur le pouvoir syndical. Il est maintenant assez clair en 1988 que le début des années 1980 marque un tournant dans l'histoire syndicale. Après vingt années d'expansion, le syndicalisme au Québec entre dans une période de contraction caractérisée par un affaiblissement du militantisme et une capacité amoindrie d'influencer l'orientation sociale. Pour une évaluation de la situation récente du syndicalisme, voir notre texte dans Denis Monière (dir.), *L'année politique au Québec: 1987-1988*, Montréal, Québec/Amérique, 1989 (à venir).

3. D. Brunelle, «La structure occupationnelle de la main-d'œuvre québécoise, 1961-1971», *Sociologie et sociétés*, 7, 2 (novembre 1975), p. 74.

4. *La Gazette du Travail*, janvier 1964, p. 12; février 1967, p. 93.

5. Voir J. Bélanger *et al.*, *La syndicalisation dans le secteur privé au Québec*, XXXVIIIe congrès de relations industrielles, Université Laval, Québec, 1983, 265 p.; J. Bélanger et J. Mercier, «Le plafonnement de la densité syndicale au Québec et au Canada», *RI*, 41,1,1986, p. 28-53; Pradeep Kumar, «La croissance des syndicats au Canada: rétrospective et prospective», dans W.C. Riddell, *Les relations de travail au Canada*, Étude pour la Commission royale sur l'union économique et les perspectives de développement au Canada, n° 16, Canada, 1986, p. 107-184.

6. Mona-Josée Gagnon, «Les femmes dans le mouvement syndical québécois», in M. Lavigne et Y. Pinard, *Travailleuses et féministes*, Montréal, Boréal Express, 1983, p. 150 et 152.

7. D. Monière, *Le développement des idéologies au Québec*, Montréal, Québec/Amérique, 1977, p. 309.

8. Paul Bernard, *Structures et pouvoirs de la FTQ*, Équipe spécialisée en relations de travail, étude n° 13 (Commission royale d'enquête Woods), Ottawa, 1969, p. 197.

9. *Le Monde Ouvrier*, juin 1962; *Le Travail*, septembre 1962, p. 14.

10. *Le Travail*, décembre 1961, p. 5; *Le Devoir*, 25 novembre 1963, p. 3; *Le Monde Ouvrier*, décembre 1963, p. 11.

11. *Le Devoir*, 25 novembre 1963, p. 3. La CSN et la CIC abondent dans le même sens (*L'Enseignement*, novembre 1965, p. 14; CSN, *Procès-verbal du congrès*, 1964, p. 133).

12. CSN, *Procès-verbal du congrès*, 1964, p. 133.

13. *Le Devoir*, 18 septembre 1961, p. 3.

14. *Le Monde Ouvrier*, novembre 1959; *La Gazette du Travail*, janvier 1960.

15. *Le Travail*, 4 décembre 1960, p. 5.

16. Quelques amendements sont apportés à la loi des relations ouvrières en 1961 (loi 78). Ils suscitent une réaction mitigée.

17. Gérard Hébert, «La genèse du présent Code du travail du Québec», *XXe congrès des relations industrielles de Laval, 1965*, Québec, PUL, 1965, p. 23.

18. *Le Travail*, avril 1964, p. 1.

19. *La Presse*, 27 avril 1964, p. 1.

20. Alexandra Hobden, «Le Code du travail et la loi de la fonction publique», *Bulletin du Regroupement des chercheurs en histoire des travailleurs québécois*, 10, 1 (hiver 1984), p. 40.

21. *Le Travail*, septembre 1963, p. 6.

22. CSN, *Procès-verbal du congrès*, 1964, p. 91. Dans le document soumis au comité parlementaire, la CSN omet de traiter du droit de grève des travailleurs hospitaliers. C'est que la Fédération nationale des services qui les regroupe s'oppose à cette revendication jusqu'à son congrès de juin 1964 (Roch Denis, *op. cit.*, p. 275).

23. *L'Enseignement*, août-septembre 1963, p. 3.

24. *Ibid.*, p. 7.

25. Gérard Hébert, *op. cit.*, p. 30.

26. Pierre Roberge, «Les conflits intersyndicaux au Québec (1957-1967), *Relations industrielles*, 24, 3 (août 1969), p. 521.

27. *Le Devoir*, 2 octobre 1966, p. 2.

28. *Le Devoir*, 13 février 1980, p. 17.

29. *Répertoire des organisations de travailleurs au Canada*, 1971, p. XX; 1984, p. XII.

30. BFS, Loi sur les déclarations des corporations et des syndicats ouvriers, 71-202, 1971 et 1981.

31. Sur les difficultés de syndicalisation des entreprises privées de service, voir plus haut.

32. Louis Laberge, Discours inaugural au 9e congrès de la FTQ, décembre 1975, p. 13-14, dans Carol Levasseur, *Syndicalisme et résistance ouvrière: la culture politique de la FTQ*, 1975, p. 197.

33. *Le Monde Ouvrier*, juin 1967, p. 5.

34. Louis Laberge, Discours inaugural, p. 11.

35. Paul Bernard, *op. cit.*, p. 52-59.

36. FTQ, *Appel aux syndiqués de tout le Canada*, 13-17 mai 1974, 16 p.

37. Michel Crozier, *Usines et syndicats d'Amérique*, p. 22, cité dans P. Bernard, *op. cit.*, p. 7.

38. FTQ, *Résolutions des congrès (1960-1977)*, 1978, p. 1F.

39. *Québec-Presse*, 2 décembre 1973, p. 22; *Le Monde Ouvrier*, janvier 1974, p. 10.

40. FTQ, *Résolutions*, 1975, p. 1D.

41. Syndicat québécois de la Fraternité internationale des ouvriers en électricité (1972), syndicats canadiens du Syndicat international du papier (1974), syndicat des travailleurs de Regent Knitting (1973), syndicat des machinistes de Sept-Îles (1974), trois syndicats appartenant aux Ouvriers unis du textile d'Amérique (1975).

42. *Le Monde Ouvrier*, février 1967, p. 7.

43. *La Gazette du Travail*, août 1970, p. 565.
44. Desmond Morton (avec la collaboration de Terry Copp), *Working People. An Illustrated History of Canadian Labour*, Ottawa, Deneau & Greenberg, 1980, p. 275.
45. Gérard Dion, «Du renouveau s'imposait», *La Gazette du Travail*, août 1974, p. 429.
46. *Répertoire des organisations de travailleurs au Canada*, 1965, p. XIV; 1975, p. XXI.
47. Les électriciens quittaient la Fraternité en 1970 pour éviter de payer la cotisation à la caisse de retraite devenue obligatoire.
48. *Travailleur canadien*, avril 1981, p. 11.
49. Le Conseil ne paie pas son *per capita* à la FTQ depuis le mois d'octobre 1978 (*Le Devoir*, 2 novembre 1979, p. 12).
50. Il ne déplaît pas à certains syndicats internationaux de rompre leurs liens avec la FTQ et la FTQ-Construction. Depuis plusieurs années, les gros syndicats de la construction jugent que leur rapport de forces est affaibli par la négociation centralisée à l'intérieur du Conseil provincial. Ils voudraient revenir au système antérieur à 1968, à l'époque où la négociation se faisait par métier, la meilleure façon, selon eux, d'arracher des concessions plus importantes pour leurs membres. D'autre part, l'ingérence de la FTQ et du Conseil provincial dans leurs problèmes internes (tutelle de la FTQ en 1974) ne leur plaît guère; ils ne veulent pas devoir lui rendre de comptes (*Le Devoir*, 9 mai 1979, p. 11; 4 avril 1977, p. 3; 5 avril 1977, p. 8).
51. *Travailleur canadien*, avril 1981, p. 10.
52. *Répertoire des organisations de travailleurs au Canada*, 1983, p. 19.
53. *La Presse*, 12 novembre 1983, p. A5.
54. Québec, *Rapport de la Commission d'enquête sur l'exercice de la liberté syndicale dans l'industrie de la construction*, 1975, p. 37.
55. *Ibid.*, p. 12.
56. *Le Monde Ouvrier*, mars 1975, p. 13; *Le Devoir*, 5 mars 1975, p. 6; 6 mai 1975, p. 5.
57. *Le Jour*, 8 mai 1975, p. 5; *Le Devoir*, 9 mai 1975, p. 4.
58. FTQ, *Des bons sentiments à la dictature. Mémoire présenté par la FTQ à la Commission parlementaire sur l'industrie de la construction*, 12 juin 1975, p. 6.
59. Ce débrayage, qui vise aussi à appuyer les grévistes de la United Aircraft, est suivi par environ 100 000 syndiqués.
60. *Le Devoir*, 4 octobre 1975, p. 24; 17 juin 1976, p. 5.
61. *Ibid.*, 7 octobre 1981, p. 4; 20 février 1987, p. 4.
62. Sur cette question, voir L.-M. Tremblay, *Le syndicalisme québécois. Idéologies de la CSN et de la FTQ 1940-1970*, Montréal, PUM, 1972, 286 p.; Carol Levasseur, *Syndicalisme et résistance ouvrière: la culture politique de la FTQ*, Laboratoire d'études administratives et politiques, département de science politique, Université Laval, septembre 1975, ronéotypé, 285 p.; Bernard Solasse, «Les idéologies de la FTQ et de la CSN 1960-1978»,

dans F. Dumont *et al.*, *Idéologies au Canada français 1940-1976*, tome II, p. 219-294. Marcel Pépin a regroupé ses principaux rapports moraux, de 1965 à 1976, dans *Le nécessaire combat syndical*, Montréal, ACFAS, 1987, 381 p.

63. FTQ, Discours inaugural du président L. Laberge, *Le Québec des travailleurs*, 16ᵉ congrès de la FTQ, 1979, p. 2.
64. L.-M. Tremblay, *op. cit.*, p. 194.
65. FTQ, Discours inaugural du président L. Laberge, *Le combat inévitable*, 13ᵉ congrès de la FTQ, 1973, p. 47.
66. FTQ, *Le Québec des travailleurs*, p. 15.
67. *Ibid.*, p. 15-18.
68. FTQ, *Politiques de la FTQ, 1960-1977*, chap. II, A.
69. FTQ, *Le Québec des travailleurs*, p. 19-21.
70. FTQ, *L'État, rouage de notre exploitation*, 1971, p. 139-141.
71. Le lancement, en février 1984, du Fonds de solidarité des travailleurs du Québec (FTQ), un fonds d'aide à l'entreprise créé à partir de l'épargne des syndiqués et des épargnants en général marque un type d'intervention différent. En investissant dans des entreprises, on espère contribuer à créer et à maintenir des emplois au Québec.
72. Voir à ce sujet le document présenté au 17ᵉ congrès de la FTQ, en novembre 1981, *L'accès à la syndicalisation*, 48 p.
73. Voir Bernard Solasse, *op. cit.*, p. 240-244.
74. FTQ, *Politiques de la FTQ, 1960-1977*, chap. IV, D.
75. *Le Monde Ouvrier*, mai-juin 1965, p. 3; Léo Roback et L.-M. Tremblay, «Le nationalisme au sein des syndicats québécois», *Revue canadienne des études sur le nationalisme*, automne 1978, p. 250.
76. *Le Monde Ouvrier*, 7 février 1925, p. 1.
77. François Cyr et Rémi Roy, *Éléments d'histoire de la FTQ*, Montréal, Albert Saint-Martin, 1981, p. 61.
78. *Ibid.*, p. 99.
79. FTQ, *Mémoire de la FTQ à la Commission du CTC sur la Constitution et les structures*, 25 janvier 1967, p. 7.
80. *Le Devoir*, 6 décembre 1971, p. 1.
81. FTQ, *Politiques de la FTQ*, chap. IV, D.
82. *Le Devoir*, 20 novembre 1969, p. 1.
83. *Ibid.*, 20 juin 1974, p. 2.
84. *Ibid.*, 22 juin 1977, p. 9.
85. *Québec-Presse*, 9 décembre 1973, p. 17.
86. *Le Devoir*, 21 avril 1980, p. 6; FTQ, Discours inaugural de L. Laberge, *Question nationale, réponse syndicale*, avril 1980 (2ᵉ congrès extraordinaire), p. 5.
87. FTQ, *La FTQ et la question nationale*, novembre 1979 (16ᵉ congrès), p. 17.
88. *Le Devoir*, 21 avril 1980, p. 6; Discours inaugural, p. 5.
89. *Le Monde Ouvrier*, juin 1980, p. 8.

90. Voir Rosaire Roy, *Positions et préoccupations de la CSN et de la FTQ sur le travail féminin*, mémoire de maîtrise en relations industrielles, Université Laval, 1968, p. 121-160; Mona-Josée Gagnon, «Les femmes dans le mouvement syndical québécois», dans M. Lavigne et Y. Pinard, *Travailleuses et féministes*, Montréal, Boréal Express, 1983, p. 139-160.

91. FTQ, *Travailleuses et syndiquées*, Rapport du Comité FTQ sur la situation de la femme (13e congrès), 1973, 88 p.

92. Raymond Hudon, *Syndicalisme d'opposition en société libérale: la culture politique de la CSN*, Recherche dirigée par Léon Dion et Micheline de Sève, Laboratoire d'études administratives et politiques, Université Laval, 1975, p. 218.

93. BFS, Loi sur les déclarations des corporations et des syndicats ouvriers (CALURA), 71-202, 1976.

94. Pour les sous-sections consacrées au schisme de 1972 et à l'évolution idéologique, nous reprenons, en les révisant et en les augmentant, les quelques pages de notre volume *Histoire de la CSN, 1921-1981*, Montréal, CSN/Boréal Express, 1981, p. 226-242.

95. *La Presse*, 23 décembre 1972, p. 22. Voir James Thwaites, «Tensions Within the Labour Movement in Quebec: Relations Between the Public and Private Sectors in Three Case Studies from 1972 to 1982», dans M. Thompson et G. Swimmer (dir.), *Conflict or Compromise. The Future of Public Sector Industrial Relations*, Montréal, Institut de recherches politiques, 1984, p. 121-146.

96. *Le Devoir*, 21 novembre 1972, p. 3; G. Gaudette, «La culture politique de la CSD», *Recherches sociographiques*, vol. 1, p. 52-53.

97. *Le Devoir*, 19 mai 1972, p. 1.

98. *Ibid.*, 30 mai 1972, p. 1.

99. G. Gaudette, *op. cit.*, p. 42-51.

100. *Ibid.*, p. 48.

101. «Le testament des trois 'D'», dans CSD, *Procès-verbal du congrès de fondation*, 1972, p. 75-91.

102. Louis-Marie Tremblay, *op. cit.*, p. 43. Au sujet de l'idéologie de la centrale, voir aussi «Le blocage par le super-pouvoir», recherche dirigée par Léon Dion et Micheline de Sève, Laboratoire d'études administratives et politiques, Université Laval, 1975; *La politisation des relations de travail*, Congrès des relations industrielles de l'Université Laval, Québec, PUL, 1973, 169 p.; Louis Favreau et Pierre L'Heureux, *Le projet de société de la CSN de 1966 à aujourd'hui*, Montréal, Centre de formation populaire/Vie ouvrière, 1984, 269 p.; Bernard Solasse, «Les idéologies de la FTQ et de la CSN», dans F. Dumont *et al.*, *Idéologies au Canada français, 1940-1976*, tome II, Québec, PUL, 1981, 219-294.

103. CSN, *Procès-verbal du congrès*, 1972, p. 79.

104. CSN, *Procès-verbal du congrès*, 1974, p. 20.

105. *Ibid.*, 1970, p. 13-21.

106. L.-M. Tremblay, *op. cit.*, p. 43.

107. CSN, *Procès-verbal du congrès*, 1980, p. 25-26.

108. *Le Travail*, juillet 1972, p. 6.
109. CSN, *Procès-verbal du congrès*, 1978, p. 182.
110. CSN, Rapport du comité des 12, *Procès-verbal du congrès*, 1972, p. 83-84.
111. CSN, *Procès-verbal du congrès*, 1978, p. 45.
112. CSN, *Rapport du comité d'orientation au congrès spécial de la CSN sur la question nationale*, juin 1979, p. 92.
113. CSN, *Procès-verbal du congrès*, 1976, p. 39; 1978, p. 182; Louis Favreau et Pierre L'Heureux, *op. cit.*, p. 115.
114. CSN, Rapport de l'exécutif, *Avec le monde*, 1985, p. 48 et 78.
115. CSN, *Procès-verbal du congrès*, 1976, p. 37.
116. CSN, *Mon syndicat*, p. 8.
117. *Mémoire de la CSN, FTQ et UCC au Comité de la Constitution de l'Assemblée législative du Québec*, 1966, 23 p.
118. CSN, *Procès-verbal du congrès*, 1970, p. 117 et 234.
119. CSN, *Mémoire de la CSN sur le projet de loi n° 1, Charte de la langue française au Québec*, 1977, p. 6.
120. CSN, *Procès-verbal du congrès*, 1979, p. 147.
121. CSN, *Le Travail*, Supplément sur la question nationale, 11 avril 1980, p. 8.
122. *Ibid.*
123. CSN, *Procès-verbal du congrès*, 1964, p. 142.
124. *Ibid.*, 1966, p. 213. Voir aussi Nicole Lacelle, *Le comité féminin de la CSN, 1953-1966*, Montréal, ICEA, 1981, 25 p.; et Nadia Fahmy-Eid et Lucie Piché, *Si le travail m'était conté... autrement. Les travailleuses de la CTCC-CSN: quelques fragments d'histoire, 1921-1976*, Montréal, CSN, 1987, 112 p.
125. CSN, *10 ans de lutte. Les femmes à la CSN continuent d'avancer*, mai 1984, p. 6.
126. *Le Travail*, 5 février 1960, p. 4.
127. Pierre Roberge, «Les conflits intersyndicaux au Québec (1957-1967)», *Relations industrielles*, 24, 3 (août 1967), p. 552.
128. *Le Devoir*, 8 août 1964, p. 1.
129. CSN, *Procès-verbal du congrès*, 1966, p. 62 et 63.
130. *Le Devoir*, 23 avril 1968, p. 9; 8 mai 1968, p. 6.
131. CSN, *Procès-verbal du congrès*, 1968, p. 68-74.
132. CSN, *Procès-verbal du congrès*, 1976, p. 208.
133. *Ibid.*
134. FTQ, *Le Québec des travailleurs*, novembre 1979, p. 6.
135. *Ibid.*
136. FTQ, *Procès-verbal du congrès*, 1981, p. 10; *La Presse*, 20 novembre 1981, p. A10.
137. *Le Devoir*, 14 avril 1978, p. 9.
138. *La Presse*, 3 juin 1981, p. B3.
139. G. Gaudette, «La culture politique de la CSD», *Recherches sociographiques*, vol. 1, 1977, p. 46.
140. *Ibid.*

141. CSD, *La base des nouveaux syndicalistes québécois: des milieux de travail à réinventer ensemble*, juin 1982, p. 12.

142. Pour une analyse de l'idéologie de la centrale, voir G. Gaudette, *op. cit.*, p. 60-67, et Paulo Picard, *Idéologie et pratique de la CSD*, mémoire de maîtrise (sciences politiques), Université de Montréal, 1985, 239 p.

143. CSD, *Procès-verbal du congrès de fondation*, juin 1972, p. 58. Ces principes ont été d'application difficile. Le scrutin universel n'a jamais été pratiqué parce qu'il n'y a pas eu compétition aux postes électifs: on l'a finalement abandonné en 1981 pour des raisons d'efficacité et de coût, au profit d'une élection par les délégués au congrès. Le processus du référendum interne n'a été utilisé qu'une fois, à l'occasion de l'approbation du préambule de la constitution en 1977 (Paulo Picard, *op. cit.*, p. 139).

144. CSD, *Procès-verbal du deuxième congrès*, juin 1975, p. 13.

145. CSD, *Procès-verbal du congrès de fondation*, juin 1972, p. 60-61.

146. *Ibid.*, p. 60.

147. G. Gaudette, *op. cit.*, p. 66.

148. *Ibid.*, p. 65.

149. *Le Devoir*, 7 juin 1980, p. 5.

150. CSD, *Pour un changement radical des structures sociales au Québec*, 8 mai 1975, 33 p.

151. Jean-Paul Hêtu, *Un programme d'action pour implanter le syndicalisme nouveau et moderne*, CSD, juin 1982, p. 4.

152. CSD, *Procès-verbal du congrès*, 1983, p. 21.

153. *Ibid.*, p. 23.

154. *L'Enseignement*, juillet-août 1958, p. 6.

155. *Le Devoir*, 25 août 1964, p. 2.

156. CIC, *Mémoire à la Commission royale d'enquête sur l'enseignement*, juin 1962, p. 190, 208 et 209.

157. *L'Enseignement*, août-septembre 1963, p. 3: *Le Devoir*, 28 août 1963, p. 1; 29 août 1963, p. 1; 30 août 1963, p. 1.

158. *L'Enseignement*, août-septembre 1963, p. 3.

159. *Ibid.*, juillet-août 1960, p. 12.

160. *Le Devoir*, 31 août 1961, p. 1; 1er septembre 1961, p. 1.

161. *L'Enseignement*, septembre 1966, p. 6.

162. CEQ, *Procès-verbal du congrès*, juin 1969, p. 5.

163. *L'Enseignement*, novembre 1965, p. 14.

164. *Ibid.*, septembre 1966, p. 4.

165. *Ibid.*, septembre 1968, p. 9.

166. *Le Devoir*, 2 juillet 1969, p. 3.

167. F. Delorme et G. Lassonde, *Aspects de la réalité*, p. 32. CEQ, *Définir nos pratiques syndicales*, Congrès d'orientation, 1982, p. 37.

168. Ces documents d'orientation sont: *Premier plan* (document de travail, 1971); *L'École au service de la classe dominante* (adoptée au congrès de 1972); *École et luttes de classes au Québec* (remis aux délégués en 1974); *Manuel du 1er mai* (endossé par le Conseil général, 1975).

169. La discrimination dont sont victimes les femmes sera aussi associée au combat contre le capitalisme. On lui reconnaîtra toutefois certains traits spécifiques par rapport à la lutte des travailleurs.

170. CEQ, «Pour une journée d'école au service de la classe ouvrière», *Manuel du 1er mai*, 1975, p. 1.

171. CEQ, *Proposition d'école*, congrès général, juin 1980, p. 16.

172. CEQ, *Premier plan. Livre blanc sur l'action politique*, 1971, p. 15.

173. CEQ, *Décisions du XXIIe congrès*, 1972-1973, p. 33.

174. CEQ, *Décisions du XXVe congrès*, 1976, p. 7.

175. *Ligne directe*, septembre-août 1978, p. 11.

176. CEQ, *Décisions du XXIIe congrès*, 1972-1973, p. 32.

177. *Le Devoir*, 3 juillet 1972, p. 1.

178. *Ibid.*, 9 juillet 1973, p. 3.

179. *Le Devoir*, 13 mai 1978, p. 9; *La Presse*, 8 juin 1978, p. A9.

180. CEQ, *Sur la voie de l'unité* (Rapport du président), XXVIe congrès, 1980, p. 8.

181. *Le Devoir*, 7 décembre 1978, p. 11.

182. CEQ, *Rapports d'activités*, XXVIIe congrès, 1980, p. 8.

183. CEQ, *Décisions du XXVIIe congrès*, 1980, p. 12.

184. CEQ, *Reconstruire l'espoir* (Rapport moral du président), XXIXe congrès, 1984, p. 20.

185. CIC, *Mémoire de la CIC à la Commission Laurendeau-Dunton*, dans *L'Enseignement*, novembre 1965, p. 15.

186. *L'Enseignement*, 15 décembre 1968, p. 3; *Le Devoir*, 3 juillet 1973, p. 1.

187. CEQ, *Décisions du XXIIe congrès*, 1972-1973, p. 28.

188. CEQ, *S'approprier la question nationale*, XXVIe congrès, 1978, 81 p.

189. *Idem.*

190. «La question nationale», *Ligne directe*, mai-juin 1979, p. 11 et 20.

191. *Ibid.*, p. 24.

192. CEQ, *Procès-verbal du XXVIIIe congrès*, 1982, p. 39.

193. Deux sondages attestent la division de la CEQ: l'un, réalisé par le ministère de l'Éducation en 1982, révèle que 69% des enseignants sont favorables à ce que l'école fasse prendre conscience aux élèves des intérêts de la classe des travailleurs; l'autre, conduit par la CEQ en 1984, établit que seulement 47% de ses membres se déclarent en accord avec l'analyse que l'école contribue à la reproduction des rôles et des classes sociales (CEQ, *Enquête sur la participation et le militantisme des membres de la CEQ*, 1982, p. 13; *Le Devoir*, 27 juin 1984, p. 3).

194. Voir W. Alan Wright, *Cooperation and Conflict: Relations Among the Teachers' Associations in Quebec*, 1959-1969, M.A. (Education), McGill University, 1979, 187 p.

195. *L'Enseignement*, octobre 1963, p. 2.

196. D. Clift et S. McLeod Arnopoulos, «Le fait anglais au Québec», dans *Ligne directe*, mai-juin 1980, p. 16 et 17.

197. W.A. Wright, *op. cit.*, p. 120.

Chapitre 6 — L'État, patron et législateur

1. Marcel Rioux, *La question du Québec*, Paris, Seghers, 1971, p. 174-178.

2. On trouve un historique plus détaillé de ces négociations dans Maurice Lemelin, *Les négociations collectives dans les secteurs public et parapublic*, Montréal, Éditions Agence d'Arc, 1984, p. 55-275. Voir aussi Gérard Hébert, «Public Sector Bargaining in Quebec: A Case of Hypercentralization», dans Mark Thompson et Gene Swimmer, *Conflict or Compromise. The Future of Public Sector Industrial Relations*, Montréal, Institut de recherches politiques, 1984, p. 233-281.

3. Voir Robert Lacroix, *Les conséquences des disparités de salaires entre les secteurs privé et public au Québec*, Étude préparée pour le Conseil du patronat du Québec, mars 1982, 18 p.; R. Lacroix, «The Spillover Effect of Public Sector Wage Contracts in Canada», *Review of Economics and Statistics*, août 1984, p. 509-512; R. Lacroix, *Les grèves au Canada*, Montréal, PUM, 1987, p. 105-107. Les études pancanadiennes sur le sujet en arrivent à des conclusions différentes: les ententes salariales du secteur public influent peu sur le secteur privé (David A. Wilton, «La rémunération dans le secteur public», dans W. Craig Riddell, *op. cit.*, p. 293-324).

4. CSN, *Procès-verbal du congrès*, 1964, p. 670.

5. *Annuaire du Québec*, 1975-1976, p. 670; Jean Boivin, *The Evolution of Bargaining Power in the Province of Quebec Public Sector (1964-1972)*, thèse de doctorat, Cornell University, 1975, p. 65; CSN, *Les noces d'or du patronage*, 1972, p. 4; *L'Enseignement*, avril 1965, p. 2.

6. Roch Bolduc, «Le régime de négociation des secteurs public et parapublic», *Relations industrielles*, 37, 2, 1982, p. 404.

7. Jean Boivin, *op. cit.*, p. 92-94. Nous reprenons en partie notre historique des négociations dans *Histoire de la CSN*, p. 279-292.

8. Jean Boivin, *op. cit.*, p. 106-111.

9. *Ibid.*, p. 71.

10. Jean Boivin, «La négociation collective dans le secteur public québécois; une évaluation des trois premières rondes (1964-1972)», *Relations industrielles*, 27, 4, 1972, p. 688.

11. *Ibid.*, p. 689-690.

12. CSN, *Procès-verbal du congrès*, 1970, p. 236.

13. Diane Éthier, J.-M. Piotte et J. Reynolds, *Les travailleurs contre l'État bourgeois, avril et mai 1972*, Montréal, L'Aurore, 1975, p. 60.

14. *Ibid.*, p. 66.

15. *Ibid.*, p. 78.

16. Jean Boivin, *La négociation*, p. 692.

17. CSN, Procès-verbal du congrès, 1976, p. 218. Voir sur cette négociation, J.-M. Piotte, «La lutte des travailleurs de l'État», *Les Cahiers du Socialisme*, 3 (printemps 1979), p. 4-38.

18. *Le Jour*, 12 mars 1976, p. 4.

19. *Le Devoir*, 13 avril 1976, p. 1.

20. *Ibid.*, 19 juin 1976, p. 1.

21. Esther Déom, «La négociation collective chez les fonctionnaires et les enseignants québécois: 1975-76», *Relations industrielles*, 37, 1 (1982), p. 141-163; *Ligne directe*, octobre 1976.

22. *Ligne directe*, octobre 1976, p. 18-21.

23. *Le Devoir*, 21 juin 1976, p. 6.

24. *Le Devoir*, 13 juin 1979, p. 6; J.-R. Tapin, «Aperçu de la dernière ronde de négociation dans les secteurs public et parapublic», *Le marché du travail*, 1, 6 (octobre 1980), p. 32-41.

25. François Demers, dans son historique du troisième front commun (*Chroniques impertinentes du 3ème Front commun syndical*, Montréal, Nouvelle Optique, 1982, p. 77 et 131), soutient que le gouvernement a cédé facilement aux revendications syndicales. Faut-il rappeler que c'est tout juste avant que se tiennent les scrutins menant à la grève générale que le gouvernement a lâché du lest sur les dossiers cruciaux de la sécurité d'emploi et de la tâche des enseignants? Sur le plan salarial, il a fait ses offres 36 heures avant le déclenchement de la grève générale. Voir à ce propos, l'éditorial de L. Bissonnette, *Le Devoir*, 10 novembre 1979, p. 4, et l'article de P. Vennat, *La Presse*, 24 novembre 1979, p. 5).La thèse de Demers est reprise et amplifiée par Claude Lemelin, *op. cit.*, p. 190-195.

26. *Le Devoir*, 13 novembre 1979, p. 1.

27. Lucien Bouchard, «Le régime québécois de négociation des secteurs public et parapublic. À quand la maturité?», *Relations industrielles*, 37, 2, 1982, p. 415.

28. Yves Bérubé, président du conseil du Trésor, dans *La Presse*, 14 juin 1982, p. A6.

29. Yves Bérubé, «Pour dénouer une crise de société», *Le Devoir*, 23 septembre 1982, p. 17.

30. Cette stratégie était évoquée par le ministre Parizeau dès février 1982 dans une entrevue au *Devoir*; il émettait l'hypothèse de frapper «d'un seul coup» pour ramener les salaires des employés de l'État à un niveau comparable à celui du secteur privé. «Le gouvernement, diagnostiquait-il, est capable de traverser l'affrontement parce que le public est remarquablement convaincu de l'ampleur de la récession» (*Le Devoir*, 16 février 1982, p. 1).

31. À la réduction des salaires de 18,8% il faut ajouter la restauration des échelles de 2,8% qui n'a pas été versée le 31 décembre comme convenu (*Nouvelles CSN*, 21 mai 1982, p. 11).

32. *La Presse*, 22 septembre 1982, p. A5.

33. *Ibid.*, 8 octobre 1982, p. A2.

34. Y. Bérubé, «Pour dénouer une crise de société», *Le Devoir*, 23 septembre 1982, p. 17.

35. *Le Devoir*, 31 janvier 1983, p. 2; 4 février 1983, p. 1; *La Presse*, 26 janvier 1983, p. A2.

36. *Le Devoir*, 17 février 1983, p. 2; 5 mars 1983, p. 15.

37. Pour l'année 1984-1985, suivant la recommandation du Conseil supérieur de l'éducation, le gouvernement n'augmentera pas la tâche d'enseignement comme le prévoit le décret.

38. *La Presse*, 29 mars 1982, p. A8.

39. Institut de recherche et d'information sur la rémunération, *État et évolution des salaires, avantages sociaux et conditions de travail des salariés des secteurs public et parapublic par rapport à ceux des autres salariés québécois*, novembre 1986, p. XI et XII.

40. André Blais et Jean Crête, «La clientèle péquiste en 1985; caractéristiques et évolution», *Politique*, 10 (automne 1986), p. 18 et 22.

41. Maurice Pinard, *The Rise of a Third Party. A Study in Crisis Politics*, Montréal, McGill University Press, 1975, p. 91-119.

42. Gad Horowitz, *Canadian Labour in Politics*, Toronto, UTP, 1968, p. 226.

43. FTQ, *Constitution et règlements de la FTQ*.

44. *Le Devoir*, 19 mai 1962, p. 12.

45. *Le Monde Ouvrier*, juin 1962.

46. Gad Horowitz, *op. cit.*, p. 257; *Le Monde Ouvrier*, octobre 1967, p. 4.

47. FTQ, *Rapport du comité d'action politique*, 11e congrès, novembre 1969, dans Edwidge Munn, «L'action politique partisane à la FTQ (1957-1976)», *Labour/Le Travailleur*, 12 (automne 1983), p. 51.

48. *Le Devoir*, 24 novembre 1969, p. 2.

49. *Ibid.*, 4 juin 1974, p. 2.

50. André Lamoureux dans un ouvrage récent a cru déceler un «fort mouvement» d'appui au Québec envers le NPD de 1958 à 1961. Il y a cependant une grande différence entre l'enthousiasme de dirigeants syndicaux de la FUIQ et de la FTQ et l'enracinement en milieu ouvrier. La naissance du NPD-Québec répond largement à une démarche issue du Canada anglais; elle résulte bien peu d'impulsions venant du Canada français (André Lamoureux, *Le NPD et le Québec 1958-1985*, Montréal, Éd. du Parc, 1985, p. 69-78 et 199-200).

51. *Le Devoir*, 11 août 1961, p. 12.

52. Maurice Pinard, *op. cit.*, p. 141.

53. *Ibid.*, p. 12-13, 231; *Le Monde Ouvrier*, mars 1963; *Le Travail*, juin 1962, p. 9, octobre 1962, p. 1, 2 et 4.

54. *Le Travail*, juin 1962, p. 9. Voir Dorval Brunelle, *Les trois colombes*, Montréal, VLB, 1985, p. 169-185.

55. Guy Lortie, «Évolution de l'action politique à la CSN», *Relations industrielles*, 22, 4 (octobre 1967), p. 553. Ce congrès prévoit également la formation d'un comité central d'action politique chargé d'informer le Bureau confédéral sur les partis politiques. On ne donnera suite à cette résolution qu'en 1966.

56. *Le Monde Ouvrier*, mars 1963.

57. Roch Denis, *op. cit.*, p. 290.

58. *Ibid.*, p. 344-345; Edwidge Munn, *op. cit.*, p. 55.

59. *Le Monde Ouvrier*, juin 1963, dans E. Munn, *op. cit.*, p. 56.

60. *Le Devoir*, 12 mai 1966, p. 5.

61. *Le Travail*, mars 1967, p. 9.

62. *Le Devoir*, 7 octobre 1967, p. 1; *L'Enseignement*, 1er septembre 1968, p. 9.

63. CSN, *Procès-verbal du congrès*, 1972, p. 31.

64. *Ibid.*, p. 121.

65. *Ibid.*, p. 96.

66. CSN-CEQ, *Histoire du mouvement ouvrier au Québec*, Montréal, CSN-CEQ, 1984, p. 287. Il faut signaler aussi la formation, en mai 1974, par des militants des trois centrales du Regroupement des militants syndicaux. Son objectif est de promouvoir la création d'un parti ouvrier. Lors de l'élection de 1976, il se lie au NPD-Québec et présente 21 candidats. Aucun appui ne viendra officiellement de la CSN ou de la FTQ.

67. *La Presse*, 3 juin 1978, p. A9.

68. *Québec-Presse*, 9 décembre 1973, p. 17.

69. *Le Devoir*, 19 mars 1981, p. 3.

70. FTQ, *Procès-verbal du congrès*, 1975, p. 9.

71. La syndicalisation est une des variables qui influe le plus fortement sur le comportement électoral des francophones; les chances d'appuyer le PQ augmentent de 12% lorsqu'au moins un membre du ménage est syndiqué. Il y a lieu de croire qu'aux élections antérieures le PQ a obtenu un appui marqué des syndiqués (Jean Crête (dir.), *Comportement électoral au Québec*, Chicoutimi, Gaétan Morin, 1984, p. 294).

72. FTQ, *Procès-verbal du 3ᵉ congrès extraordinaire*, 2 novembre 1985, p. 3; *Le Monde Ouvrier*, novembre 1985, p. 17.

73. P. Fréchette *et al.*, *L'économie du Québec*, Montréal, HRW, 1979, p. 411.

74. *Le Devoir*, 12 juin 1965, p. 5.

75. CSN, *Procès-verbal du congrès*, 1966, p. 82; *Le Devoir*, 12 mai 1966, p. 5.

76. CSN, *Procès-verbal du congrès*, 1966, p. 106; FTQ, *Mémoire à la Commission d'enquête sur la santé et le bien-être social*, 1968, dans L.-M. Tremblay, *Idéologies de la CSN*, p. 211.

77. Bernard Solasse développe cette explication de la radicalisation du mouvement syndical dans «L'évolution socio-économique et le développement des centres de pouvoir», dans G. Dion (dir.), *La politisation des relations du travail*, XXVIIIᵉ congrès des relations industrielles, Québec, PUL, 1973, p. 45-61.

78. Kenneth McRoberts et Dale Posgate, *Développement et modernisation du Québec*, Montréal, Boréal Express, 1983, p. 187. Voir au sujet du programme du Parti libéral, l'éditorial de Claude Ryan dans *Le Devoir*, 3 octobre 1973, p. 4.

79. *Ibid.*, p. 193.

80. CSN, *Procès-verbal du congrès*, 1972, p. 31.

81. *Le Devoir*, 7 février 1973, p. 4.

82. *Ibid.*, 5 décembre 1973, p. 3; *Le Monde Ouvrier*, janvier 1974, p. 6-7.

83. *Québec-Presse*, 7 octobre 1973, p. 3.

84. J. Rouillard, «Le militantisme des travailleurs au Québec et en Ontario. Niveau de syndicalisation et mouvement de grèves (1900-1980)», *RHAF*, vol. 37, n° 2 (septembre 1983), p. 217.

85. *Le Devoir*, 27 octobre 1976, p. 8; 4 novembre 1976, p. 11; 11 novembre 1976, p. 12.

86. *Le Devoir*, 3 novembre 1976, p. 9.

87. *Ibid.*, 18 novembre 1976, p. 9; F. Cyr et R. Roy, *Éléments d'histoire*, p. 158.

88. FTQ, *La crise économique — nos solutions*, 1977. CSN, *Positions de la CSN défendues au sommet économique*, mai 1977, p. 21. CSD, *1er manifeste, Pour un changement radical des structures sociales au Québec*, mai 1975, p. 8.

89. CSN, *Procès-verbal du congrès*, 1970, p. 213; FTQ, *Le Québec des travailleurs*, novembre 1979, p. 26.

90. CEQ-CSN, *États généraux des travailleuses salariées québécoises*, mars 1979, p. 7.

91. Louis-Marie Tremblay, *Idéologies de la CSN*, p. 99 et 218. CSN, *Procès-verbal du congrès*, 1976, p. 88; 1974, p. 42.

92. *Le Travail*, mai 1976, p. 4.

93. CSN, *Décisions du Conseil confédéral*, septembre 1977; FTQ, *Le contrôle des travailleurs sur leur santé*, 1975; CSD, *1er manifeste, Pour un changement*, p. 17-24.

94. Voir Léo Roback, *La syndicalisation sectorielle*, IRAT, 1977, 59 p.; FTQ, *L'accès à la syndicalisation*, 1981, 48 p.; CSN, Négociations sectorielles, *Procès-verbal du congrès*, 1970; p. 133-146.

95. Vera Murray, *Le Parti québécois: de la fondation à la prise du pouvoir*, Montréal, Hurtubise-HMH, 1976, p. 41-121; Kenneth McRoberts et Dale Posgate, *op. cit.*, p. 209-218.

96. PQ, *Ce pays qu'on veut bâtir*, 1968, p. 31, dans V. Murray, *op. cit.*, p. 94.

97. *Programme du PQ*, 1975, dans V. Murray, *op. cit.*, p. 94.

98. *La Presse Plus*, 7 janvier 1984, p. 2; René Lévesque, *La Passion du Québec*, Montréal, Québec/Amérique, 1978, p. 185-188.

99. V. Murray, *op. cit.*, p. 204-210.

100. *Le Devoir*, 26 mars 1977, p. 3.

101. *Ibid.*, 26 novembre 1977, p. 9; 29 novembre 1977, p. 3; 3 décembre 1977, p. 3; 5 décembre 1977; p. 8; 15 décembre 1977, p. 10.

102. Effectivement, des employeurs utiliseront ces dispositions pour embaucher des briseurs de grève. Le gouvernement en resserrera l'utilisation en juin 1983.

103. *Le Devoir*, 2 février 1978, p. 8.

104. À ce sujet, voir Alain Pontaut, *Santé et sécurité. Un bilan du régime québécois de santé et de sécurité au travail*, Montréal, Boréal Express, 1985, p. 108-148.

105. *Le Devoir*, 10 septembre 1979, p. 3.

106. FTQ, *Le Québec des travailleurs*, Discours du président, novembre 1979, p. 4; CSD, *Mémoire de la CSD sur le projet de loi 17*, août 1979.

107. CSN, *Mémoire présenté devant la Commission parlementaire chargé de l'étude du projet de loi 17*, septembre 1979, p. 38.

108. CSN, *Procès-verbal du congrès*, 1980, p. 97, 318, 320. Toujours dans le domaine de la santé-sécurité, un projet de loi gouvernemental (loi 42) présenté en 1983 divisera les deux centrales. Ce projet modifie le régime d'indemnisation des victimes d'accidents du travail. La FTQ appuie le projet de loi, tandis que la CSN s'en fait un critique sévère, lui reprochant surtout de remplacer, dans certains cas, l'ancien système des rentes viagères d'indemnisation par des montants forfaitaires.

109. CSN, *Mémoire de la CSN présenté devant la Commission parlementaire chargée de l'étude du projet de loi 17*, p. 5-14. Voir aussi l'annonce payée par la CSN dans *Le Devoir*, 19 octobre 1979, p. 24.

110. CSN, *Procès-verbal du congrès*, 1978, p. 164.

111. FTQ, CSN, CEQ, *Le régime des négociations collectives dans les secteurs public et parapublic*, mémoire conjoint, décembre 1977, p. 3.

112. FTQ, Discours inaugural de Louis Laberge, *Question nationale réponse syndicale*, avril 1980, p. 10-11.

113. *Le Travail*, 11 avril 1980, p. 7.

114. Résolution du Conseil confédéral, *Le Travail*, 11 avril 1980, p. 8.

115. FTQ, *La FTQ et la Question nationale*, avril 1980, p. 28.

116. *Le Devoir*, 19 mars 1981, p. 3.

117. *Discours inaugural du premier ministre René Lévesque*, cinquième session de la 32e législature, octobre 1984, dans *Le Devoir*, 18 octobre 1984, p. 11.

118. *La Presse*, 5 avril 1983, p. A6.

119. Voir Yves Bérubé, «Le Québec maintenant», *Le Devoir*, 17 janvier 1984, p. 7; 18 janvier 1984, p. 7; 19 janvier 1984, p. 9.

120. Gouvernement du Québec, *Bâtir le Québec. Énoncé de politique économique*, Québec, 1979, p. 140.

121. *Le Devoir*, 3 mai 1985, p. 1; 4 mai 1985, p. 2.

122. *La Presse*, 1er décembre 1984, p. A9.

123. *Le Devoir*, 20 novembre 1985, p. 7.

124. *Le Monde Ouvrier*, novembre 1985, p. 17.

125. CSN, *Procès-verbal du congrès*, 1968, p. 93-96, *Le Travail*, janvier 1968, p. 4-11.

126. *La Gazette du Travail*, avril 1968, p. 219.

127. *Le Devoir*, 9 décembre 1977, p. 12. La grève des «gars de Lapalme» de 1970 à 1972 porte également sur la question des unités nationales de négociation.

128. Jean-François Cardin, *La Crise d'Octobre et le mouvement syndical québécois*, mémoire de maîtrise (histoire), Université de Montréal, 1985, p. 248.

129. M. Pelletier et Y. Vaillancourt, *Les politiques sociales et les travailleurs*, Cahier IV: Les années 60, Montréal, Albert Saint-Martin, 1975, p. 135-136, cité dans J.-F. Cardin, *op. cit.*, p. 114.

130. J.-F. Cardin, *op. cit.*, p. 113.

131. *Le Devoir*, 9 octobre 1981, p. 18, dans J.-F. Cardin, *op. cit.*, p. 107,

132. FTQ, *Un seul front*, 1971, p. 1.

133. *La Gazette du Travail*, juin 1970, p. 417, mai 1971, p. 320.

134. Commission de lutte contre l'inflation, *Historique de la Commission de lutte contre l'inflation*, Ottawa, 1979, p. 43.

135. CTC, *Mémoire présenté au gouvernement du Canada*, 22 mars 1976, p. 5.

136. FTQ, *Discours inaugural de Louis Laberge*, 15ᵉ congrès, décembre 1977, p. 4.

137. Commission de lutte contre l'inflation, *op. cit.*, p. 23.

138. *Le Devoir*, 15 octobre 1975, p. 21.

139. La CSD, tout en dénonçant le programme recommande le respect de la loi et suggère des améliorations pour la rendre plus équitable (CSD, *Positions et recommandations de la CSD concernant le programme fédéral anti-inflation*, 13 novembre 1975, 21 p.).

140. Jean-Marc Robichaud, *Analyse des stratégies des centrales canadiennes contre la loi anti-inflation*, mémoire de maîtrise (relations industrielles), Université Laval, 1981, p. 95 et 103.

141. Québec, *L'état de la situation socio-économique*, Québec, 1983, p. 58; Québec, *Les profits et les salaires au Canada et au Québec, 1970-1980*, Bureau de la recherche sur la rémunération, 1982, tableau 10.

142. *Le Devoir*, 21 avril 1979, p. 2; 4 mai 1979, p. 12.

143. *Ibid.*, 21 avril 1979, p. 2.

144. *Ibid.*, 4 décembre 1981, p. 10; *Nouvelles CSN*, 2-15 avril 1982, p. 7.

145. Québec, *L'état de la situation*, p. 7-14.

146. *Le Monde Ouvrier*, mars 1982, p. 12; *Nouvelles CSN*, 7 mai 1982, p. 3; *Travailleur canadien*, mars 1982, p. 11.

147. *Le Monde Ouvrier*, mars 1982, p. 13-14.

148. CSN, *Procès-verbal du congrès*, 1984, p. 35, 1985, p. 94-96.

149. *Nouvelles CEQ*, 20 avril 1982, p. 3; CSD, *La CSD devant la crise*, juin 1982, p. 21.

150. CEQ, *Mémoire à la Commission Macdonald*, 1983, p. 13-16.

151. *Le Devoir*, 18 août 1984, p. 3.

152. Peter F. O'Brien, *The Myth of Labour Instability*, Halifax, Department of Regional Economic Expansion, 1980, p. VII-XXIV.

153. Stuart M. Jamieson, *Industrial Conflict in Canada, 1966-1975*, Étude préparée pour le Conseil économique du Canada, 1979, p. 1-17. Robert Lacroix, «L'activité de grève au Canada», dans W. Craig Ruddell, *op. cit.*, p. 214-227. Voir aussi R. Lacroix, *Les grèves au Canada, op. cit.*

154. *Grèves et lock-out au Québec*, 1981, p. 12; *Le marché du travail*, avril 1983, p. 49; mai 1984, p. 69; mai 1985, p. 70; mai 1986, p. 84.

155. *Le marché du travail*, février 1987, p. 34.

156. La relation avec le nombre de syndicats serait préférable, mais nous ne disposons pas de cette donnée pour le total québécois. Jacques Lemieux, *Les grèves au Québec de 1959 à 1970*, Rapport de recherche n° 2 dans le cadre de l'enquête sur les pratiques économiques et politiques des syndicats québécois sous la direction de Paul R. Bélanger, département de sociologie, Université Laval, 1972, p. 25; *Grèves et lock-out au Québec*, 1977-1981; *Le marché du travail*, mai 1984, p. 66, mai 1985, p. 77, mai 1986, p. 85.

157. Voir *Le Devoir*, 2 août 1965, p. 1.

158. Historique dressé à partir du *Devoir*, juillet et août 1965 et Desmond Morton, *Working People. An Illustrated History of Canadian Labour*, Toronto, Deneau & Greenberg, 1960, p. 255-261.
159. *Le Devoir*, 9 août 1965, p. 1 et 2.
160. Michel Pratt, *La grève de la United Aircraft*, Montréal, PUQ, 1980, 115 p.; Vincent Prince, «Le conflit de la United Aircraft ou l'histoire de deux entêtements», *La Gazette du travail*, janvier 1975, p. 21-26; Jean Taillefer, «L'anatomie d'un conflit», *La Gazette du travail*, janvier 1975, p. 27-33; *Le Monde Ouvrier*, 21 mai 1975, septembre 1975.
161. Communiqué de Dominion Textile, *La Presse*, 4 mai 1985, p. A4.
162. *Le Saint-François* (Valleyfield), 7 mai 1985, p. A2.
163. *Ibid.*, 4 juin 1985, p. A13.
164. CSD, *Procès-verbal du congrès*, 1985, p. 48.
165. *La Presse*, 20 août 1985, p. B1.
166. Dominion Textile, *Rapport annuel*, 1986, p. 3.
167. *Ibid.*, p. 2. Nous excluons l'augmentation attribuable à l'acquisition des produits Wabasso.
168. *Ibid.*, p. 15; *Communiqué de Dominion Textile*, 11 août 1987. En 1986, nous excluons du bilan financier les résultats du premier trimestre alors que quatre usines sont touchées par un arrêt de travail.
169. F. Delorme et G. Lassonde, *Aspects de la réalité syndicale québécoise, 1976*, Québec, ministère du Travail et de la Main-d'œuvre, 1978, p. 24 et 25.
170. CSN, *Procès-verbal du congrès*, 1964, p. 357.

Annexes

1. Voir à ce sujet *Croissance du syndicalisme au Canada, 1921-1967*, ministère du Travail du Canada, 1970, p. 56-58; et J.K. Eaton, *Croissance du syndicalisme dans les années soixante*, Travail Canada, 1976, p. 19, 47 et 183-190.
2. Leo Troy, «Trade Union Membership, 1897-1962», *Review of Economics and Statistics*, 47 (février 1965), p. 94.
3. J.K. Eaton, *op. cit.*, p. 40.
4. F. Delorme et G. Lassonde, *Aspects de la réalité syndicale québécoise, 1976*, Québec, ministère du Travail et de la Main-d'œuvre, 1978, p. 5 et 6; Gaspar Lassonde, «Les taux du syndicalisme au Québec», *Travail Québec*, mars 1977, p. 26.
5. *La Gazette du Travail*, mai 1942.

TABLE DES SIGLES

AFL	American Federation of Labor
ALN	Action libérale nationale
APC	Archives publiques du Canada
BFS	Bureau fédéral de la statistique
CCF	Commonwealth Cooperative Federation
CCMTM	Conseil central des métiers et du travail de Montréal
CCMTQ	Conseil central des métiers et du travail de Québec
CCT	Congrès canadien du travail
CECM	Commission des écoles catholiques de Montréal
CEQ	Centrale de l'enseignement du Québec
CHR	Canadian Historical Review
CIC	Corporation des instituteurs et institutrices catholiques de la province de Québec
CIO	Congress of Industrial Organizations
CLSU	Canadian Lake Seamen's Union
CLU	Canadian Labor Union
CMTC	Congrès des métiers et du travail du Canada
CMTM	Congrès des métiers et du travail de Montréal
CNMTC	Congrès national des métiers et du travail du Canada
COI	Congrès des organisations industrielles
CPT	Congrès pancanadien du travail
CRO	Commission des relations ouvrières
CSD	Centrale des syndicats démocratiques
CSN	Confédération des syndicats nationaux
CTC	Congrès du travail du Canada
CTCC	Confédération des travailleurs catholiques du Canada
CTM	Conseil du travail de Montréal

FAT	Fédération américaine du travail
FCT	Fédération canadienne du travail
FLQ	Front de libération du Québec
FOMN	Fédération ouvrière mutuelle du nord
FPTQ	Fédération provinciale du travail du Québec
FTQ	Fédération des travailleurs du Québec
FUIQ	Fédération des unions industrielles du Québec
NPD	Nouveau parti démocratique
OBU	One Big Union
ONU	Organisation des Nations unies
OTAN	Organisation du traité de l'Atlantique Nord
OUTA	Ouvriers unis du textile d'Amérique
PAPT	Provincial Association of Protestant Teachers
PQ	Parti québécois
PUF	Presses universitaires de France
PUQ	Presses de l'Université du Québec
PUL	Presses de l'Université Laval
PWA	Provincial Workmen Association
RCHTQ	Regroupement des chercheurs en histoire des travailleurs québécois
RHAF	Revue d'histoire de l'Amérique française
RI	Relations industrielles
SIU	Seafarers' International Union of North America
SLBS	Ship Laborers' Benevolent Society
TAVA	Travailleurs amalgamés du vêtement d'Amérique
UCC	Union catholiques des cultivateurs
UN	Union nationale
UTP	University of Toronto Press

LISTE DES TABLEAUX

INDEX

TABLE DES MATIÈRES